JN192813

後藤昭雄　監修
箕浦尚美　編

天野山金剛寺善本叢刊　第二期

第四巻　要文・経釈

勉誠出版

薬草喩品
論破對治七慢中執三有大乗人一向増上慢言之者也
譬如仏乗力對治此執破雨喩品　賛
此中具山川雲雨獨以薬草標名者大地是能生雲雨是能潤草
木是所生所潤所生所潤之中有用而薬草用強有所治
善悪能治悪之所為病之所病中四大及煩悩仏解除会
生心佛讃善哉要為希有述其得能以喩其人故標薬草喩品
夫薬草者能除四大風労補養五蔵還年駐色今借雲雨恩
成薬之體遍治病之麦解成仏之体治之所用性破之明哉

記云付於玄大意一面叙旨也用体名等用因是以立是也為而叙是与
流也矣而名大意云
記云未来者説付花然処付隠還説校仏久也云
揃又揃若云々也
義可尋之
元暦元年七月十日　金剛弖書了
為欲花文上慕也

菩薩

菩提心者[illegible]額舎利子菩提心者无有過失不為一切
煩悩之所染故菩提心者相続不絶不為餘乗中而證故
菩提心者堅固難動不為異論所奪集故菩提心者不久
破壊一切天魔不須動故菩提心不可揺動必能觸證諸
仏法故菩提心者妙善安住於菩薩地善安住故菩提心者无
有同引不為餘法所對故菩提心者譬如金剛善能穿徹

感應

依文少付勢至

釋法力道人精苦有英行欲於魯郡立精舎乏餘
物不足與弟子門明徐往上谷乞得一車麻載行空澤遂
遇野火車在風下无得免理于時法力倦眠覺而火勢
已及擧聲稱觀未得言世音便自應聲風轉火滅无
他而歸
尺法智道人者于昔爲白衣嘗獨行大澤忽遇猛火四
面俱臻欲走无向處自知必死因頭面礼光状奄音至心稱

釈迦

此仏ハ中天竺生身仏也、以浄飯王為父ニ、摩耶夫人為母、南
瞻部州ニ御降之國王宮誕生給也、今此世ハ四苦八苦充満所見
強之有情利益也、依之十方諸仏、擯出之類集成大慈
大悲之不堪念、養之比丘此其所、此ノ五濁悪世ニ生給為念
衆生ヲ殊此大慈悲ニ衆生ヲ救済為ニ出家ノ人為不出家
示、老病死許境界見、顔三億若又之老期、悲侍ニ
宮ヲ逃サルシヤ是仏閣ニ付ニ、年居月ハ光陰慈悲ノ日
出家道ヲ深ク勤ヘテ至明、雲隠ヲ済ヒテ付此ノ空ノ月ヲ晴ス此章

釈摩訶衍論抄上

上古諸学徒於此論有異説或為龍樹造或為

偽論也　安然和尚為真論之證九時一云

此摩訶衍論昔者戒明和尚將來之時有

諸徳僉定偽論又云大安寺新羅國僧珍聡将

是論新羅國大空山沙門月忠撰也云何

龍樹論耶答昔有九失論付之失後有偽

論更加五失次有十疑偽跡上疑入十言

于時正和四暦乙卯季夏下旬天

於河州金剛寺書写之了

東寺末資禅恵 生年卅二

高野山印板目録

大日経疏廿巻　六百六十丁　二貫二百五十六枚

但一巻　三十六丁　百五十一枚　二巻　卅九丁　百卅文　三巻　卅三丁　百十五文

同経不思議疏二巻　六十一丁　二百六文

同経住心品五巻本　一巻　廿九丁　九十六文　二　廿五丁　八十五文

三　廿八丁　九十三文　四　廿丁　七十文　五　廿六丁　五十八文　已上百廿八丁　三百三十九文

釈論十巻　二百八十一丁　九百五十文　理趣釈　百十二文　上下二巻

同疏五巻　百九十六丁　六百五十三文

第四巻　目次

影印

翻刻

解題

凡例

一、本巻は、天野山金剛寺（大阪府河内長野市）所蔵の典籍のうち、『能生諸仏経釈』（元暦元年〔一一八四〕写）、『〔佚名諸菩薩感応抄〕』（平安時代末期写）、『捌釈』（平安時代末期写）、『龍論鈔』（正和四年〔一三一五〕写）、『高野山印板目録』（元亨三年〔一三二三〕写）の五点の写真版を掲げた。

一、『能生諸仏経釈』、『〔佚名諸菩薩感応抄〕』、『捌釈』、『龍論鈔』は全文を翻刻した。『高野山印板目録』については翻刻を割愛した。

一、翻刻においては、漢字、片仮名ともに通行の字体を用いた。いわゆる抄物書き、合字、当て字は本来の字体に改めたが、資料の性格上、一部底本の字を残した場合があり、省略形の別字表記に対して、「里（理）」「或（惑）」のように注記した場合がある。漢字の踊り字は「々」、片仮名の踊り字は「丶」に統一した。また、必要に応じて句読点を付した。

一、見せ消ち、墨消し訂正などは原則として訂正された文字を示した。

一、声点については、翻刻を割愛した。

一、『能生諸仏経釈』については、文字の右下の点を「。」、左下の点を「、」、中央の点を「・」で示し、読解の補助記号としては「、」のみを加えた。

一、読み仮名が付されている場合、基本的には送り仮名を含めて文字の右側に翻刻した。ただし、『捌釈』では、明らかに文字の下部に入り込んで書かれている場合があるため、それらは、右側に移動せずにその位置に翻刻した。

一、虫損等による判読不能箇所は、□または〔　〕で示し、残画から推定される文字を右傍に（　）で示した。他本によって文字を推定した場合は、〔　〕で示した。

一、特に注意される異同については、翻刻した文字の右傍に（　）で示した。それらのうち、『〔佚名諸菩薩感応抄〕』については、大正新脩大蔵経の該当箇所との異同である。

一、『龍論鈔』は、他書からの引用で構成されるため、引用が想定される箇所に『　』を附し、当該部分の下にその典拠を記した（仏書については、SAT大正新脩大蔵経テキストデータベース〈http://21dzk.l.u-tokyo.ac.jp/SAT/〉における番号を附した）。

一、『〔佚名諸菩薩感応抄〕』は、「菩薩」「菩薩名義」「文殊」「感応」「普賢」「感応」「観音」「感応」の八章に区切られているが、章毎に引用句番号、説話番号を付した。

一、行取りは底本の通りとし、丁数とその表裏を「(1オ)」のかたちで示した。

影印

能生諸仏経釈

（元暦元年〈一一八四〉写）

能生諸佛經尺 迄下 二三四
沙門憲耀之本

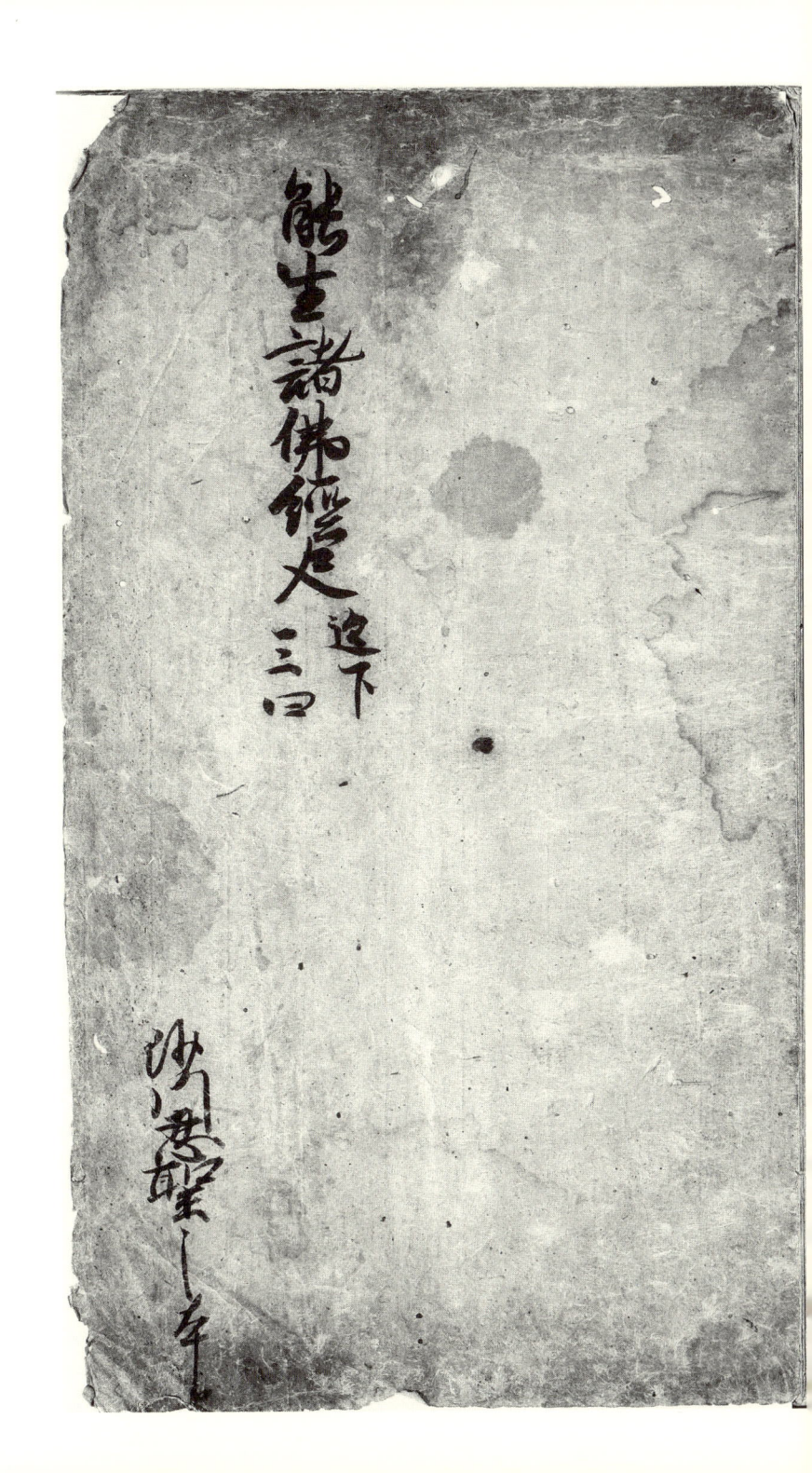

廿五三味
天野山
金剛寺

薬草喩品
論頌対治七慢中、第三有大乗人一向増上慢言之、為対之
譬喩仏乗為対治此故説雲雨喩云　讃
此中具山川雲雨、掲以薬草、標名者大地是能生雲雨、是能潤草
木是一雨也、一雨生、一雨潤、是法有用、与薬草用強、有所諸
善悪能治悪之所為也、為治悪之所説中二宗大切也、以譬顕仏乗法会
聖心仏讃善哉甚為希有、述其以外、以喩其人二故釈薬草喩品
夫薬草者能除四大風資、補養五蔵、還年駐色、今尊雲雨忽
成薬王、領一遍諸病、疾解成仏、障除生死、開悟破見明哉

聞仏知見文ヽ我等今日真是仏子乃至無上宝聚不求自得云々〇
今付此等先广論迷悟口救不悟之　三打字略迷成
又内二ト一略迷成ヽ二広迷成ナリ略迷ニ又二アリハ一ハ變テ迷ス是成ト二ハ頓ノ一向不シテ及ル口真
実ヽ是迷実ノ切捨ヽ是迷権シ〻
又従如来後有下迷其領一向不及ニ何不及ヽ指近迷横竪ト之横之竪
非横非竪ト皆不及也口人天小乗是内近而不及口并名上乗之名也
樹大樹口是内近而不及又十住界同成仏法界口餘八法界都不染言
是内横不不及又七方便之従浅至深ニ出入真実観之方便都不知言ニ
是内竪不不及又三支於当未常勤修荘厳是内之横之竪不及口地

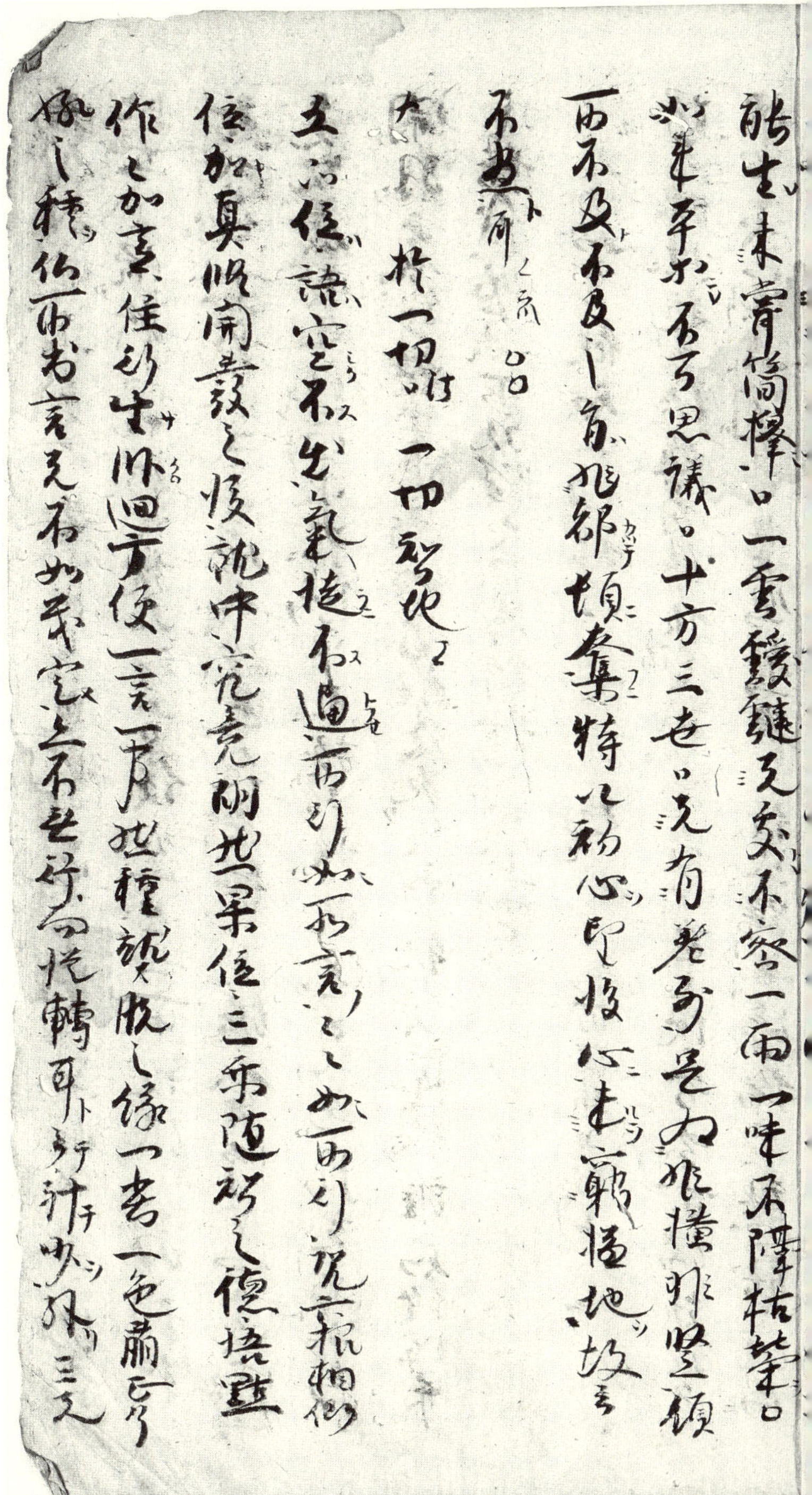

能生未萌悩芽ニ一雲靉靆ス不容一雨一味不障枯葉
此事不可思議ニ十方三世ニ先有晃耀為能樹非堅頓
而不及不及之間能帰依頓集特以初心ヲ即修心ヲ未窮極地故云
不退所ノ位旨
於一切時一切智地云
五位随論究不出氣他不過而所如不言之如而況六根相似
位加真明聞熏発之後説中究竟明地果位三乗随類之徳境顕
作之加言住行地迴向便一言一方地種説般之縁一者一色前所
縁之積仏而如言之不如我宗之不思所為従転耳等計助外云

巻列松巖爲清浄容心向火退膝整姿入門之路臨水尋海邊
比丘之流於一切法之掩入諸方便加言安而說法之爲利於
諸地泥性浣衣之子灰水洗生死苦勞之浴含吹之容吹波辭
是穀麁動之風亘火大枝草木語乃指沙邊花色月之爲乃爲
開翔震鉢擎筆尚爲出離生死之計欲負退處誰知從湯彿
之樣成凡有不說法冬流生列此娑地此言
如是觀知一切諸法之而歸趣　知而歸趣是説衆之哉
歸著歸性趣者流趣有情非情之類水大草木之境到而歸趣者
流白魚完鳥間鳥是鷹鷲鸞竹水歸去歸猪鹿熊羆歸山

火焔之焔行焔旅火不消水騰之騰水底叢之火消水潰火
行山帰由来根源要知之耳
松生宝巌石千枝万條茂高原蓮種水底苗蘂緑葉紫茎浮流
雲東西不定随風性来水長短无敵任然方
随風之雲其谷其峯其巌其廣紀氣其方樹其方枝傳庭
上従草知之耳
興雲之風彼池彼草彼方葉彼方葉起風知之耳　峯松池蓮修之　山
千丈樹寸苗之初知大船樓櫓之時四海波一滴之分識草葉滴
露之元鷹鵰逸鵠嵯峨姑城声之道也求之皮之人識順解脱分之

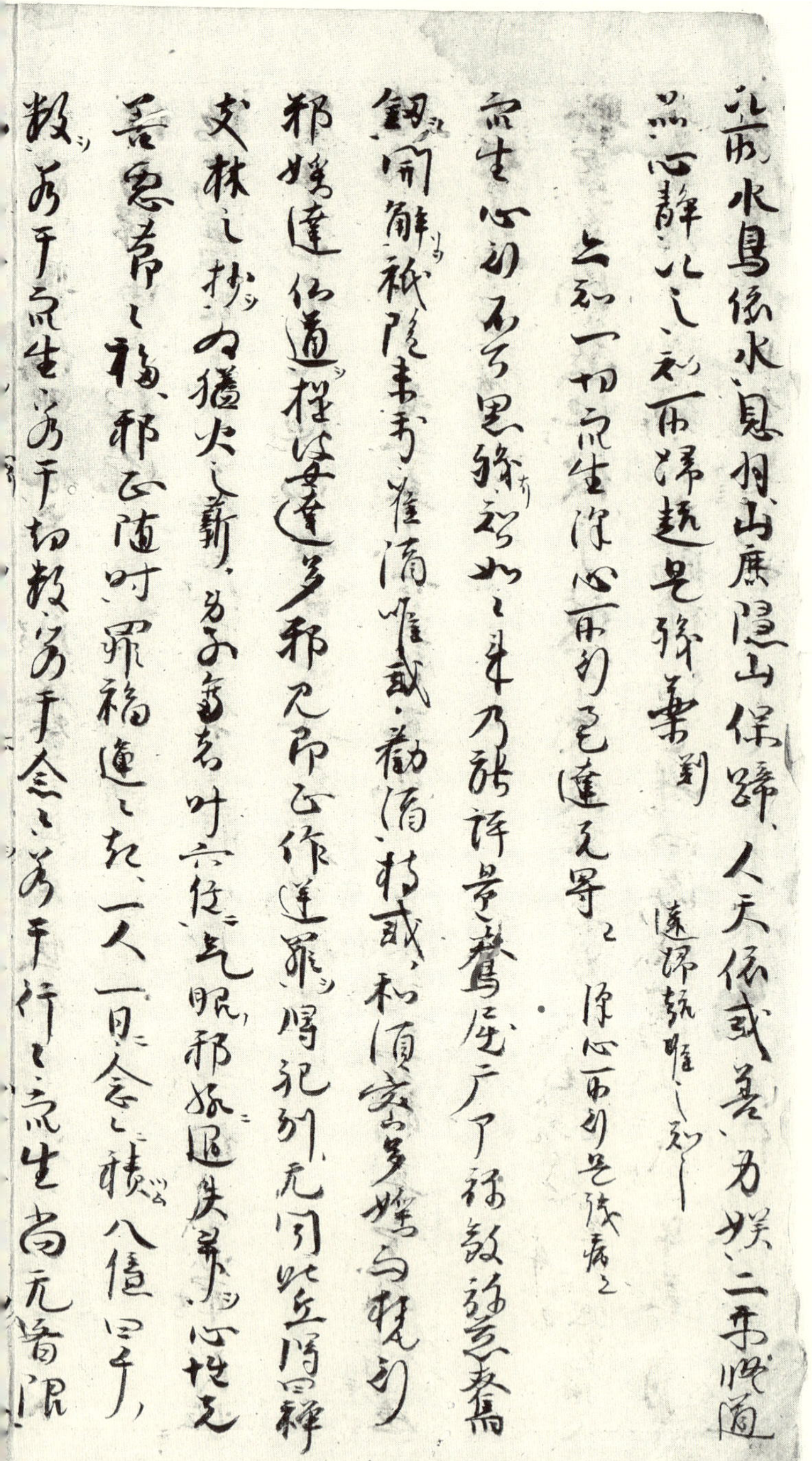

山所水鳥依水息、羽山鹿隠山保歸、人天依戒善、乃至二乗依道

無心静水之故而歸趣是縁業劉　遂歸趣唯之知

亡知一切衆生依心而外色遂見哥之　依心而外色依病之

衆生心外不思縁故、如之來乃能許是鷲屋广ア行教菩薩為

鋼剛解祇陀寺、獲滿唯戒、勸滿、持戒、和須密多婬女梵剣

邪婬達仏道、提婆達多邪見而正作逆罪、得記別、无問比丘得四禅

文林之抄、内猶火之薪、名字要藏叶六住之眼、邪婬遮侯宰、心性元

善悪業之福、邪正随時、罪福進之起、一人一日之念之積、八億四千

数、名于衆生、名于切数、名于念、名于行之衆生尚元皆限

況一界具十界、備百界、百界備千如。界実其種各具三千。若数況
譬喩虚空容受、容之心行容之色塵。色塵名如来能知一々
如此心行不同、一々知揀宜、達其心所引知之。
今此大千世界所有色心、山川渓谷大地、譬五陰。五陰之中色陰者
法為山川渓谷大地所成。所生之者法為五陰所成。大地色色譬識
陰。山川渓谷譬四陰。諸依草木雖依大地、大地非即草木、草木
種子父之者名但能生之物、名種子、所生種子名草木、内含百因
界果雖依五陰、五陰非即因果、要依於陰得有習因増長成升
名習果。

又用三千大千世界譬正因之理、名為一切所依也、山川溪谷大地譬之定
陰界入果報色心也、草木叢林譬衆生、皆自此三不相離、皆依陰
入、不出法性、如草木依山川、之依世界 云
岑桂寸丑高不重、但草三千雖不輕、枯舟艱、紅玉唐不受、杼模
禁之銷刹、判不悪、百穀層様之崖根茎枝葉施地味、七
宝金銀之階青黄赤白和地面 云
雲雨 甘蔗稲菊隔地五穀万果下種雲雨无潤无由生長、甘蔗
大旱炎天之時、枯萎暑熱之氣、千林草木焦、万頃穀不登 云
古一百穀在地、就依天、万民在下成依 云

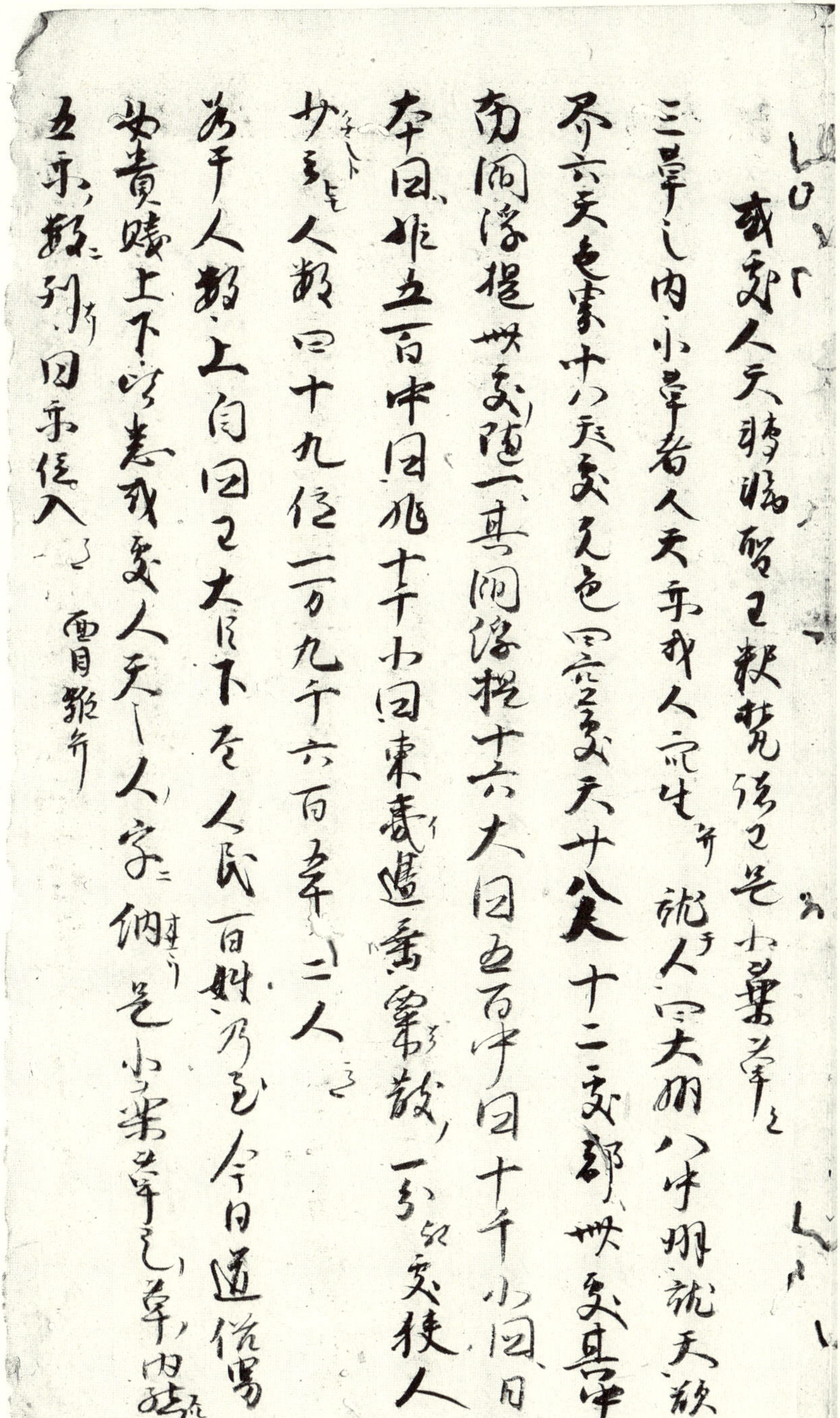

或処人天聴聞習已釈梵諸天小菓菩薩之
三界之内小界者人天乗我人所生就人四大洲八十州就天欲
界六天色界十八天無色界四空処天十二処有都世界其中
南閻浮提世界随一其閻浮提十六大国五百中国十千小国日
本国非五百中国非十千小国東方遠遥粟散一分辺地人
少人数四十九億一万九千六百五十二人
為千人数上自国王大臣下至人民百姓乃至今日道俗男
女貴賤上下皆悉我等人天之人字納是小乗菩薩之草内結
五乗数列因乗住入

依何因縁一乗因縁長引偈頌昔譬喩霊山會場仏讃令言喩達之
大地為大地之用依三草二木之青青盛生為盛生機任三乗之
乗之事因山高故不貴以有樹為貴人肥故不貴以有智為貴
山大切何故檜椙柏桂堂塔精舎材宮殿屋材木郷
野庭何為萱茅葦荻萱刈草刈飼馬飼牛せ為し
大人之用違断高山荒木一本不生庭野裸草一本不育
為世為人何為綾錦羅縠之衣服綾桑蚕之絲布織而施之
紅顔勞苗子之実衣食助人備依草木之葉実草本生
育遂依大地草木依大地花果数実有香雨之助是侍

是何大千世界ノ器ハ衆生世界山川谿谷土地器五陰世界ノ口能依ノ草
木、雑依土地ニ、ヽヽ非所草木。但衆生一切名衆子ニ一切生質
髓名草木。内含智因智果ノ修依五陰ニヽヽ非所因果ニ要ス
衆生世界世界ノ上ニ有山川谿谷土地器因、衆生身ノ五陰差別、山川木上ニ
草木森然五陰ノ内ニ有五衆ノ智因智果名
大地依草木ニ有用、衆生依器ニ有貴　能弁
衆生受仏器、所入法仏位、受持清浄器、所是真仏子。
大悪病ノ中ニ　或ハ為良薬ト　大怖畏ノ中ニ　或ハ為守護ト　死闇冥ノ中ニ
或ハ為明燈ト　於悪道中ニ　或ハ為橋梁ト　苦海火ノ中ニ　或ハ為大船ト

草ニ有三草不同、菓ニ有薬術之功哉ニ有七気老ヲ若シ
備出離之徳、覚草ハ忘憂、紫苑ハ憶情、地黄ハ愈痕、朱却
邪ヲ護門、草ハ公却滄餓、登嬉、草ハ死歴却馳銃命、草ハ脹一丸
千戈不飢渇、楚火芝合枝、昼夜脛睹。。
鑊湯爐炭、湯冷鉄火輪火消　焚地獄現世安穏　霜ヽ雪ヽ氷解
紅蓮大紅蓮之水和宜　千林菓菓用、恒河流水之水見餓五百
餘甘之為一滴之水眼ニ不見、聞法聴性之力、四大海之水ニ勝
戯飛狗ニ鶏、脚干鷹ニ色未而令敬服、縁地相残害思、離三
途八難之苦悩、得六天四域之花報　極生善本

開ケ童洗輪徐扶分持戒明用冤龍不犯輪下蕉梼艤シ
輪賊春中華倫シ財蔵饒三年ニ食ヱ一日ノ松傾千年ヲ
葛藤讓上壽シ明水火刀賊削其影ヲ魑魅不捐害　況也亦隠
從人生人天ヱ無頼閑ノ　授其長命　天諸童子以為給仕刀杖不加毒
不毒害々百由旬之諸衰患　況也亦隠
八遊受楽
耽蹴鞠小弓圍碁雙六之俗興宴遊蕩歡悦充睡　徒月徒
詠遊心シ計ヱ和哥詩賦宴会散樹シ興只花李篇
聚積石以一条錦繡シ以八頭球隆シ青氷叩シ養吟珠

桃李之因雅之言麗則之音、詩令備聯之美浮景玉例非
妙弁音金鏘文章浩潔麗詩賦艶句之類言也
説出世法門清談興宴戯咲、彼不可優錦綾洪様之
遠鋒横見怒松焚繁雪之暁、分ニ疲心胸、味道日難、六十
小劫謂如半日、於法道遠者、数劫ヲ一歩ニ行況人性衣薬
和忍辱之眼者、羽人理条細、食法喜禅悦之饍甘甜常和味麗
讀誦字内之迦遊世第況為生禅床上普賢薩埵摩頂位行向
地路位、常和我浄橋也、之
離誑偏尋

欲見花風騒、欲翫月雲紀、魔与法強、振刀摘折、臨時、障、當境
煩、况東作之農火渇、果西禁之營薬色、人与大障、走上已欲燃
下開出細意光暗、空内静心風猶吹窓、何况観念誦暮讀経
罪ノ三障紛紜競起、三時坐禅六時行道内外遮障幾千万乎
如此退散冗数除却障碍、行住坐卧任力不能念々歩々断入道心
誦経之用
則又慶惜ハ住信光起信都活物子矣志在所花果年誦経逐歳
其面寺夜誦経々矣左右人々同夢老狗高声礼仏誦経之乎
告之又慶ハ告慚愧懺悔祈念乎孫夢龍樹菩薩示了幽前老狗

身已在法花持経者房常聞経仍轉狗身得人身果報暗誦法花経
餘習在身因茲夢見狗身云々。其後慚愧發露悉除遂往生矣　往生要集
誦経一心剋見三切　成尋請雨豊河優序
但馬国有一山寺造壊年久無住之人靭之容僧不知案内来宿寺
居東西長床及夜半時有穿壁入者其氣如牛臭氣其中小
僧竹花持経者一心誦経其鬼捲小僧以老僧一所刪剋食敢矣小僧
上壇抱一仏像高声誦経時鬼食老僧食了来小僧邊其僧弥
誦経念仏其鬼顛倒仏壇前〻明旦見之所抱仏者毘沙門見壇前
牛頭鬼三段切殺矣又所持鉾鋼赤血塗付〻　以世安隠

授記品　畧ス

化城喩品　〇〇

大通智勝仏道場十劫之間、白日夏日昇、諸天雨宝花、香風時

来萎花払地、法雲紛聳、妙花雨庭。

今叢之春花帯露貫玉錦、綾山之秋嵐吹折散錦臨

時添興、何萼何宴、何況月照清発風前、十萬叢林散花大い

瑞雲庭晴、六天各花降雨、雙林叢李之樹、須曼瞻蔔振

折曼達池色之花、優鉢蔓随梨析荎送十小劫、春秋遶持

来下之絶、三時六時逢節續紛乱墜、雜積吹之萎花、朝嵐

寶樹瓔珞文雨新花蓋立住行向地花雨し
妙ゝ其仏未出家時有十六王子ゝ聞父成阿耨菩提捨所玩好
し具往詣仏所ゝ諸母涕泣而随送し
十六王子小年之當稍仍稚之往時父大王被捨獨遊母懐之間
我等父既成仏聞諸子衆首着加会額繞捨出根莫宮床
皆成仏聞出生之世之難値ゝ捨珍玩好之見下十善方
豈之其母后中業而祖ゝ己義子細執諸父大王大巳智
勝仏之成絵時祖世己経捨恩愛ゝ旬制罷須閑夜為比丘
ゟ恐性勸因道環住誰人二人三人往下ゝ五人七人残有

一十六人姿衆併出乃憂、
付母后乳母傳、行々歎、入後宮、訪花遥郷遅、閏月驚、出市殿、
興月夜深程、依障一十六人列轅、衣査出都、二八王子並輿、
鷲山欲隠九重宮苣廣浦風偈悲、一万余路逸貴真美露玄流、
諸母涕泣之送長乗之遅、那苦地為随送之苦照陽之徹紀煙、王子
陟下遙遠千度顧不遂造、諸母撤上泣呼、不知恥家情出背
母罷涙悲泣之郷苦決胸、留恩愛留驕雖離、悦莫入莫方悲随
退摧谷苦留路遅、泣之請母、流之許送之其廻時而佳王
与一百大臣往地百千万億人民圍繞詣如来所供養恭敬

早説五言八句偈讃歎仏　（只行事偈請時作偈）○○

今昔衆生々衆生昔此悩集冥不務道不花域生死長夜恒沈長眠

六趣轉廻域諸天悦後流浪従冥入冥了

巨極冥々不見不知燃宅炎々不驚不怖憂歎貪出愚癡

楚多精廣衆就驚様命明鏡浮向儀好急長短不欲歡貪

海呑万流色香味觸不背境悦一大地獄乙一大地獄切惑罪不

窮悦三悪道出三悪道易生不改根王子想什小流生出家依

仏請仏作禮心

移東方五百万億諸梵天各与宮殿倶来以救一切咸上首

供養仏而散之花如須弥山之宮殿奉仏頌五言四句偈讃歎仏
引偈請付嘱　東南方之大悲如上首華之五言四句半偈讃歎二引
偈請付嘱　南方之妙什如上首華頌五言三引讃歎二引偈請
請付嘱　西南之下方六句略之
上方之尸棄如上首華十引半偈讃歎仏二引偈請付嘱
十方五百万億梵天宮殿光被召来驚振動集有様
緑空返鴈雲上並棲峯抄散葉任風切錦之晩三春之天衣飄颻
雲頭飛風七宝妙冠踏跳巾赫日東来西集上方落下下方
涌昇五百万億梵王梵天踏雲上来二万天子三万玉子来皇老

亘市散天花雲而雨積、盂須弥高峙、以供養仏菩樹林定
色界天人飛行来仙陵虚、帝釈、第六天王天衆御宮殿、赤楼閣
飛並衆亘、玉行舟扉赤真珠緑玉排白壁、明月殿雲上峙、飛楼
金剛五百万様々皇駆、未宮紫殿幾千億萬歳、雲集讃仏歎
歎声々迦陵鳥々響大千、他化散花色々景陽下景、仏潤須弥
我等諸衆生厳飾、見我厳飾合以奉出為、唯垂哀納受、乱以無功徳
善及於一切、我等与衆生、皆共成仏道　文　廿文法相記和讃之施善之禅衣[illegible]
廻向有三、廻小向大、廻因向果、廻自向他　文　念誦頌卯　正　散念誦者抱
毋常念小卯使不壊如其失念卯即故臣以其罪如退勝福之　〇　〇

〇諸根通利證十三達陀含浅、智恵明了真俗一実登正覚之界
法燈宣揚助法化首楊厳化用没利遍時、殖陀尸在弁說付進機、
白蓮八葉斉陀利開示悟入濃淡実如三千頬梨珠依正因果
継貫法花超八之唱一十六疾易通、妙法開三之理二八聴衆人実無
智恵門難解難入我之所味其中二品流布在厳代代実棟名経
六方恒沙衆来没法解三周之說之　訓於久　十六王子准之
今說在十方名経成正覚之
東方作仏一名阿閦在歓喜国二名須弥頂東南方二仏一名師子
音二名師子相、於十六我大通智年佉仏之

見王子十五人各称好世浄土し他方ノ弟王子尺迦篤獨留娑婆穢悪
之世界、阿閦仏東方在歓喜国、阿弥陀仏西方極楽世
界名ヤ多野ノ毛し本、女女世界衆生者ニ充満し受、罪業深重し棲者
海底為五濁底深大宅燻鳴鳴喚、八苦交横、依し八万諸仏厭捨
ヨリニ諸見、十五王子ハ捨我ホ遁離、尺迦世尊五百立誓願入大宅捨身、同
弘誓乱ヒの救護勵力、雪山童子ハ為半偈捨全身、広脳大士ハ行施
代鴿懸秤ニ、流同王挑眼、花歎王折骨髄之、四大海水猶可測、畳是捨身
骨髄不可称計、仏之我故、天色我愁他集身、我ホ我ホ遠ミ、仏不変我教
背流東西騁名利馳帰、栄著嬉戯営業路荒蕪、不顧佰伺闘関

犢不知雀躍蜻蛉蟋蟀蟬世々両生々受々尋々不從値我尊為他
時々流々何不入五百撰頭數手々衆苦海墜沈三千世界從劫千今大
宅熾莫過此度生来、無思因果理知、値優曇鉢花々何宿世
於娑婆之下、從三万劫一遍生死指窮在今値得本孔時飛昇從朔無
何時投今度沈墜篤上、者月日三千世界出突入矣来春秋無過
来際、沈流漂流、火宅燒亡無留无人、池水就鏡、居翁有畜槐富
光朗露路之名秀下来從度之娘。
今時導師知此下初、三色化引亡寅一両降此中有二知見已二向[illegible]之
山高峯其路路嶮粗瀬迥巌滑流渡峡関陰[illegible]寒窟[illegible]

含雪、雖列亂波激浪吞底、若菌夜吼高峯横天懸抄書上渡吞徹潭洶嶮巖峻下、三百由旬險絶流沙葱嶺兆物眺絶无人之處、然樊海纖門之下、雲波煙濤風旱眼將寒、嶺吞趣峯巖密雁居、心貫之而之為疲而不行、勞而疲極、猶人退還爲之化作城ツ重門高樓之閣荒林浴池之部、大門中門之濇腳腳小門腳門扉打含物庭立砂池取若泉水遣雨水立岩嵯峨雜内色之花蘂艶際烟荒中季之葉林木樹荷茂、驛廊立並、曹司房作次對霧殿並棟透廊部型殿側妻、車宿車寄侍大饗御厨大炊進物所、北西御厨出居宣之隔横之様、羅綾服並竿適色鮮

重寸露之倉分階閣味備蓋風暴火檣簑匣竹笠單緑苔之冬榛
歎火銚鐺釜飴儲被鉢提字竟之　多疲道至暁光夜長安疲極
是鬚鼠為識代城引之為気心労多樵万了怨尺疾遍有之云云名
何横家湘濱宮白跡今浦數琳琅毘崙山擲玉打馬斯閣
鳴調削金五種之云　○人斗依姓判之三界果報家内三百有余
同家内四百宮観因家内五百下文会辟支仏遠離生死之云即是更両明矣
見我内一百五分内二百五十分内三百書明内四百見明内會下会
辟支仏菩薩離生死云云　有
五百由旬為分段生死有我業内三百変易生死各見明者内云

百十地廿十善道所感十六類了又世千相資故合意五百　贊
又涅槃名不名為險有涅槃名非正能感変易之果為凡際也　之報　変易不能果報也　曰
三百由旬二百由旬作偽化城ノ実教ノ仏名ヲ名変所攝之教色又色方便
実報生死報変名五百苑攝之凡夫順下順上皆以無明ヲ五百化城
若真理爲変為三怪理云々
称過住地名五百由旬險難為三千界點三毒ア乃至一明之若化城
若麁義之時二乗所被理名三千界點為其前道樹之前大通之後
時分也實変為法花之時初住分證秘密義二百由旬若凡界已上
之故初住已前皆以無明也若為名二百由旬時分麁義被界之故

法花開悟之前方等般若当時相当、三千塵點迷難、迷道莫退大乙
故代城庵羅之前現前庵羅三毒業、三千切数ヵ時、頃三毒塵點
皆五百由旬對受苦作五位險難、所謂三千塵點時點迷難、三毒
常依三毒業流轉、三界之三業、辟三百由旬趣三百由旬至化城之
即庵羅前三千塵點即三百由旬險難三百由旬即三毒業之之
即一念心之之即心業前陰、受苦得經年ホト
夢中經多年夢語剎那間、夢之辨、無起長起故之訳者却無相
不可得之見前一剎那處之大之其功、依因業種、或說仏道長遠或説
仏易得之説、或短之无定也定短有定有短依達種善悪本性善悪説

[illegible]

五百弟子授記品

[illegible]

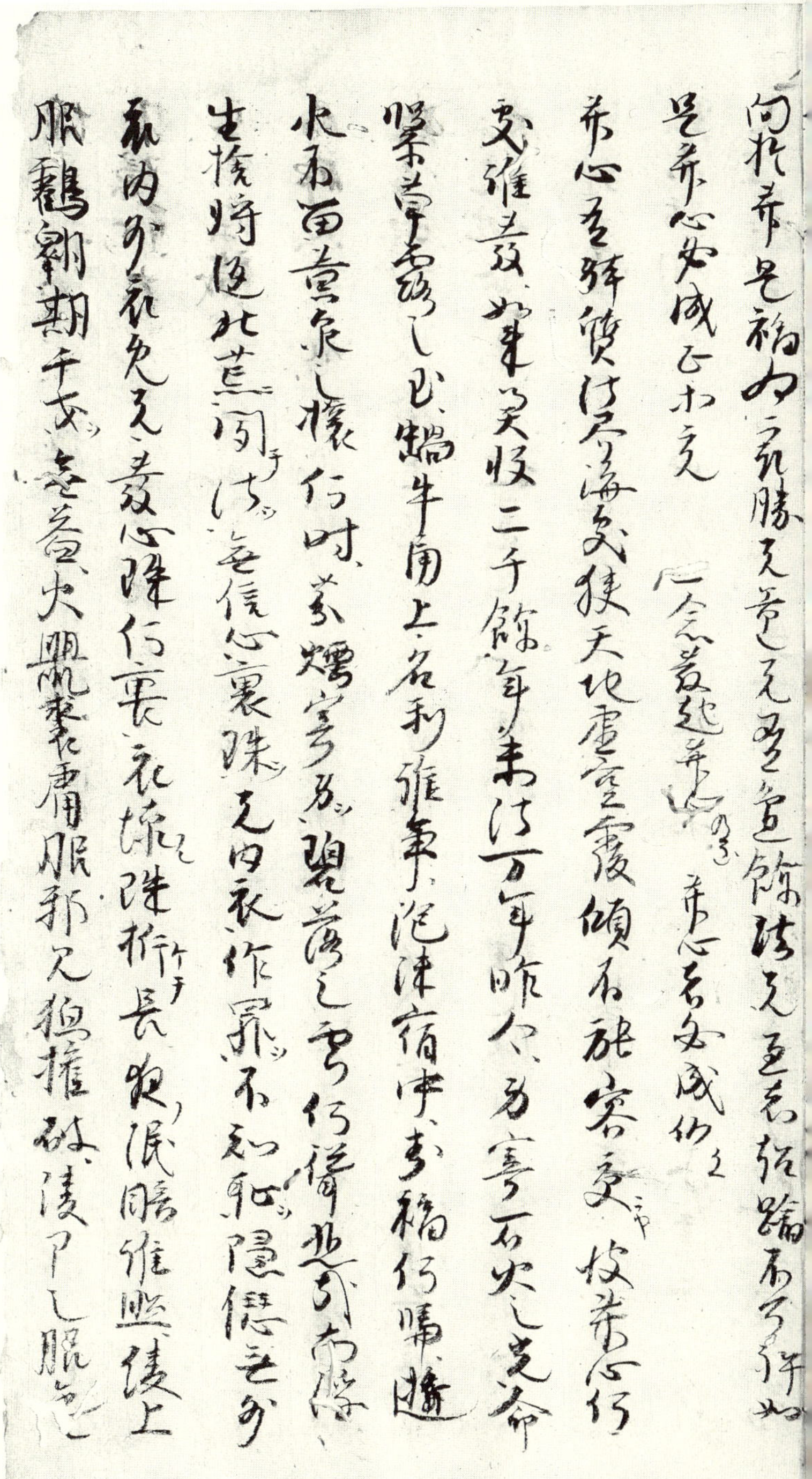

向於菩提樹下ニ取勝スル菩提ヲ至ニ道餘諸ス至ル於結跏趺坐ニ行如
是菩提心安成正覚之　一念発起菩提心（ノミ）　菩提心安成仏之
菩提心為誓願付尽海度救天地虚空震傾而施密受ニヤ　彼菩提心行
受難苦故如来累劫二千餘年未行万年昨今為寿一石火之光命
繋著露之命蝸牛角上名利難争泡沫宿中一身栄花何晴驕
火宅面苦為之檳行時紫燿雲為碧落之雲何倚抱歩布保
生検将復此莫閑テ法ツ無信心裏珠之内衣作罪不知恥隠懺無分
衣内分衣免之菩故心珠何裏衣懐珠柝長眠眠膳惟照後上
服鷄鶴翔千衣無為大顯飛来雨用服邪之独権破後了之眠無之

壊丈夫女定袖紅葉之衣ニ振ト遠近迷精従襟服前袖勢之枚
不隠有ルシ大梵天王三衆ノ衣冥常之香露袖間又極櫃圍七寶服五衣
之岩襟識一千世界虚一切手半銀窮切利天宮衣衣殊勝殿服袴中
為禅天菓衣文林樹果枝信果断悩一乗行衣並放并心三諦因謎
姓之果解脱之体上為引人理之様開示悟入之文従歓縁莫減除
色焼焼之炎不焼紅蓮之氷不結死如珍積之波不湿翔葉林之枝不
到殊本来常住之殊三界火宅不折除恒常不変之殊三千岩
顕不結闇因如之性成法王経蔵因果之心壊行之ミ文信三諦一諦
之理信果之衣内裏陸三業六情執罷断悩之衣外隠悪従之一切

龍降ト　敵使龍ニ遇其力降威力故ニト自威之
寶精　悦初発心乃至十地功徳聚是為所生菩薩胎是為覚為遊於母胎中ト
皆敬為随其身而作仏ト之
寶珠各三種　真珠
如意珠　随意所乳益ノ仏為　清水珠　能清濁水為所　之行為　吐金珠　下品擬一萬金比千人擬之
中品擬萬比一万億人擬所之
上品擬一万比天上億擬菩
瑞菱而三方　常住於大海　同此三昧　出生一切為　花厳經
日蔵光明大為　離闇光大為　火珠光明大為　寂光之餘光明大為
参　男光比三昧　天地悉除没　大海悉燒滅　三域皆安住之　花厳經
譬如随方為　正住請方説　譬如淨水珠　澄淨濁水之　花厳經
紺色二種　磬臥　光所觸之　離護大ニ尽　限於大虚　日月二氣暑登　水精　契ラハ　三日燒不　如意珠　赤色能除二ト火　緑色能除ト

黄色能消黄疸　紫色能除煩悩
付色能招吉福

無価神珠十徳　大般若

離人非人恐怖　不為悪鬼所持縛　離風熱痰癰病

在暗能作照明　熱時能作清冷　寒時能作暖熱

悪瘡癩病消除　国地寶満　清浄水見八徳

学
授記之学人記心
未有不鳴不出也

我所欲満

弟子等多者初于法同於説入之数三尊于歸依教流中羅嵐之广汚泥無

中口顔光明色ニ現ス七寳大車蓋作ス上廣覆シ宝眉様照ス者
時入滿月如半二現ス橋陳如比丘解脱觀常不如是シテ陳ス四天王立
比丘是名授記ス五百阿羅漢千二百数成仏阿羅漢我等二人被濃授
不入数弟子目連定恵大將尋流居乳類善意滿所仏阿賢守是[illegible]
北天竺在家端子端厳我太子時阿難長子入宮寫瓶上造仏阿大
海此流入阿羅漢心忍辱母一阿難八河掬弟多聞智阿羅陀七人達
心五天名萬三千同流解衆八万億勝五百数飛不迷授不背弟校
已易同宮不数入心見於是弟子弟者花光之記而始舟菓
肩北人中樹廣行迦葉光明之弟號觀滿月鶏足山　引例

流望之足
識可愛之人不愛、可下之人不能、因勢人歎之并
大公望遇周文、謂濱之彼豐面、綺里季補漢惠商山之月桀、
肩殷紂治天下治民浮隱、漢惠御宇曰饒也出之
文々アリ是仏子、仏体現示歎阿羅漢得仏法道体歎勝々々
福代也、大梵世尊息男女未當攝、於道法燈是則成就、護
持法蔵、一切世間天人阿脩羅所不知識、大名同流法故同三界
種福成仏可成三乗菩提可羅法辟見非遠修、五百千二
百歎不入、大會所慶曰流八下猶頂、一見歎勝者人不哀飢

則究竟不足也云々　当人為得記、望不究竟足哉　其一
次八相記別元々与物結縁也、夏既遂頂之故、未来作仏之事、於可
不知、但於記別事、使凡聞解知之、類於随喜信楽之縁、〻其因
依其仏聞其法之、得其益故也、依之、人天大会多歎不於聴聞随
喜之縁作究竟不足之根云々　其二
於聞勧因記別之、菩行縁、功徳為未来得度之種与物結縁方便　余ノ菩　云々
菩提樹之下、苗為宿、散用菓之使、聞切切因之記、於成仏得道
之縁、所以者、是諸衆生、未発菩提心、一聞仏名、決定成菩提、仏名聞十
方広、饒益衆生、一切皆悉根、以助天上道　云々

法師品　諸略

高原作穴、乾土作地、上原義指と下掘井向谷岸底尾と上求水、
崇山枝駈、大山ノ青石ニ上峻岑ニ接泉ヲ竹筧池ニ引力充益テ升
流生し心ハ諸世花名高原ト眠智釈名究竟摂、方於理唯如渇清水ヲ
高原陸地名流生し心乾燥し土苔、凡人し为ヽ此色心中ニ無仏性し
湿、即大地し底ニ有水、降花迷作悪業罪業之凡し、雖乾燥陸地掘抗
切積之修頑徳原、即類間浅土薩伽那凡陸地邦凡稠林枝繁ク上塔
後險乾土悪業ノ為不竟ニ曼生賊凡常し同、無記凡明住来怠中
釈恵、将凡乾土方ニ般ニ為ニ疏中道義帯於方便如凡湿土汀義倫

権之衛頭露正直之欲之天之道称見涅槃因果是故自果更欲渡清水云
諸法従本来 常自寂滅相 仏種従縁起 是故説一乗云々
石木中有火待燧鑽発焔大地底有水依穿鑿乃涅泉世尊如堀井
三道於中誰又一毫種類云
光明住地底涅水自本有云非色香触達之穿鑿於煩貪瞋
乾燥之地水不壊乾燥奔泉涌醒石底有刺山射乳泉於兵刃獣
参詳井激奔流於衣冠爛散即是道夫二瑕之後也於非道中通
達仏道穿光明住地之玄底諸仏知恵之水奔砕達三界火宅
之猶尖早於大恵之恵世流水不窮更盛通涌泉得悟不壊人之

権説逢直説之発言高不出自門之権、勝見劣古方便之之遠衛乱

須説意之前、知水必近回来之権、此弁亦有也

然文ニ如来説在衆多怨嫉之　約時久也

人我人皆於然作言、常下、妙法之理一乗之為何物然怨嫉何根

為急嫉之弁

六趣分道曲作異譲五住年広破法勝凡叶ニ衆多怨嫉之

南ニ以三権之読、未当六句之後権叶為妙法之儀也　例措代未極

之巻供敬長行偈頌之妙文怨ニ嫉ニ仏恩法花妙妙妙理、

世不ニ怨嫉但権教生、不読聞如宜、未読十ノ信東更抑之ニ

称多恐嫉矣、因此重述上文、我喜無畏於諸菩薩中正直捨方
便但説无上道云、若機堪悟之者依有恐嫉作怖畏聞未起上根
之弟子聞説、三之周喩説法、華有一箇長者大宅、奢燒唱廣略開
三之誘引五章六段了竟、始聞真是佛子之語、陳我定當作佛之
領解〈等〉 經付譬因縁之説聞、三周五段之説可記、聞記之時願付明之
段〈法説〉 依之上場五千在座、如来三止之可説、付不々説以之々恐嫉等
然身子目連諸聲聞之惡衆帯之去、付恐嫉五百[illegible]三周之聲聞
前之説内一乗之敎説、仏出世之本懐、道場樹下可悉説、如来大
事之因縁、尓可待請尊頭鶴立而我瞻仰経起悉念如是説之二八五説

根鈍着楽疵而盾如斯しヰ類ニ行為可度之
大船楼閣蚊虻作百重日輪赫奕嬰児寛瞻作年老設方
便於口味ニ樺池法於無帯八角閣浅ニ一示開解大ゼ為大悲無
餘年頌し設於凡夫見凡夫軌不可說計計ノ方便而如斯
於類ニ行為可度我常不說行懐入於果之　楽等答而此年我寛
智慧修達久默斯要不務速說之　依し説久指不信教乱し物節
為増上慢ヽとし即五千退せし類免歩疵ヲ為去是此如付起嫌年
妙分各我人当得亂偈し近日来け万年し聴人國浄賢國楠内
致随邪見林中　一句一文深肝ニ一行一偈入間　十万億仏而此大龍

成熟宿善生此人身し大宅信解釈義実了難悦東生寿遺塵
し受廿一日罪障山川時来汁洗滌し時二千余年送春秋半
乳為火卅信増黄儀轉法炊法恩回依弘性傳炊誰故但傍五百
歩得焼且懐大事一了流行時遠法妙道強流一味法火南桟哭矣
不八性久如来見故其能也哉如来則内八衣香後し有力猿酒仏巻
命他人説聞説取縁仏し所獲念し頂信力功積結果振力重猴叔三境
機然其時上与仏也宿分随為猿為猶し受出為種巻し柳七為境
紀境高居厳飾境中有安舎利之是如来全身法兄此羅瓦牀
仏巻為是不要近行轉蔣

一百八反下持朝念誦数珠不知六如空労間絶暮読経契沢
不被欲樵懈怠し失立者聴此経
丈夫凡僧御時勤、六根懺悔法行、此禅六時瑜伽壇場念仏三
昧諸随病業拖是様元身、只一字同妙法、躰入同経、是即霊猫
是即精進、祇優婆聴聞、是名持戒行頭陀者、断并発大心、寛字
菴羅果、三月時多成果時甚少、発心修行し人数、繁於牛
毛、得悟不退し類、尚希自麟角、弟子無智者階六住、値邪縁
廿之行、頭陀勤得四禅、起上慢入泥梨し底、但今此乃
我能生一念信解、一福得切経文有限、是如是切経持於何轉多取

只弟遅者兎是文二一句六問衆除諸煩悩一念生信ヲ都不退
弟非故撥除煩悩、為當聴此経、久作信有貴、聞経功徳、弥
尋思尋覚尋所以作不知、但向的放箭ヲ、十ニ八九不當、又ハ大地ヲ
的ト、百ヲ射ハ百當レ、撥無此義ヲ、根拠発起ヲ即欲求弟ヲ、也先易得
男女不愛人ニ云也、第元者不ヲ如彼此黙弟ヽヽ中忌業
辨惑業煩悩了懶随煩悩云行有業即弟ヽヽ不可求矣辨
生死ヽヽ不可欲而欲ヲ如此迷深ニ苦身同即除煩悩之迷鏡
一如法信乃備心行　云々
陣中打鼓、軍賊自破　春鼓
天鼓自鳴諸天乾暮　黙示微笔

若有得聞是經典者乃至菩提引導し道
菩提道在六度し行在昇弘し亂他仏豆三祇多他巻豆七百無常仏相同
被百劫於百劫方脆多百輪菱飾成至し装飾表し勤論迹苦切數
生千万或三貫十任位し行し恒河仏法門通學是橋流行只在
聞此經常喃東北筆財而請し行善明首飾菜色燒靡し勤人経
一句に偽しゝ此法一文ヲ持之代偽ノ隱辨ノ衆扇ノ携多巻狩於路中流歸
於背上ヘ若教引し恒河法門ノ積福功中聴聞ヲ所測ニ偈集ヌ之持
故に聞是經典ノ故菩引弁之道
欣狂又分明作儀て方殊道罷不知何り

各々或説名稱或説體性、同上所説一實并於名字中可達解了
知一切法皆是仏法々々
一實并名諸法實相々々々々名十界權實十如因果三千依正三千
歸本是此本諸法不同ル區離不出一實之理一實者即一念心々
々々名如来藏理之含諸法故名如来藏於名字中可達解了名理々々
上名之即妙法也知一切法皆是仏法名神力所以了如来一切所有之法
也所以言并名諸法實相者名妙法蓮花妙法是如来一切所有之
法依之同此名爲最甚万行自具信此理者恒沙万徳圓備説名
人有好信妙不説即如見我又見於世及比丘僧并諸菩薩即如是

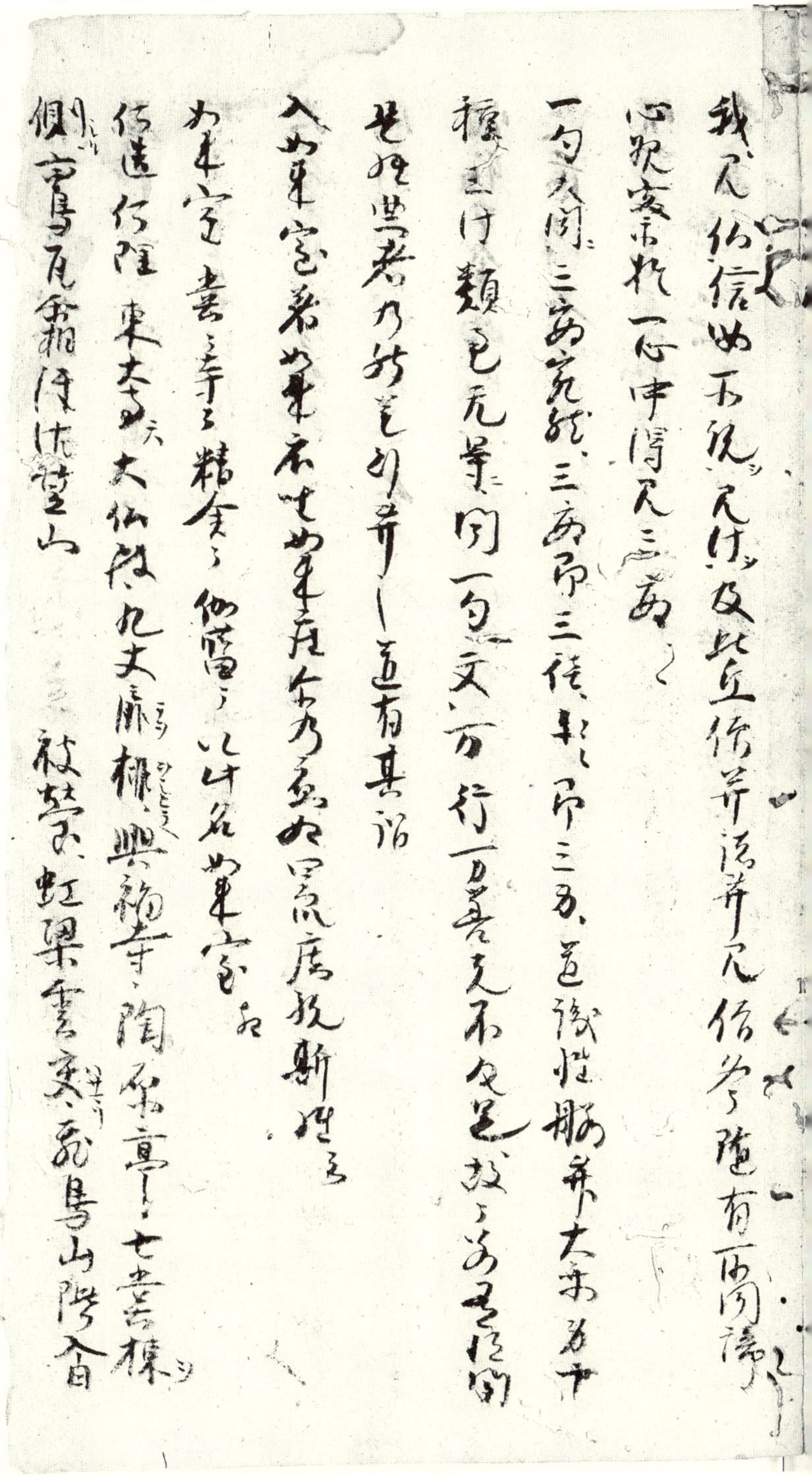

我人仏信心不疑ニ无作ッ及比丘僧菩薩尼信男ゝ随有所聞経
心歓喜不捨一心中得入三昧ゝ
一句入聞ニ三昧成就、三昧即三徳、報即三身、道識性般若大乗菩干
種ミ付類色无量ニ同一句ノ文、万行一万善悉不及是、故ニ如是経
是経無着乃能見仏菩薩道有其所
入如来室着如来衣坐如来座如是而広説斯経ヲ
如来室者寺ニ精舎ニ伽藍ニ以此名如来室ト
仏道仏陀 東大寺ノ大仏殿九丈ノ廊棟、興福寺ノ陶原宮ノ七堂ノ棟
側甍高礎相仮佐登山　枚棟、虹梁雲突、飛鳥山階寺

ノ藕糸ヲ索トシ、取テ孔雀ヲ縛ス、乗空而渡海、猶如蘭布豊金ヲ、興厳勿廿丈、
鬘ニ付テ嵩高山ヲ逢虚、質照月ニ尺々、般晴空ニ、郊平雲母ニ
如此宝塔ハ一切衆生中大慈大悲心是也　弁難陀
大慈大悲棟高殿者与不敢遠、大空聖地ニ上ル、広周竜因悪ニ風来、
同辞慈悲宮内十万郡機民一子ニ出生並ニ恵前四弘誓願ニ二乗
時竜ノ金翅鳥、彼宮ニ水火風吹起、凱大梵天巳居羞起、鳥宮大千内外
頂萬浄名宮内ニ禅仏大奈化方丈ニ、蓮台乱中大地虚空倍千丈
況如此宮殿、我付入道塢れ苦中掃引春蛄ニ、金翅鳥一念ニ而
金翅鳥　龍猟受業　彼鳥　衍向上霞居五由旬　水火風雨ニ真ニ安ニ状極而不被犯ニ

見寶塔品　　朱云和大略　乃字口

大事因縁方畢一期化儀本意遂渇也弘經歎美恨數弘勞

思食時雲丑就鷲山ノ菓樹モ未モ物哀上ヲ第城邊西木枝萃ノ菓心

澄スミクモリテ翠嵐打林間示語入馴ル呑流激嚴似シ知ルヽ水陰満月輪ノ満ル顔

緑山蹴シ連星同閉泉苔邊苺シ巖曝サラシ松舊カミサビテ万ヽ霊託コトワザ心靜席

風将趣海浣ル先動訛ル雨将下山石シ固從峯春日霞シ色ナシ此常峙

叢松緑シ樹遠何鳥哮シ囀羽息樹雲切シ呑様隠蔵ル并有ケリ

顯々隠故容々法筵處人天大會欲渇希音垂聴々他侍時覿名
欄附手許々間大地傾動上界城々壁寂塔榭湧噴瑠璃寶併光
明赫奕朝日拂雲霧飛路瓏瑠月出雲七寶二層五塔高五百由
旬靈鷲山菩薩涌出在虚空瑠璃柱透莫珠幕光麗赤莫
珠璫電窓並白壁明月珠光争白日龍幰飄外迎寶飛鐺刹
星虹梁迦邏二層雲楣五月五千欄楯瓏々石花枠花重珠瑜瓏
宮々千万重々帝青大青鍔鉾周遍法界四面皆出多摩羅跋
香栴檀樹風芳而懸其上寶瓔珞似吹瑠璃處㷔高下長短
二万里須弥八万半天懸東西南北一万里構婆七金峯崎三

崔雲峰七万里鉄圍之城雲霞峙十二樓檐標天卅六天舟霞閣
闢七十二宮青巖之石削成之奇
宝浄世界多宝如来乃従文殊之前初並座説明付花之乱流六度
宮殿之種万行成了寂忍紋幡鉾撓付要悦言宗播地涌出付地青天鐘
鐘懸因億莫模柱兆枯兆攀挙寧一寛天井檐壁兆纓幔樓
數丘求菩上長指往行向地井迴下他氣状離毒業我佛及卅八
正道場菩翻三空門之塵七弁才之餘韓瑪瑙田婁之現卅三天雨花
曼陀羅曼殊沙華四花八万度洲婁高香花次々雨降之
出大音聲
孤独父

歴偏遊女乳指子今根本柳葉造随分計努焼遊大定驚催馬
業初精臨時興路共巻宜嶋嚢努訖上辞月本隠弟音沙捕
行許心證衰同道命圍楽巻貨蔵春日夜之采陶翁行吟翔
此善賢久珠条円円況大稜係達之者大行向伽之翔書出大者
努之同大歴大千世界響宣甚哉之之之冒駈武也陵命之嘯
含平和大恵之風深大宅之熠浮宣町是真哉之雲晴澄明之月
澄上口交眼於雲路陪姿者二万里倒同於大虚妙者翔書大千界
九鵠相鵠之色之上弟城之虚韻哉鐸哉鈴之努之重龍鵞向之
瓷雜各時冒氏瓦塔同努悦在如含掌住一面戴異眼云々

大衆致問仏答之文如下讃之云
四百万億土国清浄瑠璃為地山川谿谷嶮岨悉亡黄金実道大
海江河絶煩巣明徹瑩玉鏡須弥鐵圍削名損無万億分穢
迷盧山四面百成卅三天玉毫無楽北地八功徳水十地并月澄三支
方田之洞授稱於他方四百万億之欲都権宰山海寶樹行之五百由旬
樹高寶庭蔭之高五百由旬葉舒花為森公之樹色香流膩
着之露為師之庭床光明耀瑠璃之地恵雲書之晴天寶瓏
翻照乎大千紺瑠璃之大地分為集廿於八方十方各之五百方億
照由他恒河分為孫仏千里更集万里馳八万香集之并

聞玉腰笙之柱返鷹音候領林鼓錦風葉眠交雲路心繋遠山之
晄満月輪シ為容ヲ祥衛光含山玉シ為儀美地静臨之
三界大国シ王々大地行ヽ高遠ニ百万億浄頗梨大葉ヽ不窮、
為千照由他世界碑為樹崎為居仏世其上光明美帰並月澄空
如夜闇中燃大炬火如皇照蘇妙燈宮内四仏世為並荘厳為雲
上千仏地現合影　除貴之行
是時諸仏皆遣侍者同許文殊居仏所与欲聞此為語ニ　訓羽文
爾時文殊年居仏ニ聞誠門ニ　訓
爾時文殊年世為上首成シ菩薩ヽ群顕在霊鷲山ノ石床ヽ

切浮雲住虚空中蹈樹仏光迴旋合一心歡仏歎欽羨旋合請
瞻仏時仏回万由旬雲上衛歸宿于多塔七宝之法幢花橋鐸鉾
踏色於塔下鋪紫之ノ令之解携真珠之ノ厳一行三昧之高縋チ
三界眼門之扉如却開鑰之響動大千世界同大城門之扉聡
亘六天上下覩連雲晩之多之ノ了踐雷平如大合之風之前合为石
輯金聚滿月輪臨蒼海
爾時多宝仏於宝塔中分半座与釈迦牟尼仏作是言釈迦牟尼
仏可就此座即時釈迦牟尼仏入其塔中坐其半座之
大円鏡之為下隆法宝之床上満月相貌令山並之粧多宝

善逝譲之故下説此之経部離文也為通寄也其中之経碍之肩右

仏説金剛今仏集分多故多命々多之故故多口　多表不滅文也不生　多表常也文也法也

幸使路樂不思議一

今此文是二如來口說在虚空　四天請加

四天請加把色之仏村衣観之文乾引之億玉寶鈴之路王

當雙馬上須弥之半天乗丁今一鶴遊日月之宮殿之弁

不思見仏聞法之悉不顧形我後身之校尚此御風路乗後直下

被人世寞之行許西向白山禅定峯路白雲是万丈三千世界所見前

急十二因緣心内雲說六天雲上観形観法七金山頂嚴然並以寛

衣寄光如一千六ヽし青天心遊中了曰性陀了察し其皆弁
漸上静行七為塔稍下二在為御前引しヽ乏勝歌ゝ戴眼一度作
頭二為並作し時亦　弁
巻了寛し宮作名文殊廿向毛又城し床上頂上尺已並在廿三
天快樂八千弁欽偈作咒仏与仏分在一代し送来又月与月一暮
大千走界桃作作大色多為並用陰髄伏咒分為弦仏列皇難森
吠瑠璃し青天為情為蓋儒濃艶即変情作し為地為樹ニ性流光
錯之　南山時鳳會思念古仏院会为精為塔於五百人仏弟分为
以太田於三及重階希考也叙名修雲矣但し中于仏先三為叙開

[illegible]

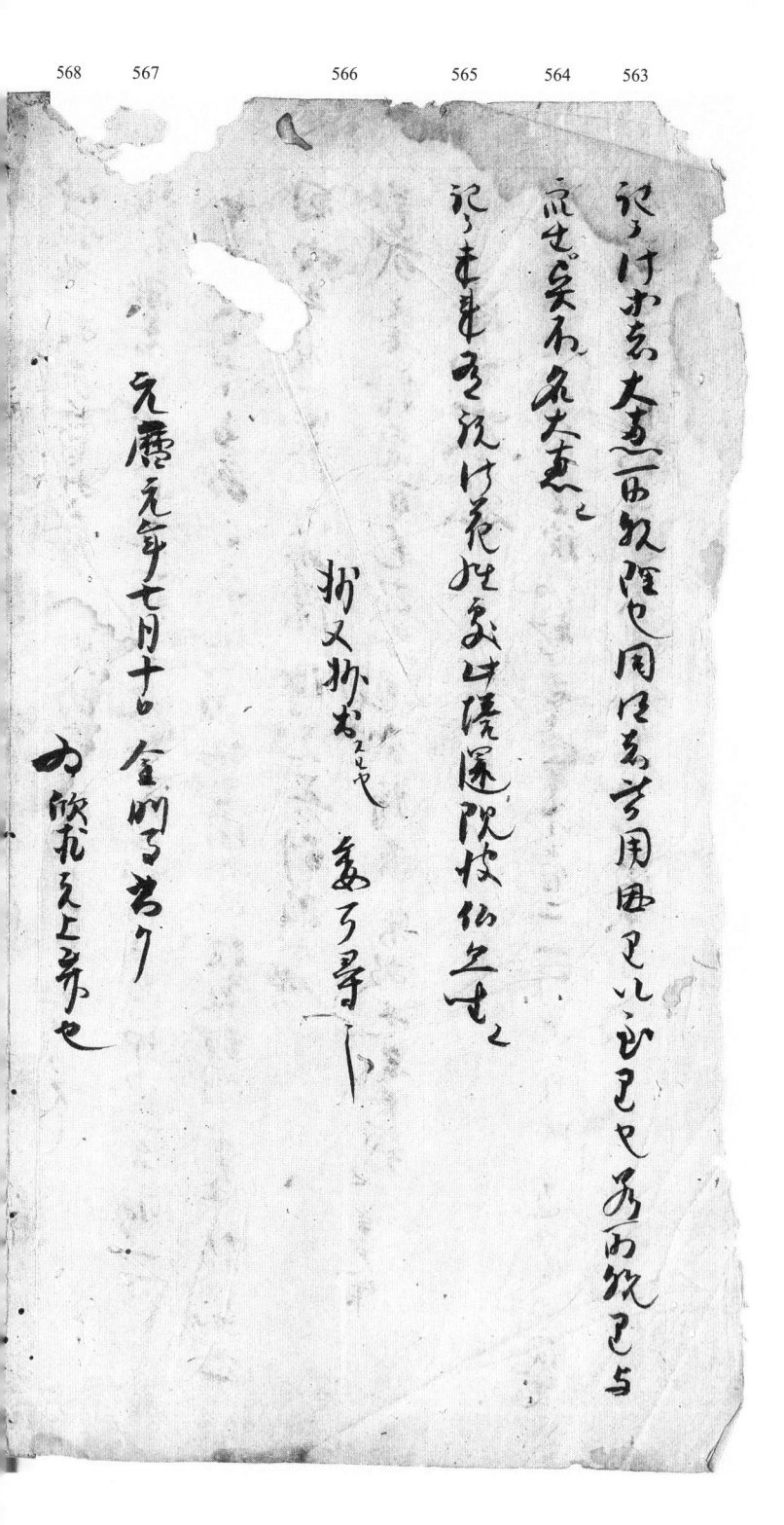

記ス付於為大悲一因縁涅也同ヒ為苦用風足ル記足也為雨飲足与

流也、災而名大悲之

記ス未来至現付花性変化境界院枝仏之也之

掛又称之也　　書了

元暦元年七月十日　金剛寺書了

為欣求无上菩提也

佚名諸菩薩感応抄

（平安時代末期写）

佚名諸菩薩感応抄　（表紙）

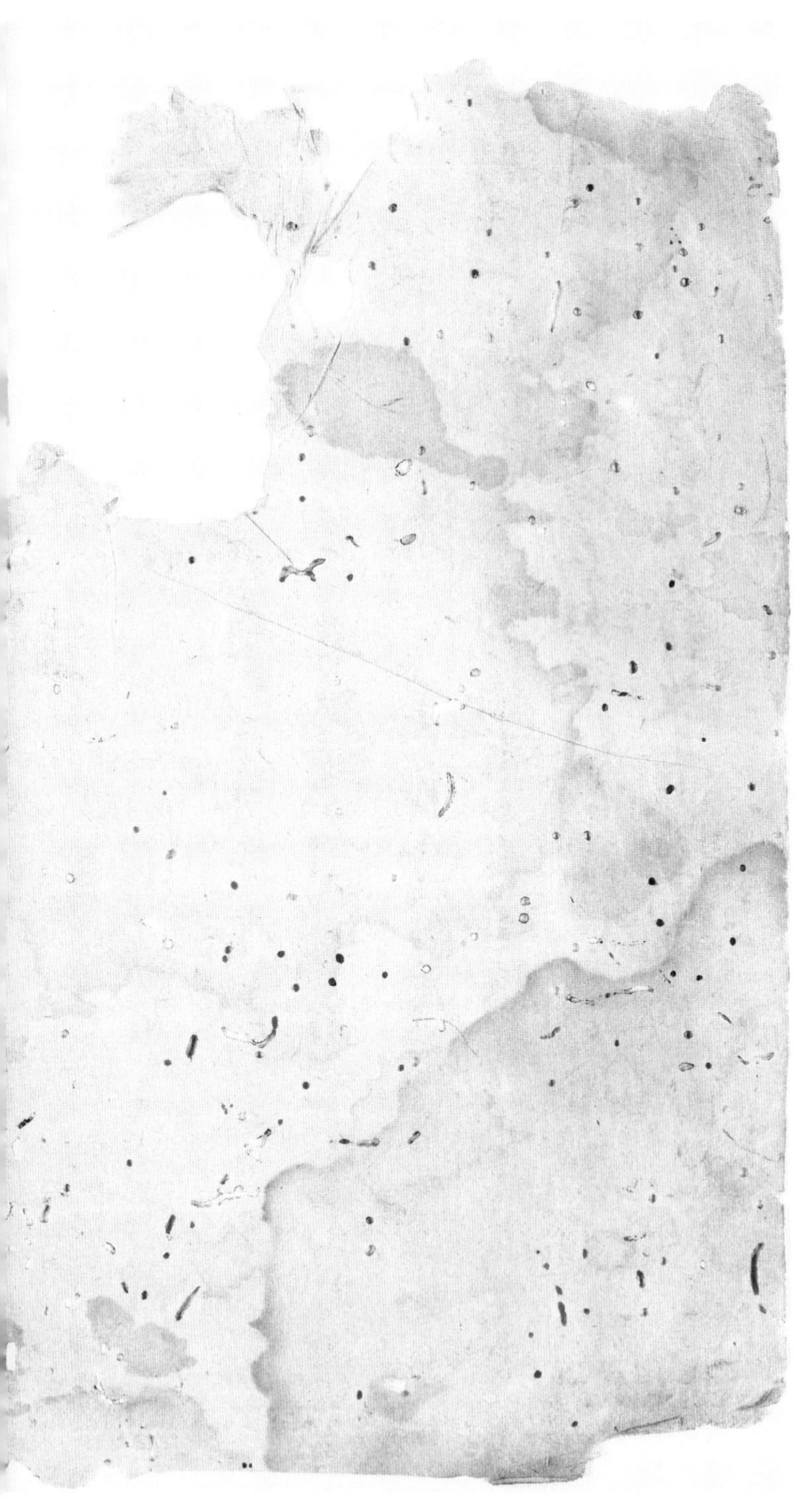

佚名諸菩薩感応抄　（表紙見返）

菩薩

菩提心者[illegible]願舍利子菩提心者无有過失不為一切
煩惱之所染故菩提心者相續不絶不為餘乘中而證故
菩提心者堅固難動不為異論不能牽奪故菩提心者不可
破壞一切天魔不傾動故菩提心不可搖動必能觸證諸
仏法故菩提心者妙善安住於菩薩地善安住故菩提心者无
有間隔不為餘法所對故菩提心者譬如金剛善能穿徹

仏淨法故𦬇心者勝善平等於諸衆生種欲解无不等故
𦬇心者最勝清浄持不染故𦬇心者无有塵垢發明恵
故𦬇心者寛博无量含一切衆生持故𦬇心者廣大无邊
如虚空故𦬇心者无有障导令无导智遍行一切処
大悲不可絶故𦬇心者應可親近為諸智者所稱讃故
𦬇心者佛口□□能生一切諸仏付故𦬇心者發起遠之〻
一切善□□𦬇心者發起諸願由戒浄故𦬇心者難可
摧壊由信□□故𦬇心者不可制伏由正勤故𦬇心者究竟極[illegible]

縡由依一念人贍慮故共心者乞人不遺之由恵資粮善
円満故[illegible]於
菩提心功徳云々 有無辺方分 周遍虚空界 又能容受者
恒河沙数等 諸仏刹土中 假使布珍宝 供養於諸仏
有能一合掌 迴心向菩心 其福過於彼 無際不可量 文 同
若初発心者 擎頭当作仏 已過於世尊 應受世供養 文 摩訶衍 論
若復有人燃於大燈如須弥山等七宝於物又量世供養
諸仏是福徳聚不如有人至心慈悲菩提心 文 大集経

如恒河沙不可思議　滿中妙寶持用施　雖有如是之无量福
不如慈悲發菩提心　无量億不恒沙仏　除妙衣香之供養
如是福德猶不如　發菩提心不退　文同
過去未來現在仏　一切衆生及有情　分別能服不能盡
發心菩薩功德　菩提初發菩提心　廣大之人无边之有情
大慈大悲發一□　何况菩薩餘功德　文　花嚴經
菩薩□□初發心時　一向求菩提　堅固不可動
彼一念功德　深廣无崖際　如來分別説　窮劫不可盡　文　同經

假使熱鐵輪　在我頂上旋　終不以此苦　退於無上道　文　報恩経
生死無[illegible]仏　而於自他之利益　寧發於地受大苦
非以不發受苦業　文　大集経
若於人中不受苦　不及地獄百千一　縦受三悪無量苦
亦不退失菩提心　文　同
當知諸仏一切功徳皆在初發　調伏心中　譬如無牛則乏
醍醐　若無發心則無仏道　為𦬇發心則仏道不行　譬如有
樹則有花實　文　花手経

一切衆生発菩提心我有生因我有了因。未生因之所也
大悲〻一切覚付悲為根本〻
出家之人発菩提心為不難在家之人発菩提心是乃名為不
可思議何以故在家之人多衆因縁不纏繞故在家之人
発菩提心時此四天王乃至阿迦膩吒諸天皆大驚喜作
如是言我今已得人天之師〻
若有菩[illegible]人上菩提心即得名為無上福田如是菩薩
勝一切世間之天及諸衆生〻

若諸菩薩得解脫分別法於不法莫執世界色无色界
常願生[illegible]於世界　文　（已上優婆塞戒経）
无量无数劫　常行无上施　為饒他一人　功徳超於彼　文花厳経
如須弥山饒益一切此菩薩心利衆生故是名布施波羅
蜜因譬如大地持衆物故是名持戒波羅蜜因譬如師
子有大威力獨步无畏離驚怖故是名忍辱波羅蜜
因譬如風輪那羅延力勇壮速疾心不退故是名勤策
波羅蜜因譬如七寳樓觀有四階道清涼之風來吹四

門要安穏楽静慮法无礙満足故是名静慮波羅蜜
同譬如日輪光耀熾盛此心速能破壊无明闇故是
名智恵波羅蜜。譬如商主能令一切心願満足此心能度生
死険道獲功徳寶是名方便勝智波羅蜜譬如浄月
円満无翳此心能於一切境界清浄具足是名是願〻〻〻〻
譬如轉輪王主兵寶臣随意自在此心善能荘厳
浄仏国土[illegible]徳広利群生故是名力〻〻〻〻譬如虚空
及轉輪王此心能於一切境界无有障导於一切平等

得自在至灌頂位故是名初〻〻〻 又 敬勝二種

感徳〻[illegible]右蓮花但二子寶意宮上以偈問金光師

子遊戯如来言

云何為供養 无上両足尊 願説其義趣 聞者當奉行

花香衆妓楽 衣食床臥具 如是等供養 云何為敬勝

尓時彼仏即為童子而説偈言

當発菩提心 廣濟諸群生 是則供正覚 三十二明相

設満恒沙刹 勝寶荘厳具 奉献諸如来 及歓喜頂戴

不如以慈心　迴向於菩提　是福為最勝　无量无有邊
飲法无邊者　超踰不可計　如是菩提心　安隠正不文　文　般若経校記従
假使忽得卅二由旬七寶大蔵不如一言稱讃菩提令人
信解　文　菩提福蔵経
發菩提心一日一夜廿家修道二百万劫不堕悪趣常生
菩薩以文勝妙業得値諸仏文殊記曰金剛荘成正覚是道　文花厳経
若以天人[illegible]齋香餉捨施如大人　不如暫発心供養
可賞生仏養　非无上仏養　若発菩心　是人正仏養　文一切法高王経

発心畢竟二不別如是二心先心難自未得度先度他是
故我礼初[illegible]〃大経
一念発起菩提心　勝於造立百千塔　宝塔終壊成微塵
菩提心者成発心〃心地観経
又曰又教切　書行又上施　若能化一人　功徳超於彼〃花厳経賢首品本
若不能於又是仏不称諸尊揚則不能発菩提之心〃大集経

菩薩名義
能覺衆生［　］所覺者故名菩薩能悟人所睡眠衆生故名
菩薩滔ゝ談随順并之法故名菩薩　又　大集經
得菩提故名爲并ゝ性故名为菩薩於大利ゝ事故名菩
薩欲知一切法眞ゝ故大慶處憂故以足周故多度衆生
故不惜身命故是名菩提能行　又　以ハソ利經
以何義故説名并能諦知一切衆生法故名并是人不可思
畫大首故名并又令衆生不可思議法皆不可有故名并充

所有発菩薩人所顕示菩薩ハ菩提人二人号不過不殊菩薩
求菩提菩薩ハ何謂為菩提人一切法故名菩提菩薩ハ以菩提故一切
諸法皆菩薩　又花手経
為有情類把菩薩ニ有菩薩故名菩薩性也又云一切法於能不執着
故復名摩訶薩　又大般若経
菩於諸行有通達菩提而云性離名菩薩　又曰
以能如是〔　〕法住通達諸法名菩薩故又人有情菩提而云即
是菩提以持以能除遣一切真故以是菩提而以能了達一切有情

此云覚者又曰
菩提人御道道随道人和大菩〻〻流引是故名菩薩
埵又曰
純随覚人之人薩埵人薩埵性韻薩埵性故名菩由人薩
埵除薩埵王故名菩又曰
一切有情引菩行不知不覚人読法覚人性不名菩又曰
菩提人義利不求下薩埵有情哉悲不度寸依弘誓
故名菩以二双故名菩薩。又覚是不求下有情是自所

利他菩提之有情故名菩提成菩提已為求薩埵云勇猛捷
不憚勤時求大菩提有志有能故名菩提二字依主又菩提之薩般
菩薩埵謂方便如是二法能利能業一切有情故為菩提足
菩薩埵戒及初諦皆持菩提叙ゝ菩提如前已皆菩提依居八地
已上為前前小及二乗依故云二乗菩薩元着般若論ノ
於菩提有七種大皆名廿名二ノ頌薩埵ゝ
云贊

菩薩念衆生 愛之徹骨髄 恒作欲利益 猶如一子故ゝ 涅槃経
一切地獄中 經於無量劫 為度衆生故 而能忍是苦ゝ 花厳経
上士恒勤苦 自善他安楽 及他苦哀嘆 以他為己故ゝ 仏会
如餘処中不生三宝 三宝要生於大海中 於閻宝中
不出三宝 三宝要従菩薩生ゝ 大集経
以菩薩宝能得仏宝 得仏宝已 則得聲聞辟支仏宝 菩薩仏
宝 是故菩薩名為宝聚ゝ 同
見一闡提於随地獄 之願与俱生地獄中 行ゝ故是一闡提

為受善時我生一念彼拔之心我即當為説種々法令彼得
生一念之善根是故此地復名一子文 大経
所謂菩薩憐愍一切衆生故雖復處在阿鼻地獄如三禪樂文同
等心如地荷負一切於善於悪無所憎嫌亦心如水洗諸垢穢
養育長而除煩惱熱渇亦心如火焼諸煩惱大悲光明無所不
壊亦心如風無所不飄或周遍流遍遍於三世亦心如空離
月清浄遍入一切而不随塵文 寶積経
若捨一悪人　則為背仏恩　是故悪衆生　不應於中捨

若人於无量　阿僧祇劫中　而修習仏道　大悲為根本
若貪欲心　真悪怖畏心　於一可度者　是妨仏道根　又十住毗婆沙論
没恒沙地獄　不畏大菩提　若起自利心　是大菩提障
其有衆生　縁諸菩薩毀罵之者　菩薩徳故　不堕悪趣　又如来秘密経
若諸菩薩　所作善巧　无有一心一行　空過不回
向一切智者　譬如三千大千世界　所有諸物无不皆為
有情受用　如是菩薩行深般若波羅蜜多　一切所作善巧所
縁悉皆无不饒益　趣向菩提　如是菩薩所縁悉皆无

有一付不趣菩薩々々 大般若

菩薩見彼行善法向菩薩去生已不い々曰

三退屈者　菩提廣大屈　萬行難修屈　轉依難證屈

十方世界諸有情念々已證菩提果　彼既丈夫我亦爾

不應自輕生退屈　我已趣向道經多劫　无利勤苦尚能超

修行小行得菩提　大利不宜生退屈　博地凡夫初發心

尚證速證菩提果　我既修行經多劫　如何退屈却沈淪々々 標論

發不修集而發語言不起此語言所引義利爲无義利

説其菩薩云々不観視他好悪長短平等憐愍而為説法。
知是不退轉菩薩 文 大般若経三百廿五
花香不説蓮風重々 蓮風流美遍諸方 勝善之士名遍十方
説蓮風重 花香不来 文 他会
若不退轉菩薩摩訶薩此常人身中恒无八万戸虫之
不侵食是諸菩薩善根増上出過世間故身形内外清浄
故又虫類侵食其身 文 大般経
常不遠離大菩提心身心威儀往来入出挙足下足心不散乱

乱行住坐臥又作方等懺悔修行正念云々同

所有聞説生滅有五諸行人我見有徳乃又因果此涅槃

滅當知之随順解脱分善如是人得場有平生知其究竟

先有徳子々 仏会

無量無数劫解之即一念知念亦非念在間无量人会

不動於本處一念遊十方无量又遍劫常化諸衆生

又云説諸劫即是一念頃亦不令劫短究竟刹那付々 出寛花厳

文殊

文殊師利大聖尊　三世諸仏以為母　十方如来初発心
皆是文殊教化力　一切世界諸有情　聞名見身及光明
並見随類諸化現　皆成仏道難思議 文 心地観経
若有住家見文殊師利則為見仏所説法處應起塔想
若有衆生聞是法者当知是人積諸徳已 文 宝積経
我之所集一毛孔中不思之福聚設河沙等諸仏尽了満争
説之之所无有 文 同文殊

若於三千大千世界其中所有一切衆生皆施楽具令之百千
億歳不如施於文殊師利一衆生所得福勝　文　同
雖於未来世當成仏并受教如恒河沙未為済首之所
同　代　文　菩薩起於弥勒諸也
文殊師利悉傷一切衆生之類不断仏教　文　大集経於
若復聞是二人名者見観喜因如見自家聞彼名故常
同四趣或以戯咲或随順他或為名利　及外道或於定
禁五逆同罪之同四趣　之　若今現在及未来世在販邪難

諸比丘怖畏皆悉蒙護於一切衆怖畏悉滅天龍夜叉。
毘舍闍衆悉不能作々　二人者文殊　失撰也　失撰於
若今世尊告文殊師利復說於法若告已說令諸〻人宮
皆悉聞敬元反風德使魔波旬憂惱不亂令諸〻人衆悉
菩薩諸增上慢者破增上慢。佛法僧種相續不斷々　宝積経
若有得聞此文殊師利授記法門及聞文殊師利名者是
則名為面見諸仏。若有受持百千億諸佛名号若復稱文
殊師利菩薩名者福多於彼何以故稱於百見仏名何以故彼百

千億那由他仏刹塵数衆生及文殊師利於一切世界所作饒
益之日
文殊師利即入攝散諸三昧之力故即時三千大千世界
百億之宮殿樣狩故暗冥若將毀壞其處已現光照世人令
一切魔不集其上而各自見身中骨髄已羸痩拄杖而行諸天
女寶之服皆老母之一切魔王自言世尊我於寶之受百千万
億諸佛所不曾聞彼文殊利之菩薩名何以故我即聞
是文殊師利菩薩名時便大驚怖從若衣向身時世尊告

諸魔天言。文殊大士凡所開導利益衆生億百千仏前一向来
依今以不作當亦不作唯此文殊師利去来現在當為衆
生造斯大事衆生歎已是時魔衆　文同
文殊師利乃能久遠成就如是降魔三昧三昧力故令彼
旬及諸魔衆髪白老耄形老傴僂一切斯也　文同
我能堪任於諸衆生随所須加老令満足　文同
妙徳𦬇
聖曼殊童子　五字秘密法　以此三昧者　疾入諸仏妻
能以凡夫身　是成就仏身　文
五字陀羅尼頌

衆生性浄故　諸佛大菩薩　無相應法界　現成諸聖身
即於一性中　便成寂正覺　若随此法者　應作如是信
或起於一念　言是我凡夫　同謗三世佛　法中結重罪　文
我是諸佛語　号為文殊師　若人无所念　首楞可得知
此是諸如来　般若波羅蜜　能於諸忍敬　威汝今為寂　文　一切如来同一　童子為文殊
汝今真是三世仏母　一切如来在昔行地ノ皆引導初発
信心ハ是自随七同方支成正覺皆日ハ文殊ゝ為其母知
令修凡夫頂力故頭并相請同如来ゝ　乃至　就於

百千万尊後不聞為王阿闍世説法決疑其唯濡首能為
斯王決了疑網文出普超經
今吾觀頃十方世界不可稱限不可計會諸佛國土今現
在者諸佛世尊同号能仁悉是仁者濡首所勧或号咸聖
或号明皇或名所勧或名鏡光或謂離淨或謂文勝今我
一切若過一切宣揚道説諸佛名号濡首大士所開化者轉
于法輪不可稱限文同
文殊師利所有大願狀態無邊百千億那由他劫之所説

有〻花菩薩

令對一切衆　發大菩提心　爲一〻衆生　擐盡未來際

受無量生死　爲作大饒益　脩牀菩薩行　救諸衆生苦

汝今若遠離　起於貪欲心　及嫉妬恚恨　則諸十方仏〻　寶積經

霞蓋王將於當來作佛乃至〻文初發亦不以頌偈也

若有衆生但聞名者除十二億劫生死之罪　若禮拜供養者

恒生佛家　若稱名字　一日七日　文殊必來　若其人有宿

障　夢中得見　所求圓滿　若見形像者　百千劫中不墮惡道

若行菩薩心者必得見文殊菩薩有受持讀誦名者設有障不
随行所極悪猛火常生他方浄清仏土云々　文殊表経
多羅聚落梵徳婆羅門子右脇生初生之時其家如蓮花云
我所集功徳　廻向施衆生　究竟菩薩行　至无上菩提
悉供養過去　現在十方仏　願未来世尊　速成菩提道
普荘厳十方　一切諸仏刹　如来坐道場　菩薩衆充満
令十方衆生　除滅諸煩悩　深解真実義　常得安楽住云々
三世一切劫　悉知一念際　一念中悉見　三世諸如来云々

神力遍遊行　大乘力普門　慈力覆一切　行力功德滿
功德力清淨　智慧力无量　三昧方便力　逮得菩提力
清淨善業力　降伏煩惱力　壞散諸魔力　具普賢行力
嚴淨佛剎海　度脫衆生海　分別諸業海　窮盡智慧海
清淨諸行海　滿足諸願海　恭見諸佛海　我於劫海行
三世諸佛行　及无量大願　我皆悉具足　普賢行成就ヽ
已上文殊發願經
如斯无量等像[illegible]所見諸佛剎土若有人以妙七寶滿彼

諸刹塵数施供養一一如来各尽未来際若菩薩於此所説功
徳仏刹法門受持読誦及説其以随文殊師利所学行於
七歩此二功徳比前七宝布施功徳百分不及一乃至算数
譬喩不能及云々　普見仏国大荘厳也云　宝積経随
我以無量天眼所見一切衆生為非是我勧発令得菩提我
於菩提後不應證為我要當満此一切願然後乃證無上菩提。
文殊師利成仏之時号為普見若諸衆生見彼満仏者必
當得阿耨菩提普見如来唯除本願仏若我願於及威度悩有

同其名一皆名之當得菩提彼佛刹名随願積集清浄
圓満云々 寶積經 亦方因也 文々在彼刹中ト云
大智徳勇健 乃至 令速成菩薩 云々 法花經
此文殊師利法王子若有人念若欲供養修福業者即自
化身作貧窮孤獨苦悩衆生至行者前若有人念文
殊師利者當行慈心行慈心者即是得見文殊師利 云々 文殊涅槃經
此妙盡佛法 讃文殊功徳 三世一切佛 同讃不思議
我今讃少分 文殊無量徳 若有諸智者 能起一念心

佩法畫此像　所獲福德无量　於彼之生恭敬　一百有俱胝劫
以畫立蓮花　於其諸惡業　觀敬童子像　報障皆當滅
在同中所有　諸惡類衆生　不信有三寶　放逸破戒行
不擇一切衆
隨於泥梨獄　焚燒湯火惱　轉輪受諸苦　經歷无量劫
若遇此畫像　敬發一念心　折其暫瞻視　我此刹那頃
須臾不散亂　由發歡喜心　此諸惡苦業　一切皆當滅
獲得福无量　何況行善人　於彼清淨身〻　文殊師利寶藏陀羅尼経
能畫四文殊像　其福不可説　十方恒河沙　尚有知其數

畫像福徳力　无能知其邊　同
文殊大菩薩　不捨大悲願　變身為真童　或冠成為所
或為小男衆　遊戲邑聚落　或作貧窮人　衰形為老狀
示現飢寒苦　巡行坊市纏　求乞衣財寶　令人發一施
与満一切願　令使發信心　信心既發已　直修六度行
領萬諸菩薩　居於五頂山　放億衆光明　人天咸普覩
罪垢皆消滅　并得文持付　同
此陀羅尼八字密藏是如來藏甚深方經ニ名文殊童

子云發覺八宗明了經云若善男女我滅度後法欲滅時受
持此經讀誦書寫・當知此人現世安穩獲得十種果報何才
為十一者國中无有他兵怨賊侵擾相嬈二者不為日月
五星廿八宿諸悪変化災異三者國中无悪鬼神才行
諸疾疫善神衛護万民安楽四者國中无諸風火霜
雹霹靂才難五者國中一切人民不為悪家而得其便
六者國中一切人等不為諸〻厄所逼七者國中人民諸横
死者身不値悪〻行〻諸痛病苦无非時風異損苗稼

五穀熟成有果豊足其者善龍入境及時降雨非時不
雨名花菓木类皆茂盛以天人類時々下現无有旱澇
不調之名十者國中人民不爲虎狼哭獸諸惡雜毒之
所損害　文　月
若有諸國王　欲往他方國　入陣攙鬪戰　書此陀羅尼
八字真言句　頂帶及身上　心常懷憶念　不爲惡家害
刃杖不及身　願有殊勝法　能伏他兵刀　更畫文殊像
五髻童子者　騎其於孔雀　安置於幢頂　或遣人手執

使令〻霊正行　諸賊遥望見　亦知皆是菩薩　或取金銀等
造作童子像　置於幢上　將入戦陣中　諸賊寇畏等
應時尋退散　或速失本心　敗壊自降伏　本文同
人王及非人　今當更諦聽　我今更重説　文殊此頌行
一切諸世界　有佛國土處　大乘所流布　皆是文殊力
十方國土中　菩薩及聲聞　得菩提證者　皆是〻〻〻
九十五種輩　於仏苦行共　得生非想者　皆是〻〻〻
生欲諸天等　受持五欲樂　受命得長存　皆是〻〻〻

諸脩羅王等　遊行周心海　威力勇難當　皆是〻〻〻
天帝并脩羅　於其大海上　鬪戰无怯怖　皆是〻〻〻
諸龍无怖難　不攉金翅鳥　解脱恐畏愛　〻〻〻
諸女衆福號　不被熱悩燃　方於得清淨　〻〻〻
大威金翅鳥　能噉諸脩變　入腹悉消化　〻〻〻
大梵大自在　下至四天王　救護諸人民　〻〻〻
功徳大夫女　能満貧窮者　衣服諸珍寶　〻〻〻
二人并童子願　一切十方佛　尚不知其邊　何況凡夫類〻同

若佛刹中无文殊師仏不出世非文殊師利不能成就一
切衆生廣大善根 云々 宝積経
十方世界中 有仏无仏国 大乗而流通 皆是文殊力 云々 支経
文殊是一切如来般若之蔵之母也 云々 心地観経
発菩提心 斗米登五山 滅无量罪 得脱悪趣 今仏為得
生浄土 云々 基山也 付胎
文殊大聖尊 十方諸佛師 帰依供養者 超供養諸仏 云々 文元通
我昔雖仁師 今為其弟子 二尊不並出 故我為弟子 云々 並尊引経

十方一切諸仏如来時説法時普放眉間白毫相光来照其
方従頂上入　文　花厳経
文殊師利其行廣大其願无邊出生一切菩薩功徳无有休息　文　同
出此臺山一境上下五峯不論道俗乃至足践一塵一石罪位
滅生死之罪俱託此等當来必獲無上念之力　文　化佛證道義之文
尺迦云昔閣崛山誰之所造是文殊者之從何出迦葉
答云文殊師利一切菩薩文殊所出　文　普超

感應

照果寺解脱禅師値遇文殊感應縁

五臺縣照果寺ノ解脱俗姓邢(刑イ)年七歳常誦法花并作仏

究大親追尋文殊於東臺之左再三逢遇初則礼已尋失

後時親承音旨脱請問文殊曰大士如何利益此世愚凡

無智闇信難化衆生文殊告曰我一日三時入破諸衆魔三

昧破此大千衆生魔莫入智慧三昧破愚癡暗付地獄中一々

地獄苦具悉作仏身放光明照[illegible]付地獄罪[illegible]説施歓令罪人不施

入口化為火炎唯我所施能益身心生天解脱入畜生道説
降愚癡甚機皆令發菩提心文（脱）問曰何故作此化度文殊曰畫
我形像我作乃至一念入南天華易可化度自余故作此度也
以自業故難可化又問如何作此梧於文殊曰以往昔我形像三寸許
遣善ヲ孤既歎今須親礼口感諸仏頂身流付文　應感録

文殊化身為貧女縁

古傳昔有一貧女遇齋赴集自南而来凌晨届寺携
抱二子一犬随之身无餘貲以剪髪以施未遑衆食白主僧曰

今先欲令汝遍歎化行僧之許有命僅少饒三倍賤云々
令貧女二子但是女曰大々二當与僧勧後与強女曰我腹有子
更須以令僧乃憤然語曰汝於僧令死然若是在腹未
生女爲須令死々令去貧女被号叫時雖地條我化身即
文殊像大力師子吼即並弟及于闐大王文与一雲氣寶地
偏空因留偏曰共利連依共甜瓜微帶甜是我起三寶和
被污師嫌弃流偈已遂隠不否見在令僧責元不驚嘆主
信根不識息心欲刀刺自咽人共勧之方止今仏責時等歎歟

貧窮之人ニ感遂ハ貧女カ所施ヲ接於菩薩手或雲起而盡違塔從養
矣　同

阿育王造文殊像感應縁

昔阿育王依於此州學鬼王制伏龍衆更深地獄出人
為説之文殊現處鑊中火熾水清生蓮花心感悟即日毀獄
造八万四千塔遠之形像其数二八万四千也此古東晋之廬山
文殊念像此其一也　同

文殊師利菩薩得名縁

文殊師利菩薩旧云妙徳新云妙吉祥之名有二初就現在因縁歎名此菩薩有大慈悲生舍衛国多羅聚落梵徳婆羅門家其生之時家内屋宅化如蓮花従母右脇而生身紫金色堕地能語如天童子有上宝蓋随覆其上具十種吉祥感應有故名妙吉祥一天降甘露二地涌伏蔵三倉変金粟四庭生金蓮五光明満室六鶏生鸞鳳七馬産麒麟八牛生白㹀九者猪誕龍豚十牙象現以此等因縁彰名二種勝義之名如金剛頂瑜伽中菩薩力普持一切如来文殊為一切如

来詣東方及一切如来神変遊戯之由種妙吉祥故名妙吉
祥也　同

五臺縣張元通造文殊形像縁　新録

張元通信心貞固菩薩願造文殊像高三尺安置堂内香供
養至夜三更梵僧有三手執香爐来至堂内遶像三匝
忽然不見敬菩薩信心供養香花明日之西像放光至五更通
夢見十方諸仏菩薩集堂内以妙花供養形像之是我本師以
敬師故奉供養諸仏正以妙環路供養元通以信心造我

師像故来諸菩薩通夢中白諸仏言十方世界造文殊像及
能書之者諸仏皆向其家而礼仏言十方世界所有千万
我等皆従仏菩薩之所以故我等菩薩是文殊教化力也所有
帰依文殊者超過帰依十方諸仏所説偈言
文殊大聖尊　十方諸仏師　帰依菩薩者　超菩薩諸仏
説是偈忽然不現道俗見之而来還々喜之念々世界々
通在之々時隠居不語注遺書収竹箱専後之々後人披見之々
其像移照宝寺霊験見在矣

文殊他方如来之文

北方過卅二恒河沙刹有国名常喜仏名歓喜蔵摩尼

宝積若有聞是如来名者、此獄因同四重之罪有持

是如来名字今現在及未来遠離野陰難徒怖畏

悉蒙護。一切八部諸悪鬼神不能侵嬈。仗大元有了

縁之代一文殊之人老病之苦之名。仗如来之文殊師

利是也　大橋一人羅於

文殊自在如来之文

乃往過去久遠不可思議阿僧祇劫爾時有仏名龍種上
尊王仏名平等覚如来其人即文殊師利王子是也　首楞厳
文殊師初発心之文
過去久遠過七十万阿僧祇恒河沙劫有仏名雷音王東方去此
七十二那由他仏刹有世界名元生雷音王如来於中説法了
衆有八十四億那由他菩薩二倍有王名普覆七宝具足於八
万四千歳以上供仏具供養如来初発心於仏前説頌云
今對一切衆　發大菩提心　為一切衆生　擯盡未来際

文人是也　為作大醫王　備修菩薩行　救諸衆生苦
從今若遠離　放於貪欲心　及嫉妬恐怖　則離十方佛
爾時廿億衆生隨逐彼王學菩薩下心令並得阿耨菩提作
佛者也為報恩文殊師利背代眷護於佛所唯有一佛号
持地山過下世恒河沙佛剎有世界名持地於千今彼佛時
普覆王今文殊是也　出文殊經
　文殊來集經佛時文
文殊師利成佛之時名普見以何義故名普見以如來於

十方无量百千億那由他諸仏刹中普令一切人皆諸宗世界性
仏名号、女它当得阿耨、菩普見如来従来取仏為我取在及
我、成度有聞其名之者、女它当得、菩、於仏刹為随願積
集清浄国満、在於十方、文殊師利言我仏刹中積集无
量妙宝而成厳、以人民摩尼妙宝間錯荘厳於十方界而
未曾有甚、又難得如是宝名、仏勝界中説不能尽　同
文殊本生之文
又云、久遠劫有仏名宝威徳、有長者名一切施、有子名義説

在母胎時母信敬故[illegible]及其子受三帰依又生已年至八
歳父母請仏其子見仏生歓喜心及仏作礼即能除却百万
億那由他劫生死之罪是之後値遇百億十二[illegible]恒沙仏之値
三万摩尼宝仏之値百億海檀二尼宝仏口授時重云我讃文
殊師利是也　見仏三昧経

文殊授記之文

文殊師利白仏言世尊我以无量天眼及見人量天恩説仏
剎中一切衆生並成我初発心決定菩提授我識令皆[illegible]

持戒忍辱精進禅定智恵今得阿ゝ菩提我於菩提不在陀
而我要於當満廿一仏願如得乃證无上菩提　宝積経
文殊師仏国与極楽国土勝劣
譬如有人析一毛為百分以一分毛於大海中取一滴水斉阿弥
陀仏刹荘厳如彼大海水斉普見如来仏刹荘厳ゝゝ　宝積経
文殊師利初生云々文
又仏告跋陀婆羅此文殊師利有大慈悲生於此舎衛国多羅
聚落梵徳婆羅門家其生ゝ時家内屋宅化如蓮花従母右

臍而生身紫金色随之地祇語如天童子有七寶蓋随于後甚
上　報恩經　十吉祥花列其一

清涼山得名所由

清涼山者即代州鴈門郡五臺山也以歳積堅氷夏仍飛
雪曽無炎暑故曰清涼五峯聳出頂無林木有如塁土
之臺故曰五臺海東文殊傳云五臺即五方如来之座也之
菩薩頂有五髻　清涼傳　表我大聖五智之圓五眼已浄然
五部之真容故首戴五佛之冠頂分五方之髻運五乘之要

清五濁之哭矣　此山磅礴數州縣五百里天鄰常岳隈
嶫嵥嵥天右控洪河縈廻帶地北臨郡野限鬲陘之
國方南擁汾陽作神淵之勢勝迴環日月蓄洩雲龍雜積
雷憂駿而亭々花萬々寒々風冬々列廻而玲奔千名丹嶂ノ
横開峯疊起排空之處險峙逢物々々流抑蘿巖危岳
造化常之扶白雲氣布凱淨練於長江杲日熾昇認扶桑
於大海云々

本願堂因縁　（安置文殊像三尺）　一間四面檜皮葺

件堂在根本中堂之北、是定深阿闍利之建立也（先是学生房　阿闍利本様本願）

（堂行因縁）幼少之時喪父（文）之後、依継父主禎頼（名）矣、殊依悲母哀之尋師、

令依付七年九歳登山、依有学問之志、造立文殊像、以奉

数十五歳剃首、限千日参詣中堂、夙夜不怠、日数既満、

休息之后、依徒父之請、適以下京（也、以之後歴十箇年、当寺四ヶ年、更　好以下京、件亭者六角冨小路相伝）

（恒生之家主観　之三但居不知）頭（かた）令之此亭鬼魅来、依此以取凡人々、各二病悩、

仍為令降伏、去比叡請皇慶阿闍梨、令修不動供、之不晴

有智寫於阿闍梨之撮同時打磬念誦唱礼一月之遠七箇
日之間其行計二人如並煙願蒙明畢遂又其験被結願畢
仍内々祈件所石指呼也被師奉之生年九歳之時後于今十
年聡推势出奉来除煙付年蕩是後之行行力降伏要之年継
又亜示之僧侶者不之年步只依信心蒙実妙者也以卑之祈
禱之處歌示此旨敬礼瑠璃應之詞定源奉告元売坐之宮家
哀思惟是非他像然我之計而已仁世利難者專在斯月矣
伏乞我山三寶大士文殊並加護信如此祈念之況及尊星未補

空腹頓臨瘦之后其枚數下有契調和歎之禅師垂哀入乞
飲侍自今已後可避此処之定深問之此是何物也不欲蒙示
飲者果可取瓶恩蒙之我此地定也命依禅宗之祈願蒙護計
之侍多旅為燒仍依願之石可移代我速可令避除從我取力
者石見有輝此唯以上依可及巖者也之深詮之勘責不能堪
恩蜜窟穿枚數儀現頂面色亦如大眼耀如星從口出火其矣
成猥雄可數年無不燒物辟除解侍之後天明見其我夜
矣成玉立色文錯大小有差元有孔穴内衣文殊鏡光矣金

纒之後ハ瓶容其残入袋如如付於摩訶文殊腹内遣此仏
蓋安置件像是号本願堂云々
寛弁春二月之

那爛陀寺戒賢論師以法蔵依文殊實告差病縁

玄奘付師恭已付蔵之方事師資務盡其敬頂礼讃歎訖已

蔵命付師坐問従何處来報従支那国欲於師學瑜伽

經論聞已啼泣喚弟子覚賢令説已三年已前病惱因縁

覚賢曰和上去今三年已前有患四支拘急如火焼刀刺

之痛意猒此身欲不食取盡於中夜夢天人黄金色謂

和上曰汝勿猒此身々是付器修習雖得汝過去曾作国王多

惱乱衆生故招此苦當自悔責礼誦行道通已付其患可除

直欲不令捨之、終不得了、又已受身還復受苦、猶如車之輪迴轉
死息後三年餘有丈夫因信欲來於此學諸論已竟在路次
之待之為說法付授彼人得已當轉流通以此功德汝罪自滅
我是曼殊室利菩薩慈汝故來相告語當依我語今日已後所
患之當斷除与語已忽然從空來示之斷則安隱　云然行状

佛陀波利入金剛窟

佛陀波利者唐云覺愛北印度罽賓國人亡身徇道遍
觀靈跡聞文殊師利在五臺清涼山遂涉流沙躬來禮謁以

唐高宗大帝儀鳳元年至五臺山南梁思陽嶺見林木
于雲景殊勝内心欣悦五體投地向山頂禮曰如来滅後
衆聖潜靈唯有大聖文殊師利於此山中汲引群生教諸
菩薩口伏乞慈悲普覆令覲尊儀言已悲泣雨涙向山頂禮禮已
擧首忽見一老人從山中出来作婆羅門語謂波利曰師情
存慕道追訪聖蹤不憚劬勞遠尋遺迹然漢地衆生多
造罪業出家之輩亦多犯戒律西土有佛頂尊勝陀羅尼
経能滅衆生一切悪業未知師頗将得此経来否波利報曰

貧道直來禮謁不將經來老人曰既不將經從來何益縱
見文殊亦不可識師當却迴取此經來流傳斯土即是遍奉
衆聖廣利群生拯濟幽冥報諸佛之恩也師如取得經來
弟子即示師文殊所在波利得聞此語不勝喜躍遂裁抑
悲淚至心禮敬擧頭之頃不見老人僧大驚愕。返還西
域取佛頂尊勝陀羅尼經至永淳二年回至長安具以事
上聞高宗大帝遂留於入内請日照三藏法師及勅司賓
寺典客令杜行顗等共譯唐本勅施僧絹三十疋經遂

留内中僧奏曰貧道捐軀委命遠取經来々之碩並濟々不
以財寶為念不々帝遂留新翻之於還僧梵本乃將詣西明寺
訪得通梵語唐僧順貞奏共翻譯帝可其請波利遂對
諸大德与順貞譯訖波利持本再入五臺山永傳入金剛窟
于今不出僧順貞等具波利所述並譯序之於首云々

法照和尚入化竹林寺

釋法照者南梁人未詳姓氏唐大曆二年二月十三日南嶽雲
峯寺於僧堂内食鉢忽向鉢中見五臺山佛光寺東北一里餘

有山〻下有澗〻北有一石門覺乃入石門行五里許見一
寺題云大聖竹林之寺文之方法心極駭異〻二十七日辰時遥
向鉢中盡見五臺山華嚴寺了然次觀地皆金色無山林穢
分明澈池臺樓觀衆寶莊嚴文殊大聖及萬菩薩咸處其中
又現諸佛淨國食畢方滅心疑益甚因歸院諸僧究是問
有人曾到五臺山否時有嘉延曇暉二闍梨應曰其甲曾
到五臺山佛光寺安泊与師所見頗同然知之未
發心遊禮至四年夏於衡州湖東寺高樓之上九旬入念之

仏道場及六月二日未時五色祥雲遍覆諸寺雲中現諸樓閣々中有数十梵僧各長一丈執錫行道衡州挙郡咸見阿弥陀及文殊普賢一万菩薩俱在此會其身高大然状皆涕泣致禮洎酉時方滅法照向晩行道場外遇一老人年約七十告法照曰阿師曾発願向五臺山今何不去法照曰時難路險若爲去得老人曰師一可急去法照却入道場重發誠願夏滿即往五臺禮謁大聖是秋八月十三日自南嶽与同志十人来投五臺山果无留難至明年四月五日到達

五臺縣南遙見對佛光寺南有數十道白光峯ニ而咸觀六日
詣佛光寺棲止宛如鉢中所見之寺是夜修了月出房戸
忽見一道光從北山下來至法照前師處遂入堂内乃問衆僧
曰是何光相僧答云此光常有大聖不思議之光法照聞之
即具威儀歩尋其光遂至寺東北約一里有山々下有澗
々北有一石門乃見二青衣童子八九歳顔貌端政倚門而立
一稱善財一名難陀相見歡喜問信禮訖法照云何故多時
流浪生死照来不見遂引入門向北行將五里忽見一金門

樓可高百人兼有棟樓衛之門所方見有寺々前有大金
橋金之條題号曰大聖竹林之寺一如鉢中所見周円可二
十里中有一百二十院々中皆有寶塔莊嚴其地純是黄金
渠流花菓充満其中法照入寺至講堂内見大聖文殊
在西普賢在東各拠師子之座説法聴其身及座高可
百尺文殊左右菩薩萬餘普賢亦無数菩薩圍遶
法照至二聖前即於座下稽首禮已問二聖言末代凡夫
去聖時遥知識轉劣垢障深煩悩纏蓋佛性無由顕現

法照諭不審修行於何法門最為甚要易得成仏利楽
衆生唯願大士為断疑網時文殊師利告言汝今念仏今正
是時諸修行門無過念仏供養三宝福恵雙修此之二門
最為甚要所以者何我於過去久遠劫中因観仏故因念
仏故供養故今得一切種智是故一切諸法般若波羅蜜甚
深禅定乃至諸仏皆従念仏生故知念仏諸法之王汝等應
當常念無上法王令無休息又問當云何念文殊告言
此世界西有阿弥陀仏彼仏願力不可思議當繋念諦観彼

因念无量寿命終之後決定往生彼仏国中永不退転速
於三界疾得成仏説是語已時二人大王无量歓喜手摩付
其頂而為授記説已念仏故不久證无上正等菩提若男子若
女人積頂疾成仏者无辺念仏則誡速證无上菩提盡此一報
之身定超菩薩説是語已時文殊大士為説偈言
汝等欲求解脱者　應当先除我慢心　疾妬名利及慳貪
去邪如断不善悪　應専念彼弥陀号　即能安住佛境界
若能安住佛境界　是人常見一切佛　若得常見一切佛見

即能速離諸煩惱　若能速離諸煩惱　則能了達真如性
在苦海中而常安　譬如蓮花不着水　而心清淨出愛河
速能速證菩提果
於是文殊師利菩薩又説偈言
諸法唯心造　了心不可得　常依此修行　是名真実教
普賢菩薩又説偈言
普願我及一切衆　常應謙下諸比丘　忍辱守是菩提因
無瞋亦捨諸致報　一切衆見皆歡喜　即證無上菩提心

爲依此語而修行　即去佛剎從心現　悉能廣修諸行願
運接一切諸是情　速離愛河登彼岸
法照聞已歡喜踊躍　疑網悉除作禮已合掌而立文殊
師利告言汝可往詣諸菩薩次第巡禮　法照受教次第巡禮遂
至七寶果園其果纔熟可大如盌即取食之味甚香
美法照食已身意泰然迴至大聖前作禮辭退還見
二童子送至門外禮已舉頭遂隱不見師乃愴然倍增
悲感遂立石題記今猶在焉　[illegible]

文殊三摩耶之文
尓時世尊復入文殊師利菩薩法三摩耶所生加
持金剛三摩地已從自心出此一切如来大智慧三摩耶名一
切如来心ヨリ説密語跋折羅底瑟那 三合 纔出此語時於一
切如来心ヨリ彼薄伽梵執金剛以為劍而出之同一密合
入於毘盧遮那佛心中便爲劍鞘既就已住於毘盧遮那佛
身中出現一切世界微塵等一切如来智慧不及一切如来神
力遊戲已由極妙吉祥故及金剛サ埵三摩地極堅牢故同

一密合ハ文殊師利摩訶菩薩身頂体就已住於右手
毗盧遮那仏心以高聲作是言曰
我是諸佛語　号為文殊聲　若ハ无形色　音聲可得知（以諸仏法）
（方本文形色深成リ衆故ハ音聲　説陀羅諸仏語言即文殊聲也）尓時文殊師利摩訶菩薩従右手
心下之依一切如来右邊月輪中住復請教示尓時毗盧遮
那仏入一切如来語業三摩耶金剛三摩地已次一切如来以
陸荘三摩耶以盡遍虚空界以陸一切者攝及一切女手
恒享用故即ニ成就一切如来随順音聲円満恵ニ乳上妙故

彼金剛覺於文殊師利二人行歩廿歩如上於雙手按之乃
執以其金剛劒揮斫已而高聲唱言
此是諸如来　般若波羅蜜　能破諸惡歟　戲羅中及究
故并左手持梵夾般若祕自性清淨右手持劒表殺苦用
除衆生煩惱惡歟　金剛頂

普賢
若有菩薩聞普賢行常能履行清浄法界當知是
等功徳如仏能出无量如来剎海於一念中悉遍十方能
現一切菩薩所行其身内容一切剎又一念中示現三世〻花厳経
普賢悉在一切仏剎坐寶蓮花師子座上普賢身力丸挽
如虚空之依於如〻不依仏国文同
普賢身相如虚空　依真而住非国土　随諸衆生心所欲
示現普身等一切　一切剎中諸仏所　種〻三昧現神通

一々神通普周遍　十方国土無遺者　如一切刹如来所
彼刹塵中悉亦然　文　花厳経
清浄仏刹無量劫修行普行之所成就無量劫中猶尚不得聞
我名字況見我身若有衆生聞我名者於三菩提不復退転
乃至夢中見聞我者亦復如是。若有衆生聞我時習浄
仏名者必得生浄仏刹善財童子逕由親近一切仏在家殿
塵數等諸善知識所得功徳於見普賢菩薩所得功徳百分
乃至算數譬喩所不能及　文　同

不於三密門不行普賢行得成仏者无有是處 云々 仁王
為捨命之普賢并諸仏菩薩皆加護 云々 日
普賢菩薩名 諸佛第一子 我善根迴向 願皆与同彼
身口意清浄 自在莊嚴剎 遍成等正覺 皆悉同普賢 文殊菩薩 頌讃也
一切衆生皆如来藏 普賢菩薩自体遍故 云々 大般若経
恒順衆生者 謂盡法界虚空界十方剎海所有衆生種々差
別 我皆於彼隨順而轉 種々承事 種々供養 如敬父母
如奉師長及阿羅漢乃至如来等无有異 於諸病（病）苦

作良醫於失道者示其正路於夜闇中爲作光明於
貧窮者令得伏藏平等饒[illegible]益一切衆生何以故菩薩若能
隨順衆生則爲隨順供養諸佛若於衆生尊重承事則爲
尊重承事如來若令衆生生歡喜者則令一切如來歡喜　事
普皆迴向者所有功德皆悉迴向盡虚空界一切衆生願
令衆生常得安樂無諸病苦欲行惡法皆悉不成所修
善業皆速成就關閉一切諸惡趣門開示人天涅槃正路若
若諸衆生因其積集諸惡業故所感一切極重苦果我皆

代衆生彼衆生等得解脱究竟成就無上菩提。
我常随順衆生　盡於未来一切劫　恒修普賢広大行
円満無上大菩提。
我能深入於未来　盡一切劫為一念　三世所有一切劫
為一念際我皆入。
速疾周遍神通力　普門遍入大乗力　智行普修功徳力
威神普覆大慈力　遍浄荘厳勝福力　無著無依智慧力
定慧方便諸威力　普能積集菩提力　清浄一切善業力

摧滅一切煩悩力　降伏一切諸魔力　円満普賢諸行力
普能厳浄諸剎海　解脱一切衆生海　善能分別諸法海
能甚深入智慧海　普能清浄諸行海　円満一切諸願海
親近供養諸仏海　修行無倦経劫海　三世一切諸如来
最勝菩提諸行願　我皆供養円満彼　以普賢行悟菩提
一切如来有長子　彼名号日普賢尊　我今回向諸善根
願諸智行悉同彼　願身口意恒清浄　諸行剎土亦復然
如是智慧号普賢　願我与彼皆同等

或復有人以深信心於此大願受持讀誦乃至書寫一四句偈
速得除滅五無間業所有世間身心等病種々苦惱乃至仏剎
微塵數一切惡業皆得銷除一切魔軍夜叉羅剎并鳩槃
荼并毗舍闍惡鬼神悉皆遠離或時發心親近守護々諸
仏菩薩之所稱讚一切人天等應礼敬々臨命終時最後剎那
〃一切親屬悉皆捨離々珍寶伏藏々無復相隨唯此願王不相
捨離於一切時引導其前一剎那中即得往生極樂世
界到已即見阿彌陀仏　云々

十方所有無邊刹　莊嚴衆寶供如來　最勝安樂施天人
經一切刹微塵劫　若人於此勝願王　一經於耳能生信
求勝菩提心渴仰　獲勝功德過於彼文　已上花嚴入法界品四十卷文
若衆生有未種善根及種少善聲聞菩薩猶尚不得聞我
名字況見我身文　花嚴經
法華經行閻浮提有受持者應作是念皆是普賢
威神之力若有受持讀誦正憶念解其義趣如說修行
當知是人行普賢行文　法華經

從諸佛法而出生 已同 如來願力起 真如常等虚空界
海已淨治諸行海 普賢廣大功德海 遍往十方親近佛 一
切塵中所有刹 悉能詣彼而明現々 花厳経
普賢菩薩一々毛孔常出諸佛在處及諸菩薩遍滿十方之世界
之的往來々 初語
我當以神通力守護能受持普賢菩薩名者 付花

感應

窺沖法師造普賢像免難到彼岸　録

窺沖法師者交州人也志是達到彼岸即發願造普賢
像祈請普賢大士有恒順衆生願是之捨命追誠者交
感夢普賢白寫摩沖頂之後有識者将往彼岸為有留
滞我又救之夢覺欲去共与明遠同船而流南海忽遭惡
風欲堕羅刹国沖專念普賢其像現船上風静向師
子洲又復遭摩竭魚難沖專念普賢其像現船上大、

冥合口示去処難到師子因更向西外度見貢聖付師
苦指中外度礼拝樹更到竹林園山頂二俠如夢見普賢之
吾依聖力満足不破獲六根浄又今世根注遺也ー

秦安義造普賢菩薩感応要趣ナ　同

秦安義者高陽人也従少至長殺鷹射鵰以為家業
一日一旧殺不知幾千月至月歳至歳殺生都不可計竹下
邪見之人之安義好殺身无善亡年五十有八忽在二病
病濃血穢身臭気不可親附義帰日本之付見病一ゝ

顖皆似鵄觜生希有心呼男女見時ノ仏鵄觜見告
親厚凡有一所見時ノ仏鵄觜嘴ノ如動余時駆使者請
渾道後汁呼凡明其状後曰此人鷹鶴罪報之積現ヵ
尚還一所喙貪自悔悔方甚難救療後問女義曰ヵ心奈
何答ヵ心如春肉目見元鷲鳥獣摧鉗啄啗骨肉顛師見
救療後日現昔ノ如此從後於昔頂擁其罪義云頂楽菩薩
祇後日造普賢像一万写謝徳斯如之頃間絶気絶穌厚像
澄後勅造祇像於普賢城三日二万體之大喜初見馬頭牛頭

怒目搵制之海黒悪象人而欲之生鳩雛未離汝方咀嚼彼
肉麻羊未者在之廳舌之訴沙分各畏命王依抜状遣使召向
不可支振尸返縛四丈入火車中忽将逐逢中元李何大値
一人沙門猶摩其身勢昔歎是息遂至王之廳至王之廳見百千
万億衆歎切械枷鏁面縛反縛罪人今時失沙門来王従
座起合掌而之沙門入廳就座次入坐沙門見此人是我檀
親属久借養我而其罪将放赦之王問師而言不可堅推今
依所欲有情想方召勧之甘如何沙門曰朋友知識在人間

及依懺悔迴向使諸殺所生類皆悉解脱以方服苦王
曰之如師説宜将發還王從二此起礼於門曰阿師若還尓時
沙門将去去於忽見五家以錫開門入安歎私不令人見時観音
請安曰為造像々即救安問是語事此之文集集為廣云
食氣力調和更捨所有仏養其像剃鬚出家滅字法上
孫曰以電露為莫夜重犯衆殺一生命多劫受殃冥下
涛之文不可定過唯留此云不知去所云々
宋臨瑠晋明

齊上定林寺尺普明懺誦為業誦法花維摩二經至勸發品
輒見普賢乘白象王在其前矣
宋路昭大后造普賢并像感應
宋路昭太后大明四年造普賢菩薩乘寶輿白象安於中
興禪房因設講于寺其年十月八日齋畢解坐會僧二
百人于時寺宇始構帝甚留心輦蹕臨幸旬必數四僧
徒對勅禁衛嚴肅爾日僧名有定就齋久之忽有一僧
預于座次風貌秀舉闔堂矚目齋主与語往還百余言

忽不復見列遂問親識其人矣　已上感通録

陳南岳衡山慧思

釋慧思俗姓李氏項城武津人也児時因夢梵行勧令入仏道天夢数僧訓以斎戒日惟一食不受別供時見朋類誦法花於情深楽重先未曾習誦日従他請経於空塚中獨自看之无人教授日夜悲泣塚是山人所居恐畏山人移託古城鑿為穴止晝則乞食夜不眠寝向経流涙頂礼不休其年夏多雨土穴浸蒸挙身腫行止不能不忍對

恒心力殊勝忽覺消滅平復如故夢普賢乗六牙白象来
摩頂而去法花一部昔不識文自然解了一句二句乃至全部自
然隠起如同縣九十年之中誦読法花暫不輟復悟法花三昧
大乗法門境界明了位六根浄　傳

薗城寺僧ム　依普賢加護正念之取花
宿門其名不詳備前国人也具足妻子逕多年月然之比
登山得度授戒即住三井寺暗誦法花逕十餘年誦二万部
寺中上下皆生欲[随]喜此僧又下本国如昔与本妻子相伴恒

菩薩同共捨誦両妙法花儀矣年尚減八旬為无慚愧僧
臨命終受病人之勤進令唱弥陀令讀法花振頭不受更
不念佛又不讀經及數十日臨最後從病悩精進沐浴著清
淨衣白三寶言傾年為魔被擾乱共捨一乗熱執著邪見
今蒙普賢加護得正念取前昔廿年間所讀二万餘部經
若不失猶在我作自行同當叶佛地位預法花姓今命
終時當晴誦之勤傍人令唱妙法蓮花經序品并續名音
即誦始終是我所一心高聲之一下誦訖頂戴作礼即入滅矣

沙門光空近江国念之勝山僧矣其音清美如振鈴脩誦法花経
練行年尚有兵本介人是将門逆乱極悪天慶甲兵武者婦
依此沙門令住我家内逕数年間兵本介妻与持経者交通
下云々従者此事語兵本介聞此事畢持経者起悪害思将
持経者至深山中縛着樹下以弓射腹箭曲折不至之沙
門一心観我業報依元之又方受此苦報以為責苛誦法花経
六度射箭曲折同前兵本初以郎等人令射後手自射箭曲折
惣此箭廿九箭皆已射射兵本介大驚恐沙門畢了叩乞懺悔

我今於聖人所作大悪事自今之後更於大師不生悪心懺
悔過而将還其夜夢見有金色普賢并
乗白象王普賢膝腹間立多箭其夜夢中問曰何因縁
普賢并腹立此多箭耶普賢答言由於昨日依元宗
乃殺持経者代其沙門我受汝箭其夜夢覚詣大聖
俗向持経者流涙懺悔而返之告語其方従者速爾而三
持経者沙弥奄向持経持経作此夜半衆出去其夜夢普賢
告曰年来供養我依其力我応当引摂唯依元宗之力

欲宮於我見要早去見善早近是如是而衆之故取我命
去家表熱悩絶乎如是六本命驚時夢経見持経者経乎如此経
方丘不合大救歎矣
女弟子藤原氏二度大貳隆家卿北方姉実誦法花経不知
世路一世寡婦不知夫妻称方丈而犯以天作罪数十年間一心
誦於夢念色菩賢而來白象開口唱言善哉浄穢流持法花
常來守護報在浄土云々　乃至臨終一念仏不乱安然入滅之後
夢衆装束如天女姝以尋常合掌勧之即答云我是更不用

廿世尸八食已我飯食在寶威德上王佛國去已指東方虛而
飛去矣
揚州嚴敬男見得明眼縁
嚴敬揚州人家富无子息偏歸正法讀誦法花經為菩後世
男子三歳勢病眼盲嚴敬壽量品少不誦持經誦題目无奈
何方遇亂屋内堀穴与衣食而捨走亂静賊去三年方還屋
舎破壞梁柱散在下有普嚴品懐知盲兒被穴眼腐因
満両眼復明並喜問因縁兒曰吾持付見壽量品題者一人來

自寫来教文教句遍初讀一品得明眠畢一部修更不了一日主嚴生又希有念誦經甚通剤尺量讃定州人性住温開行年七十隋末奄亂隱于龍石山常欲寫法花无一人同志如此積年忽有形書生无何而至云所欲營造淨紙行之早於清旦含託入浴著淨衣受八戒入淨室口含檀香懸旛寂趣抄寫至暮方出明又如先曽不告倦及於寫々如法親奉相送出門斯須不見ロ夢普賢現前告讃云善哉如法書寫竹衣房方読雜女五其々

書云伏羲乃王臨河釣魚即得一龜背上有是八卦也
變成六十四卦孫以之爲撲尋知吉凶一毫不謬或経聖賢
并自撰云我作大龜背肩知吉凶限於夜爲拒観者仍可信
八卦也

観音
帰命蓮花王　大悲観自在　大自在吉祥　或施有情類
具大威神力　降伏撥暴悪　暗趣為明燈　観者皆无猒
千頂百千臂　其眼亦如是　具足十一面　智如四大海
最上大吉祥　具福智荘厳　入於阿鼻獄　変成清涼地
帰命大悲蓮花手　大蓮花王大吉祥　種〻荘厳妙色身
首髻天冠厳衆宝　頂戴阿弥一切智　救度有情衆无数
二病苦之大衆安楽　菩薩頂方作醫王

作悪業故堕黒縄　及大阿鼻地獄道　諸有衆職冤苦趣者
讃名號者聲韻解脱々
若人恒念大士名　當得往生極楽界　面見如来無量壽
願聞妙法悟無生々　已上大乗荘厳寶王経
衆生有苦三称我名不往救者不取正覚文　私撿法花
若有聞此六字章句救苦醫王無上神呪称眼者
大悲名字罪垢消除即於現身得見八十億諸仏行来授手
為說大悲無畏者功德神力并六字章句入見佛故作阿

又云旋陀羅尼、
大悲大名称吉祥天女 恒説吉祥句 救済極苦者
衆生若聞名 能令得解脱 足遊戯地獄 大悲代受苦
或處畜生中 化作畜生形 教以大智恵 令發无上心
或處阿修羅 濡言調伏心 令除憍慢習 疾至无為處
現身作餓鬼 手出香色乳 飢渇所逼者 教發无上心
施令得飽満 大悲大悲心 遊戯於五道 恒以善集衆
无上勝方便 普度一切衆 令離衆生苦 来得安楽處

致到大彼岸々々　已上清涼書於
光明甚威照十方　摧滅三界魔波旬　抜除苦惱觀世音
普觀一切大神通々々　觀音三昧經
大勢菩薩觀世音　誓度十方苦難人　我今稽首難思議
普現十方二人皆知　破滅二人宮碎殿時　是故稽首正行王
哀哉無量下難當　拔地獄苦出冥堂々々日
若有人能受持此經當得血穢界報何況為血一志雖是
死苦滅業賊　二者常与十方諸佛同生一處世間諸法

咸則随機出之處不離佛邊三尺弥勒出世之時當
為三會初首四衆不堕悪道地獄餓鬼畜生阿脩羅
之衆生衆常住浄妙国土
嗚呼大悲観世音　嗚呼世間自在者　若有専心憶持者
得勝一切悪道苦　如是世間尊重父　如是世尊賢聖母
如是世尊救度者　如是世尊大日光
不空羂索観世音　変作大梵天身相　抱羅樹陀観世音
馬頭観音大明王　抱婆月住観世音　十一面首観世音

四大面世観世音　除八難仙観世音、
不空之曆大神威通三昧遊戯空之界得大自在寿命
念遊戯、不空之居博文明首三昧騰往十方三千大千一切
如伸臂頃還至本處。不空王幻化三昧耶不空清浄天
眼三昧〻断幻化三昧耶力尓同有情無改之状及清浄
居天伊首那天摩醯那天大梵天帝。龍神八部人及非人
等及水陸儔生有情同對所備化済度差令順伏得大解
脱者等是法名為不空羂索心王、

作是不空羂索観世音像者乃成无量菩善根是人當
得觀見八十八殑伽沙俱胝那庾多百千如来々々
汝今作畫不空羂索観世音像者乃當兼華供養六
十四千如来所殖善根々々　已上不空羂索經
聞此陀羅尼三昧耶者皆獲勝利哉復聞已誹謗輕毀亦
不莫獲其勝利々々　日

如意輪六臂　瑜伽付面决　金剛部記

南无大悲三昧思惟手　離度衆生能度相

南无大悲三昧摩尼手　願求衆生施満礼

南无大悲三昧案山手　八風不動利他相

南无大悲三昧蓮花手　能示衆生不染礼

南无大悲三昧念珠手　三途衆生離苦礼

南无大悲三昧金輪手　能轉法輪摧衆礼

又撮 不空譯

第一手思惟 愍念有情故 第二持意寳 能滿一切願

第三持念珠 爲度傍生故 左按光明山 我戴无傾動

第二持蓮手 能淨諸非法 第三手持輪 能轉无上論

如意寳輪王隨所居心咒力上希有能於一切所求之

事隨心饒益皆得成就云々

雨妙珍寳如意樹如意寳珠於諸衆生令其希求無

時果遂云々

但心構心口誦不斷百千遍事〻所願皆成更无明咒說
又与此如意咒王勢力齊者是故先當除諸罪障次說必
就一切業障之能銷除受无間獄五逆重罪之能殄滅一切
病苦〻
悪魔衆鬼皆不得便亦无刀杖水火悪毒〻虫賊劫盗能
及其身〻且于戰陣當得勝利若有諍訟亦得和解〻
常為諸王公卿宰輔恭敬供養尊重人愛敬不生〻厭離
入母胎蓮花化生宛報見足在々生處常得宿命好悦令

日月王所化不墮悪道常生佛前云々　已上如意輪経
毎日三時中於晝夜時誦三千反常見天王及諸天女不離歸
依与明呪頌云々　已上二ノ尼陀羅尼経
此如意呪應當勤修作法不揀宿日不須持齋不須洗浴不
須別衣受持之時不須筭并但讀及誦即能除滅又上之下
纔讀即令隨行臭氣等得清淨如元居屋關藏又雜病
去除一切諸毒呪術ニ厭蠱皆不能害一切諸ノ瘡不着其
身ニ一屑由誦之満一百反呪衣若并即於其日見満人前与

其不須皆令成就又見一切諸佛如来猶尽西方无量寿仏
極楽世界及菩薩会等なよ　日

若須雨時請高顕處當作観天誦此陀羅尼一千八反其
雨應時普令充足若観地誦此陀羅尼一千八遍然令百
穀苗得成就若於枯池河泉邊誦此陀羅尼一千八反水即
盈満若以此陀羅尼呪千七反二加病人身者即除差
若観失念人面身誦此陀羅尼一百八遍即得正念而観飢

渇人西涌出陁羅尼一百八反石有飢渇悪相集生餓鬼々
千手千眼観世音菩薩姥陀羅尼身経　以楊枝嚼之以大斧才云々
是菩薩身作閻浮檀金色面有三眼臂有千手於千手
掌各有一眼首戴宝冠々有化仏其正本手有十八臂先
以二手当心合掌一手把金剛杵一手把三戟叉一手把梵
甲一手把宝印一手掌宝珠一手把宝輪一手把開敷
蓮花一手把羂索一手把楊枝一手把数珠一手把澡
罐一手施出甘露一手施出種々宝雨施之無畏又以二

手當胸右押左作掌直仁餘九百八十二手皆於手中各
種々器杖等印或單結手印皆各不同云々 同疏
若善男子善女人亦作此印者隨隨所願降无量生死劫
來惡業罪障一時銷滅當來往生十方淨土今尺迦牟尼
佛從昔初坐菩提樹下為諸魔王之所惱亂之作此印
獲得安樂云々 千手千眼呪本云菩薩總持陀羅尼印 同疏
面有三眼一千臂一々掌中各有一眼已菩薩面各有
十二臂云々 并呪在上

至心稱念我之名號專念阿彌陀如来然後當誦此
陀羅尼神咒一宿誦滿五遍除滅身中百千万億劫生
死之罪。臨命終時十方諸仏皆来授手欲生何方仏土随
願皆得往生 文 千手經 誦陀羅尼四種成就其實 増益 降伏敬愛鈎召等
我之當見過去毗婆尸佛現斯千手千眼大降魔身
在無量我今復現是千手千眼大降魔身方於千辟中多欲
化出一轉輪王与同賢劫千代轉輪聖於千々手眼千中
各現化出一仏亦同賢劫千仏示現劫在無量并降魔身

中此方内云々　晄陀ア尼経
此菩薩遍虚空眼出千佛以為降魔身千眼各出一佛以為賢劫
千佛千手又各化出一輪王以千代轉輪王以菩薩降魔身
陀出花時一切世界中衆生等中有衆者皆滅入地獄者
皆得出之人天中不堕三悪道々　千薩千眼陀尼菩薩呪経六巻上
若有衆生患眼痛者是咒法師。以咒々眼々痛即令無之
廿月縁其人當獲無邊天眼徹見諸天云々　晄陀ア尼経

若復有人誦以一遍纔貪瞋自在菩薩是人當得身如妙
香随其生處而得息於同満々　大乗荘厳宝王経観音六字明呪也
汝能得是微妙本心之寶汝七代種族皆當得其解脱
持明人於其腹中所有諸蟲當得不退轉菩薩之位　々同経
若有男女而能依法念此六字大明陁羅尼々日々得具
六波羅蜜多圓満功徳々於其口中所出之気々觸他人身
觸之人発起慈心離瞋毒當得不退轉菩薩速證得阿耨菩提
若此頂戴持之人以手觸於餘人之身蒙其觸者是速得菩

云々經云　同段
又但心誦不出音然識一切菩身中不作一切惡業罪障
聲誦了即在一切罪障盡又已成　云々　此嘆力也　取意略之也
作是説者不遇諸福淨佛菩薩復佛功又救切生死之如
是菩但聞其一名獲又是福何況歸依　云々　此又明菩薩　取意
我能堪忍對強惡之趣諸衆生於父作歸依　云々　次又明地藏　取意略之
弘誓深如海歷劫不思議　云々　能滅諸有苦
具足神通力　廣修智方便　十方諸國土又刹又現身

念一切衆生。是故應頂礼 [illegible]經
羅刹女付冥道隨中辰被害之時乃至遍小帝尺之身出来
地明仏日月星宿童男童女種々之身乃至无頭二足多足
足有情无情三界之身而得度者即皆現身之而内隨說ハ
是義故名觀自在 觀自在菩薩授記經
又以蟻封泥作十万小塔一々塔前誦三千五百反不動真言
无上之无勝心不念愛得其人生天遂即逢大乘教
天不減命終往生極楽國土 文 功德力也經

若有衆生受持我名者念我名者及称天耶天眼所見
則不得寒苦不取正覚 文 地蔵経
本称釈迦者 常在補陀落山 及度衆生故 示現大神明 文 釈迦三昧経
釈三昧帰依命救抜衆生若照ゝ釈迦 文 云賛
同令見凱機得取有寔随 由過釈縁差 受苦有本級
為其機感示 定業之転転 為過釈縁流 故差之不容妙、
弟故初文殊釈迦之楽並之尊及師 文 大伴
天地遍吉衣正付明如日 為興智道付正付明如是釈迦等。

廣六観音即是廿五三昧大悲即是无垢三昧大慈即是
心楽三昧師子即是不退三昧大光即是歓喜三昧丈夫即
是如幻等四三昧大梵即是不動等十七三昧云々

請観音経四行偈

願救我苦厄　大悲覆一切　普放浄光明　滅除癡暗冥
為免毒害苦　煩悩及衆病　必来救我為　施我大安楽
我ゝ稽首礼　聞名救厄者　我今自帰依　世尊慈悲父
唯願必定来　免我三毒苦　施我今世楽　及与大涅槃

作十一面當前三面作菩薩面左廂三面當作嗔面右廂三
面似菩薩面白牙上出後有一面當作笑面其頂上面作仏面
其十一面各戴花冠其花冠中各〻有一阿弥陀仏文手
把一澡罐其澡罐口插一蓮花右臂垂下展其右手以串
瓔珞施无畏手以 陀羅尼集経
我有神咒心名十一面具大威力十一倶胝諸仏所説我今説之
欲利益安楽一切有情除一切病故滅一切悪夢故止一切不

吉祥故次卸一切悪夢相故次遮一切非時死故諸悪心者調浄故有憂苦者得安楽故有悪対者得和解故魔鬼障导者消滅故為願求了種遂故文現身獲得十種勝利一者身常無病二者恒為十方諸仏摂受三者財宝衣食受用无尽四者能伏怨敵而无畏五者令諸尊貴恭敬先言六者蠱毒鬼魅不能中傷七者一切刀杖所不能害八者水不能溺九者火不能焼十者終不横死復得四種功徳勝利一者臨命終時得見諸仏二者終不堕諸

悉地三者不因燃尺而死四者得生極楽世界 文　十一面
若有當於百千倶胝那庾多仏所種諸善根因所以其
設誦受持如説修行 等文　同
應當先以賢好无隟白旃檀香刻作觀自在𦬇像長一磔
手半左手執紅蓮花軍持展右臂以掛數珠及作施
无畏手其像作十一面當前三面作慈悲相左邊三面
作瞋怒相右邊三面作白牙上出相後一面作暴悪大笑相頂
上一面作仏面像諸頭冠中皆作仏身 文　同
儀軌云長一尺三寸作十一頭
四臂云當前三面作寂静
私本　自餘同之

従冠上面口中出聲讃言善哉〃〃善男子汝能如是
勤苦求願我當令汝一切満足令汝於此騰空而去成仙令
汝為遊元异或作持呪仙人中王或使如我所在无异〃
尓時係音菩薩一面口中出聲稱如雷吼由此使大地震動行
者尓时應自在而勿生畏怖但念神呪心不期願作如是言於
礼之观自在菩薩摩訶薩大悲為我於行时能与一切有情作
六依怙能満一切有情所之所願时观自在便与其願當与願
时諸天龍等无有能与作障异者〃　日照

菩薩三面慈悲見善衆生而生慈心大慈与楽左三面嗔面見
悪衆生而生悲心大悲救苦右三面白牙上出面見淨業者
發又希有讃歎勧進佛道衆後一面暴大咲面見人善悪雜
穢衆生而生怖咲説悪向道頂上佛面或對習行大乗機者
而説法究竟佛道故佛面各示三方三面内依三有故次三
面〻　十一面経疏
若有稱念百千倶胝那庾多諸佛名号復有暫時於我名号
至心稱念彼二功徳平〻等〻諸有稱念我名号者一切皆得

不退轉地離一切病脱一切厄度一切怖畏及能滅除身語意
惡〻　我此神呪有大神力若誦一遍即能除滅四根本
罪及又同令又有餘〻　已上十一面經
受持者不久必得清淨堅心於我誦此神呪彼於生死起
四果功〻　同

一心三昧現堅剛形清浄不二三昧離文字形究竟静三昧現
帝身晃耀三昧現帝尺身梵王身妙勝三昧現転輪王身
大荘厳三昧現居士身大悲三昧入地獄畜生餓鬼諸悪道々
菩　決定眼三昧
観音眼出日月額出大自在天肩出梵王帝尺心出那羅延天
牙出大弁天口出風天腹出水天　大乗荘厳宝王経
念々毛中有一切乾闥婆羅色毛有一切仙人灑甘露毛　有六千念
鐵山高々六万由旬　有一切天人金剛毛有切々堅之那羅光明毛孔

有二万六千金山 有一切菩薩帝釈王毛孔 有八万金山 有一切不退菩薩大乗
毛孔 有九万九千 有一切菩薩償盡王毛孔 有百千万山 有一切縁覚 目
大乗三昧受三昧現長者身 寶積経
入於三昧名大蓮花住地獄攝取衆生受於天楽見諸衆生
受種々苦々而為説法悉得解脱々々入於三昧名曰寂静
生悪生受人妙楽安随其所願々入於三昧名曰静遊生卑賤
家受轉王楽々入於三昧名見一切行无作光明住見三世示
於諸道受勝道楽々入於三昧名曰遍於一切々言説住三昧時

1002

一切十方世界之中示現其身矣

感應　　依文少付勢至

釋法力道人精苦有其行欲於魯郡之精舎而鋳
物不足興沙門明猷往上谷乞得一車麻載行空澤遇
野火車在風下无得免理于時法力倦眠覺而火勢
已及舉聲讃觀未得言世音便自應聲風轉火滅无
地而歸

尺法智道人者于昔乃白衣嘗獨行大澤忽遇猛火四
面倶既欲至无向處自知必死因頂面礼光状世音至心稱

變名号佛而火過一障皆无遺基唯法衣不在處容
身不燒也
宋元嘉中吳興六郡嘗大火蔓延下民人居宇蕩盡唯一
家是草屋在火腹獨存大守王韶之出見大以為怪矣
使人尋問乃郡吏支家也此吏支家不事佛但用王道老君言
因火切起倉遽以受心得免也　已上宣驗記
昔有人名竺長舒晉元康中於洛陽失火不及舒屋
下風无有免理一心稱名火大廻風欲除全而候到室際

見謂乃大自慎同風燦日擲大焼之三擲三焼即可
須滅謝（而矣爾）
海塩有一人年卅之海椋内葉使入海遭敗同船悉死唯
此人不死獨与使流浮遂得一石因住身其上不時漸成出歳
没判足之元後生理此人乃存事仏常聞観世音於是以
念口叫至誠无極時得眠如夢非夢見両人乗一小船喚
其人来入即驚起開眼遂見真有方船趨就之入便至岸
向看船又不覚失去所人之出家殊精進作沙門

伏萬壽平昌人君部下宋元嘉十九爲衛軍行佐府
主臨川劉義慶隨人廣陵萬壽請暇還郡暇盡汎四更
中還大江天極清靖半江忽遇大風船便欲覆既夜闇
不知所向萬壽本信仏法當尓絶念歸命音須臾見北
岸有光如村中燃火同舟皆見謂是歐陽火也直往就之
不曙而至訪問村中皆云无燃火者云々
山陰縣顯法義寺主竺法純晉元興時人也起寺行墟出
枝格上買依暮將一手力載柱柵渡湖半漲便遭悪

風船重欲覆法然无計一心誦観世音於是有一空之船如
人乗来直進相就法然得分載人往方船深溺復之船没
而郭野是自无主
異聲居何此處修叔歸帝夜半遇風為後流而轉船覆
為水聲存事佛唯念観世音向太半河遣敗去岸殊
遠一流一浮飲水無忽知覚脚得蹈地已在岸上明日
視眺上處絶岸甚高非人力何如之

昔有人名曰道冏二人倶乗氷度孟津垂半一人前陥一人
次没冏進退氷上無承不殻一心稱観音脚如踏板夜遇
赤光徑得至岸洪倒甚多

石虎死後冉閔殺胡无少長悉殺之晋人之類胡者往
々胡濫死時鄴西寺中有三胡道人共議曰冉家法嚴
政恢逃避同无免唯光世音并救人危今唯當至心歸
乃也誦經晝夜不懈數日後收人來至圍寺一匝三人
拔刀入户欲各殺之一道士而住講堂下先有積材一人
先來與刀擬之而殺中積材刀曲如鈎不可得殺次一人又
前斫之刀應手中折一段飛在空中一段反還自向後庭
一人見變如此不敢復乎　便叩謝之不審上人有何神術

乃今日刃傷道人答曰吾受元術問空故胡咒自不覚
唯婦心受之吾當是風神於林下此人騎還自因具説
事状同所勅时特原三百道人畫夜新観所聞見

山賣傳者河内人也承和中二月馬呂議吾擁郡曲桐
与不和傳為昌一所用作宍長護遣騎抄鹽為俘執向
伴六七人地鹽一獄鱗栽甚嚴対日當設之所友道之
特在護營中与傳桐識同其人幽執至獄一所援視之備

戸地語傳謂山曰用厄命在漏刻何方相救山曰人事不
見其方唯観世音并救人厄難若能至心帰請必有感
應傳之先聞光世音及得山語遂専心属心晝夜三日至誠
自歸内視其鏁械如覺緩解有於常所試推盪摧然離
傳乃反至心曰今蒙哀祐已令桎梏自解而同伴尚多无
情獨去光世音神力普濟當令俱免言畢復奉推餘
人皆以次解落有如人割之者遂開戸走出行於警徼之間莫
有覺便踰城径去時已向暁行四五里天明不敢復進

共遁隠一巖中汝更出　失見人馬驛四出尋捕焚草
焼林元幽不遍傳所隠處一畝許地獨元至者遂得免脱
還郷里敬信異常奉仏法道過山陵至江南謝慶緒具
説其事
今觀音實司簿同見其名
青州賊樓乱海壹士康多離其災有十数人懸祈東市
一人獨奉法使至意誦光世音同坐問之對曰聞仏法經有
光世音菩薩濟人危厄故日常頂其使方數之次當就命突

司簿司獨无其名相与驚駭旅乃各散走二人亡随流遂得
免

婦女観音貫木自拔因門更開

僭欵又嘗与人曇翼於江陵勧一人吏妻授戒後其人為
切所取司遂越走之執婦繫獄欵遇深見之求哀救對曰唯
當一心念之観世音耳无餘術婦人依請念之不輟幽囚經時後
夜夢見沙門立其頭前以足蹴之令去婦人驚覚方去之
木忽自離解見門猶閉々外司獄重安之（守）猶无出理遂自穿

着有須得眠復夢有人云何以不去門自開也既起乃越人向
門〻開得出東南行數里將至民居時天夜晦冥忽逢一人
初甚驚懼其夫亦怖寢草野盡伏夜行各相問聽其乃丈
妻也遂也投翼〻乃藏〻寺内別無何其卯人有遠
南者盟異人〻活去竟得免也

蓋護令三觀音見光照之〻着道

蓋護山陽人也嘗係獄應死至心誦觀世音經三日三夜心無
間息忽〻夜於中眼見觀世音大放光照之〻乃寸鎖械自脱戸自

開光從引護火去隨光而走行得廿里地於是此護宿草中明
日逢得免
王球誦經夢得妙文覺遂免鎖
王球字叔衡大原人也宋元嘉嘉九年作涪陵郡坐遣賊
失守繫江陵獄著一大鎖釘之極堅球在獄中恒時齋長
誦觀世音經一夜忽夢已向坐高座上有道人与其一卷經題
云光明安行品并諸菩薩名球開讀忘第一菩薩名憶其第二觀世音
第三是大勢至[illegible]有[illegible]因是眠覺後見鎖已解

䟽知有感應而感冥〻因見沼具鏁依常著之満三日
事非云〻彼救陳元嘉十九年見衛府行参軍從鎮廣
陵精進甚矣
僧洪在囚模像得佛
道人尸僧洪者都下瓦官寺作丈六銅像始得作畢于時
晉義熙十二年大禁不鑄銅僧洪未得開模見像後為
官所收繫在相府判斬罪應入死僧誦念〻取在寺将
一月日忽夢見其所作像来至獄中以手摩其頂問曰

怖不信洪以方差像曰元所憂也夢中見像前方一尺許闕
色雄彿傳遂至出市見敘示日府叅軍應監刑初喚駕
車而牛絶不肯入既入便奔車即粉碎遂至冥元監更
復尅日內有勅從彭城還道若未敬信洪者可存朕心破模
著像果胸前如夢此像今在瓦官寺也

　　王蔡念觀音其身在枷外
王蔡陽平人也魏壽當欲敬鑿械內去枷裏枷涂廿餘丈試
有敬人令誦聲与之蔡大[illegible]　夫陽收在音經於是至念

誦得満千反夜忽如夢[illegible]然所分与元夜鎖械自是走
道可使得免云々
　道人至心却賊迷惑
益州有一道人從東山居修忽遭賊欲起逃走勢不得去因
還往坐至心稱観音賊向已見在屋裏而入屋自迷惑不
見之自相謂曰此是神必欲殺我等急去
河北有老尼薄有資財為賊所擄尼既無計仰天絶叫

観音忽聞空中有悪聲振響遠近群鳥驚怖一時散走諸物皆得不失

元徳祖寺人令際雨連々霹靂過返

元徳祖始歸江南出開數里雷後遣人騎追尋々其樓特家要十余日間退在後伏道側逢華々中路不自容是造騎懸乃天晩程唯園門也婦人念歎在三日其後菩薩之頂天忽際雲始集蓋仍大際雨退者未及數十丈還雨不得近從返速爲令家実去〻

道人念寶号劫[illegible]入之
北有一道人於壽陽西山中行忽有多出人劫之縛脾著樹欲
殺取衣物道人至心念觀世音劫遂斫之不入刀自大怖放
捨而去
法禪一心大士賊弓不放主
開中道人法禪等五人當姚家時山行逢賊哉无避之處惟
也一心念觀世音賊挽弓射之遂手不得放箭之神怖懼
務逢之法禪等五人安隠得去

僧持頂上寝刀自析斫
蜀有一白衣々々栴檀函貯觀世音金像繫頂髮中値姚萇
寇蜀此人身在陳臨戮而与萇手自斫之其唯項中鏗
怳有聲鏘不覺痛既得散走遁入林中待去解髮視
函々形如故開出見像身有斫痕始悟向者之聲是中
像其人也感寧傷我身反損聖形甚悟益至信持精進々々
予案云心刑人眼歟
南公不教照年人也[illegible]千城爲　處閔人長樂公所破

城中數一万人一時被殺新羅知之及彼至心念救世音須救済及至交刀見斫而浸自不中又行刑人忽自瞎歎便不能舉手時虜主自監見驚問故子教不覺耶忽道善能作馬鞍虜主即使造之造時之不自覺善道此唯貴正存念而已被造之後尋日得濟作小船在旁念像以栴檀為佛奉之行則頂戴不與人知至于年老精問轉篤

釈鍾誦經壇出自服

西陵大字呉氣龍者奉事佛法精進持誦觀世音二月作青
屬山採傳脾墮腰欲走馬射之以爲覩戯呉目歸人下狀走
音特自苦至於老天忽大雨至宴不自屬不識失光以戰
自覆呉人大時傳時甚急氣墮在土中不覺忽自傳脈目
矢馬走屬筆覺之馬驕亂逐初去不許而奔馬張瓦跳欲
吸逐得脱去

開達誦経大虎[illegible]在柵

道人尺開達以晋隆安二年北上壟掘甘草時羌中大饑皆
捕生口食之開達以晋為羌所得閉置柵裏以擇食其伴
肥者次當見及開達本請観世音既急一心帰命恒潜諷
誦日夜不息羌食柵人漸欲就盡餘開達与一小児以擬
明日當食之開達急夜誦経係心特苦至欲成就羌来取之開
達臨急念益至称心一國忽然見有大虎従草透出跳踉大
叫諸羌一時怖走之虎因柵作一小穴足得道人従去開達仍

時不見走出迯報得寃
妻安起河東人也従厨中報帰至河島邊不得至明見追騎
在修灵在須臾於是嗟歎観世音始得数聲仍見一白狼従
草中出傍視安起迴羅遶〻安起曰不敢視狼還入草中断
須臾至起心悟便嗟歎若是観世音更来救我道此未竟
應聲即女安起跳往抱〻狼一擲後過南岸集上〻間
喚失狼仍在追騎於在北岸望〻歎（歎）惋元棲〻

曇鴻賀纏師子[illegible]象

宋元初中有黄龍沙弥曇元鴻誦観音於浄修苦行諸從
侶廿五人往尋仏迹天竺舎衛路逢山象一群鴻賀纏
誦念有師子從林中出象驚奔走後有野牛群鳴吼
而来將欲害之中如初鴻念有大鷲飛来牛便驚散
得免

「羅刹国限青鳥救人被羅大王作鐶蜂誘生

蓋藏士

王桃念観音虎捨之去
王桃者兆杜人也性好殺害少為獵師年過卅後於林中
還虎即牽弩射虎與虎傷之後有一虎從後掣逐桃
両肘下脚皆碎猶不自覚桃懐失聞道人説観世音仍至心帰
命三便見放桃因得起虎猶怒自墳太叮續之桃逼投心至念
虎遂覓之而去桃還家自誓云若不虜死當奉佛受戒
尋得着人益受戒成精進人

法顔念観音[illegible]

法顔道人上黨壺關人也本姓董名良常從沙門還重恒
路径中忽遇雷雨大闇虎狼乱走憂怖无計便至心念観
世音須臾雨止前行仍見有居家進告家宿主人住之甚好
曙乃覺投盤石上眠但見空之林而已口後遂出家恒住寒
雲山中宋元壽時人也

僧融誦経降伏鬼神
釋僧融篤志汎愛勸江陵一家令合門奉佛其先有神
寺數間以与之夜僧用融便毀撤大小悉取因以設福七日
還与之後主人母忽見一鬼持赤索欲縛之母甚憂怖乃請
沙門轉経鬼被逐自元融後還空山道中獨宿逢強時天雨雪
夜始眠忽見鬼吾兵甚衆其一大者帶甲挾刃形甚壯広
緯有舉胡床者大鬼對己而据之乃揚眉瞋色曰君何
謂鬼元靈那復當甘　左右未及加手融大不去恭稱念

1204 光世音聲未及偈[illegible][illegible]住處修有一人狀若將帥者
1205 可長丈餘著黃皮袴褶手提金杵以擬鬼〻便驚懼散
1206 走甲冑之屬忽然粉碎云〻
1207 惠簡念光世音冥神捨居不去
1208 荆州聽事東有別廳三間由來多鬼恒惱人至建武時猶
1209 无能住者唯王周旋惠簡道人素有膽識獨出居之〻二
1210 間施安經像住自一間既涉七日明夜坐忽一人黑衣无目從壁
1211 中出便來蹋簡〻心了〻唯目小得語獨專念光世音良久鬼

乃謂道人曰聞君精進故来相試神色不動迩之人相逼
豁然遂入壁中前起洗瀬禅礼諷誦然後還眠忽夢向
人謂之曰僕以漢末居此數百年矣為性剛直多人所不堪君
有淨行特相容耳於此遂絶荊径孫年安隠僻人跡无敢
往者

病人念観音[illegible]手摩其痕

月氏國有人得白癩病百種治不差乃至歸觀世音像前求哀情甚苦至像仍申臂摩其瘡即時便差至今跡見錺又本別像手即瘡中不還

精恵誦於識目開明

宋元嘉廿六年青州白苟寺道人精恵縁忽病執首頃失耳眼自念此非著疾又無資藥唯當攝心歸依觀音誦於此一千反誦數裁滿耳目不覚頓然自差

癩疾之人棲遷居念観音所病便愈
道隣道人読有一癩病人其家欲遠送之病者求得
小停便得病以方布地然念観音経日不起行之終責唯
氣不盡忽起自言所病差便見不同十月中都好平復
法義致誠夢中洗腑蔵
沙門竺法義背山居好學後得病積時攻治日就綿篤
遂不復治帰誠観世音如此數日晝眠夢見一道人来候
候其病因為治湔洗腸胃見有結聚不

浄甚多洗濯畢[illegible]日病已除也眠覺忽寤
熱尋便反常
姓基觀念音期月産生
有一人姓基无児息甚自傷悼於是就觀世音乞子花之
情苦積日若以誕日生児更非際應唯以四月八日生者則是
威神之力実以四月八日産一男字為觀音也云々
天嫗桃燈万里之外指是　冥報記
鼓城嫗者家世奉佛口親房並已唯有一子〻棄戒教訓

閔甚有孝敬父子慈愛六至元倫夫妻七年見随到戸
之伐窮綸衛涕送唯戒帰依観世音家本極貧夫入役
福母但常在観世音像前燃燈乞願児於軍中安穏
屬而得其報已遂逐送北壊及到軍後遂命綸子承
又唯帰心燈像猶欲一望感撤見在北亡指長在令日二尺
憤心後夜忽一燈離其百余試往之至軽共去同一更見
在前之後如向岸是神又次自走遂此至天映来百餘里
擁有見退蔵往　衣還後見燈遂盡停村之

今夜亦燈去於歴□□□□年輾轉如千里遂還所
初至已見女在像前伏燈火下目語前一片燈下是像前燈
也遠近聞之元不肋為恐也〈青〉甚母子遭迹荷神力倍精進
見人卒伏養乃女家口一夜姫既失子恒燈燃収音像前云
夜誦収音經又希感至神聖一夜見又隠感之後気四
時祠之處八姫子文叔收草澤當女祭祠之日輙夢還
臨殞下女積誠一年晝夜至到收見在山中只見一丈如
桂形長一丈已十歩殺長花常使此所之旋繞十歩所

疾患不及遂不得已十二月平家〻見之人直帰僧房母氏誓
願成就云〻

阜法祈誓其音清美
沙門法橋中山人也精懃有志行常欲誦経而性不好人
特乏聲氣毒不暢〻〻常憤惋謂同友曰光世音𦬇令人現
在得願今當至心祈求若嚴誠无感宿罪難消与其无聲
久存不若捨身更〻一心念唯専心致誠〻三四日轉

歎嚮傾諸弟子云[illegible]聲音亶亮又有定也一生所
及和上當愛身行道何有其於取聲橋性對談造日許
勵日吾意久了憤分相亂至五六月氣勢弥綿哉有餘
息師徒憂歎謂其侍云而稀因同又年云誠不輟至七月
朔曉臥開目如有恍忽謂弟子曰吾得其應矣水溢浮
因桁聲作三偈音氣激高二三里外村落士女咸以為
駭不知寺中何美音背崩騰來吹乃橋久之聲也微遂謂
五千餘万言聲音如鐘初以衰竭其時背患其道人也

石虎末佈在年九十餘乃至後代比来沙門誠之者也枝
沙弥也
羯若鞠闍国（唐言曲女城国　中印度境）王字曷利沙伐弾那（唐言喜増）父字
波羅羯邏伐弾那（唐言光増）兄字曷邏闍伐弾那（唐言王増）兄嗣
位以長副位以徳治政時東印度羯羅拏蘇
伐剌那（唐言金耳）国設賞迦（唐言月）王毎謂臣曰隣有賢主国之
禍也於是誘請会而害之ロ[illegible]時大臣婆尼（唐言辯了）謂僚庶
曰先王之子亡君之[illegible]慈天也[illegible]孝日心親賢允

原欲以蔵往於下…志見居作偲齊元見謀於
是輔執事感動進曰王子無礙口吏佞親讒害國之耻也文
之東欽大弓韋幸元辭矣王子曰堯舜也國家之童今古之
爲難君人之臣與之宜憲我職寡德文見迴云云業推讃
大臣其能應乎物識内寡敬忘盧薄今看陵御河岸有
服自在菩薩既多靈驗顔於請辞印亞菩像前
祈請菩感其職以現形同曰分何止於若此勤懃王子曰
我雖積禍善又巨重茲能得仁見見宮自顧寡德同

惟尊今藏大臣先父〻并妾愚昧无知敢希天旨并汝於是方在此林中及蘭若比丘而精勤不懈兼修福力為此王子念而国王既毀仏法今紹王位宜重興隆之志傷慇居懷不久當王立即下慶伏欲迴国祚當從我誨寞加是福德无疑歟〻於是受教而退即襲王位自稱曰王子号尸羅迭多唐言戒日遂募軍国兵六構習戦士象軍五千馬軍二万步軍五万自西徂東征伐不臣象不解鞍人不釋甲於六年中[illegible]度[illegible]甲兵象軍

六万馬軍十万垂[illegible]平務修節
儉營福樹善忘寢与食令五印度不得噉肉若斷生
命有誅无赦於殑伽側建立數千窣堵波各高百餘尺
於五印度城邑郷聚達巷交衢建立精廬儲飲食止
醫藥施諸羈貧周給不殆聖迹之所並建伽藍五歲一設
无遮大會傾竭府庫恵施群有唯留兵器不云々
嚴而浮像像　西域記五
摩揭陁國布德國唐言伽藍迦市二三里至孤山上寺

峻樹林欝茂名花清流被岸注谿上多精舎靈々
梵刹爾々工下中。

祈観音留生身待慈氏像

馱那羯磔迦国亦謂大案達羅国 南印度境 城南不遠有大山巌

眠吠伽唐言清辯論師住阿素羅宮待見慈氏菩薩成仏

論師雅量弘遠至徳深邃外示僧佉之服内弘龍猛之学

聞摩揭陀国護法菩薩宣揚法教学徒数千有懐談議

杖錫而往至波吒釐城知護法菩薩在菩提樹論師乃命門人

曰汝行詣菩提樹護法菩薩所如我辞曰菩薩宣揚遺教導引

迷徒仰徳虚心[illegible]　一無由礼謁菩

樹者誓不空見[illegible]師[illegible]其使曰人世如幻身命若浮渴日勤誠未遑談議人信往復竟不會見論師既還本土静而思曰非慈氏成佛誰決我疑於觀自在菩薩像前誦隨心陀羅尼絶粒飲水時歷三歳觀自在菩薩乃現妙色身謂論師曰何所志乎對曰願留此身待見慈氏觀自在菩薩曰人命危脆世間浮幻宜修勝覩史多天於斯禮覲尚速待見論師曰志不可奪心不可曰若然者宜往馱那羯磔迦國城南山巖執金剛神所

誦執金剛陀羅尼者當遂此願護論師於是往而誦焉三
之後神乃謂曰伊何所願若此勤勵論師曰願留此身待見慈
自在菩薩指遣來請成我願者其在神乎神乃授秘
曰此巖石内有阿素洛宮法行請石壁當開〻即入中可以待見
論師曰幽居無覩詎知仏興執金剛曰慈氏出世我當相報論師受
命專精誦持復歷三歲初無異想呪芥子以撃石巖壁
豁而洞開是時百千万衆觀覩忘返論師跨其戸而告衆
曰吾久祈請待　入此同見

佛興同者捧[illegible]　　　　　云衰身命
并三告語唯有六人從入〻〻訖已石壁還合。日記第十巻
念観音舟来應縁
老師行善者俗姓堅部氏小治田宮御宇天皇之代遣學高
麗　其國被滅飛命行忽其河邊橋壊元船過渡元由
居断橋上心念観音即時老翁乗舟迎来同載共
從舟下道老翁不見其舟忽失　云〻　靈異記

令観音返本州縁
伊予国越智郡大領之先祖越智直当為救百済
之時唐兵所擒至其国我国八人同住一洲儻得一
菩像信敬尊重八人同心窃截松木以為舟奉請其像安
置舟上各々誓願念彼観音爰随風任波直来筑紫朝
廷聞之々口後建郡造寺即置其像云々　同
念観音得富貴縁
御手代東人者従　　　式大上天

皇〻代入吉野山修〻[illegible]〻[illegible] 称[illegible] 曰南无観
銭万貫白米一万石好多施徳、時従三位粟田朝臣〻女未通
不嫁其〻娘女於広瀬〻家忽然得病悩〻痛苦无由差止
粟田卿遍遣使八方令問禅師優婆塞而遇東人而屈請令咒
彼卿〻女被咒力病愈乃将於東人発心愛欲交道通也
以女与東人更為夫妻令家財物皆既施与。乃〻 [illegible]
及時〻姪女婿東人付家財東人現得大福乃是[illegible]
験〻、同

被盗像自現縁

大和国平群鵤村岡本尼観音銅像有十二枚許彼銅像
被盗人所取尋求无得後経数月平群駅西
池夏六月彼池邊有牧牛童子等見之池中有聊木頭
上居鵄牧牛見彼居鵄拾集礫塊以擲打不避下池取
鵄去將捕之則入水見一所居木有金　取牽上見則観
音銅像仍名并池〻　同
貧女念状寺得

諸楽古京殖槻寺　　　　十女　姓名詳未也
父母有時多饒富財奉鋳観音菩薩銅像一躯高二尺五寸僕
家成佛殿安彼像供養〻父母死命終財物散失獨守空宅
晝夜哀哭ゝしゝ繩繫銅像ゝ手常牽し表苑然後頼無業福分
以隣里有富者妻妾忽死媒嫁孤女恥身貧裏不肯夫
進遣衣服来娉霖雨不止三日不避家无食物
飢ゝ妻入于空之屋俳佪大哭嚬口洒手巻入堂内ゝ
繫縄涕泣白言〻憂日申時許忽叩門喚人出見ゝ

冨家乳母大櫃具納百味飲食美味芬馥无不具出
鋺鍱子亦与之言嬢大喜不勝幸心脱裏衣与使
物可献但有垢衣幸受用以後入夢見而悦云々
銅像手ニ其妻无交大冨豊饒　一日
令取者得銭財縁
沙門弁宗大安寺僧也天年有弁白衆愛　宗受用其寺
大修多羅供銭卅貫不得償納維那僧等徴銭而逼
債无便故登於泊瀬　繋縄引

之而白言曰我施錢[illegible]上[illegible]送錢償
寺[illegible]
丹波国穴穂寺観音像
沙門感世入佛像内其不作而讀法花經毎日必讀一品一巻
其中暗誦壽普門品日々必誦三十三巻又十八日持斎奉仕
観世音菩薩其仏檀越（宇治宿禰宮成）雖作仏像[illegible]
非支施与仏師禄々禄物令京上时檀越作寺念我試付
取支所与物則於大江山設宍仏師奪集取禄物而還本雲

趣為見而造状忩從寺開戸奉見新佛金色觀音
被切損從其瘡中赤血流下湛地凝結越櫃見了心〻迷
泣歎息即遣使者於佛師尋不使者上京見
有家一々瘡口佛師云我從遥遥人所求蒙一々瘡毎戸迯
家〻　寺沢〻像瞻之矣赤血流出盖佛依念彌如此少信不空矣
　周防国倉判官代係
周防国玖珂郡有一人姓名不詳〻国判官代也從上年
讀法花経奉被状〻　之有一天歟

常伺求短欲害此人　隋傳霊験
頭然判官代参仕御倉遷之年、判官代勤仕公有人
府還舎乃忘歌云卑殺十红〻侍遇険難、取其判官代暁〻
切旅〻殺十箭射〻〻大石切〻〻辟害〻剛是析年自刻
剞自安穏〻推析破旅乃忘歌女云之敲判官代亡〻敲〻時判
代心中无一〻苦方上无厭許扇起畢随乃爾
家安穏往因中遍聞判官代被害〻由恐家〻〻人
代家見聞棄以夜新如負推破欲人无一〻言扇執作

悉家同此大生希有念判官代夢有一人宿德曰
言我是三井觀音代汝乃蒙多痕杖以是難然知
見三井觀音夢覺判官代付三寺奉拝見觀
至于足下无一不全云折手捨肩胸足尽
削杖者皐判官代流淚奉書也泣感歎
人見判官代名念判官代口意念
兒悉惡人念三寶

山城国蟹満寺

山城国久世郡有一女人従□七歳
十八日持斎奉念観音十二歳請
也一切有人捕蟹持行此女問云為充何料哉
為食也女言此蟹与我〻家死魚多此蟹代〻
以慈悲心放入河中其女父翁耕作田畠有一
来即為呑〻翁不意曰汝蛇当免蝦蟆若実捨者〻
蛇聞此言挙頭見翁面吐捨蝦蟆而還去翁後時

作无爲乃ヽ父生歎憂ヽ臨初夜時有叩門人音ヽ
開門見五位形人云依今朝語所参来也翁云思
生蛇即迯行了此女ハ厚板令造藏代極令
夕入居藏代閉門籠居ヽ初夜時來五位ヽ
女籠藏代ヤ生忿恨心現ハ蛇形周巻藏代
驚怖ヽ夜半時蛇尾叩音不聞ユ
不聞及明朝見之大蟹爲ニ
蟹皆還去ぬ顔白

於一尺許取舍告云
燃菩久我依妙行取舍國カ　六
方敢飽若及解虫衆菩薩寺造歟
鮮満多寺在今時人以云紙積寺不接
　鷹取易持状多經久及難
陸奥國有一人姓名未詳因猟負補取鷹者
尋人跡不通険處飛到山巌〻石巌涯下臨大海
上望虚空之白雲渺〻其岸中央有山凹而巣生子時

取男曰相語一丈人以數百尺繩結付橛杙以繩末繫
乘篭内中令人執繩漸々垂下遂到巣許而
居巣傍支取鷹子結州裏鵰入是篭高
人不登之人司之篭取鷹子又不下篭内
取宅語妻子云言汝丈垂之下從向下巣落
而死曰此日頃年每月十八日持齋
蒙以業无他念以謙念觀音曰吉
欲吞鷹取校刀

上蚊隈不見所也
之刀蚊頂纔染之刀也ゝに
多多多寸丸尾刀雖
播磨国赤穂郡有一類盗人至一外国に
足入生盗狀有一盗人年廿餘以繩縛
走返夏不之而葬三昧還去奇問之盗人
狀者於十八日持應咋日夢傳子口様念狀者
多ゝ寸丸是也　日

念千手観音清盲明浄像
奈良京薬師寺東里鳥兩眼有清盲之人。寄生薬師
寺於正東門、披敷布巾、稱礼日精摩尼手、往来之人哀人
之表、銭置巾上、或時巻伯稜補如上
倍天皇之代、名称不知之両人来二
治左右目多而言我還二日又来
久両眼明浄、其後如故、當朝日孫作

打拍〻〻　行者被頭行
越前国加賀郡有長〻名浮浪〻人小
野朝臣庭麿〻為優婆塞常誦千
至加賀郡神護景雲三年　歳次己酉
馬河里遇行者曰何国人答曰我修行〻
見
之曰将〔浮〕浪人何輸調役乎縛打駈役行者猶拒捍不随〻
我頂戴陁羅尼執持大乗何令〻打辱哉実人有験徳今示威
力〻縄繫千手経従地引〻而去〻其浪長至家従馬将下

1463 堅不得下忽来馬騰空而北到打搖行者之處懸空逕

1464 一日一夜明日午時自空落来其方擁損以筆入囊口云々同

1465 賀夜良藤与霊狐通接

1466 余寛平年中為備中介時有賀夜郡人賀陽良藤者

1467 頗有貨殖以銭為備中少目至寛平八年秋罷居住本郡

1468 其守秩時其妻淫奔入京良藤鰥居於一室息男

1469 狂乱獨坐勤筆札詠吟和歌如有挑女通書之状

与女児通婬慾辞無而人不見其形如此数十日一
良藤乃在挙家尋求遂无相遇良藤兄大領豊仲
統領豊蔭吉備津宮祢宜豊恒及良藤男右近衛忠貞
等皆高家富也省謂良藤狂惇自殺其方也更懐悲求其
屍不然彼无遇俱発願云若得良藤屍骸当造十一面観
世音菩薩像即伐柏樹与良藤形骸長短相等向之頂礼拝
願如此十三日良藤自其宅下出来顔憔悴如病黄憚者
天其蔵无柱唯石上居桁々下去地僅四五寸背不可容

方而良藤肩其中女乎莫不敬依須臾良藤心情醒悟
之鰥居同久心中常念与女通接於是有女兒一人以書着
菊花來云公主有愛念主人之情以奉書通慇懃乎
開書牘之艶詞佳善心情搖蕩如此往數度書中又有
和歌逓唱和後遂以廚車迎之騎馬先導者四人行數
十里許乃一宮門有丈夫一人迎門云僕此公主家令也
公主命使引導大人於是從家入於所內其殿屋推壯
廚甚美須臾薦饌珎味盡備日暮即入寢處

好喜愛經蜜推死无後書則同返夜即得林〻
理猶如睡夢遂生一男児〻之顔端状貌美麗朝夕
未嘗下膝常念改長男忠貞為庶子以此児為嫡子以
為其父母〻貞也居十三箇年忽有優婆塞持杖直昇
公主殿上〻侍人男女皆盡逃散公主又隱不見優婆塞
杖突我背令出狹隘之間顧内視之此我家藏桁下
又抜是家中大小大旅即毀藏而視之有狐數十枚走之入其〻
藏下擬捕有良藤坐所之求良藤君藏下後覺十三日也

而令謂十三年丈歳桁下像四五寸而令良藤知寺門
縮形出入其中又八歳下令知大殿堆帳皆靈狐之幻惑
也又優婆塞者此観音之変身也大悲之力勝此邪妖
而已宜其後良藤无恙十餘年〻六十一死　善家秘記

山埼橋依十一面観音感應亘下
此山橋天平年中行基菩薩所造也後造像畢於橋大設
會是日洪水俄至橋上一漂流人庶溺死者不可勝數
累代修來造毀年〻常敗〻漂承和八年朝庭遣召

重々修造歴年十九箇年々毛十五年々成大舟年足流失无遺一木其後至今七箇年行擲々舟船々是或小艇競渡多載牛馬或風急浪怒損之未慣如覆溺死者動數千一百人於是先君忽会我依此橋梁之甚隠徳深恩遂慶元々而不丞還構津回武庫山高倩延壽問其方略延壽者智兼備欣行之高幹事々名著聞當時又爲与先君契爲檀主故有此問於是壽答云如聞此橋行甚去難弘願而遂也然則自非佛力不能成

切没名利物之志尤切盡忠之誠敬寓若能敦篤信女有
感應貧道所住之山有沙弥能修十一面観音法凡厥所
念願之致感驗須指彼沙弥命之祈禱先君大旅乃自
向彼寺請帰沙弥即於橋北西願寺北小道場令修之
造等身十一面観音像一躯之。供養之後、沙弥精誠懇切
晝夜於念或三四箇日不嘗飯食唯以水嗽口而已至七
上旬有二所侍傾回中夏勝者来言云有一老女〻
我能造〻橋如頁諧告橋長宮　大八君到

若而老[illegible]其[illegible]者[illegible]面
造之由之[illegible]云吾當之使君成[illegible]僅一乎經一[illegible]年[illegible]於是
給排机畫[illegible]事[illegible]大小莫不[illegible]用[illegible]腹容顏進[illegible]
髮皓白[illegible]毎常著布衣袴[illegible]欲[illegible]看[illegible]醒睡唯
愛今年少女子其所服[illegible]者五六箇[illegible]乃附遺[illegible]所得
資俸皆与此女无有遺而更還化女資給女為[illegible]居處
空之中畜僕從一秋[illegible]遣之外无他什物或向年要許又何
郡縣姓名前參云不知前長不得立只而氣力強健行步

梗迅谿登高峻及超越果絶険。乃至　未経一年橋梁已成
時大弁藤原氏宗為勅使巡検此橋。時々見加賞
賜而此翁中夜逃去不知所往時人皆歎惜之観音之化身
也。　同
[illegible]人之十一面観音讀郡馬寺
弘仁年中始[illegible]山有一処
貞観末[illegible]人云
梁之代[illegible]

因使其[illegible]文

寶幢[illegible]

乘白馬過[illegible]投而[illegible]來

韻又[illegible]論義理令此[illegible]孫

在守師葉上帰依十一面観音者也

筑前国優婆塞[illegible]辰歿生蓮花

筑前国有一優婆塞積行花狩誦普門一巻奉仕観音

没有善以殊勝悪棄香推明神御祭年預被養宅畢

雑雑欲世神方有限為設奠具完舎世山林野外作具
求寞大池有水鳥優婆塞以弓射之下池取矢此蜀沈
池永不見亂流人臨池採求此人寞更不求得文無書子也經
燠惱之夢云我於傾年有道以故不得[illegible]勧
[illegible]之抓内羅三寶[illegible]
而在
未

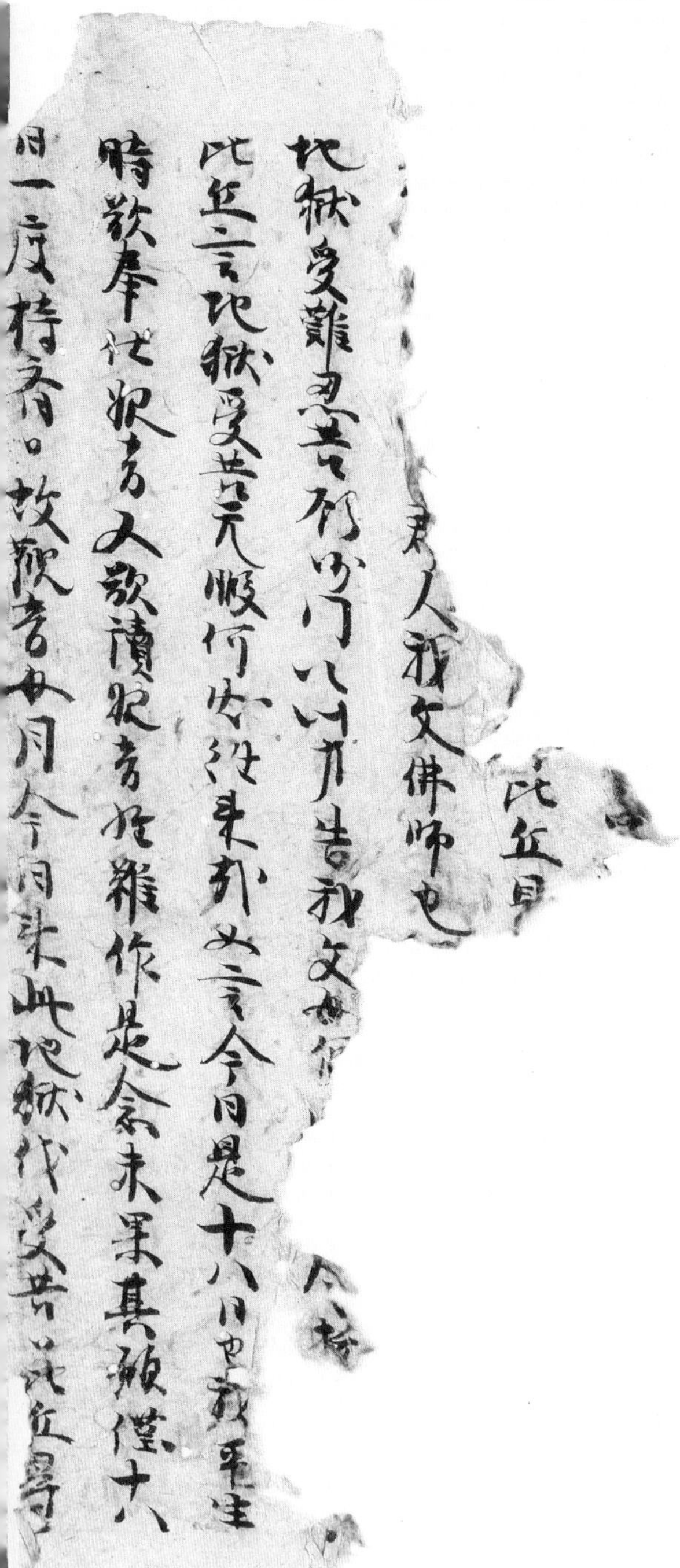

捌釈

（平安時代末期写）

捌釈

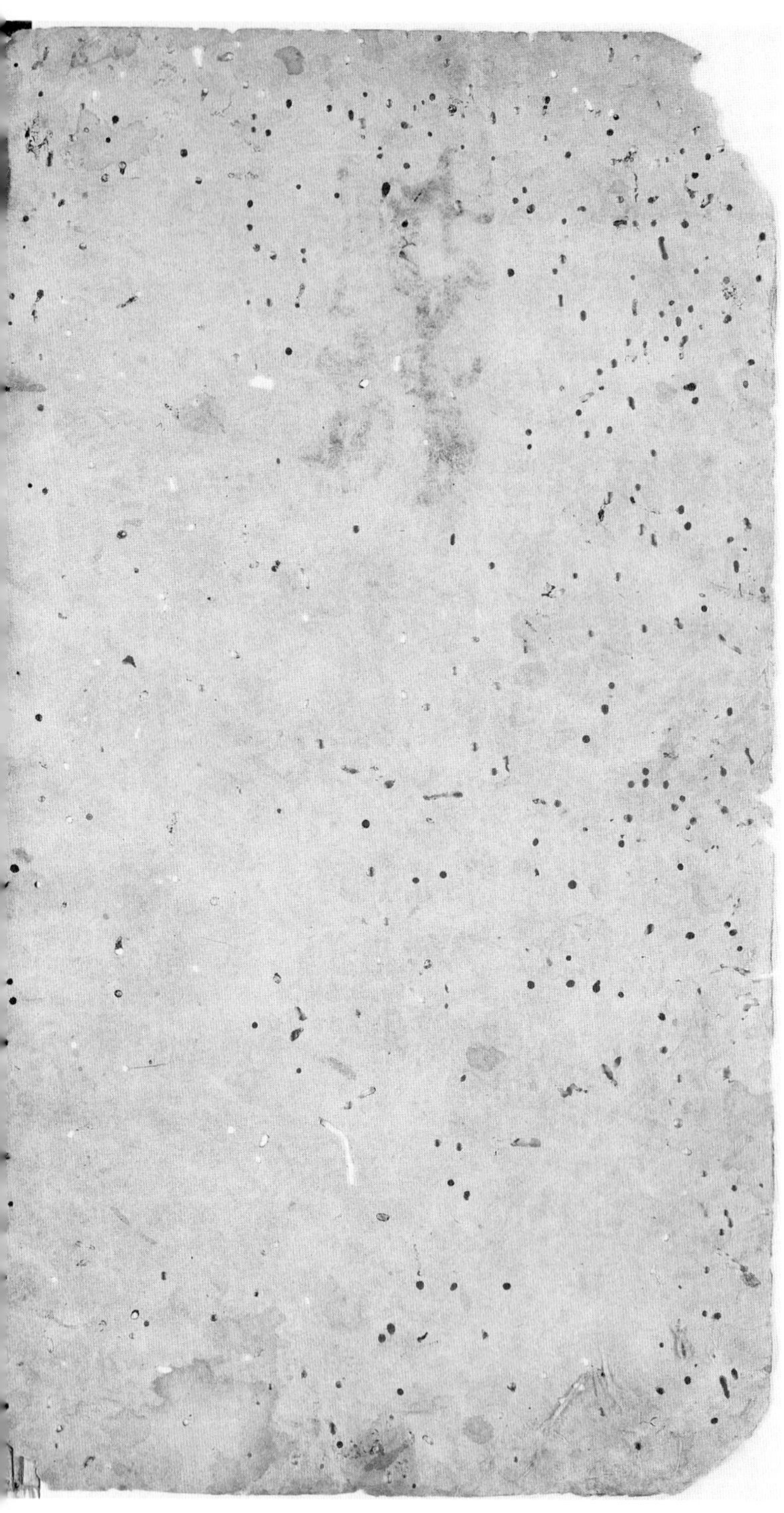

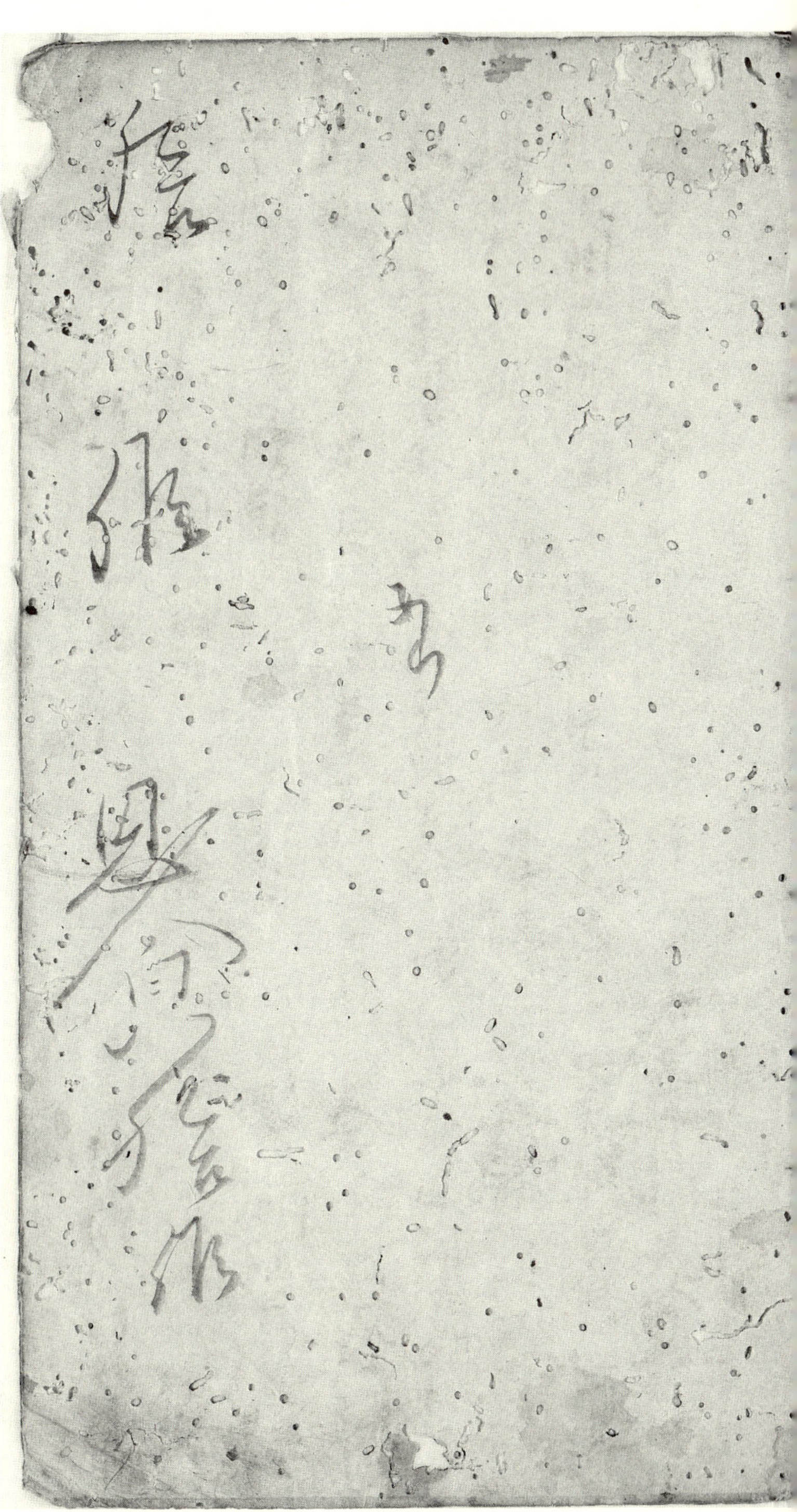

（遊紙オ）

金剛寺

釋迦
此仏ニ於中天竺生身仏也以浄飯王為父ニ摩耶夫人為母南
贍部州ニ御ス之国王宮誕生給也々此者四苦八苦充満邪見
強ニ有情利益也依テ十方諸仏擯出シテ類集此土菩薩
大菩薩之不堪手菩提ニ此土世尊也、此ノ釈迦牟尼如来ニ
為来ツ殊此大悲為給也衆生成ニ善悪ニ是大悲ハ不出除苦
爲末世衆生許悪邪見顔三途苦ニ受ニ之者弱ニ期ニ此悲者ニ
為更雖是（サルニヤ）仏閣此等ニナシ牟尼月ハ已隠レ慈氏ノ日未
出長夜闇（ヤミ）猶深ク至明雲厚ク覆（ヒテ）此性ノ空（リ）務ヽ晴ヽ得此章

依遮悲喜、後得之譬無辱、守是浄業以為大悲
甚防身口意過、慈念然三昧、成大千二六情根之宗
波羅蜜賢聖正、若之発付師、違期之上
坐又稽首八十種戒、無静、地獄鬼畜類皆悉更施也
恩報、是不為人、訓父母須士肩負、一内
執年尼衆為炊設人皆勤日日三時肉肩為貿不歩
翦衣兇菩薩坏子以身施餓虎、或乃尸聞大臣割
肉替鴿身、讃仏燃人窟、首剋是指、燃継継
膝頭駿、忍辱仙人割截支節、流乳、為園楽入長爰

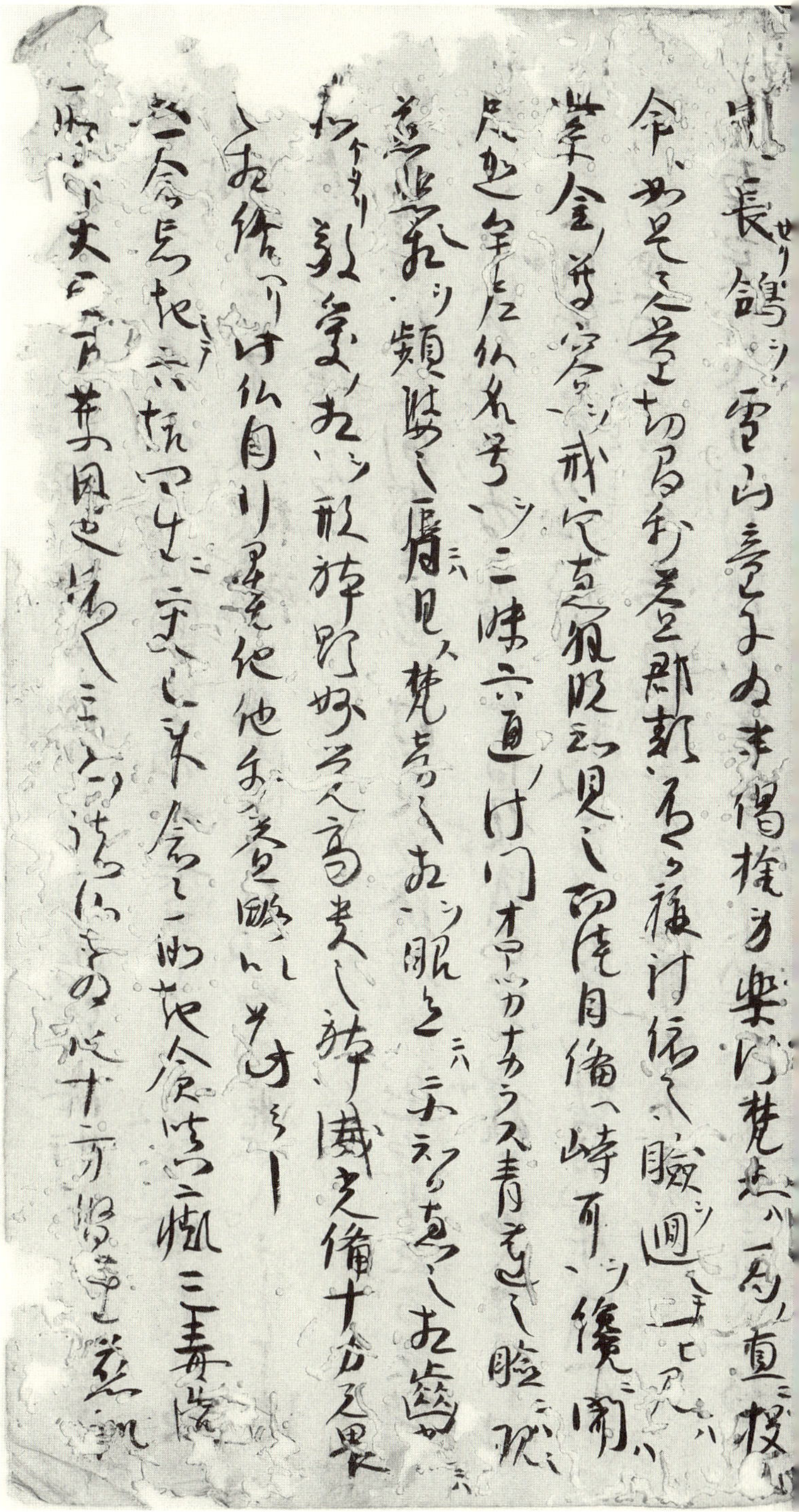

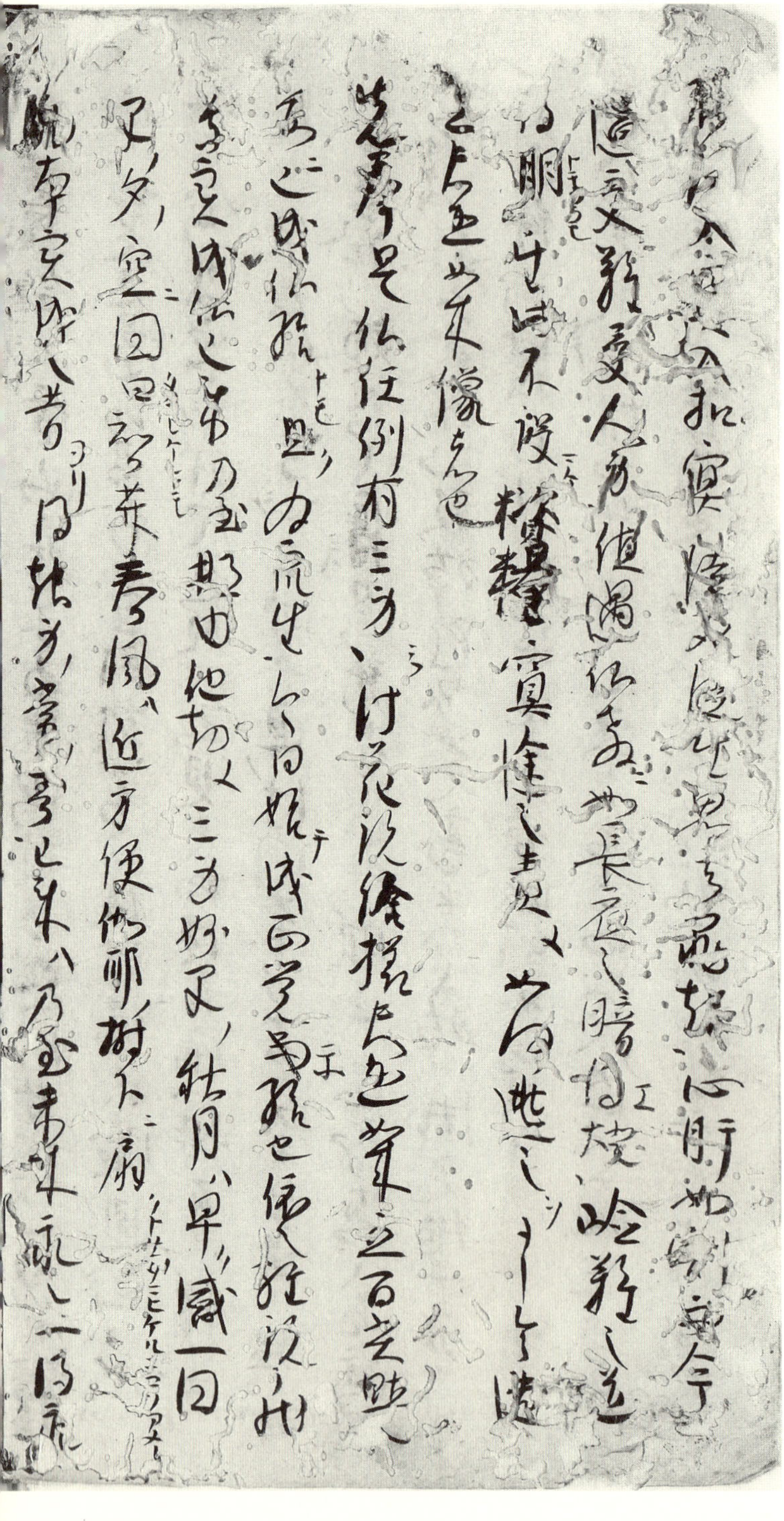

上ハん吉日ノ経説ニ給備ノ内ニ説ク

当来ノ尺尊ハ凡書夜朝暮ノ莫時三界之遊衆生ノ付居

方ノ豈遊三途宜ノ限ノ有因縁ノ秋之報赫明時莫ヲ

衆生又ハ其因ニ悦新ミ山野ニ放ニ禅ハ筆ヲ漬江海ニ演鱗

或ハ国ニ為大城郡、凡無限于不可得是之三界之道其因ニ

一切衆生ハ有其地穴悩ミ盛セ之道又其者也付仏ノ弟子ニ有幡費

根抜ノ所ニ在リ荘ニ代々人子又妮リ草庵日久数穴付

阿修羅衆ノ三千国俵ニ修羅八万細川ハ長ニ年以之未

所沢行修何有多法弟子敦及一万二千ノ時ニ是乃人子ヲ

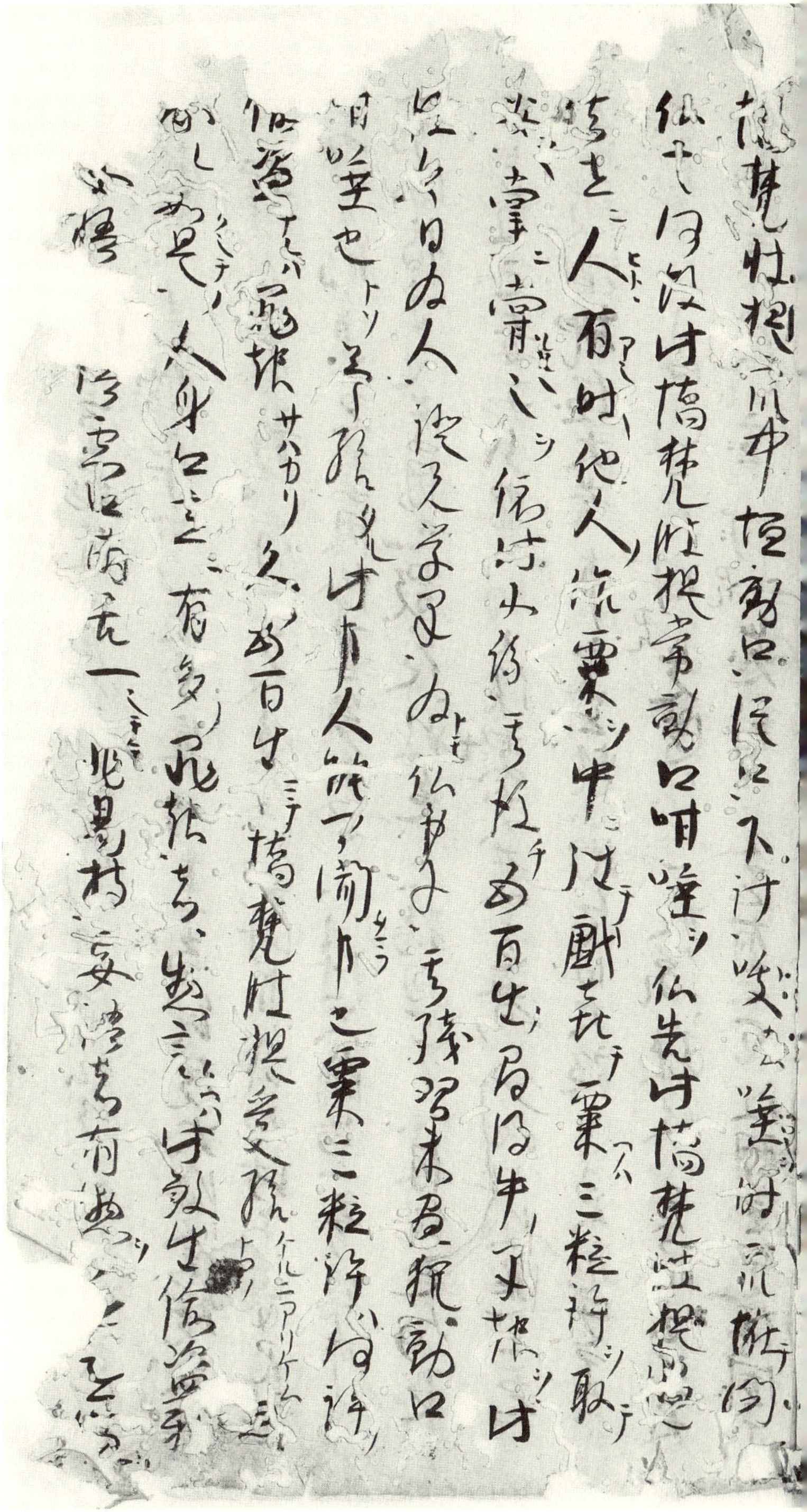

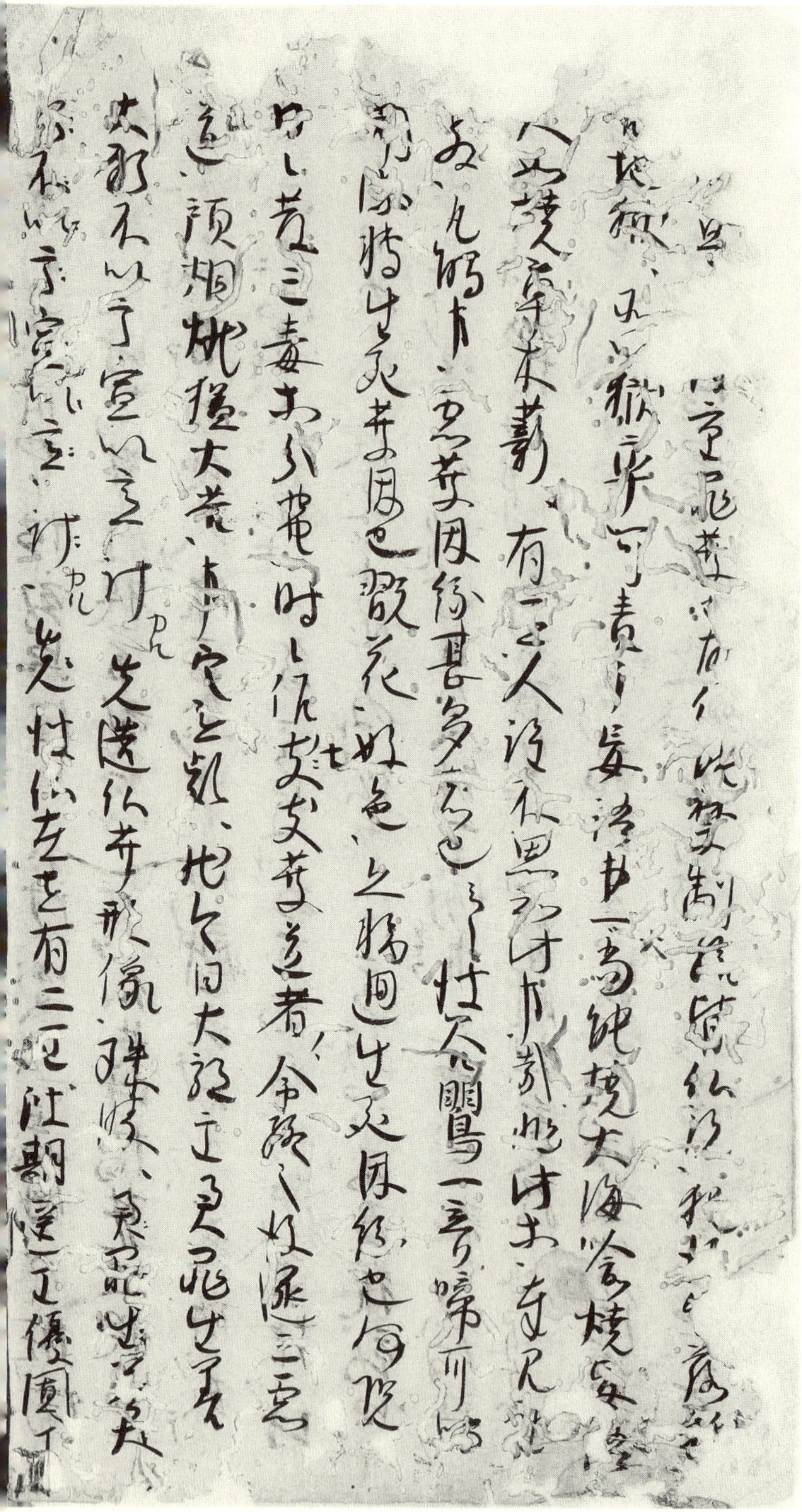

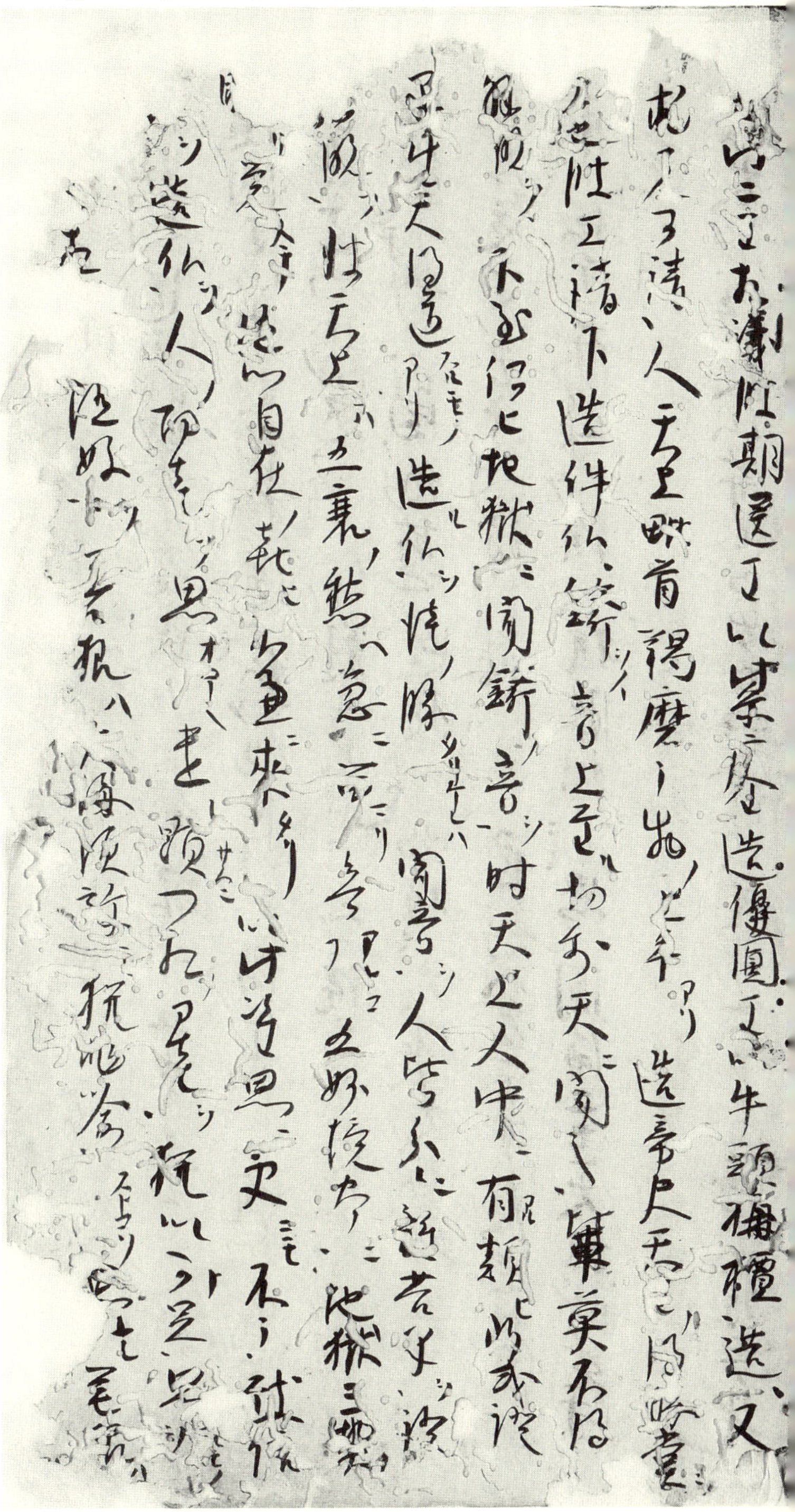

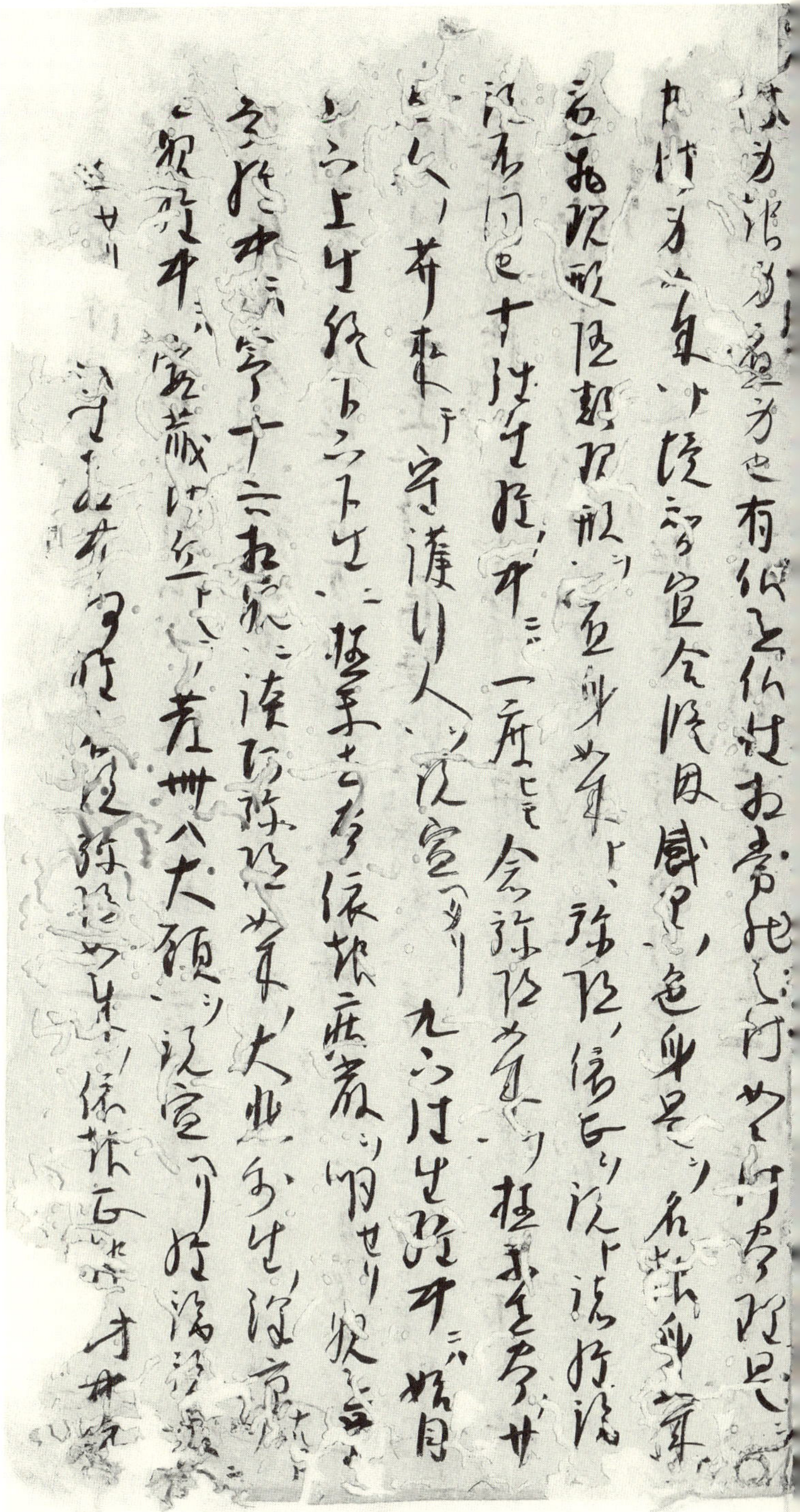

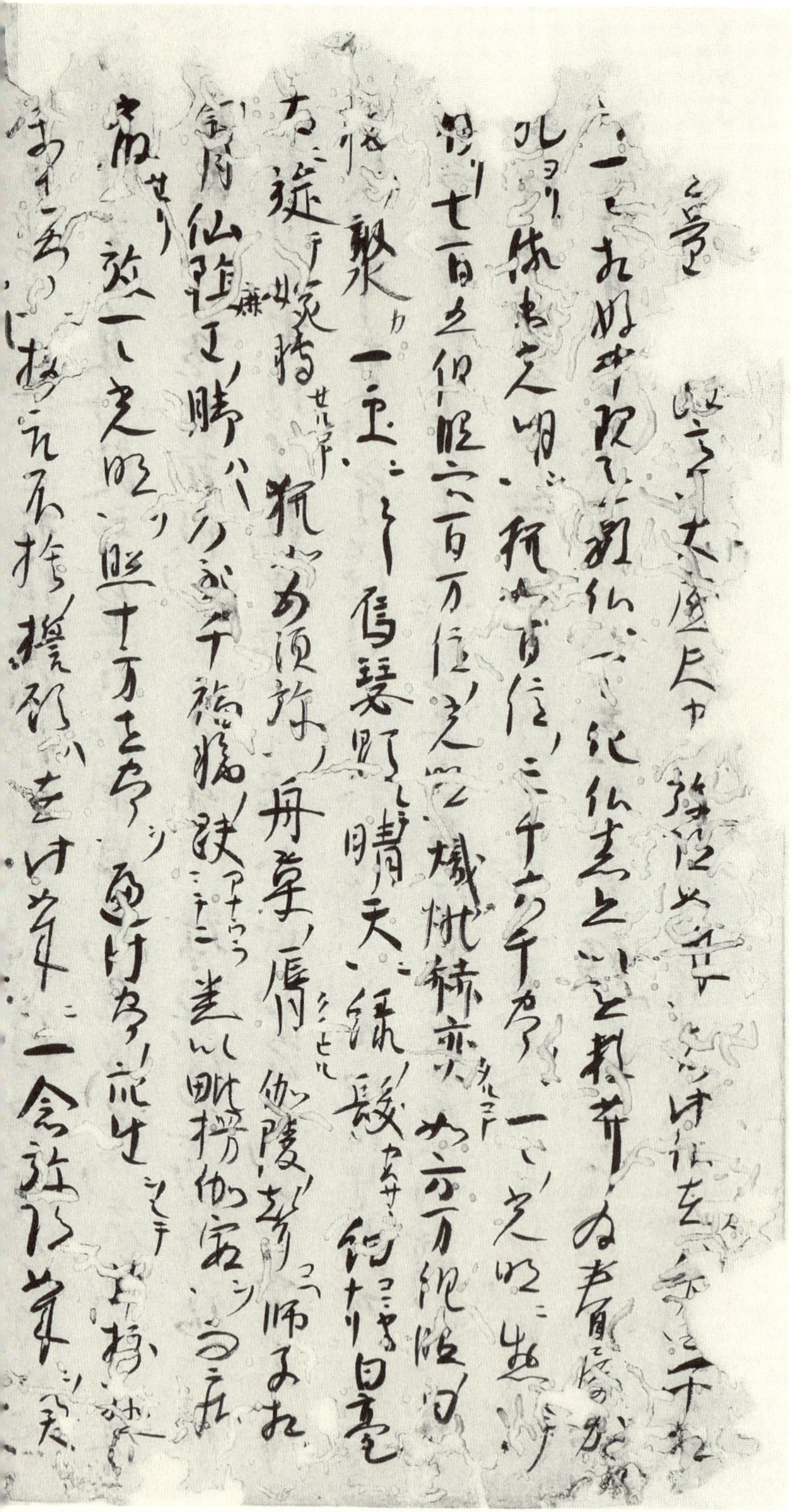

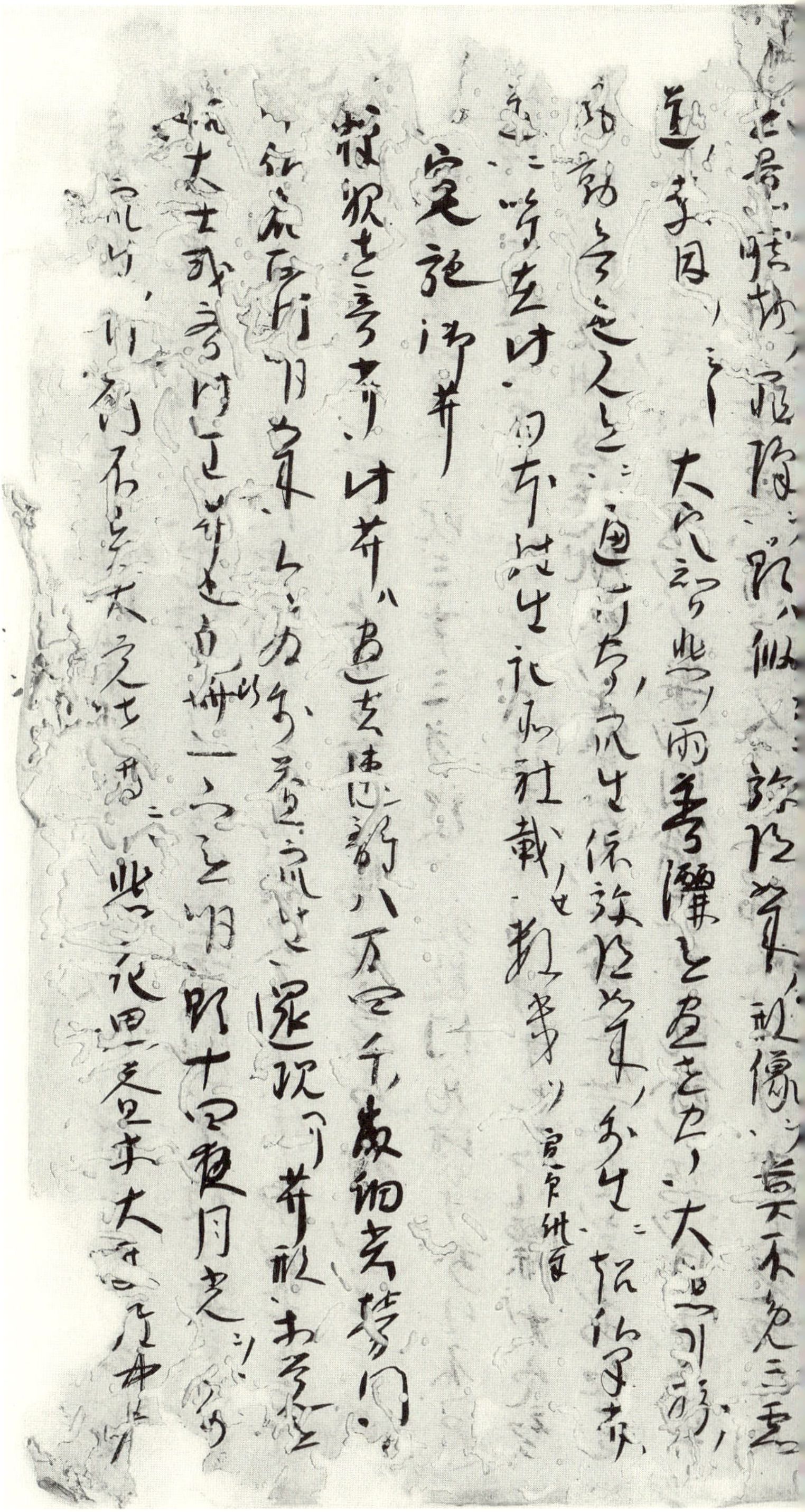

衆生シ衆生界苦空英ニ苦人但地獄者其ニ地獄
埋衆鬼類ノ如ニ衆生ノ并寺也要也業門ニ中報三毒七難也
乱南猶洪足ヨリ改宮ヘリ火ノ難水難更不来、依帰シテ衆生意
如カシ与苦乃至無難テ之不一ノ有依帰衆生言ノ奉指シ二十大河
時苦行并ニ、次三十三身設十九説法凡衆生不ヲ
以法宮、往三十三道ニハ説三代後若愚時衆生也亦以洒テ大宅
然面シ懐焚焼恵炎焼燄ノ二焚火炎シ故宇ニノ甚今ノ光シ為紅蓮
大紅蓮ニ若シ以甘露ノ妙要シ同餓鬼道飢餓ノ熱シ依ニ受不
為畜生道苦患、有畜人後子帰依并ニ一切衆生ノ矣

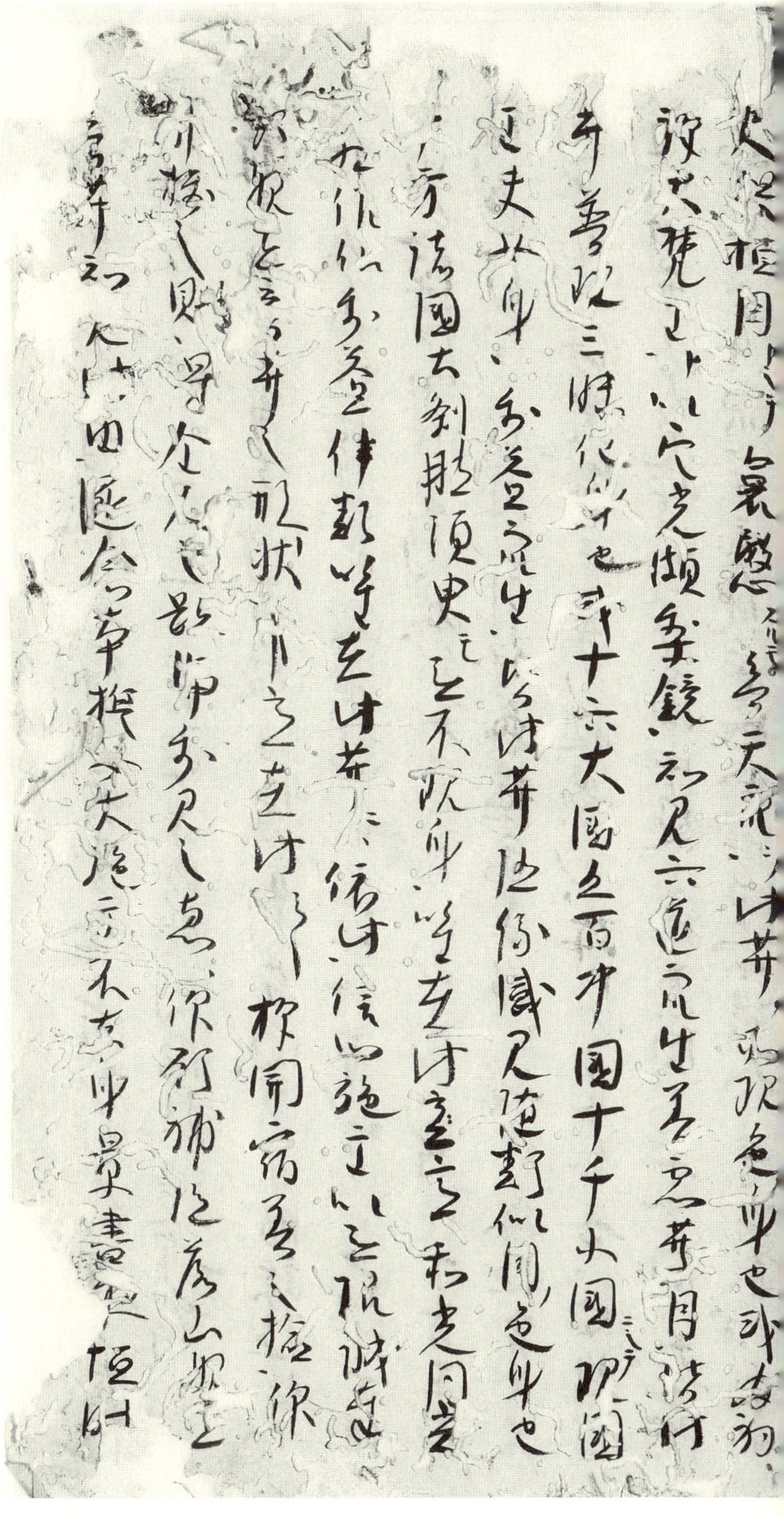

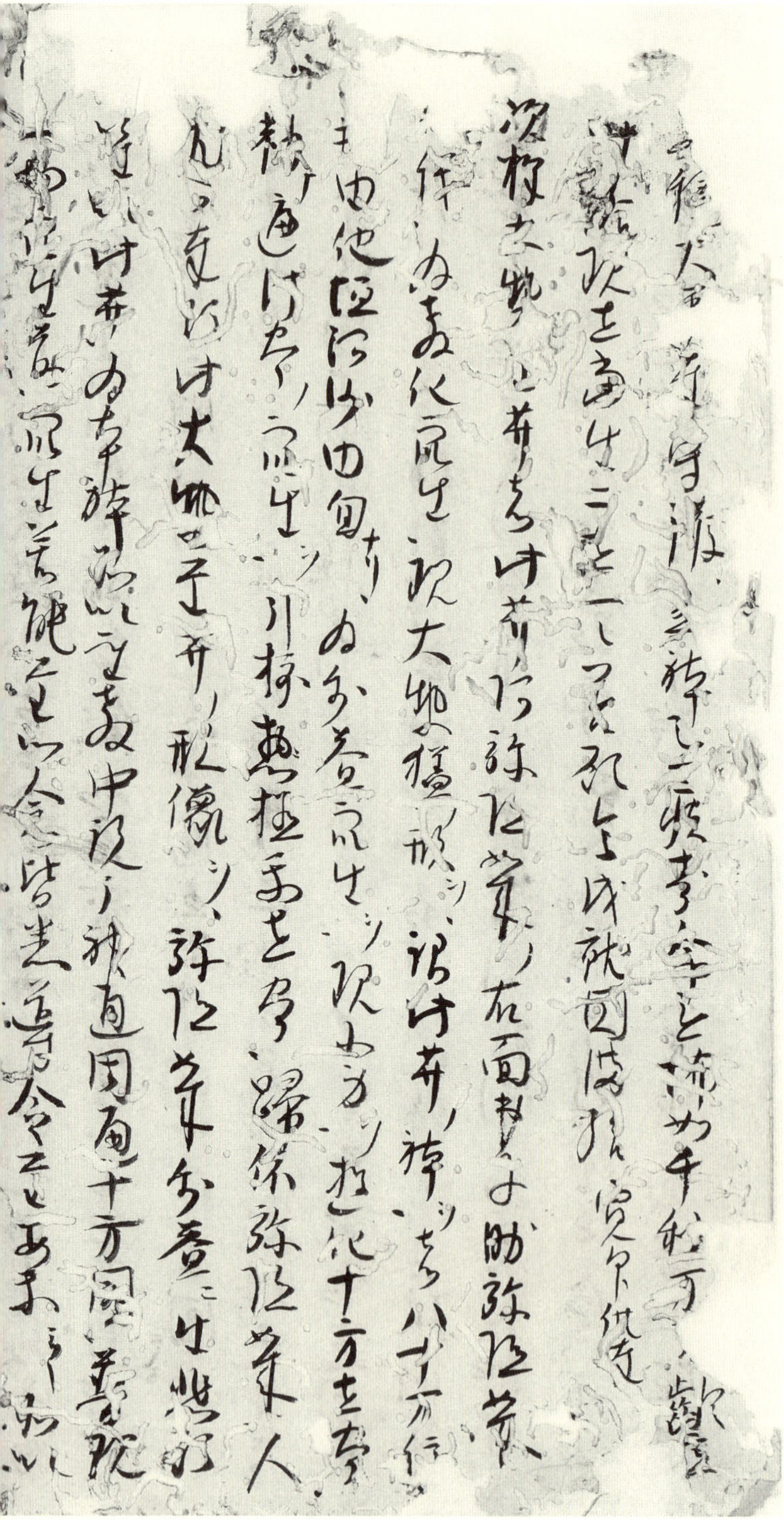

[illegible]種大悲　菩薩守護、無碍ノ二疑者ヲ念ヲ説ク千秋万歳
[illegible]現世安穏生ニ之一乙[illegible]成就国土[illegible]佛道
次釈者勢至也。此菩薩ハ阿弥陀如来ノ右面ニ居テ助弥陀如来
作、為教化衆生、現大勢至ノ形ヲシテ、謂此菩薩ノ身ハ八十万億
那由他恒河沙由旬ナリ。為令一切衆生シ、現無辺光化十方世界
救ノ遍一切ノ衆生シ、引接無極世界。帰依弥陀如来人
也。又次此大勢至菩薩ノ形像シ、弥陀如来令普ニ生[illegible]
[illegible]此菩薩ノ為大悲弥陀之教中現ノ引導因為十方国土衆生
[illegible]衆生善悪不論、今皆生善道、今不[illegible]

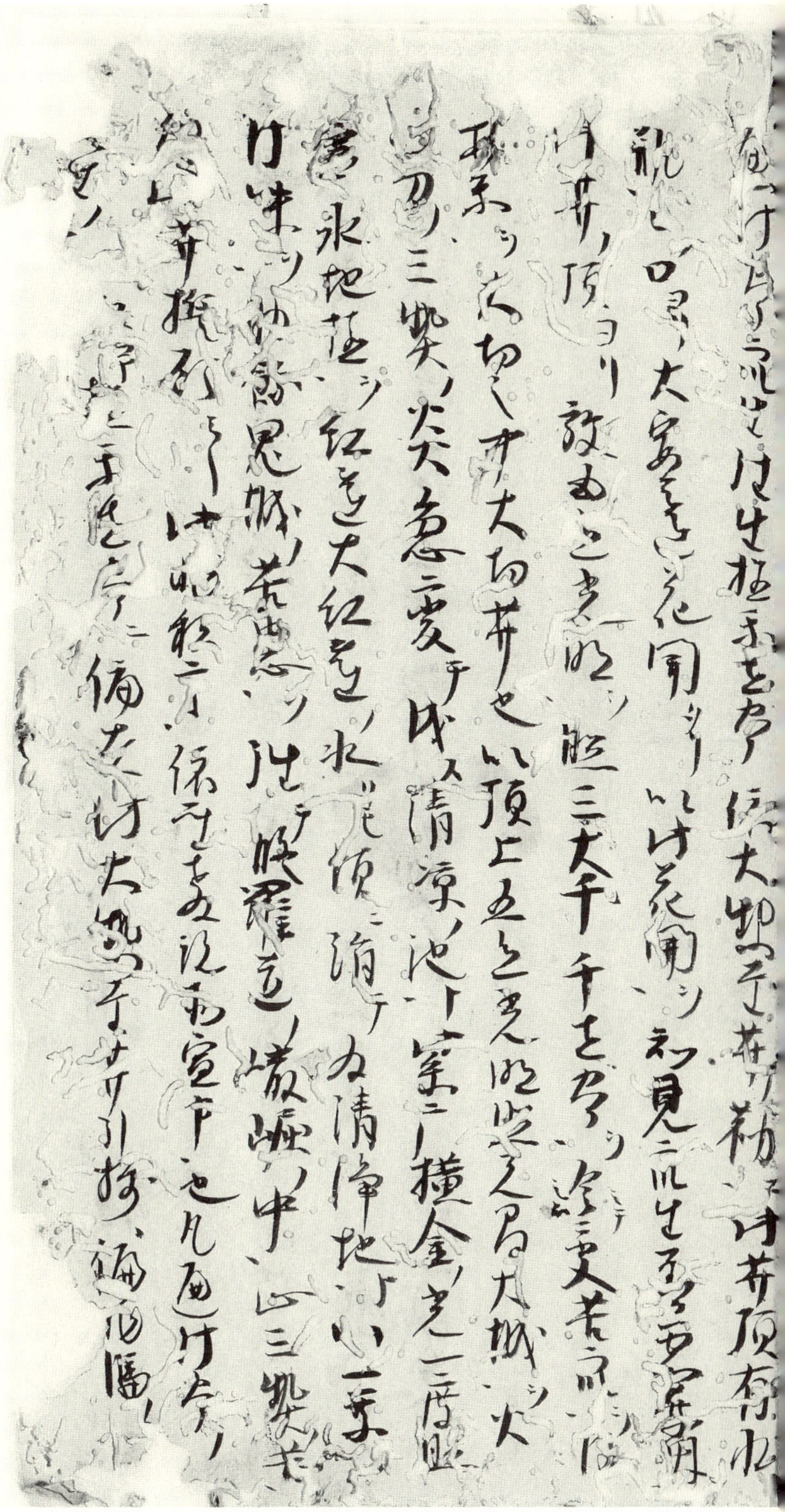

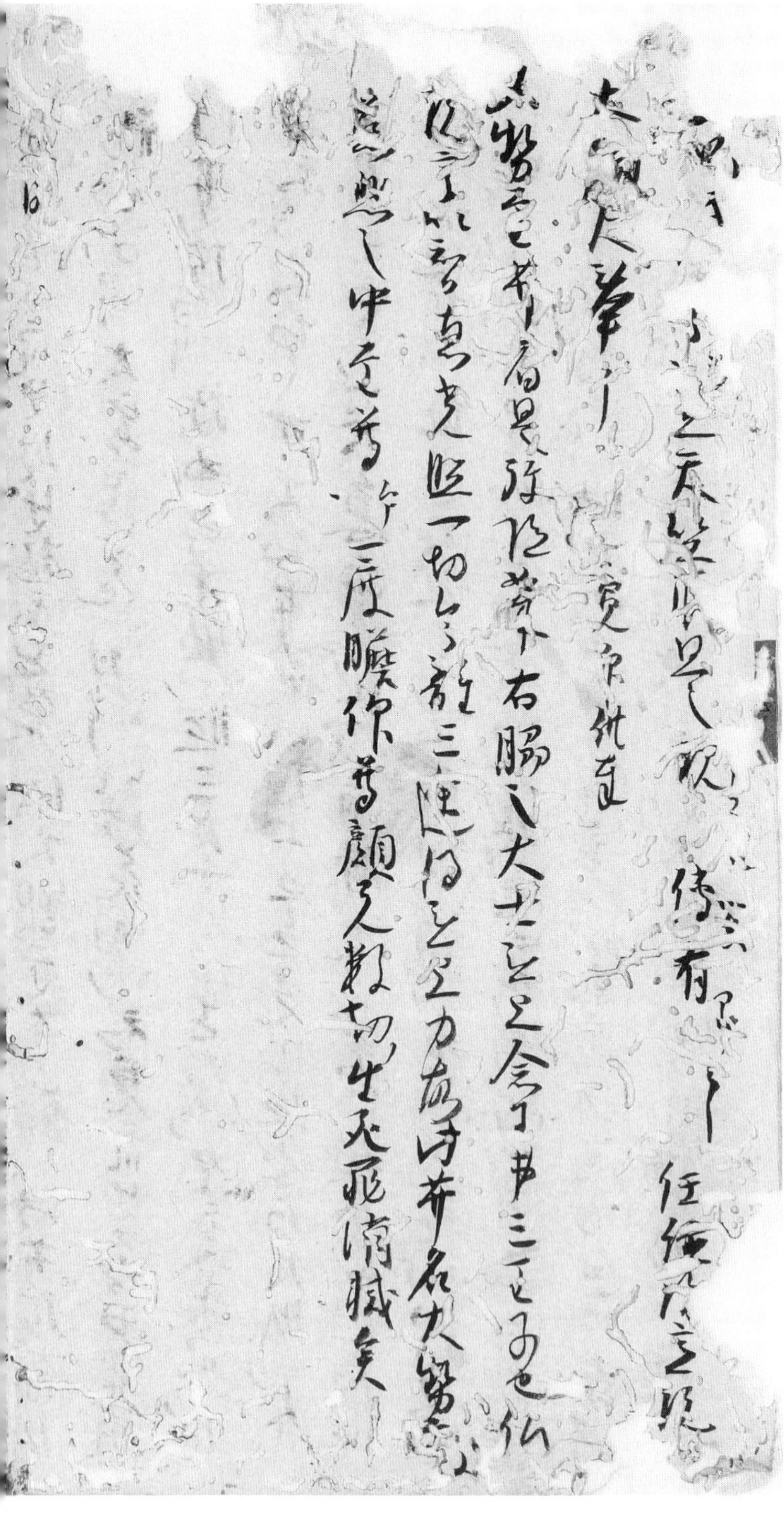

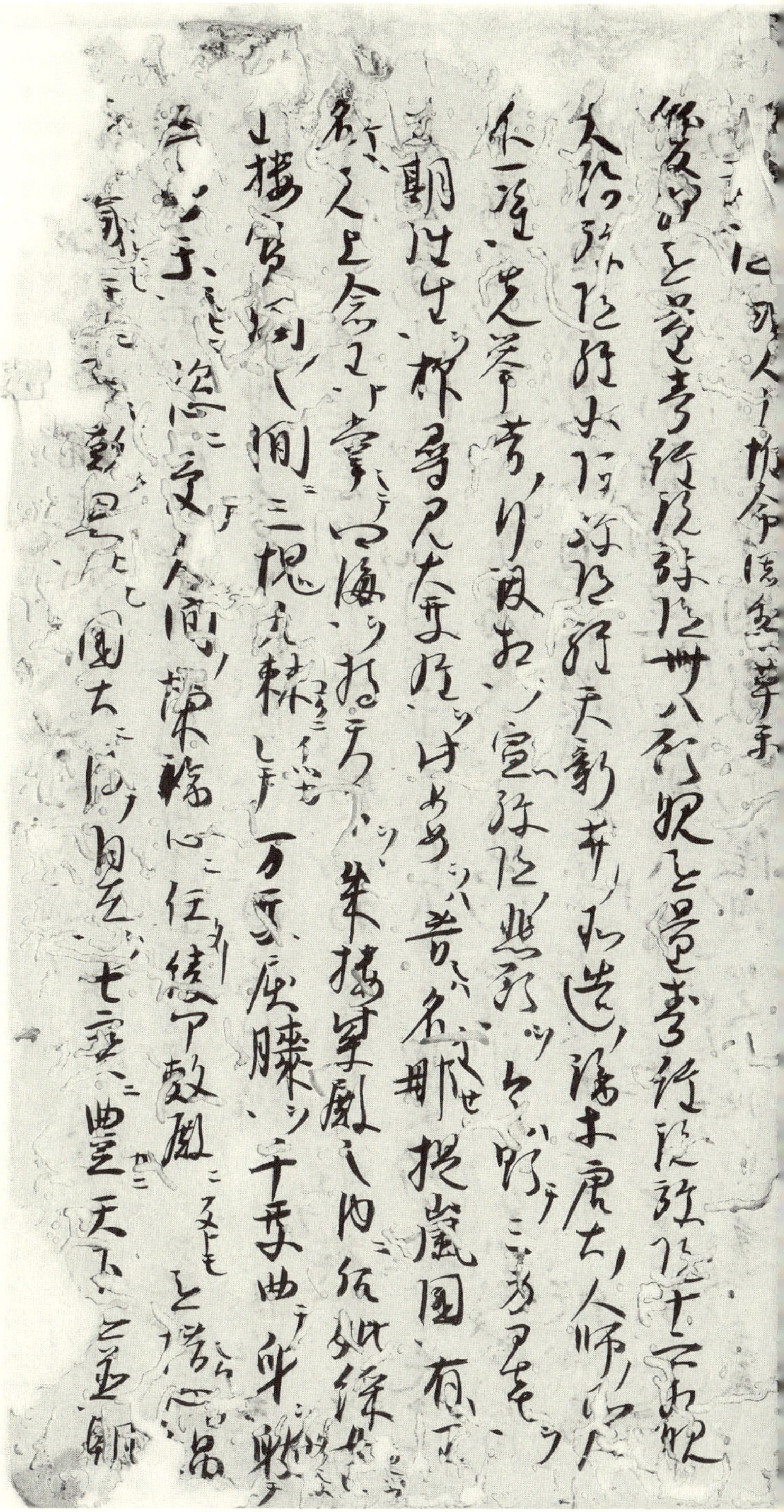

185 184 183 182 181 180 179 178 177

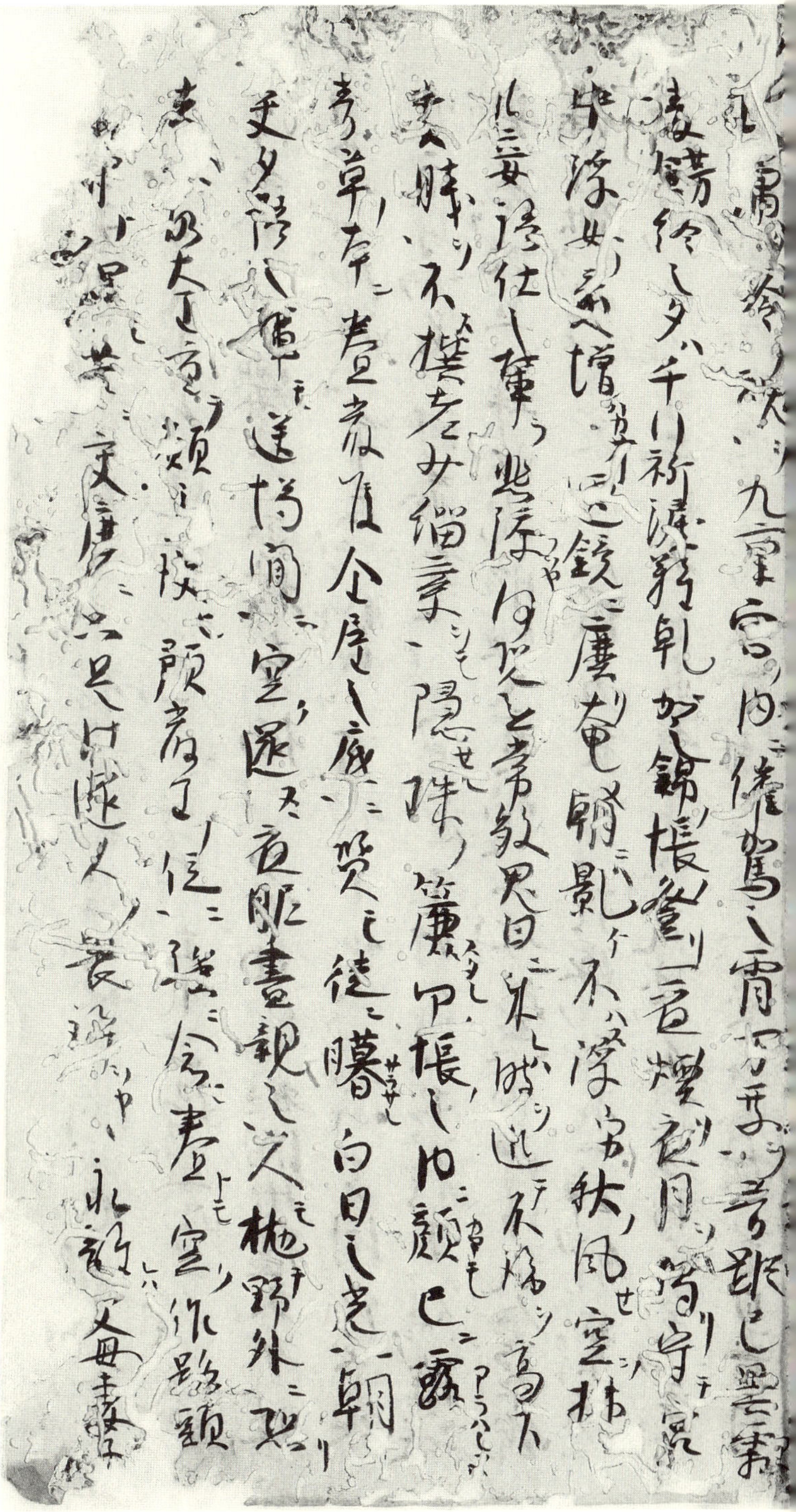

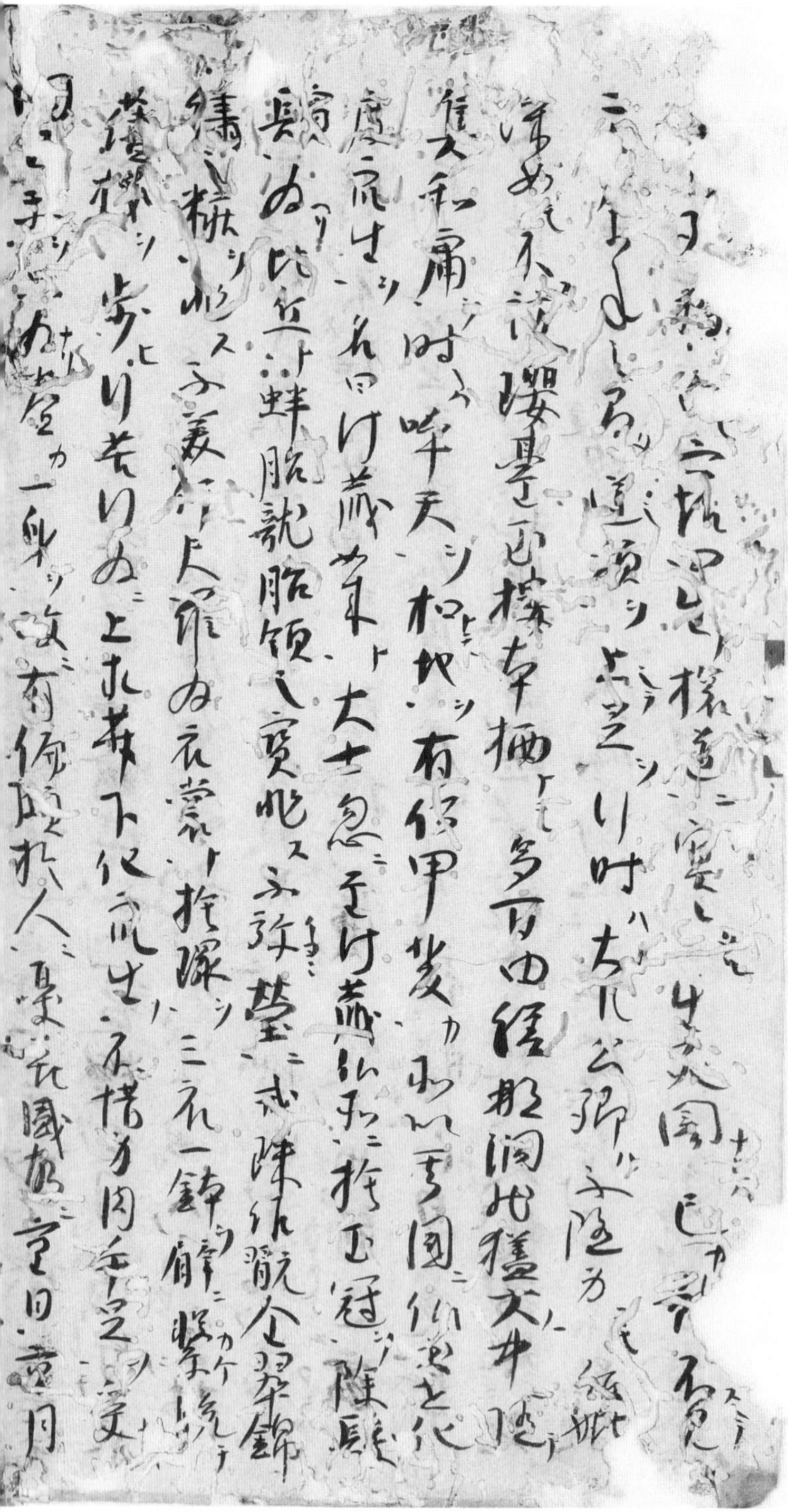

報三途菩薩ノ乱時若ハ見ニ乗国ノ一切衆生ノ抜少命撥苦
還於生死ノ苦ヲ受ル菩薩ノ道ヲ修ス 若四十八願ハ皆是浄土ノ衆生
以苦之力矣
寛祐
娑婆世界ハ峙嶮ナリ 大山高聳シ菩提心容シ、不能ニ来ノ三界苦海ニ
満足四因ノ念ハ大悲世界ヲ出ル 菩提アリ花ヲ救ヒ衆生ヲ抜ニ生死ヲ遣
以顕額ヲ合掌シ礼ス 急ニ来生ノ菩提因ヲ是三十ノ大悲ノ因成ス
念仏十方ニ遠ク教化シ三途ノ苦ヲ遣ル苦ノ衆生ニ説ク示ス衆生ヲ
常念仏菩薩ハ之三障ノ若又ノ顔眼ノ手ノ菩薩衆生ヲ救

付ノ人我也救ヲ菩薩大悲闡摂リ取不捨衆生悲願
菩薩摂取之現ヲ済方ホ千秋ノ紫木花ツ孔一切衆生依訪ニ悟
以威大悲力飛葉ハ女人ニ菩薩位ニ六道四生ニ六女強ヲ畏局
及三途八難受苦衆生如影之形随風動随遂十方付
受衆生助給大士也甚中紫鐵大将大地安楽諸訪茶飛渡宮
衆生ニ万四自指大中更女代走苦叫喚躍乱凡六道衆生六女
私之安物之思ヒ三有付左刑乱画随順衆生ニ住是則一生
陸出生とを一随悪之一切二切諸悪ハ之普ニ住切蘇悪
抑一切衆生生他含因満足菩大悲抜苦力也

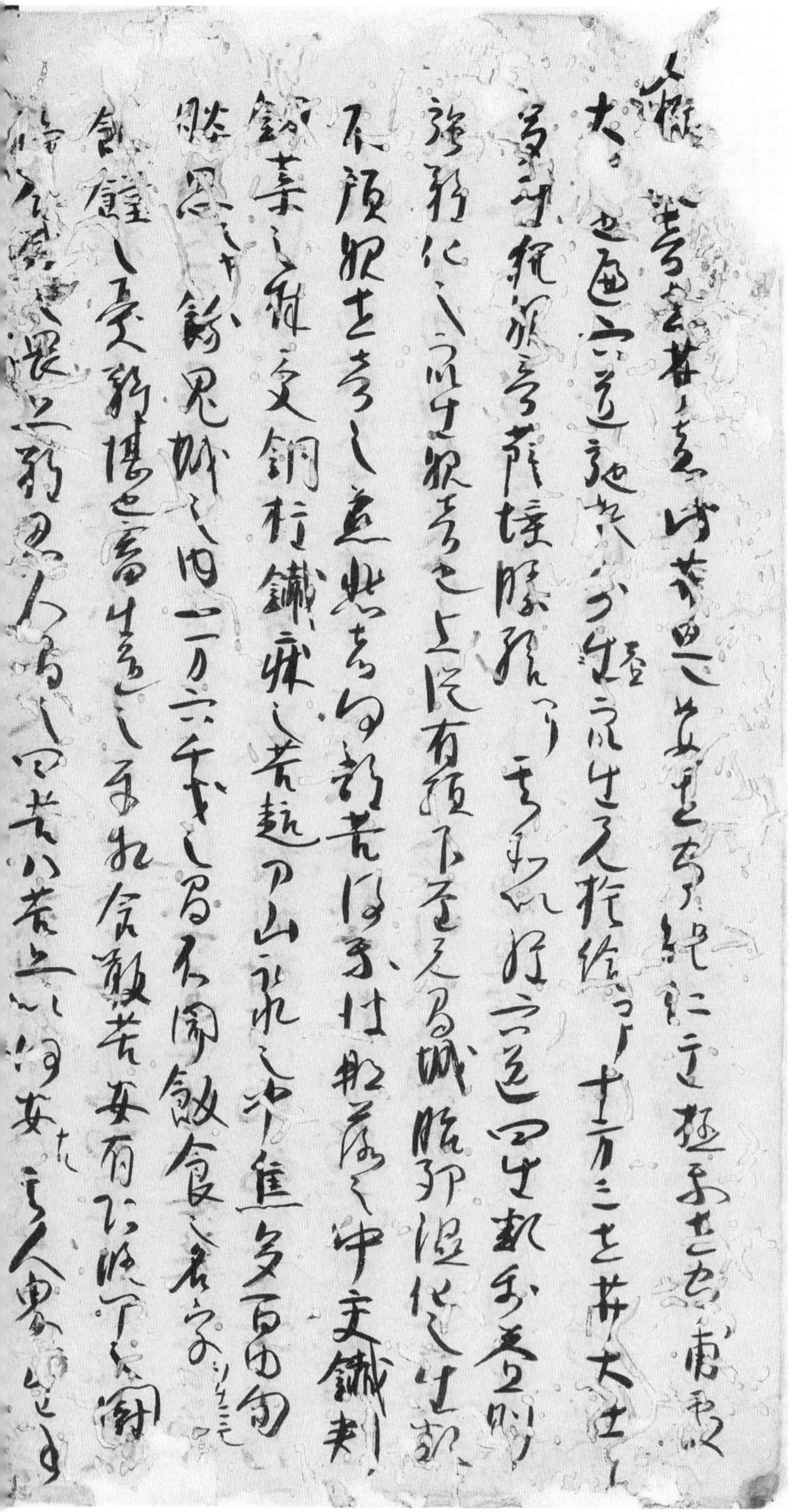

不入[illegible]文[illegible]サツソ見給ハサセ[illegible]極楽樓閣[illegible]
云八苦ト者有生老病死ノ四苦ト愛別離苦怨憎会
苦求不得苦五陰盛苦ト八苦也中四苦ヲ撰テ辨ス余ハ略シテ也
云トモ有繁キ文帯長ク成ル仍テ略セリ　先云父母ノ赤白
二渧和合シテ始テ父生封ヨリ廿八ノ七日二百六十余日ノ程ニ父母胎
ノ内ニ穢不浄ノ朝夕ノ食日月ノ僅隔出セシ時所云文生
患[illegible]不浄計ヲ百千ノ刃[illegible]首云肢ニ徹於骨髄也　其生苦也後
老不[illegible]馬鳩[illegible]莫大ノ[illegible]母ノ[illegible]見人[illegible]
由[illegible]人[illegible]人有[illegible]顔[illegible]恥ニ傍人笑嘲[illegible]

卜卜卜卜令名也次病者者罪開紫羅於春花芬母之宴
曲於秋月不通之於是又病者令曰揺抑病床沈臥
帯媚顰攅之人答親眤語之次死者者守無究竟識
挟黄金珠玉具足更以人為者之風一飄遊轉根
風朝夕之論筆送愉眉空還又在親書押類梅桃
許分虎玄隠珠之簾帷帳之比蹄輙乃所又青草之露之影
路全喜之床 但暴白日光上下不淨老人賤不撰
又以出時空流 跡顛之骨埋合 吏焼庚卅八令氣力中八有
凡人 此土古更人之生命之多之人之大梵工居高勝

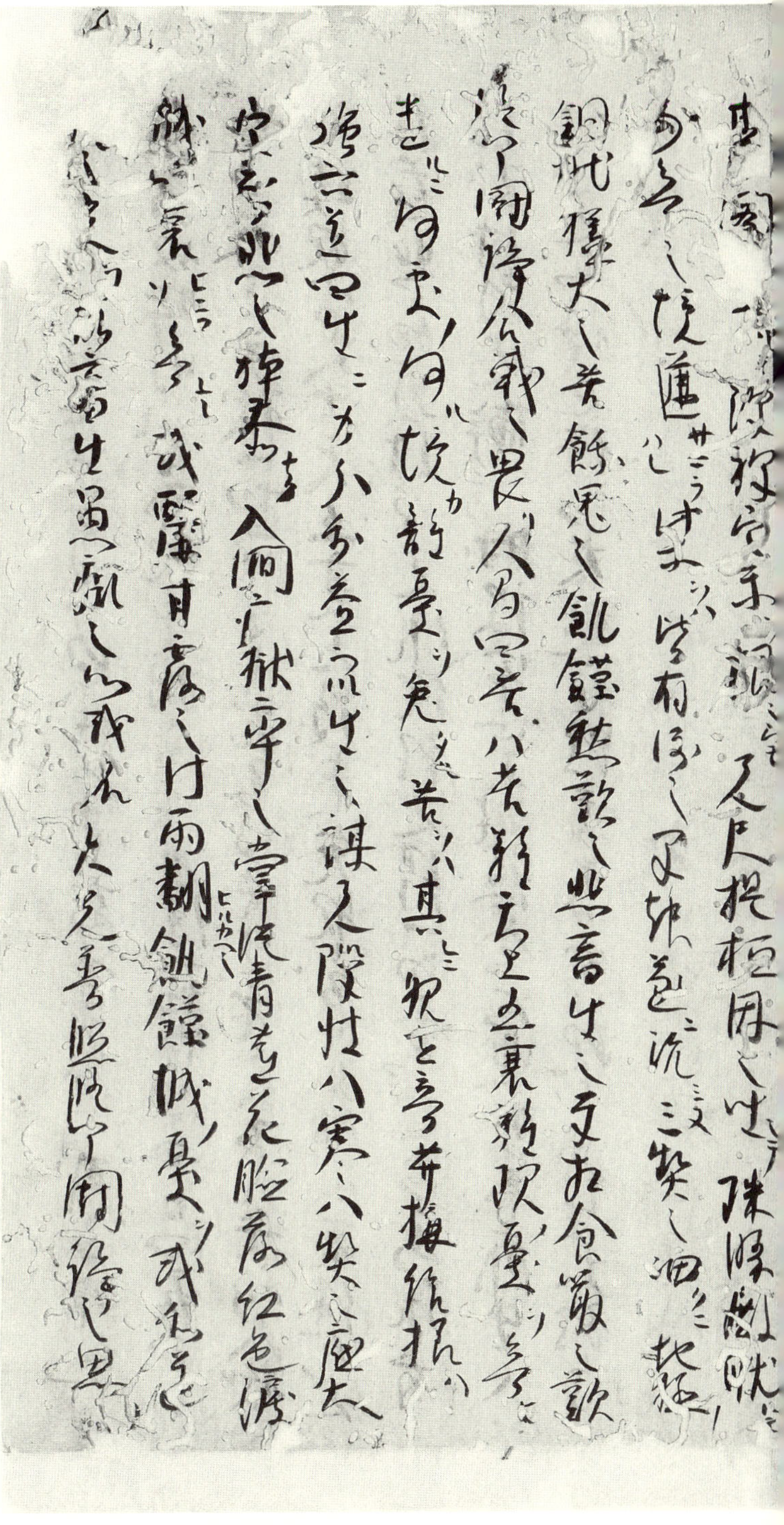

[illegible]

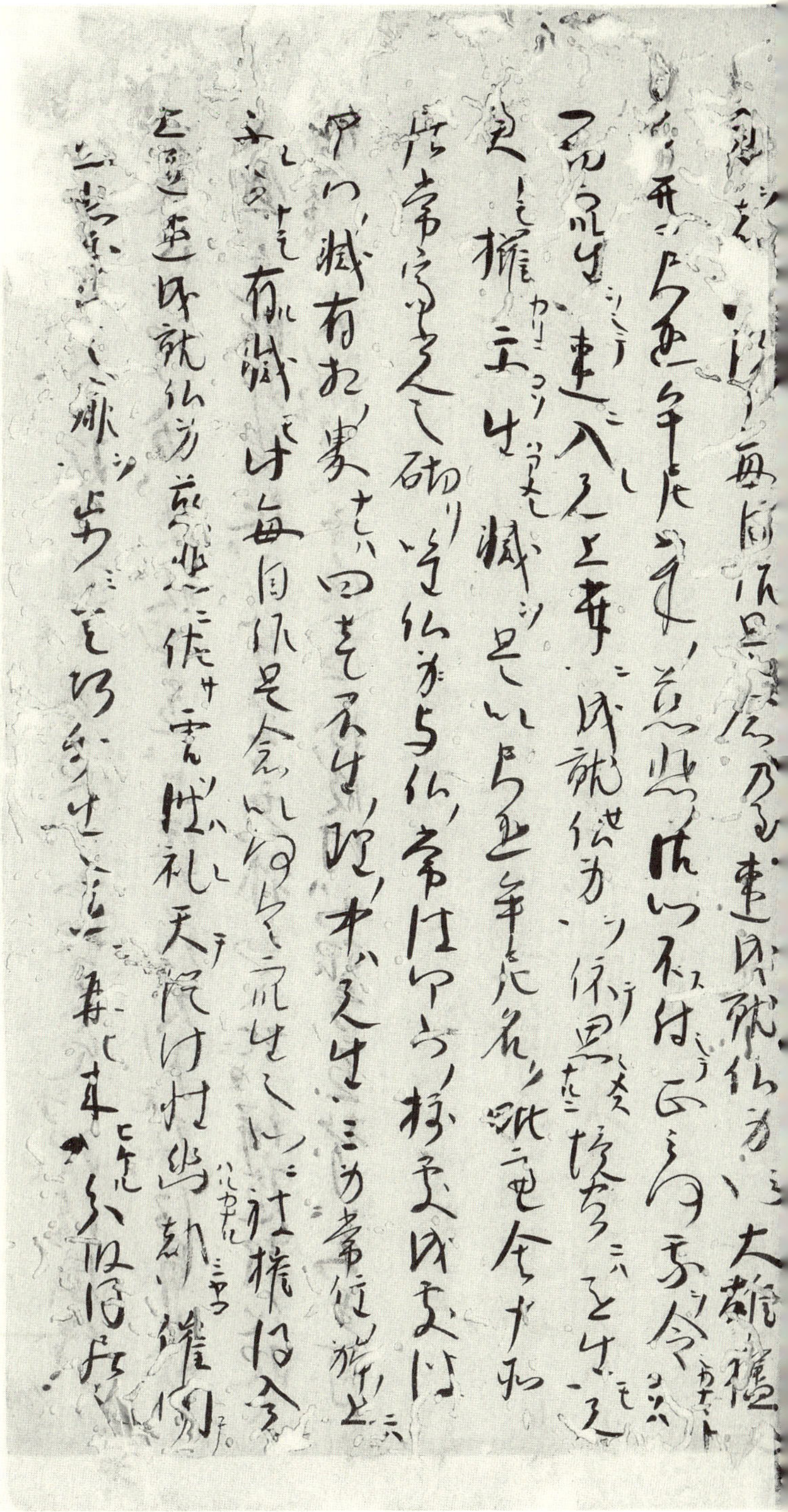

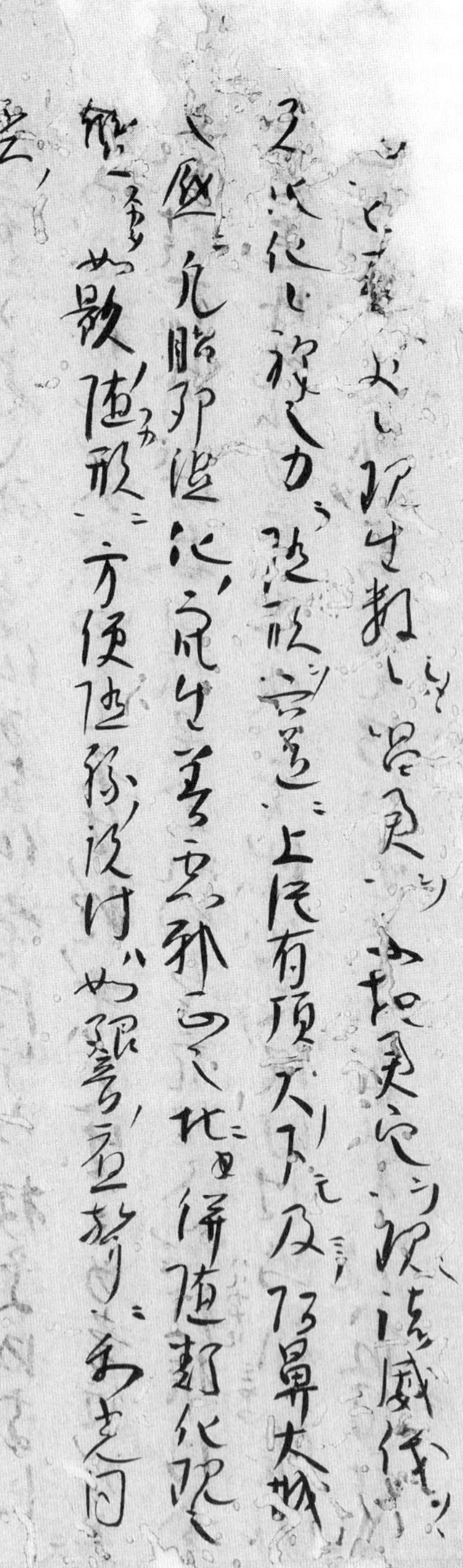

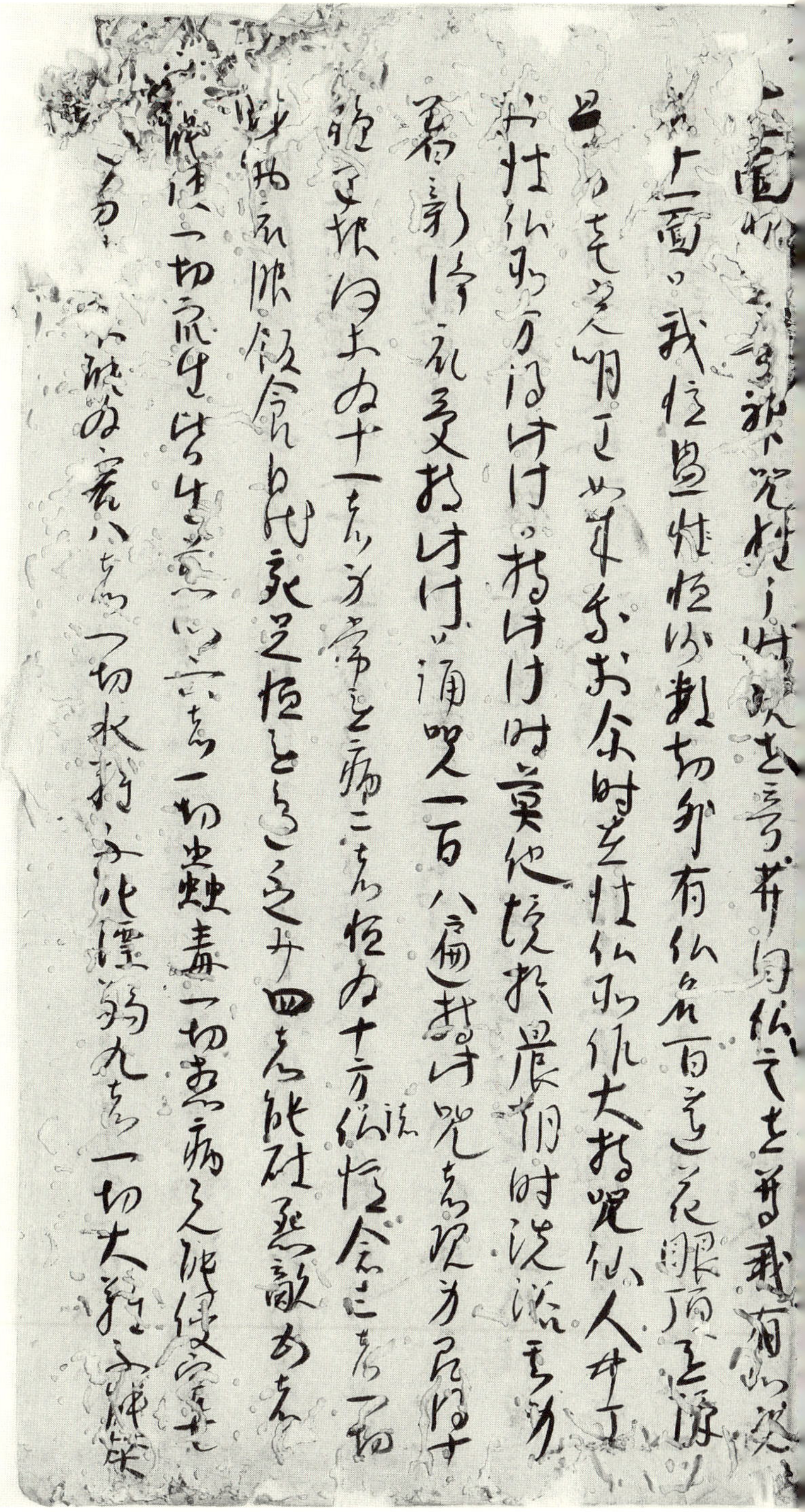

一面[illegible]神呪心[illegible]菩薩白仏言世尊我有此呪
[illegible]十一面我於恒河沙數劫前有仏名百蓮花眼頂無障
碍功德光明王如来爾時我作仙人於彼仏所得大神呪仙人廿[illegible]
[illegible]於彼仏所得此呪得此呪時即見[illegible]最初時淨澡漱
著新淨衣受持讀誦此呪一百八遍持此呪者現身得十
種勝利何等為十一者身常無病二者恒為十方仏(諸)憶念三者一切
財物衣服飲食自然充足恒無乏少四者能破怨敵五者
[illegible]使一切衆生皆生慈心六者一切蠱毒一切熱病之人能侵害七者
一切[illegible]八者一切水不能漂溺九者一切大火不能燒

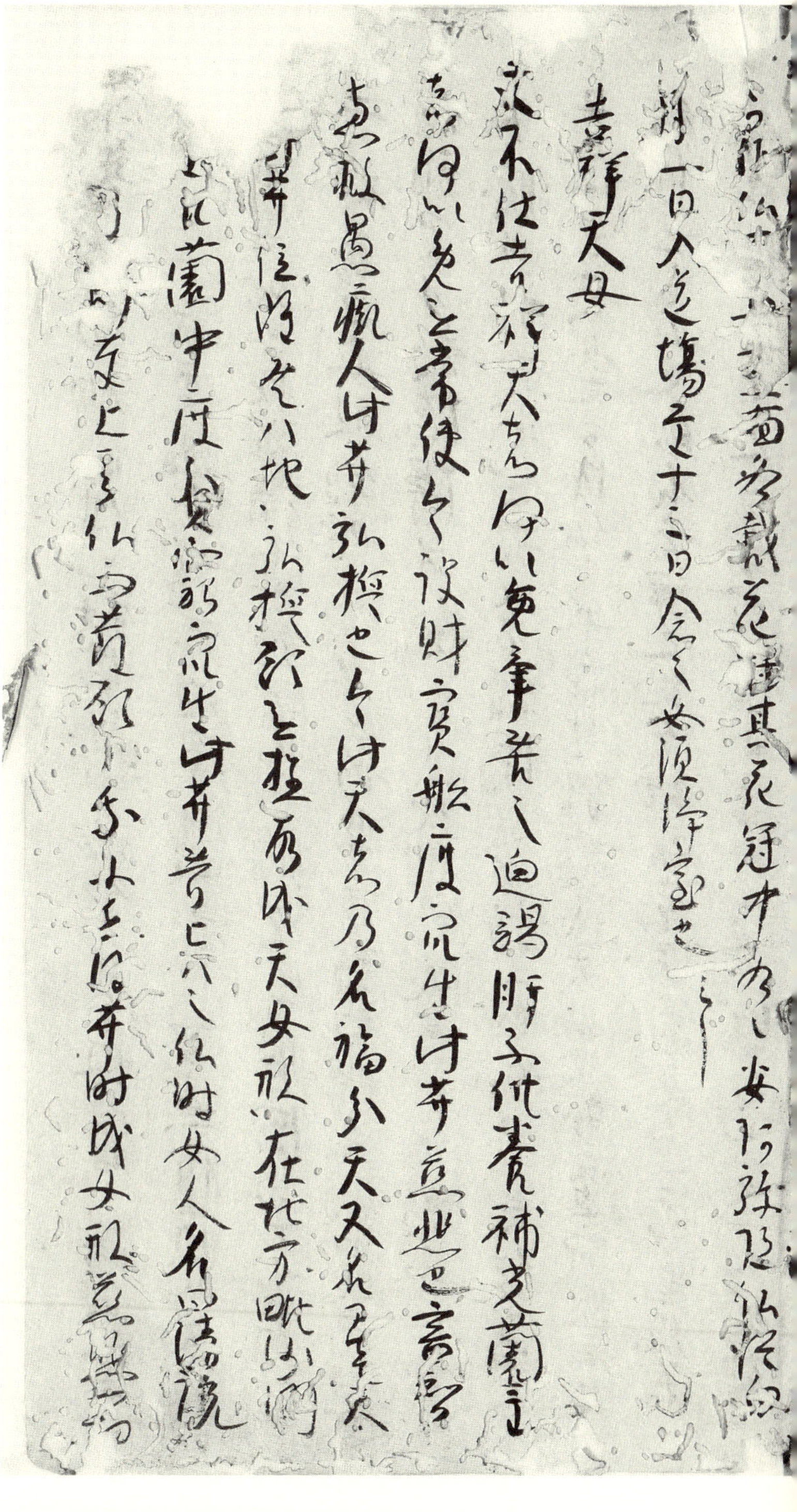

[illegible]面各戴花[illegible]其花冠中有之安阿弥陀仏[illegible]

時一日入道場之十二日念之女須浄室也

吉祥天女

或不往吉祥天女得以免事菩之迴謁[illegible]子供養補[illegible]蘭[illegible]

意得以免之常使令設時賓般若度衆生此菩薩変也言[illegible]

東北[illegible]遇病人此菩薩弘擬也令此天女乃名福分天又名[illegible]

菩薩位得名八地、弘擬[illegible]之往所成天女形在北方毗沙門

此此園中五度[illegible]衆生此菩薩[illegible]仏此女人名[illegible]

[illegible]

平　一切願円満如秋満月以福祐之受用衆生以得良縁
給人人歎云福故號稱付吉祥以下尽之初吉也故布施如大海
持戒如須弥精進如金剛忍辱堅固如大地故名
吉祥故是女形離嫉妬等之此業等離破戒等離愚癡等
離邪見等離諂誑等貪欲等地獄餓鬼畜生等離貧窮等
下賤等離黄門二根之等離闘諍等離一切穢等是初吉也夫
女也以ち天女也等成仏之女形生離福之天女也如是形生天女
福自在之為也故名吉祥也但吉祥福吉了人是也人之為也吉所度者
於吉也之人為也注人則云初吉也役人吉了人也也下為有

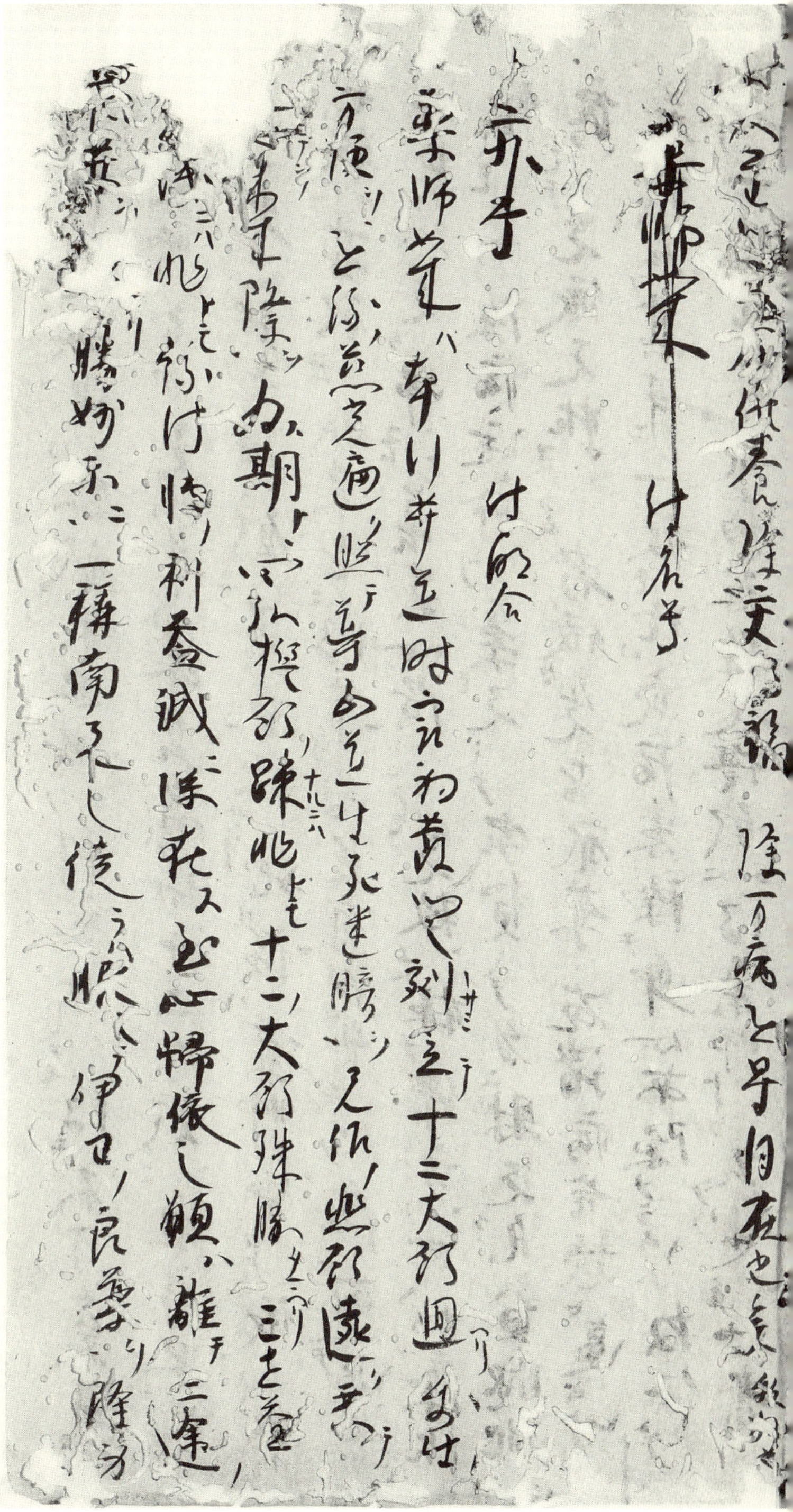

八定□一代教□修文称　除一切病と号自在也□□

薬師如来　付名号

示本手　付所合

薬師如来ハ本ナリ并ニ道時ニ初発心ノ刻ニ至テ十二大願円ナリ名付

方便シ、と依為衆生之病ヲ照テ菩薩ノ如来ノ一生ニ未来勝シ人仏ノ無辺遠至テ

衆生ノ障ヲ除シ如期ナリ六仏擬郎珠ナリ十二ノ大願殊勝三土□ノ

□二八ト云バ得付悩ノ利益甚ニ除抜ス然心帰依シ願ハ離テ三途ヲ

哭ハ菩ハ□リ勝妙楽ニ一称南無ノ後ハ眼ニ伊日ノ良薬ナリ降ス

謂〔　〕此佛ハ思議不思議ノ利益一不虚得ニ不可云矣、其時
薬師如来ト奉名者ハ付十二大願ニ祖尋思〔　〕
十二者七樓願ニ其意顕タリ、此様ハ薬師ト申コトハ依シリ
七願ニ云、我来世ニ得菩提時若有衆生諸ノ病ニ所逼シテ無
帝長テ无ク帰コト、若支心識トシテモ无救コト、極テ伊方ヨリ下、如摩流
賛シテモ无ク除病延命シ、薬モ无シテ家貧シテ分ニ財无ク凡貧賤流
衆シテ无依无粘コトナラム者ノ依カ先世衆尊、而諸病苦競ヒ逼ム時
若我名ヲ其耳ニ一度モ経ハ、衆病悉除テ身心安隠ナラムト、故依テ
号シ一経其耳衆病悉除シ樓願ニ得薬師トイフ名シハ也、〔　〕者

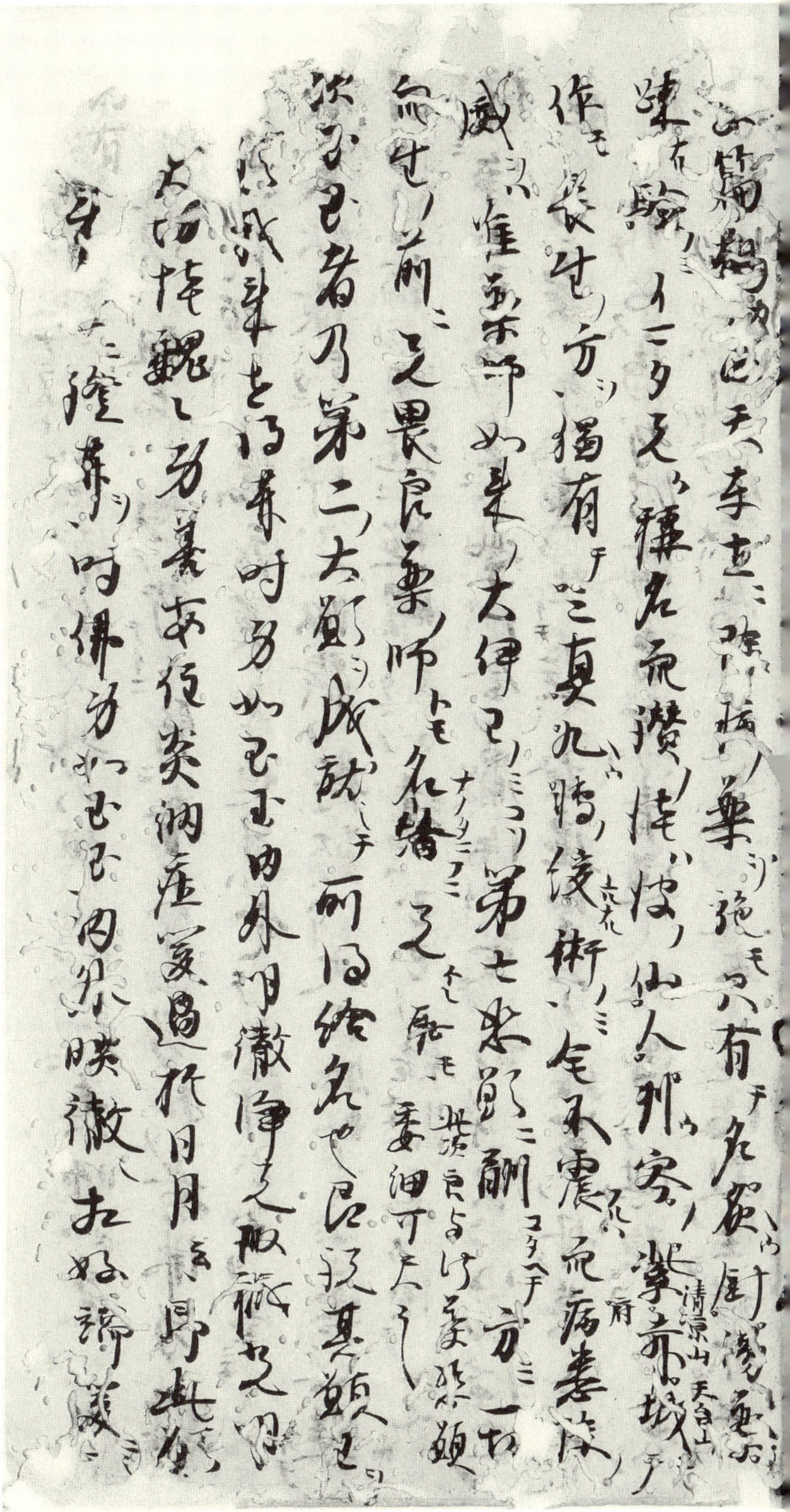

而篇鶴ノ色天李直ニ咲梅ノ華ヲ発モ只有テ名ノ花ハ厨ハ凌霜
建右験ノミ伊三多丈ヶ藤名而讃ノ挽ハ使ノ仙人ノ那ウ客ノ峯ニ斎城テ（清涼山　天台山）
作モ長廿ノ方シ獨有テ此ニ夏九晴ノ後ノ術ノミ乞不震而病ニ悽ハ
盛ス唯薬師如来ノ大伊已ノミコソ第七御子ニ酬コタヘテ方ニ一切
爲世ノ前ニ之畏良薬ノ師トモ名ナノリ給之モ毘モ妻細可大し
次於已者乃第二ノ太郎ヲ成就シテ所同絵名也昆沙其頭ヲ
濱戒来モ同者時多如己玉内外ノ目徹浄之取識也之
大海挽魏シ多嚢安彼炎洞座受島遍於日月ニ同興後
来ニ隆葬ヲ時佛多如玉己内外ノ映徹シ丑好諦

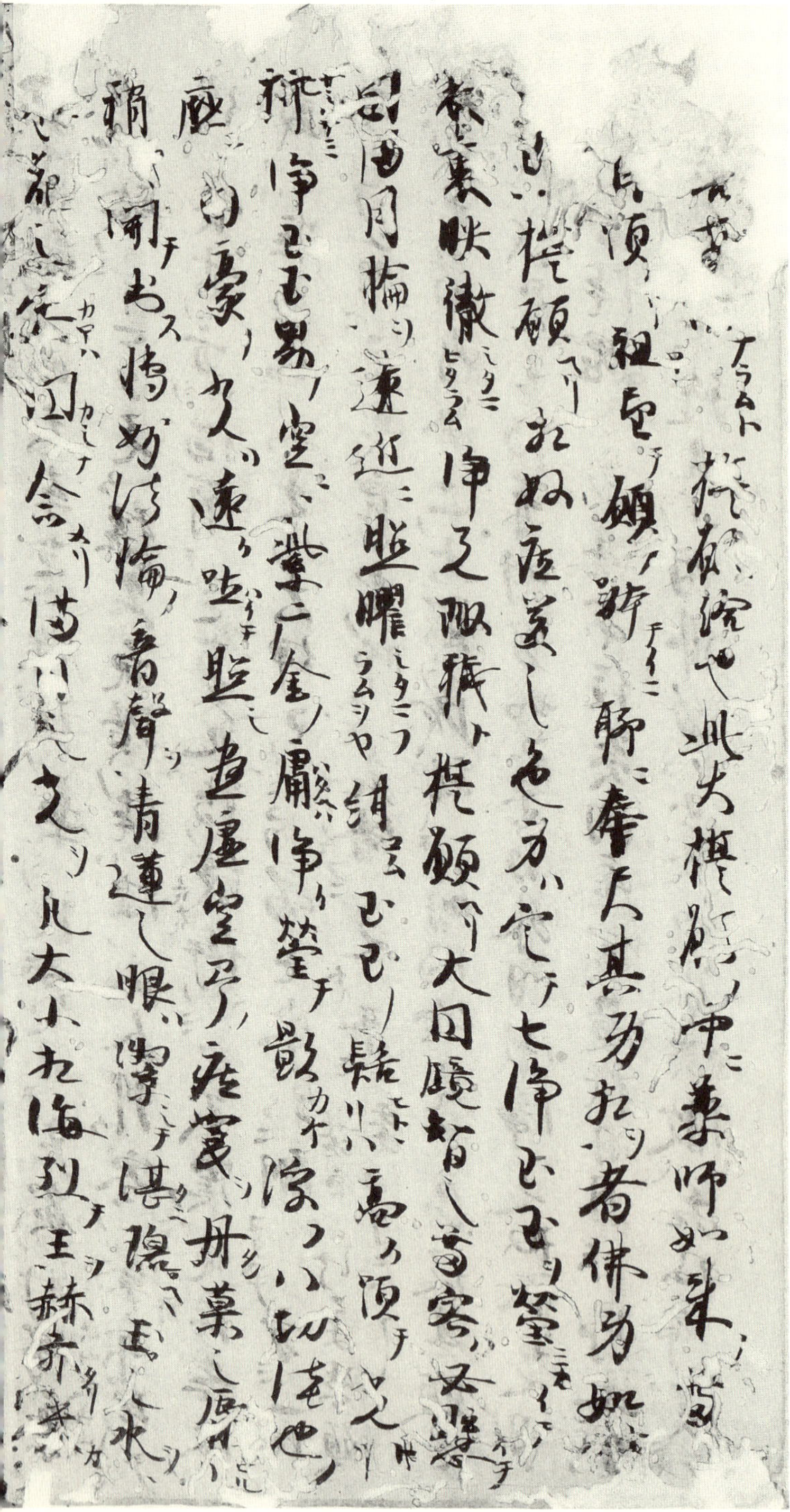

349　348　347　346　345　344　343　342　341

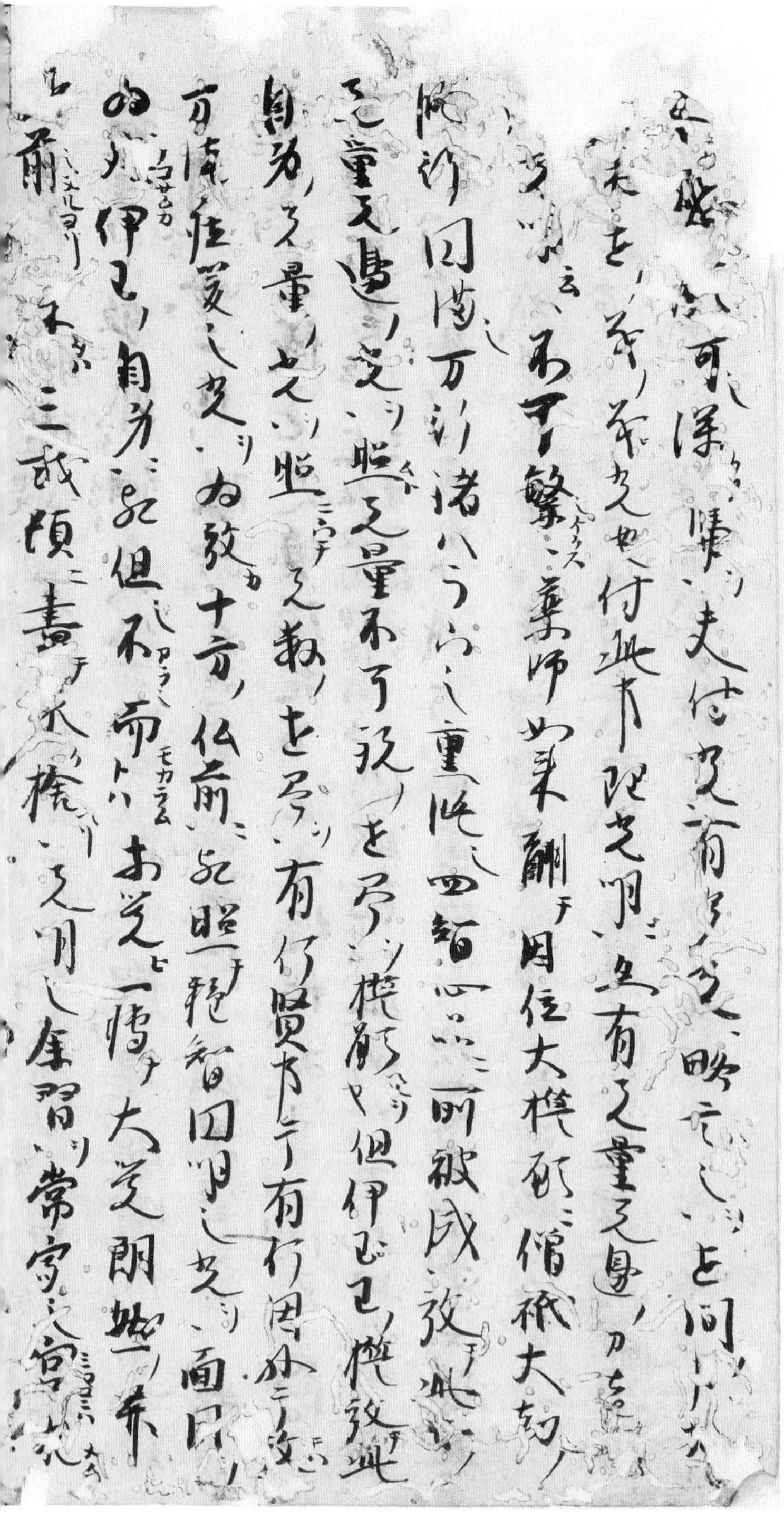

又曰…可洋懐、夫仏光有ノ文、略之、与同ジ大…
未在ノ薬ノ薬光也付此下况光明ニ是有无量无辺ノ功徳
若然ハ、不可繁ニ薬師如来酬テ因位大楼阿ニ備祇大劫ノ
阿弥陀因修万行諸ハラミ重ル四智心品ニ所被成故ニ此ノ
无量无辺ノ光、照无量不可説ノ世界ニ機縁ヤ但伊王ノ機故此
自力ノ无量ノ光、照之数ノ世界ニ有何質下テ有何因縁ニ後
方便在発之光、而致十方ノ仏前ニ光照テ種智円明之光、面目ノ
而ハ伊王ノ自力ニ光但不而トハ尽覚一情テ大覚朗然ノ赤
前、三世頃ニ尽テ大楼ハ之明、余習、常宮ニ会見

名聞ヲ捨テ眼ヲ絶キ…目シカ、是只是放テ大悲方便ヲ…
光シ長夜ヲ照テ分段輪廻ノ罪ヨリ…有リ。尋ハ…若シ…也…
施ス。又放光明名清浄、暎徹一切天人ノ光リ、降蔵一切諸闇
照十方无量国土。此文寔ニ薬師如来ノ悲願ニ相叶ヘリ。仏法光
中ニ清浄光明有リ。放此光明時ニハ二乗…天色宝貴ヲ
光明ヲ摂シ、浄天大梵天ノ光明皆悉ク此清浄ノ光明ニ耐テ隠蔽セ
シ…、何況…天ノ光ノ照四天下ヨリ日月星宿ノ光ヲヤ
如日光ノ遍ク隠月星火ノ一切ノ光リ。薬師如来放テ清浄ノ
光ヲ照十方…シ除一切衆生ノ…闇ヲ…八寒八熱ノ…

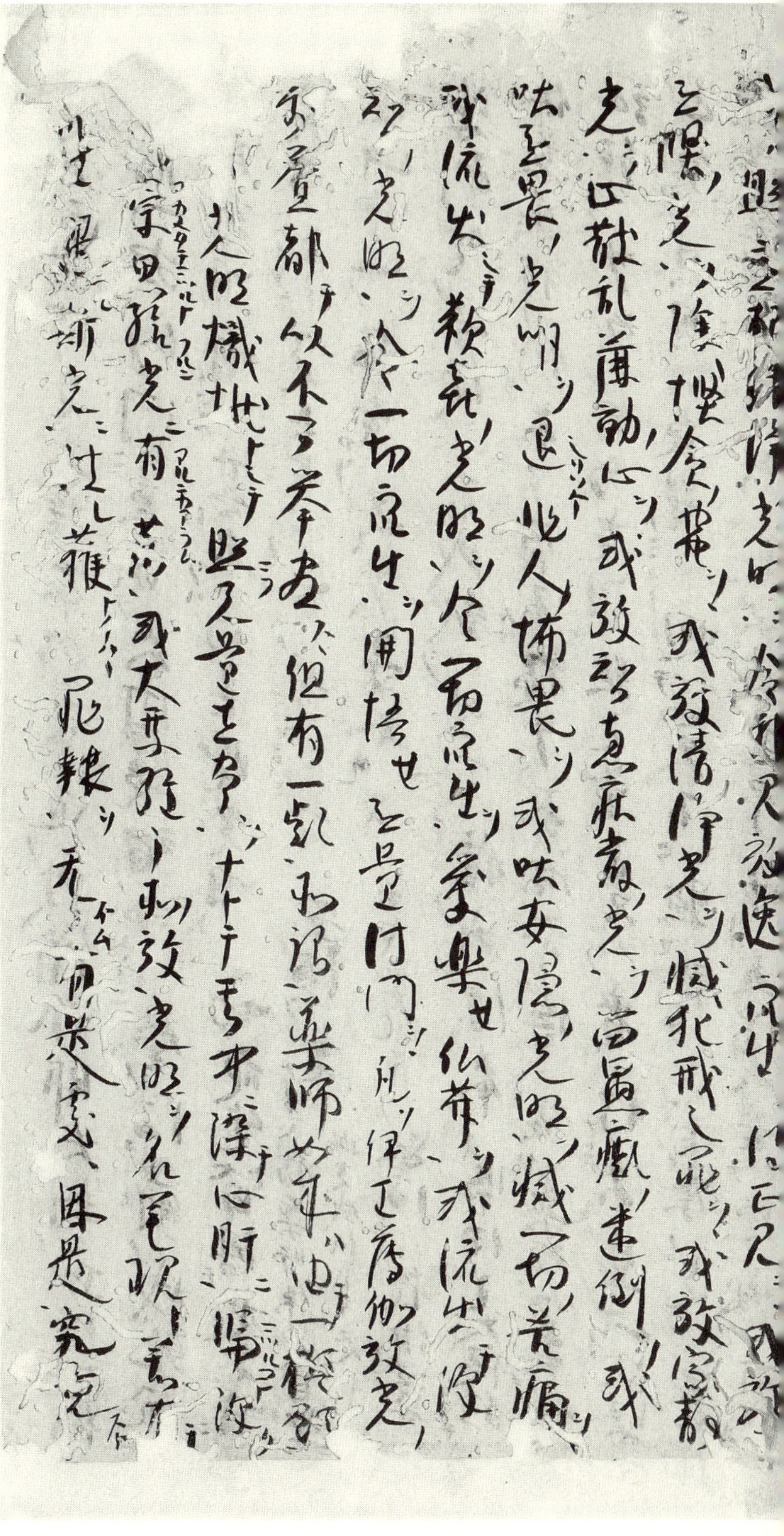

人上道ヲ行シ其ノ捨身行菩薩道ノ时ハ、脩祇那大劫ノ功徳ヲ修シ
所ノ寶ノ門ニ重テ大圓鏡智ノ中ニ登リテ前ノ成就ヘル
大悲明有ケリ。其名ヲハ日善曉光明ト。一切衆生皆因テ悉光明ニ
之人光ノトヘシ又人上菩シ万ノ光ヨリモ宝ニ要須ノ光ナリカシ稱薬師佛ノ名号
此光成仏カナフヘシ
値此中一ノ諦アリ。若ス了ハ尋知ルヘシ。大ソカヤウナル方ノ思ニテハ於佛道
娑婆利生ノ方便ニ、不成就シ、決定ノ信ヲ成シ偏ヘニ奉ラメ帰依シ大権ヲシモ
佛菩薩利佛チ不了有不須ハ申ス、其ノ諦ノ侍ハムヘル様ハ薬師如来ノ一
弘願ヲ、廿六致チ自分光明ツ照ス無量世界ヲ者ハ、何ナトテ不ルツ照ヤ娑婆
世界ハ只日月ノ光是ノミヨリ廻テ四天下ヲ照セ、敢テ不照自界ノ之ヲ、若
照覚菩提ノ者ハ此娑婆世界ハ許リ五濁八苦ヲ重ネ處ナリ

417　416　415　414　413　412　411　410　409　408

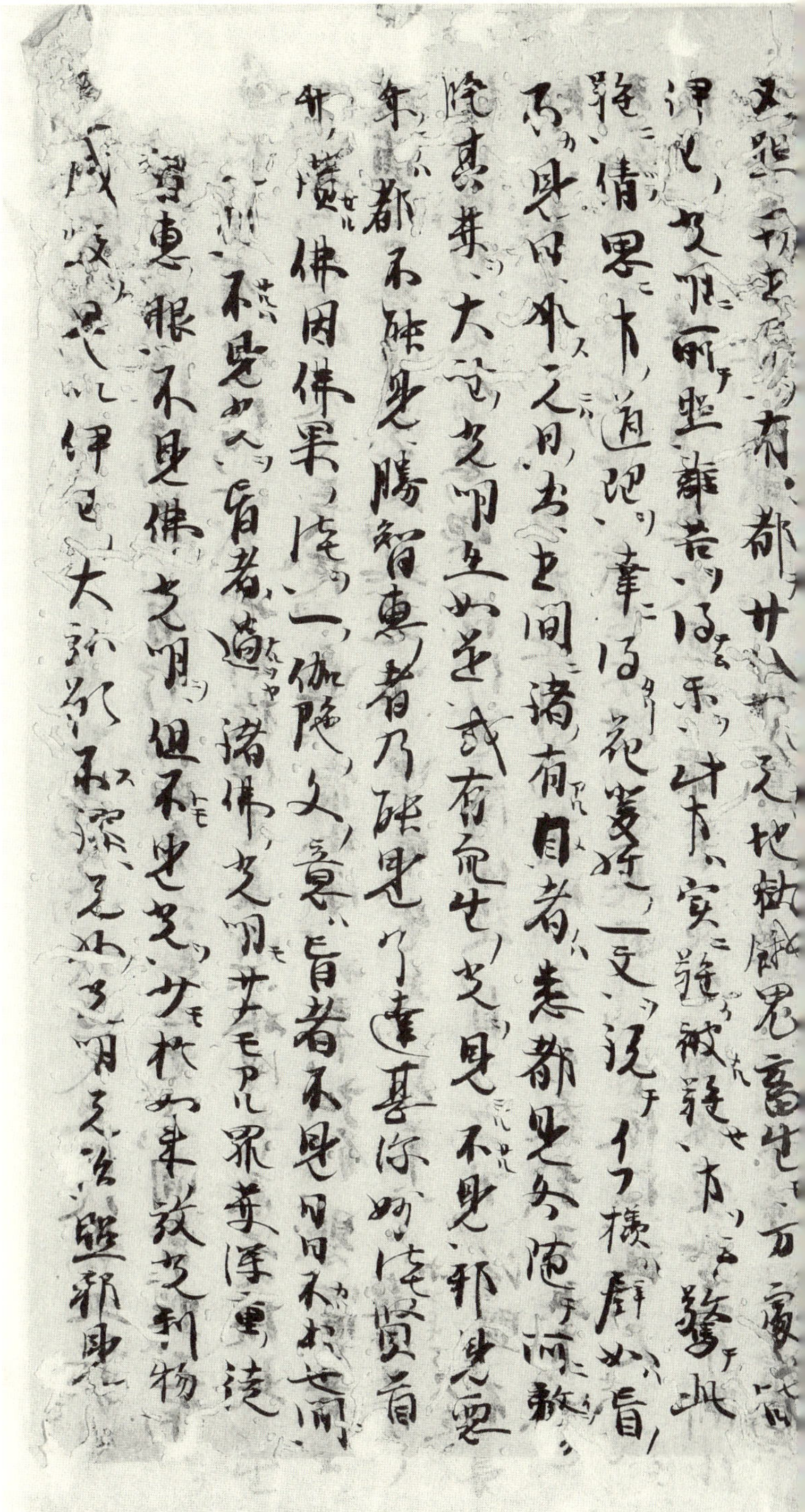

之道衣雅智眼開示悟佛世尊ノ説又哉悲哉五陰八苦ノ無在
照一道清浄ノ文有何偏頗矣六趣四生之間常ニ照不作
但有愛信ノ心哉此則於伊予善逝ニ外陵者不見怪無
之室惣生死ノ長夜遍宿外渫如来ノ弘誓ニ懸心輝者
汝道ニ悪業見知無見明速ニ離生死至菩提ニ
但外陵内ニ又有恵ノ眼没伊予摩他設自分之明浄照不
知之不見之人無大悲利生之用有何益哉又無下
哥知下有状見哉大棄捨宣無一時令依杖ニ祖尺
微不見懐之明恐火益刀ノ罪果而生斬依蒙無之用斬
欲酸甚苦剥那之在内ノ一直覚善根笑廿ノ井華擁子婿

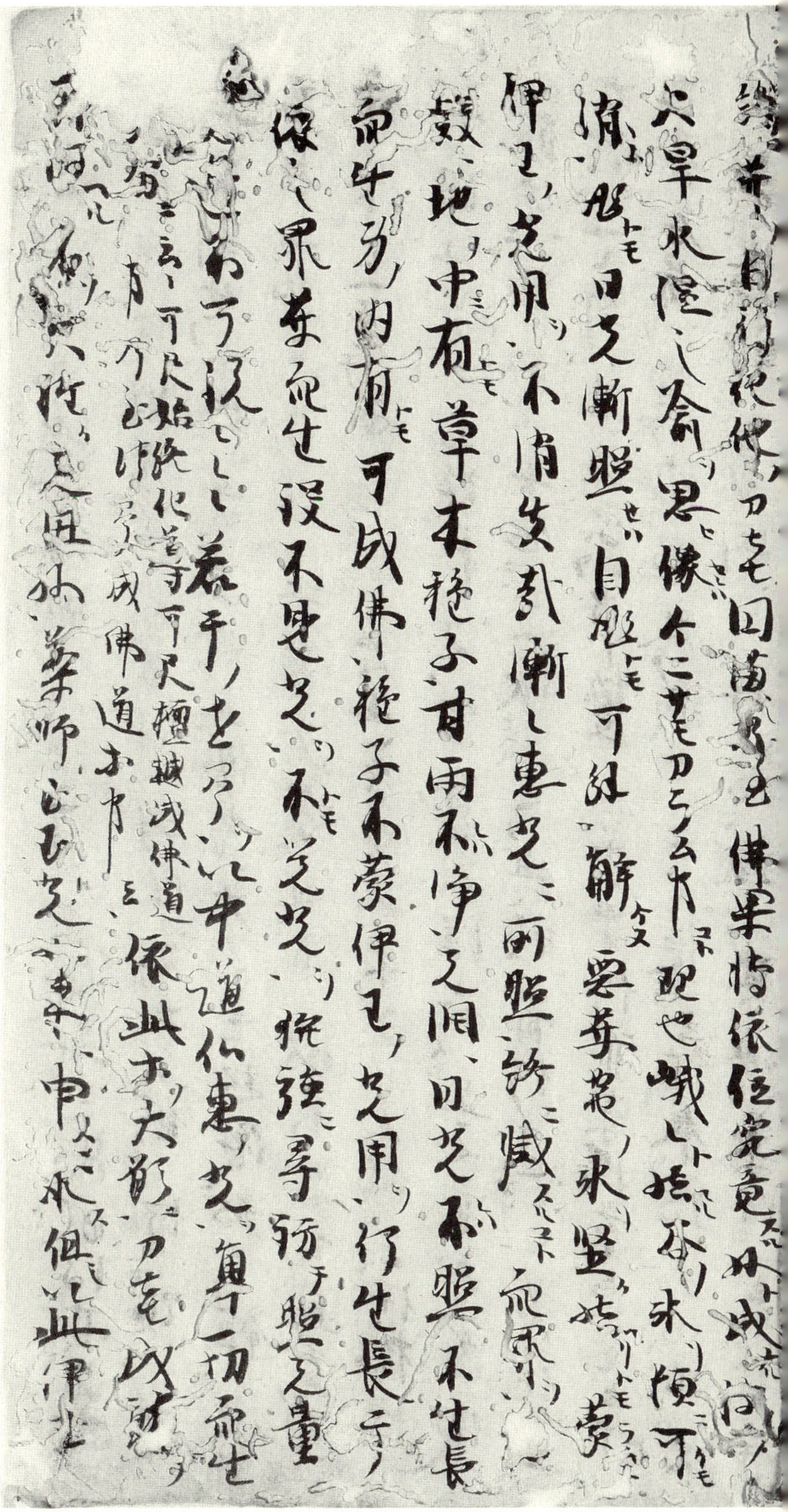

等并自行化他ノ力ニモ因滿足シテ佛果將依究竟スル如ト成ス信ノ
大旱水湿シ合リ思像久ニサモカニノムトコト現也哦ト話スル本ノ水ノ煩ニモ下
清ニ般トモ日光斷照セハ自般トモ可解ヲ靜ヲ要ソ尊範ノ求リ堅ク話コソアリトモ夢ラスル
伊王ノ光用ハ不消生乱斷シ恵光ニ而照ニ終ニ臧スルコト而界ニ
数ニ地ノ中ニ有トモ草木種子甘雨不ハ浄之間日光不ハ照不生長
而斗功ノ内有トモ可成佛種子不蒙伊王ノ光用ハ行生長テノ
依ニ衆生沒不思光ハ不トモ光光ハ発強ニ尋弥テ照之量
然ニ可得トシ若干ノ中ニ道仏恵ノ光ハ尊一切衆生
云可尺始殊化尊可尺壇擬成佛道方ニ成佛道ニ中ニ依此ニ大師ニ力ニモ成就
至河ヘ以衆ノ八位ノ文ニ任ヲ薬師ニ光申ヘ其名但以此津

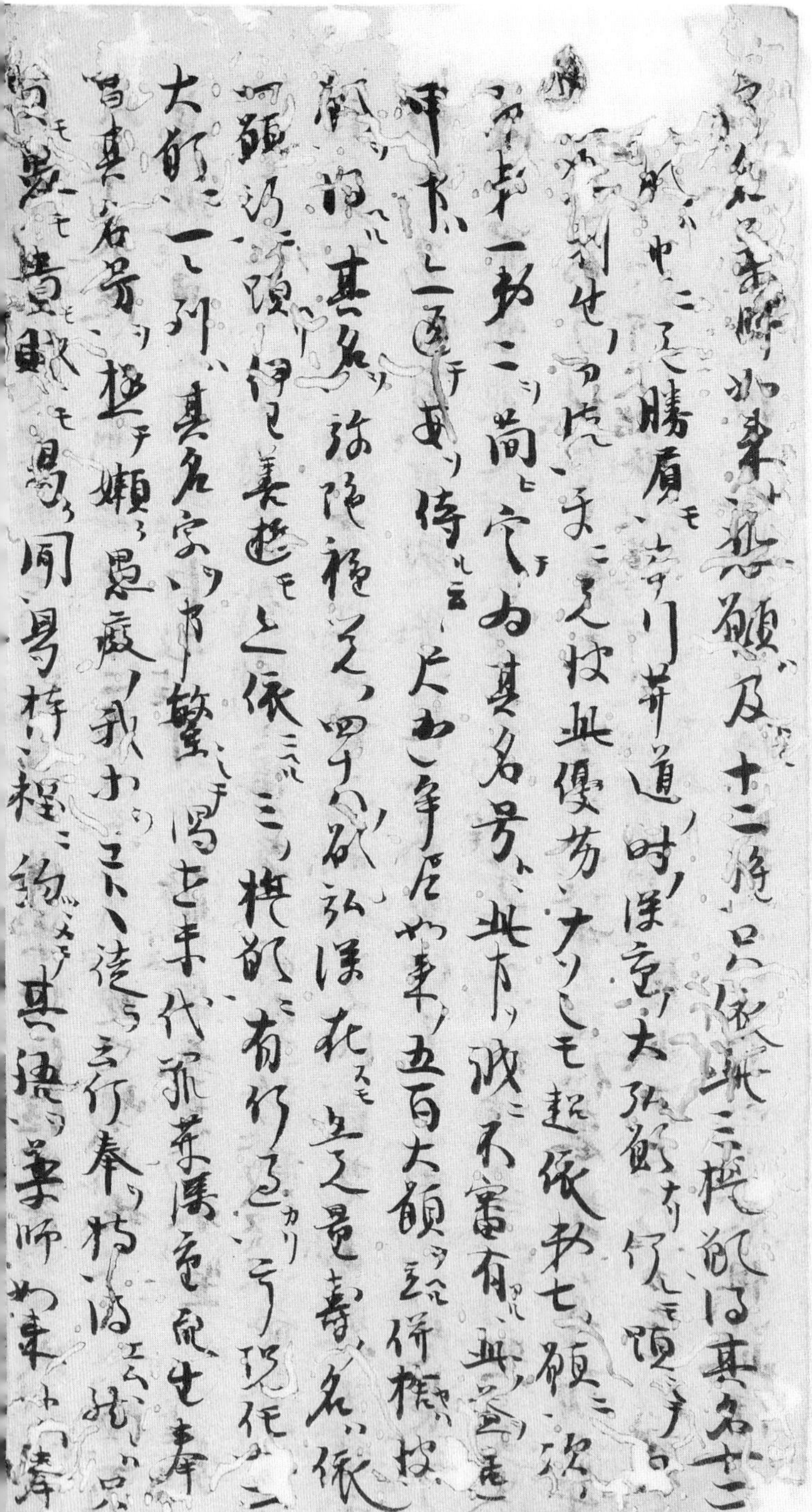

名ヲ釈迦如来ト云。其願ハ及十二[illegible]。只依無ニテ釈迦ハ其名十二ノ

[illegible]ヤニ乏勝願モ、[illegible]リ菩薩道ノ時ノ深意ノ大弘誓ナリ。何レモ願ニテ

一切衆生ノ為ニ手ニ之杖無優劣ナリシモ起依釈迦願ニ深ク

[illegible]一劫ニ尚ヒ究テ為其名号ト無下ツ戒ニ不當有ル、無ノ益[illegible]

手下シ一遍テ安ツ侍ルト云。大ニ当テ釈迦如来ノ五百大願ヲ述ヘ併[illegible]ノ枝

[illegible]シ其名ヲ諸隠穢悪ノ四十八願弘深ナレドモ、只是ノ寿名ハ依

阿弥陀ニ隠サリ伊ヒ善悪モ之依ニ三ノ釈迦ニ有行カリテ現化ニ

大ナル一乃列ハ其名字ヲ本ト憑テ末代濁世衆生ヲ度セ率

皆其名号ヲ極テ頼ミ恩徳ノ我ヲ訪フコトハ往ラ三行奉ツ持シ念ハ只

[illegible]モ[illegible]モ豈[illegible]モ[illegible]ニ聞[illegible]棒ノ程ニ約メテ其[illegible]ヲ[illegible]師如来ト[illegible]

名阿伽陀(?)ノ衆所(?)ト為。上モ此三ノ檀(?)所中ニモ勝ヘリ。伊己(?)善逝ノ号(?)ヲ
地他(?)ア竜(?)此ノ三ノ所所(?)双盡依ノ如是ノ意趣ニ今ハ三ノ大所ヲ為(?)名ヲ
授(?)種智延寿ノ薬ヲ治一切衆生ノ病ヲ、枕(?)目伺(?)己存檀(?)所前(?)十方
三世諸仏ニ充可尊名ヒハ薬ノ師ト、為一切ニ檀(?)所ニ列ヲ其頭ニ
殷(?)ト云モ行所ハ皆可双此中ニ仍酬テ此ノ三種ノ大所ニ名種通ヲ
蔵ツリ(?)尤(?)深(?)也付中ハ三所ヲ宗其名懺(?)了有其所ハ矣我天
台宗ノ意(?)ハ武(?)尺ノ経(?)教我宣佛ノ衆所ヲ統ニ一所帰ヲ走(?)把心尺ニ走犯(?)心
者皆ヲ具(?)シ千如三千ヲ立ル(?)ノ法門我一念ニ上下九界ヲ何(?)具依正ハ
其(?)禁(?)観ニ世自心ニ已ハノ多(?)立ハ不起凡下一念ヲ[illegible]ル不観心ヲ
[illegible]今(?)約(?)三所ニ表(?)其名ヲ者須(?)ク三諦法門也所詮ハ空仮中ノ三ニ

然於法門ト此法門ハ受生シ時[illegible]聞[illegible]遊心行[illegible]
法花只聞三諦名字自見如界菩薩之明ニ皆賦シ又普ア卓一表
於一時出生ス又依シ我掌師以三諦法門ヲ、為究竟無盡法門凡
十方三世ノ諸佛此ノ三諦妙理ヲ為己心ノ法門ト。乃至一切衆生界
菩薩ノ方中意具三諦法門リ、仍此三諦ハ不可尋知要須ノ佛
也即空者万法皆併畢竟空寂、假者万法皆如幻如化ノ
觀中者万法非有非又也。此三諦ヲ互テ同意藥師玉ヒ
也ト中ハ自此三諦ノ法門ト知ヌ。何者藥師者假諦名也。夫伊王ノ
悲願ハ從真如常寂ノ宮、出重重ニ三支ノ那ニ権テ法眼浄道
藤智當取テハ方法蔵ノ寶草ヲ中テ首摂受宮之ノ膜ヲ持薬和

今ノ四教ニ観ノ法華ヲ通随テ十法アリ様ハ以テ分段変易ノ病ヲ是則
抜苦与楽ノ名薬師也云々次ニ若空等也其不足者今真明経ニ
現ヘリ代ル花宝ノ中ニ天網云々云々字師ト人此文云網云々浄瑠璃ヲ内外ニ
徹ハ表裏リヤ云々今幸ニ得此文ニ明知云々弥表裏映徹天内外
薬テハ其形ハ空ノ色一切ノ法皆不可得ナル也設云々名ハ表空ノ故ニ便也
又若法性常寂光ノ現ニ名一尊清浄ノ光ト法花ノ六諦ノ中ニ眉間
然光リ照万八千世界ノ中ニ道因縁ノ光也俊安羅林会時云々光等
所放光明畢竟不可思議也云々光也今伊云々善趣ノ謝本ノ前ニ所放
云々又中道清浄ノ之也表光者表中道ノ也云々何須此三諦ナリ
給云々光ヲ得真光リ此云々薬師云々不思中ス名ハ深有其由

識此乃悟心本然名号ノ由ニ故ニ解ケハ不可思議ノ功徳[illegible]
一此ノ係只奉聞其名ヲ人量病頓ニ除テ一切ノ苦自然ニ生シ侍[illegible]
見首ニ故六度万行ノ行門ヲ一度モ聞者ノ人量ノ華草ヲ遍満[illegible]
無名号ニ尽セリ十方ノ衆生ノ苦モ一度モ唱者一切諸法未来ノ上ニ常ニ[illegible]
其ニ三浮[illegible]五蘊此ハ見シ香遍重ニ外テ須テ伊王ノ本ニ授ル八正道
是レ此ハ遠ク薬ノ香ル味其ヲ嘗テ所説ス一切衆生ノ病ニ依テ施
至大悲ノ風ニ宣ル弁ノ所行シ薬リ多ク薬師ト申ス二ノ文字ニ於テ假科
生方ニ改ニ技ニ行ス据ノ十二ノ会ニ説ク[illegible]空蔵シ衛リ又是ニ
説此ノ所堂ヨリ正此ノ名号ニ走ソ凡此花ノ絶待一実中道シ此ノ華
[illegible]諸梅ノ伝余ノ重察響音道モ頂キ一道清浄ノ文用ニ於テ[illegible]

仙岩崇ノ中猿有大千疑巻伊黒王ノ名号ノ下ニ空
八合は藏ノ方薬ヲ載レ鎮除り八苦ヲ是常ノ声伊呉名
下瑕ル諸仏如来ノ阿弥陀仙術ハ決定可作依レ鎮護之一切刀
下設宣文字ハ又亦五ノ文字一遍所者為ノ席陰待
舒下ノ薬ハ行ノロ八此薬師至至之ノ五ノ文字也彼蓬莱仙洞ヲ雖不
求童男丱女モ丹ノ肉ヲ不了老ヲ彼崑崙衛ニ峯ヲ不尋仙人術
容妙薬不除只五文字ニ得是尺迦牟尼如来ノ丹薬ノ虎ハ流ル土
同王善逝五ノ文字ノ薬ヲ代濃葛蒻カ条厨湯薬モ破皮ヲ宗ル
隋ヲ首ヲ久ヲ脩ニ四王卑ヲ文ヲ瓊葉玉ヲ瘡ニ其氿練煩累年ハ
似蒋ノ五ノ文字ノ良薬ヲ不復一毛ヲ陳俞ヲ不過剎那

諸海ニハ速歩ニ従ハ伊毛ノ薬也不破ニ治スル者伊毛ノ名也服
以ノ修者若伊毛善遊ノ薬也多トモ女モ不失者ハ伊毛露加ノ
術方也を同ノ薬ハ只治スルニ除一支ノ病ヲ伊毛ノ比薬ハ兼テ除五臓ノ病ノ
世間ノ薬ハ近治四大病ヲ伊毛ノ比薬ハ遠治三毒病ヲ其百臺六
除執肉ノ病ヲ伊毛比薬ハ深除骨髄ノ病ヲ世間薬ハ除
病伊毛比薬ハ遠治世々世ノ病ヲ世間薬ハ空有却老之名
不近能ノ人ヲ伊毛比薬ハ穏智運年ノ類求所也を召薬徳
偈長生ノ間ニ絶タリ不死受ヘ伊毛比薬金石水雪ノ徳難道之
志陽豪奇者ハ漢之王実之永ヲ賦宮都し大ヲ後漢ノ之謂
ハ煙迷採突ノ甚文ニ紅傳ノ仙術士説伊方スデ拂説頬

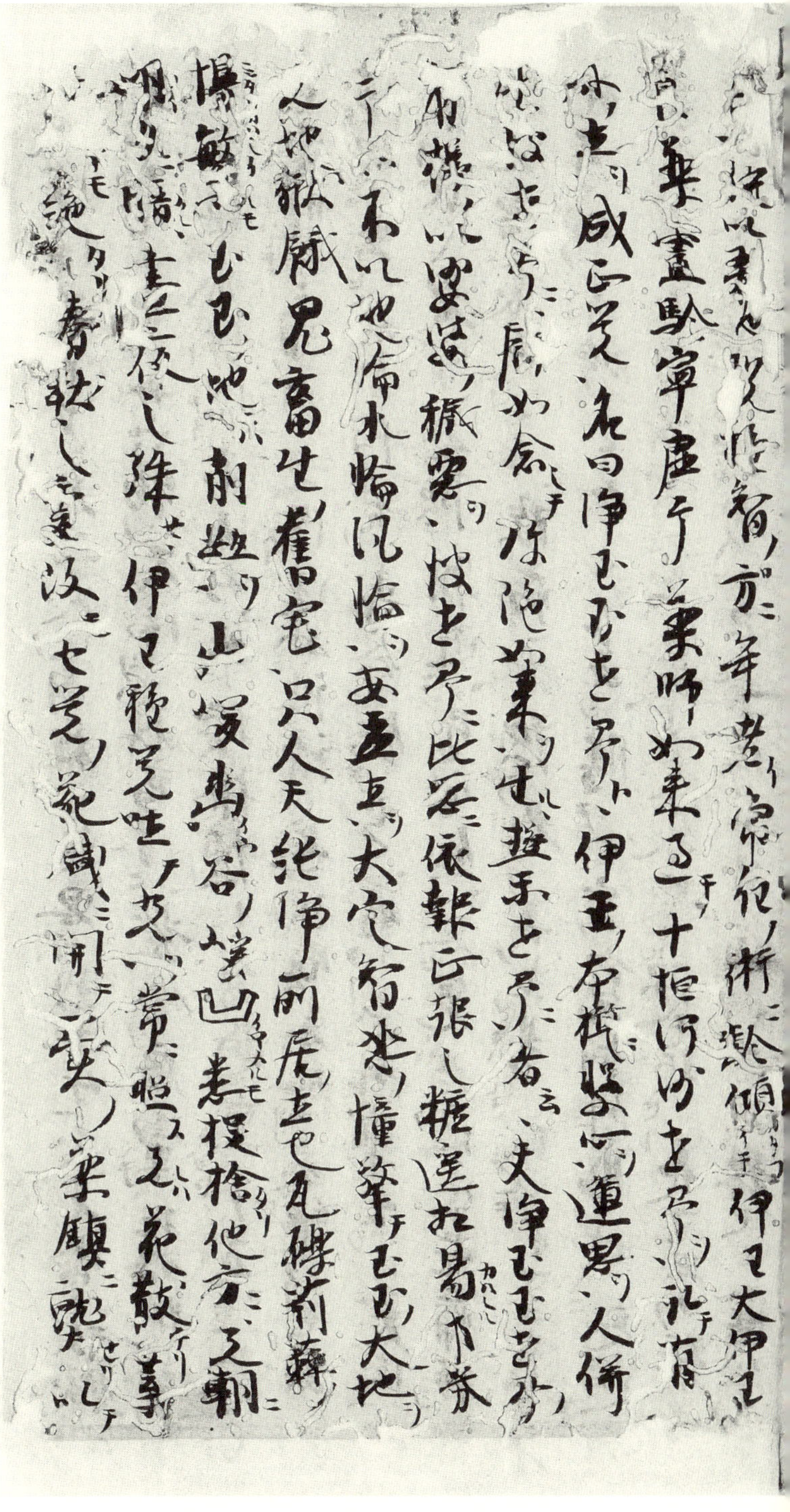

[illegible]法僧を見て人有様を思ふ我か世の無常を敬哉
又其身に卅六物の不浄ハ不喜者に豈金の[illegible]澤を好まんや
眼[illegible]不[illegible]其頭[illegible]し酉商へ重テ五障女人
し空晴テ三日ノ月[illegible]遠[illegible]腹[illegible]永絶タリ七家
[illegible]ニ失ヒ未来不得ニ寿命[illegible]ニ離タリ愛別離苦ニ又君臣
一[illegible]若ハ又[illegible]朝廷ニ[illegible]ニ[illegible]老病ノ家[illegible]痛[illegible]
[illegible]之[illegible]義モ痛[illegible]都其[illegible]取ルテ不了二[illegible]
凡[illegible]土ノ[illegible]土[illegible]勝テ西方ノ寛[illegible]勝ノ域ニ超過セリ
十方[illegible]土大会ノ儀式ニ於三界ノ外[illegible]金類[illegible]花[illegible]
[illegible]二[illegible]令[illegible]ヒ七[illegible]道[illegible]

[illegible]八[illegible]年ノ宮殿楼閣并ニ珠ヲ以テ羅ス之ヲ望ハ日ニ瑩テ[illegible]
[illegible]宝樹宝池有テ七宝ニ斑リ色深ク枝ニ浮テ浪ニ濺タリ汁
風水星ノ列チ繞リ満月ノ[illegible]宝ヲ散カ大地ニ赫奕シテ人天美楽
讃ス[illegible]四智[illegible]曲勝ニ暗ニ悲也飛鳥和鳴テ轉ヘリ七佛ノ名ヲ
[illegible]日風[illegible]吹テ[illegible]十二ノ悲願[illegible]七覚樹ノ下ニ能不死[illegible]處ニ[illegible]存者
[illegible]カモニ[illegible]者ニハ飲テ長生シ流リ歓喜若[illegible]禅[illegible]ノ味[illegible]
[illegible]四住毒[illegible]和忍辱ノ衣厚シテ永ク不痛ニ[illegible]常ノ
[illegible]蔵[illegible]人[illegible]自[illegible]
[illegible]
[illegible]

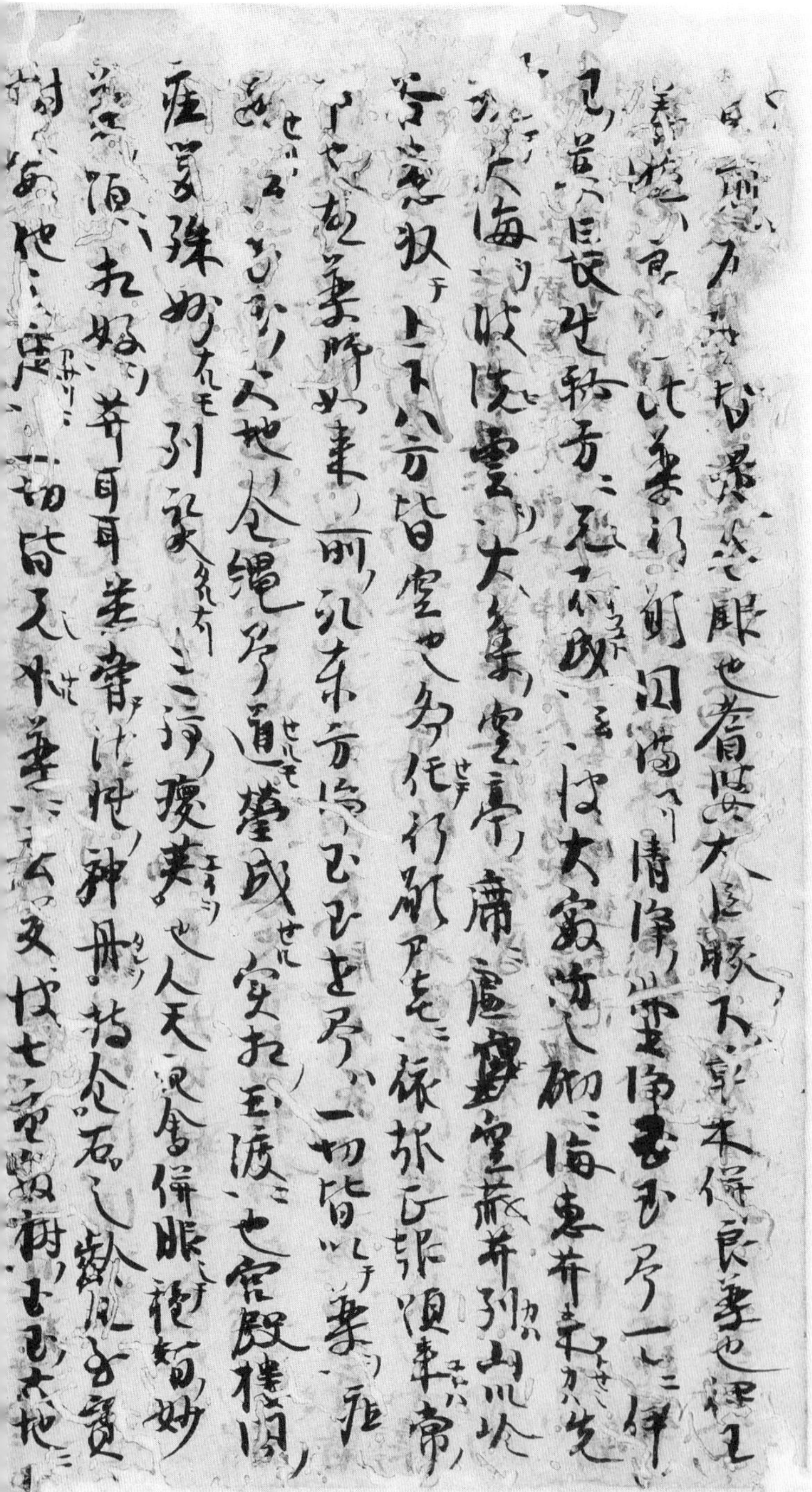

慈力ハ皆最色眼也、者身大臣眼天ハ草木併良華也、侶王
菩薩ハ亦ハ此菩薩前因満ヘリ清浄ノ世界浄土ヲ居ア一乚ニ併
己ノ昔ハ自長生秘方ニ延不成ス、故ニ大衆清シ、初ニ海恵菩薩ヲ先
ニ大海ヨリ涌出シ大衆ノ堂亭ノ摩尼宝蔵菩薩列リ山几
寄意収テ上下八方皆空也、多化行所アリ。依于悲須弥常ノ
大也極楽時如来ノ所ノ乳東方浄玉玉ヲ居ア一切皆以テ楽ヲ雁
菩薩ノ大地ノ金縄ヲ道ヲ瑩成宝玉波ニ也宮殿楼閣ノ
瑠璃珠妙ノ列ニ浄ノ瓔珞也人天ノ飲食併眼悦妙
須弥ニ花好ノ并耳耳甚聲ハ悦ノ神丹。粘金石シ歎風ト宝
樹好地ニ座ニ一切皆天ノ花華ニ云文、故七宝所樹ノ玉ヒ大地ニ

□立行之人當部菩薩也次孔雀王花葉皆是草也但人〻也
設黄金之岸枝打玉以地散真珠珠文欽有随異求恭
又孔上葉美先付寶樹葉尋思伊丘上葉定此
減有南閻浮提内雪山峯有大棗丘木口八此峯葉動不
散衣食亦以須弥山己疊以以頗胝迦寶成山云寶樹
梅檀成持中也不大鐵圍山之辺連遶四海草木叢林
毗嵐花間天人於婦色御娑婆世は山之花樹葉榊披孔葉
今知利樹云但竹孔此木兄大葉樹已尋三真物葉孔悟
神丹尚王東土遍除病延命葉振又如此樹何名大
此樹見云求壽念其名有文數久持存治病者聞

甚□□シ病患ニ随ハ愈テ乞人住ニ□甘□草花草随
恩□□年樹木ニ者蒙テ長生不死シ霊験没老遐齢ノ
斉□都テ之シ此樹ノ根ニ茎ニ花ニ草ニ自在未ニ一□
□□ノ根皆差集ハ伊方上葉ヲ乳根茎ヲ外了枝扱草ヲ皆
皆得仙洞長生ノ方リ採テ草実リ外了授花葉リ何不集茶
未□天□来リ于一識悪意満ノ我国ノ雑草所せノ学本者
然思寿用行况伊已蒔物ノ大乞智恩已限ノ莫祇□
況伊已を予ノ七宝樹ノ枝末ノ不老不死ノ仙方被ノ成下□
然某二ノ谷ノ花色美テ含ニ之ツ萠ハナヒラノ間ニ采又常住不死ノ□方ノ素吉
一□味ノ草ミ□有ヒ□□ソ皮中ニハ□□擬智還ナ上葉ミヲ梅檀沈

散八香城提婆之内重過ヶ門ハ随分青ニ自帰ニ行シ業菊ヘ
土ノ傍迦寶ノ玉ゝ垂露ヲ瓔珞ス、ヘ垂霊智ニ即毫雨智ハ宿七本
且儀樹ノ鉄毛内ノ方象外ノ在受帰テ不了モ只開名ヲ一度念
伊予王道業七覺寶樹ヲ日陰為心病ヲ又量ノ善根斜那世楼
信於思去ケノ雪山ノ峯ニ生太文茶已樹同名リ賤病ヲ仍従伊
王善根ヨリ源出寶樹梅檀無名ノ下ニ不乱其霊験ヲ下吹寶ハ
生ゝ八アモ水ヲ併又外伊ノ王ノ妙薬ニ物ニ當翔天域ニモ発水ニ有乃モ
晴ハ西海ニモ猶キ湛ニ成世而死シ藥ヲ以浄王ゝ界ニ八アモノ清水
也宮之初在臣辭之波ニ此サメメモ界ハ見ニ源ト皆飲雄ノ讀鶴
然ハも思タ多毛　此ニハアモ大海リ所経ノ達シニ珠ホ乃出指授上ホ

〔…〕有八大海寂初ノ太海ハ傍サ八方由旬ナラム如是ナニ
諸侍ニヨ　摂又金山北香酔山南有阿耨達池、水ハ通ノ
神仙居又瞻部者阿耨達龍王所居ナリ池ニ又備八功徳水ヲ所謂澄
潔清浄タシナ雖居濁ニ甘美軽要ノ不臭浣飲ム時除飢渇等ノ無量過ヲ
過チ長養諸根、増益善根ヲ然ハ五濁ノ境穢悪ノ雲カモ如是希ニ
有ト此界ニ不方浄刹ノ伊モノ宝池増ミチ何許カ湛寂ノ方華ノ畳
浄要ノ法ハ欣思給也七金山ノ間ノ八功徳海踰繕那山ヤニ峻外ハ下遥
性ニ浄息飢渇ヲ為我カ有何益カ矣何耨達池ノ長養諸根ヲ
要シ思ヘ同道人ヨリ外ニハ不知空閑ナ名チ聖ス耳ヲ浮世何功益
要シ流ヲ行脱セ死又人帯シ円ナル不可欣、只伊王薦佛本

[illegible]

内外用加法妙服奉仕人者ハ凡諸天衣服之間、於何所不了是

凡等頭著也、於秦於此所天王ニ着利益殊ニ勝霊験古ヨリ新

也保槩流欲清ク、谷深ク随大ナリ、此天ハ内ニ澄ク性真ニ顕外

現利生倍形ノ等為ニ上ニ壊捨仏法ヲ不壊懸命セシ大悲利生心ニ

深ク厚ニ徹骨髄ニ者奉名毘沙門天王也、凡利生方便ノ中ニハ能抜

済佛法益衆生之方便殊ニ勝者也、凡三界所有ノ衆生難

此佛ノ威神ノ著更ニ以不可得有事者也、栴檀林ニハ必有伊蘭佛

法中ニ必見二奴ノ護持ノ天ハ不在佛法ノ刹那而当安不佛法

廿不在者付更不可安隠亦因ニ此佛法ナリ益

凡世ガ実ニ衰(?)補ハ一生ノ間ノ報ナリ又堅ナリ也天ヨリ利益ヲ施ス三
井ノ之壷ニ一生ノ間ハ世百ニ籠ル行ガ如シ之ニテ致ス書ヲ従テ後ニ八
吹穴ニテ風ヲ入ル若ニ者也如来ヲ花ノ前ハ鏡ニノカタリ来テ人中ニ見ニエタニヒシカ
一切衆生ニ衆生ニシテ悪業也カ而仏意ニ隠ツミヒトガハ常住同ノ者ハ擁持ス天
林モ伍テ遅テ仏宅ニ而不思ミ是人間ニ皆是末代凡世悪業深也カ
凡外擁ハ八部道モ随テ隠給ヘル也但宿善内ニ催テ有レハ清代者
福ヒカニ来テ納受ニ供養シ知見ニテ減心シ是レ信心ノ大施之宿善内ニ催善
外外辺ニ須ニ供養ニ此夫凡シ所侯ヲ、又運ニヘリ多年ハ星宿ヲ祀ニヒガ門天已自説ス
葡塔門ノ五濁悪世ノ中若僧若ハ俗若尼若女若ハ聞我名ヲ知有ムト我
言ハ久雖ト誓ヲ隠シテ形ヲ常ニ守護消除不祥ヲ令ム世ノ福徳ヲ云

之内御節ニ進且孝東家シ用ニ者為ニ人ノ知此ノ天豊敬
行者不聞此天シ名号ツ皆ノ不離恠子不孝母ト書夜
随テ之ニ孝ニ守護ニ之祭ヒ母服シ當到ニ至長大老年シ今日ニ皆
行殊ノ又シ守護ニ恵訓護持シ恩徳ニ但自他ノ貧富ハ只ノ嫌
宿世因縁ノ貴賤ノ優劣ハ又勤戒ノ殺持ニ妄違因果ニ空不
後学天ノ護持ニ権ニ薩那ヲ念ス不怠諸護持シ悪果
損見也者是ニ旨ヲ首シ莫也何根日之ニ不知彭家ニ是非
慢也宇鄭琴瑟ニ于愚不知恩徳シ深キ善ヲ加助護持シ力ニ
息ノ子者母若不念セ者亦子之恩指ス乞セハ天已若不念セ者女何ノ
[illegible]

像前ニ在入リ現シ利益シ此ハ今日ノ代ハ大乗ヲ言告ニ像ヲ供養シ
勤メ免ル廿年二年ノ好哉ニ重所ヲ久ク童タリ年十二帰リ恭敬尊重シ
志ハ又之一百二日之堀家ニ他心シモテ偏ニ作リ霊験シ哀敷人ヲ守リ下方
シ一セリトモ哉カ所ヲ人已ニニノ穢濁ニ賜合シ栖トモ奉ル我カ天又ハ翔ラム所ハ天人
此処ハ人衆ノ善悪ヲ者定見エ常ニ掌ノ之菴羅果ヲ尚明白也
財ヲ之内ノ家一ハノ旋逆ニモ皆見ニ作倫同返シ其因ヲ雙牝シム向晩挽業
未来因縁ニ過去ル我更不知シテ滑眠隠タリ賢天人ハ空ニ能
視之ハ何遠悪シ者ナリハ九下ノ漸ハ天人ハ一而モ又不在犯セ庇若人告ルハ
善ヲ為救ニ支配ヒ奉ナ守護ニ頒別シ志ハ諸仏セ善根ニ連諸
一ウチ古人意利利ニタラ極散者セ行別ニ奉ラム泰散仏登

千界化善根力多年之重衆積紀毎
而師供養仏菩薩天衆敬讃毎度若干佳来預収旅行乃庭
修善之三界美人四海莫道不降臨亂向走之如也安胸高之
長根誘守護施之人并孫之人已臨愛有其饒汝天人
海岐之砌座之室云是分雲臨天人又施不死妙菓桂之上
人無命捿收集冥道宮懐亀鶴年齢會海底宝珠
抗法来神祇如墻壁堅参歆感乎来冥官帯劔戟守
施又各具神通隠形云不見眼外下不伏多門大士刀
率乎類誘天毎降臨大施乞私宅何度施此施手未面
同率外属泰敬供養之恨青天主冥道此供奉令

負[illegible]風[illegible]天下[illegible]不有變況[illegible]一滴[illegible]大雨潤天
下ニ一ノ息入螺唄ニ音節動遠近ヲ同シ大丸ノ不思議尚ヲ
如キ何況於此雨哉何況又此音乎如則有女[illegible]此水
[illegible]美大悲ニ成テ應大ノ此雨ト早ク世長ニ章ニ本ヲ潤ス
[illegible]入ラバ大日ノ螺唄ニ成テ大日ノ音声ノ遠ニ令テ聞三千大千
何況天人[illegible]得サリ成大トシ力用ヲ具足ヘリ各ノ領テ歓喜シ
[illegible]大善根ト随喜ニ[illegible]以テ兆ス[illegible]少ノ毛ニ重隣ヲ積テ[illegible]
人[illegible]随テ任ニ帰依ニ[illegible]如来ノ形像ヲ傳セリ[illegible]是
[illegible]清[illegible]大[illegible]佛ニ奉ル[illegible]不運[illegible]天王ニ利益[illegible]
[illegible]門ト[illegible]名ニ則[illegible]像ヲ奉[illegible]

金色牟尼如来ノ法也以下ノ仏弟子ノ
聖一優婆塞是也如来ノ大悲ヲ見聞ノ者ハ不ル信仰ヲ哉
宗ノ為セ命ヲ捨テ仍テ我弟子ト是レ任我大師尺迦ノ尼
姦ニ更奉敬礼帰依ニ安シ境界ヲ微妙人代ノ天人ヲ
貧窮者子ハ也凡付テ云ニ极及顧移リ有奪ハ是天亡ノ補佐
入カ也力ハ之事成就万葉豊饒之里並冥道ノ加護ヲ成セ凡求ル
有リ飲食ヲ衣服者ハ衣服耕作者ハ地味ヲ蚕養者ハ
欲求眷属者ハ眷属夫妻子者ハ妻子求財宝者ハ財宝
求田宅庄園牛馬六畜乃至一切者皆所求皆是也天ヲ
利也ト一ノ流伝絶等ノ伝申テ奉仁大ノ霊験ノ

蛍若[illegible]我ル留目シテ一ノ偈ハ天上天下我一人尊(?)如(?)シ
寳珠魏(?)身ノ中ニ入テ将有者也ねはか此窮り香ヲ修(?)五
從ニ同従明国至来天竺国値一洗浣女沙門問女云方ね来ル
女云ハ寳珠去十此国甚所在提解我女人聞シ以口不答ル
洗浣是女人答云従此東方大道路邊有大石陀皆叶シ同
住丹一鳥来居女膝上南甚保シテ弄乗尋我南余
此鳥但還来我許ニ依女人洗浣是女ノ鳥陀皆住弄
加所教鳥来居膝上如女教南何抱鳥還至女人前女人
教長教沙門ニ我是清浄女人也汝ニ求道沙門也知汝
髪人ニ[illegible]劍大道也汝須後[illegible]学[illegible]今シ尋

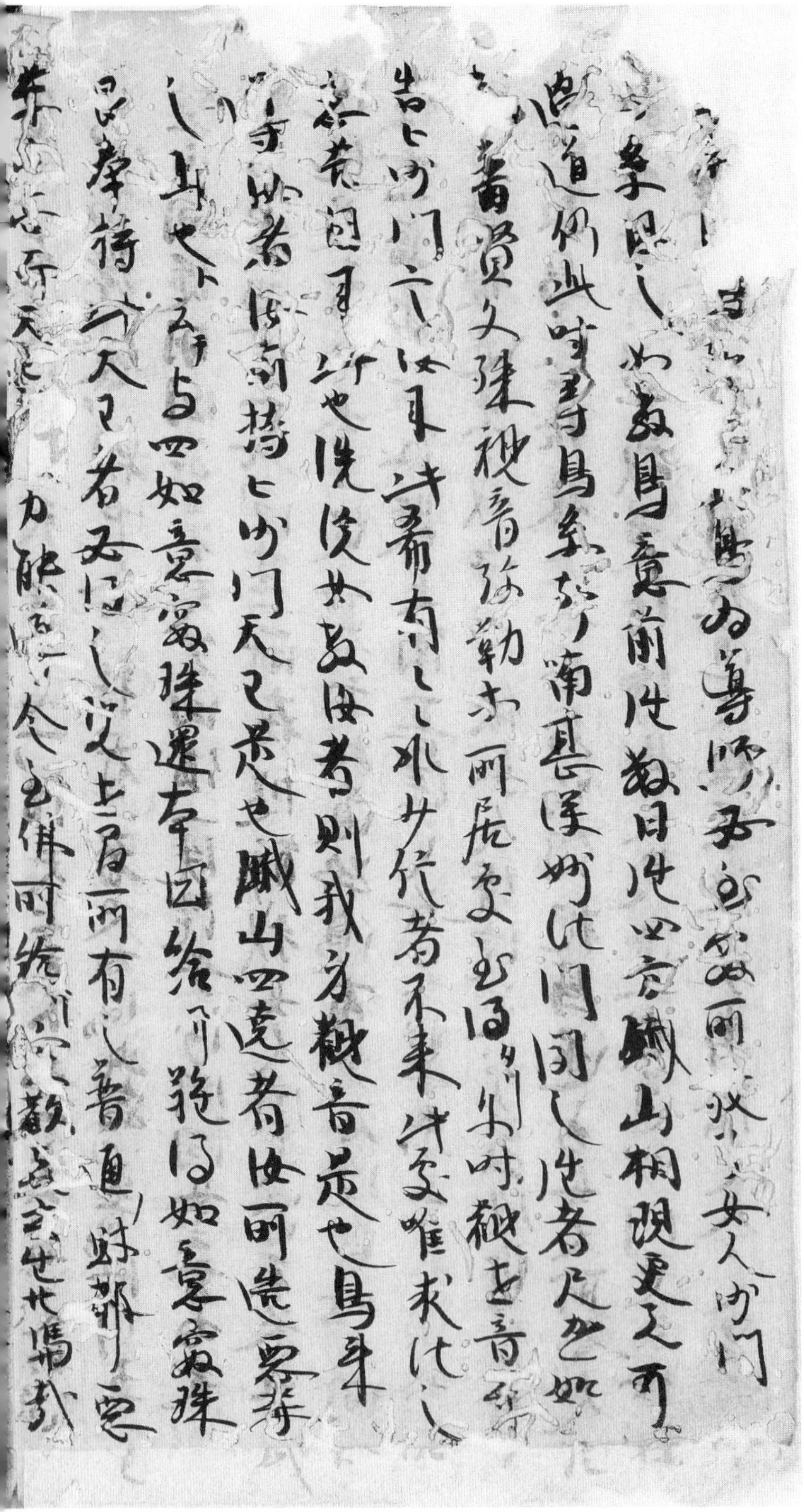

言ヘル□□□馬ヲ為尊師ト父母□□所坐女人沙門
其象□ハ我馬意前世數日世界鷲山相現更又可
與道俗此時尊馬王ノ蘭甚深此門開ハ世尊足如
之ハ菩薩文殊觀音弥勒等所居処也爾時觀世音菩薩
告ヒ沙門云ク汝ヨ汝等希有ヒハ此世ノ衆生ノ苦ヲ不来汝受ル唯求此ハ
菩薩因ヲ云也洗浣女教汝者則我方觀音是也馬王
ハ我ガ為彼前持ヒ沙門天ヨ是也鷲山四邊者汝所造要奔
ハ其也トシテ与四如意宝珠還本国給ヘリ雅ヲ如意宝珠
已舉持テ天ヨ若丞比シテ又上ヨ所有ハ普通ノ財那ク忽
来□□天ヒ□力服□今毛併可统□散□世代偶哉

称此ハ是何名ハ如是不思議ノ力用ニ能ク般若ノ不思議ヲ
力ナル也不可自利シ他シ方便ト也見花蔵ニ知池渓ヲ知
本ノ喜ヲ本高ニ設近座近座有利益則適ハ本ハ是住ニ行般若
四生ノ更無之宝ノ宮ニ洗常楽我浄ノ四徳ノ被ヲ瞰梅廬分去リ
意ヲ至ニ無リ居ニ半須弥ノ高ニ天上ノ纔ニ百チ跡ヲ位水精山シ頂ニ析
順ヘテ羅刹ノ及ノ二兜ヲ依ニ不全シ覚見ノ境ヲ乃凡ノ一切衆生
時ニ不随心ニ所求不叶念ニ者ハ本依テ要衆渓乞ニ之
也此天ヨ思食ス満ト一切衆生ノ心願ヲ大慈大悲ノ心者徹骨髄
也念一子ノ足也ニ大悲深願ノ動ニ此従弥動シ山依ノ又淳ノ
称ニ所ニ無ニ所ハ内ニ隠ス功常ノ恒ニ

所以……生処五欲ニ耽リ、入宝宮殿ニシテ時々遊戯ス所
一ノ色也。在天ハ業尽テ是思業尽シ未来ノ心願ヲ因満
随給ヘ、放色ノ游偃也。凡一切衆生ノ方中ニ自年愛見ツ剎夜
見ノ三界是足セリ。是ヲ以テ殺人モ同諸共ニ被狂出ノ一劫ニ無量
而シテ性ニ山ニ游入リ生死ノ海ニ剎那モ不離、時廻三有
海ニ心沈没コシラヘ着、文ニ不求不離、毒氣深徹精神
……竹林ニ劣ル為多年ノ明友ヲ只ハ悪鬼ト為セリ親倫ニ比天上倶ニ随セ、
来心中ニ但随テ来挙猝ニ怒散動ス邪氣入テ心狂乱シ合
解リ、謹陸遅毒笑遍旅ニ菖心毎ニハ暮与鬼倶ニ喋毎
朝与……所ニ随入テ枕……中ニ悪夢

屎尿復吹而蓋出来リ競逃走シ前撥抜守ニ有リ
衰剥ノ下ハ不善ヲ業ナセル者ナリ一切ノ心不是ナ所ノ念
不スナハ所ロ捉有リ姑乃至整養不如キ耕作不豊饒ナラ
身遭懐入ナ移蔵有リ困凡一切ノ悪不善ナル皆此ノ
変見ノ二鬼ノ所試スセ只今キ竹龍居ナ各ノ方中ニ聞ラム宅我等二鬼
所ね哉所從ノ眷属又甚多也六十二億八十八使九十八随眠
蔵之悪賊八万四千ノ塵労乃至無量之遍也皆是此鬼
鬼ノ所從ノ眷属ナリ應又剥也併ラ才率群シ居テ我方中ニ伺ヒ隙ヲ
短悪是一切凡夫悪賊三毒如来雖敵セ此此門入
一葉ハ生椿凡夫大宅大智ノ本悲凡流

衆ノ堂□ノ戦ヲ争乱シ一切不祥ヲ下化也
一ヲ下ニ踏ミ三頭鬼ヲ衰降シ愛見ツ剝リ去羅ニ馬人非
有能摂伏スルコト不見眼ニ者ハ有兵ト水足可ニ戦勢力強威大シ
摂伏スハ水去君ノ張揚光衛ノ前ニ伏スル只有無尽三昧ニ
見ノ二兄能ハ入スルコトノ内證之位高シ本迹ハ盧舎那有リ正覚久遠ノ人
然ニ摂ヘリ天王ノ形ト前ニ妥青現ニ味ノカ他依テ悪倍真実
当ニ真行ノ三昧ニ摂伏シテ愛見二戎ノ魔鬼シ久成正覚
着一念三観智ノ弦登四智円明ノ位ニ十方権揺ノ勤内
賊ヲ故ニ摂領シテ受見ノ剝リ得テ自在ニ利益シ衆生ヲ垂迹シテ形者
氣ノ歩入ニ宇也本摂ヲ之ヲ悪施駿ノ誰

善之犯居是非法若沙門和尚ニ女學流帰参大陸堕之城
代罪之苦ニ況自余ノ苦患ヲ耶次和期者究竟之上ニ有リ於ケル此ハ
則チ凡ヲ経猶縁ノ餌ヲ呑ム人天剋期之鏈以テ大穴初之悲
釣ヲ是非常之岸ニ是以従一定之苦如之宛空乎十丈大海
之濤ニ隠什菜河之販生賊従海之身ト和備ヘ宍爵福
毛之餌ニ又宮之ヲ女ス会信仰帰依之櫃

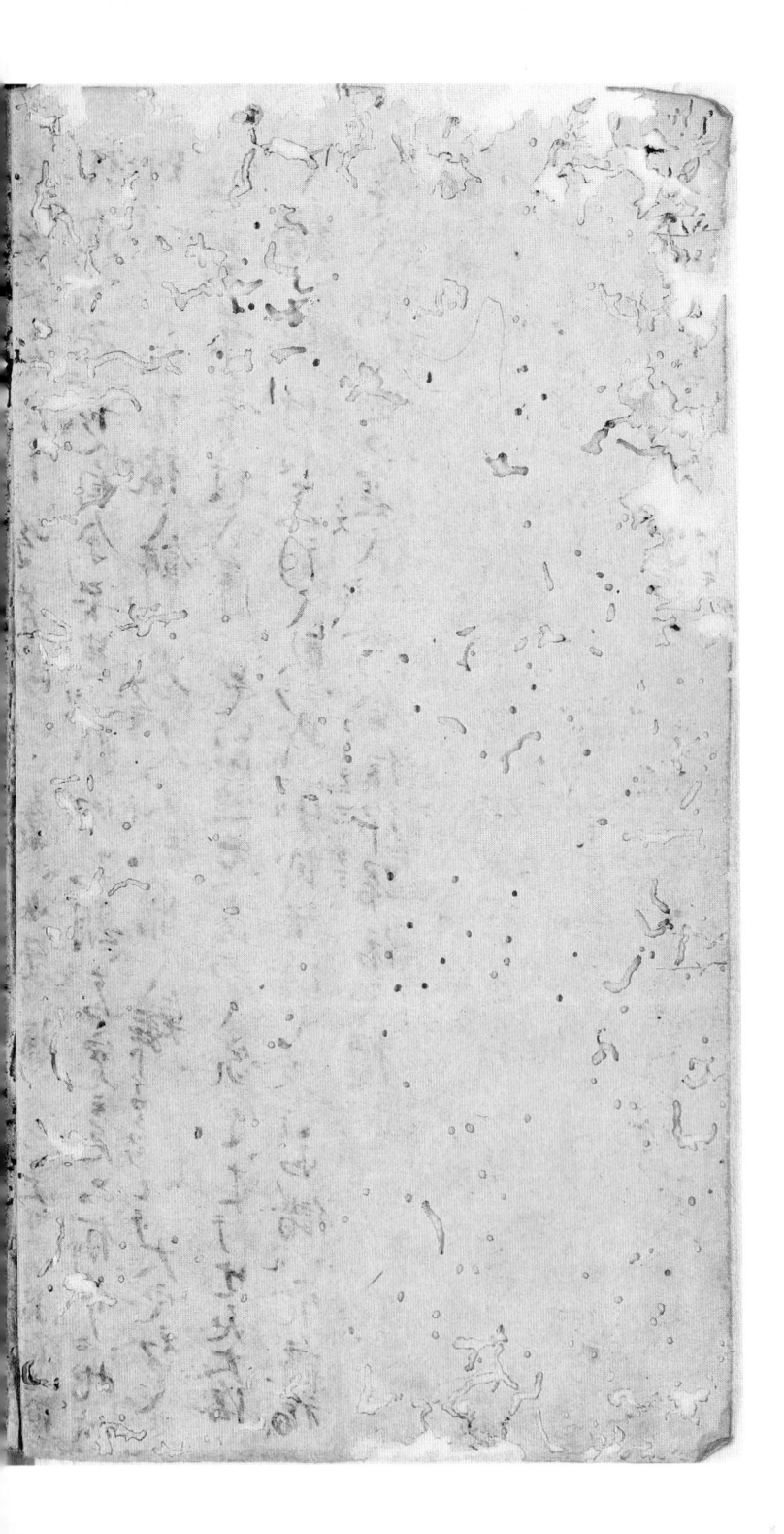

心経

釈般若心経、此経三世諸仏成仏之首、無一切衆生度苦脱筏也。衆之眼目是色故、離熱悩於長夜夢色見是空故、可期正覚於涅槃果矣。故云文十六会中通歴色心諸宿広説无相妙理無大部経者、文義広博、鈍根不習、所不堪之。故説此略説、引導群迷之所、賊云苦、遮悪障、除九十五外道、蒙諸仏菩薩念、得梵尺人龍神擁護、无量此経書写読誦、是人具財徳、幼年天衆地類降於影嚮。

為作畢竟所為從養也一所以瑩无價寶珠為信
天衆國之湛般若智水為洗地祇熱悩也一之非雲非
霧消曽生悩熱非日非月照三界識闇若今ハ鳴ナ
然雲ハ預天衆地類加護被兩般若又得智光得說者
得果蓋一所又難也云天
前文一切字根皆依般若云く　一經其有一具根力无九定得入上正ホ菩く

法界者是法界之境之躰青黄赤白黒長短方円形有仏天
仏性相分也煩悩菩提生死真如妙理也草木叢林一切法界
有情非情　法界草木諸衆生有情煩悩菩提性常住不生不滅
不去来非一非異非断常以三身如来　報身者是法
智之体翻目住万引一万遍感得之文依之證自受用身
之身是満十方唯仏与仏境界也　自受用身諸相好一々遍
満十方刹一々相好皆因円果満之文依是前仏後仏平等円満以三身報身

迦之。応身為法報二身是唯仏与仏境界ニシテ非教化衆生ノ誘
故ニ以テ无形示形ニ八相成道シ応同機縁ニ済度群生也。水銀和真
金能塗諸色像、仏徳和法身一所ニ応現住八相成道転妙法
輪是応身変也ト云ヘリ。又名真身也。四智者大円鏡智平等
性智妙観察智成所作智也。八識転成四智也。八識者眼耳
鼻舌身意ノ六識ニ加テ末那識・阿頼耶識ノ二ヲ名八識ト。自宗ニ加テ
阿摩羅識ヲ九識也。第八識転シテ成大円鏡智ト。第七識転成平
等性智、第六識転成妙観察智、前五識転成シテ成所作智ト。法身

一智轉成三業身也 大円鏡智成法身 平等性智成報身
成所作智成化身 妙観察智遍於三身 又四智ト三身トヲ離
異ナリト名殊ノ相融通同也 以莊嚴諸仏所證之万行万善功徳八万四千
諸波羅蜜ハ四智三身ノ中ニ摂在也 然則我カ衆生ノ第八阿頼耶
蔵識ノ中ニ三身如来ノ妙理究然トシテ雖備トモ 或障心煩悩塵労遮眼
不覚不知 譬ハ如貧女ノ不識伏蔵 或纏之癡愛 悞寘入出寘 或着
邪見 以若捨若覚者 云衆生之一念心 及无替末諸仏功徳
不可求他人ニ者也 法性如大海不説有異 凡夫賢聖人平

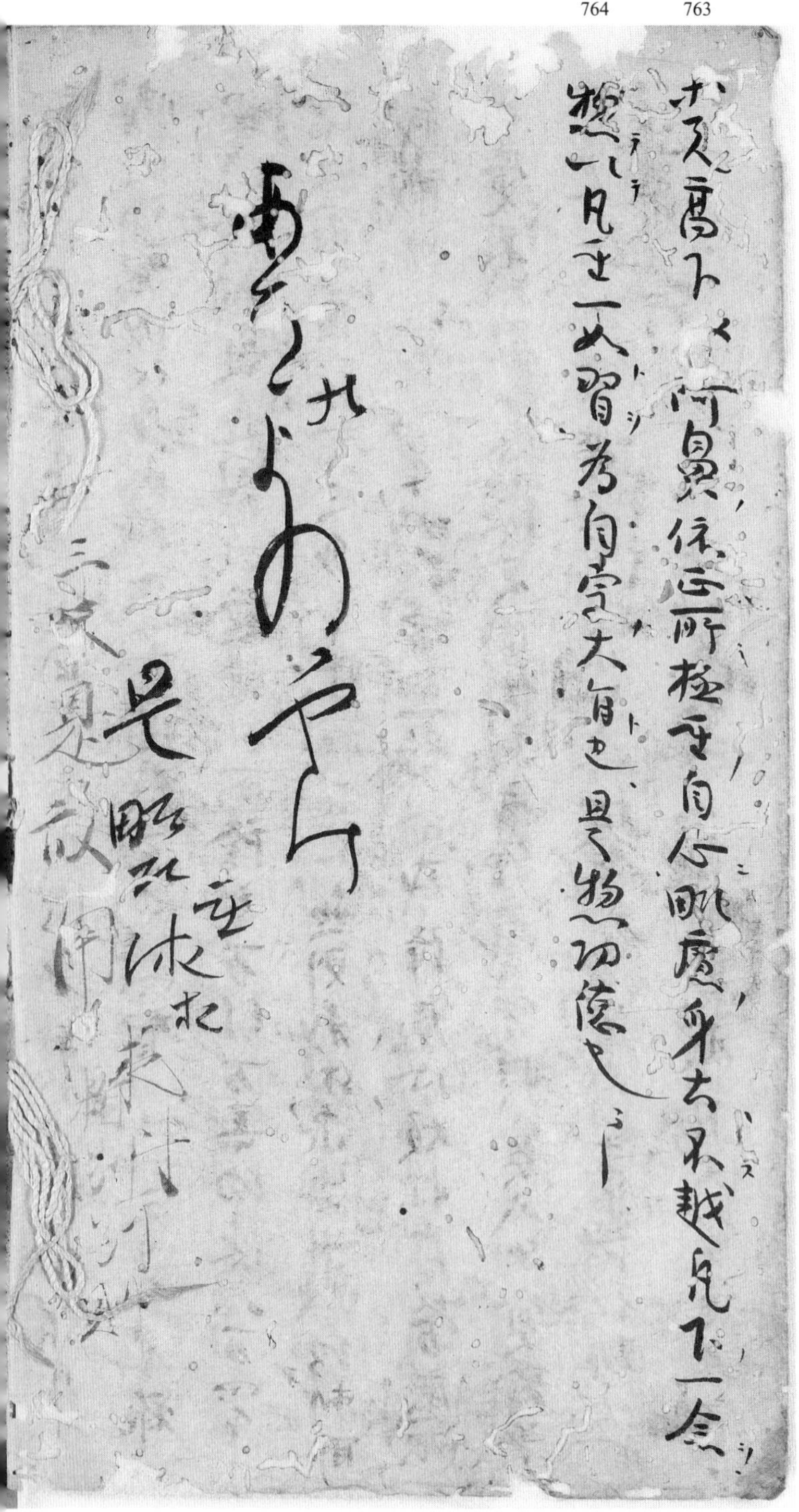

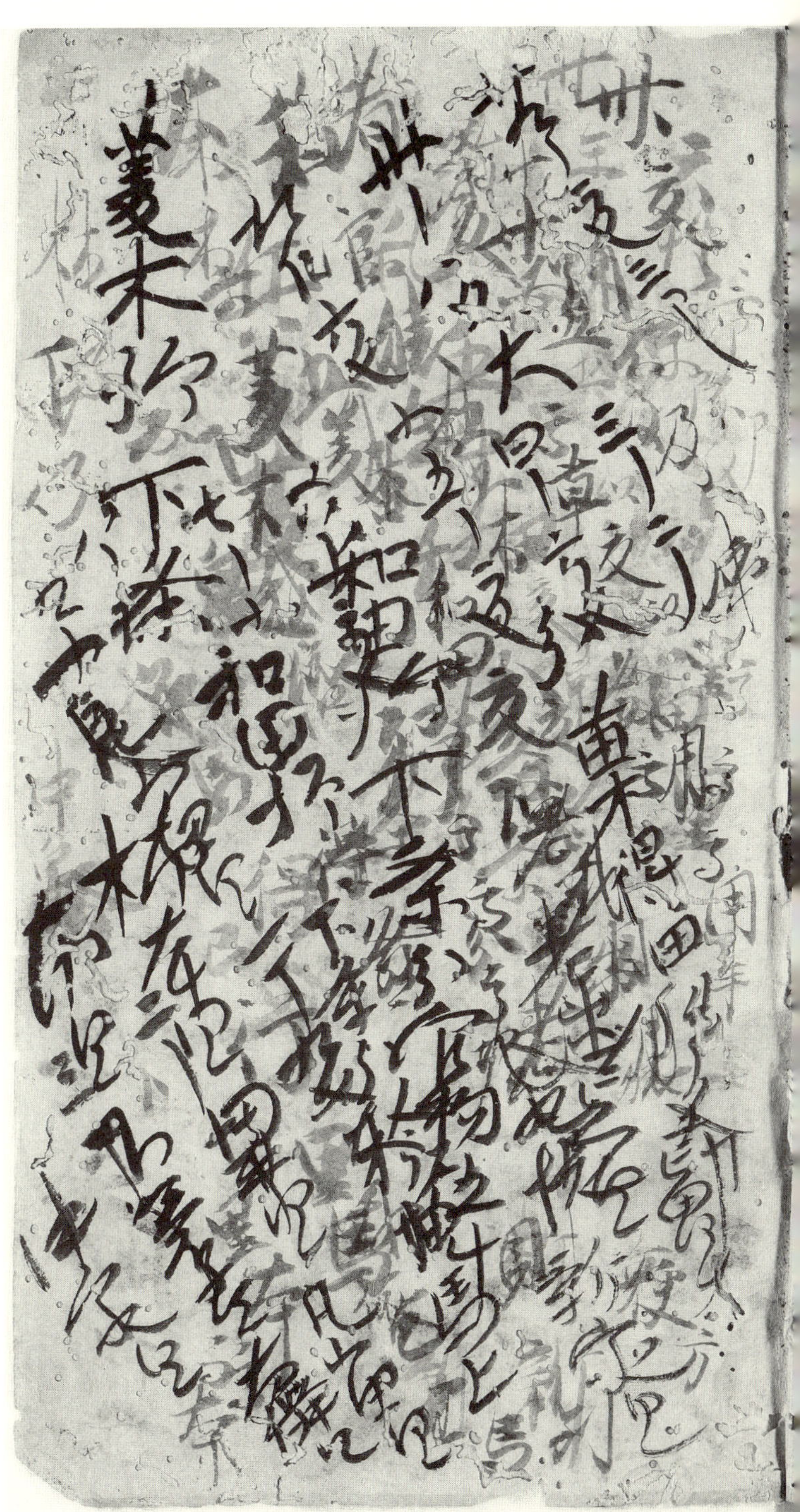

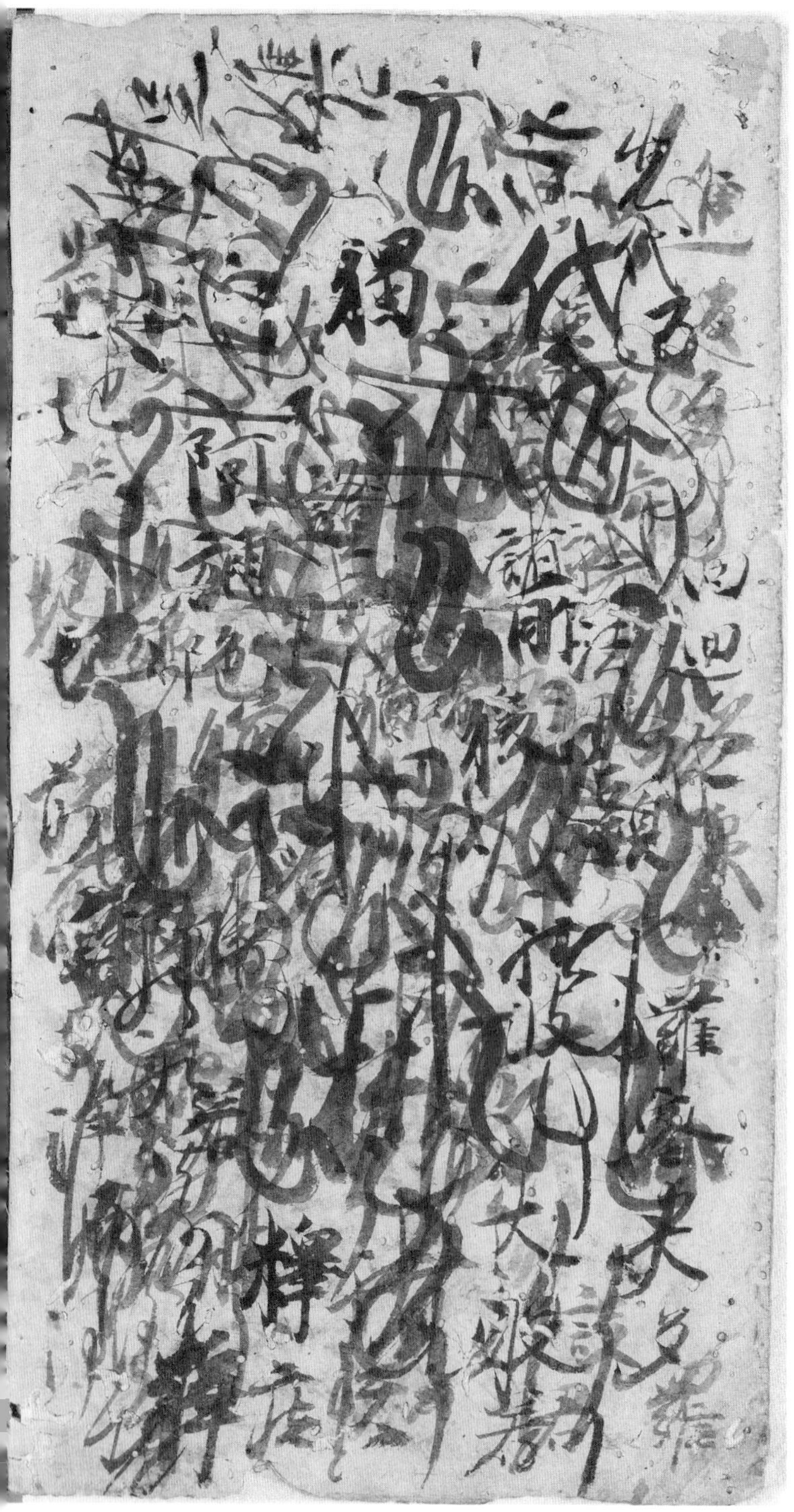

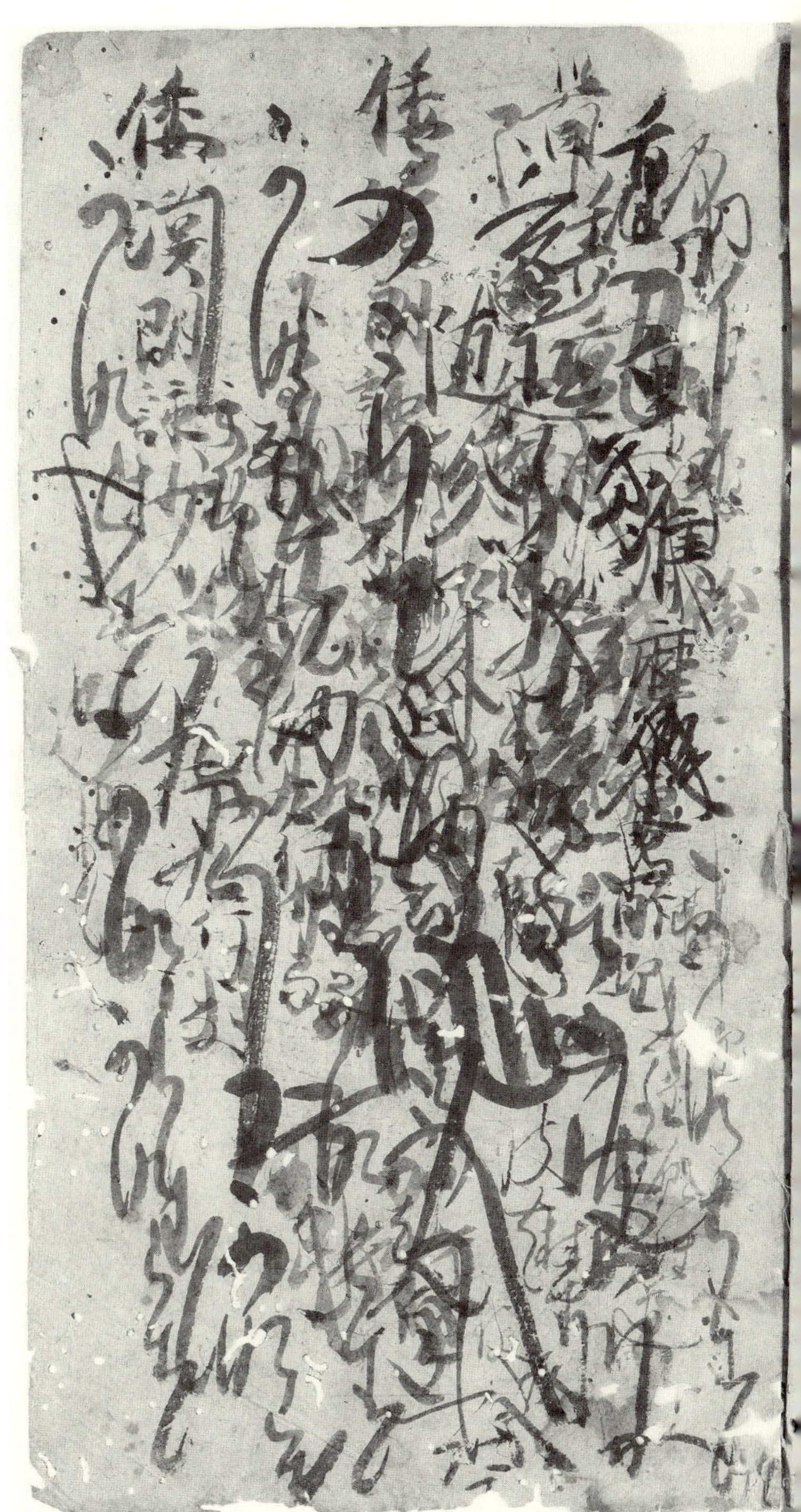

龍論鈔

（正和四年〔一三一五〕写）

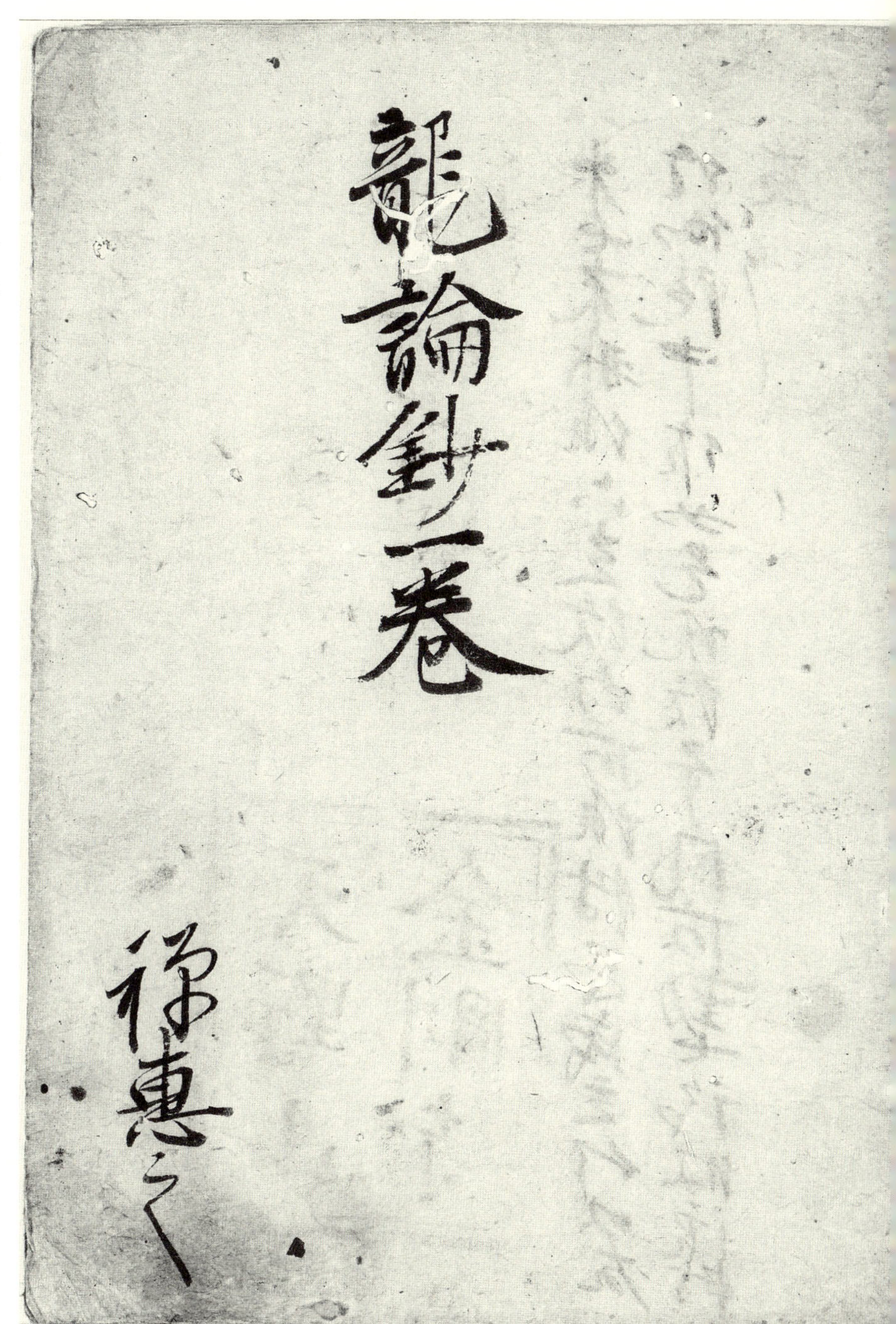

龍論鈔（表紙）

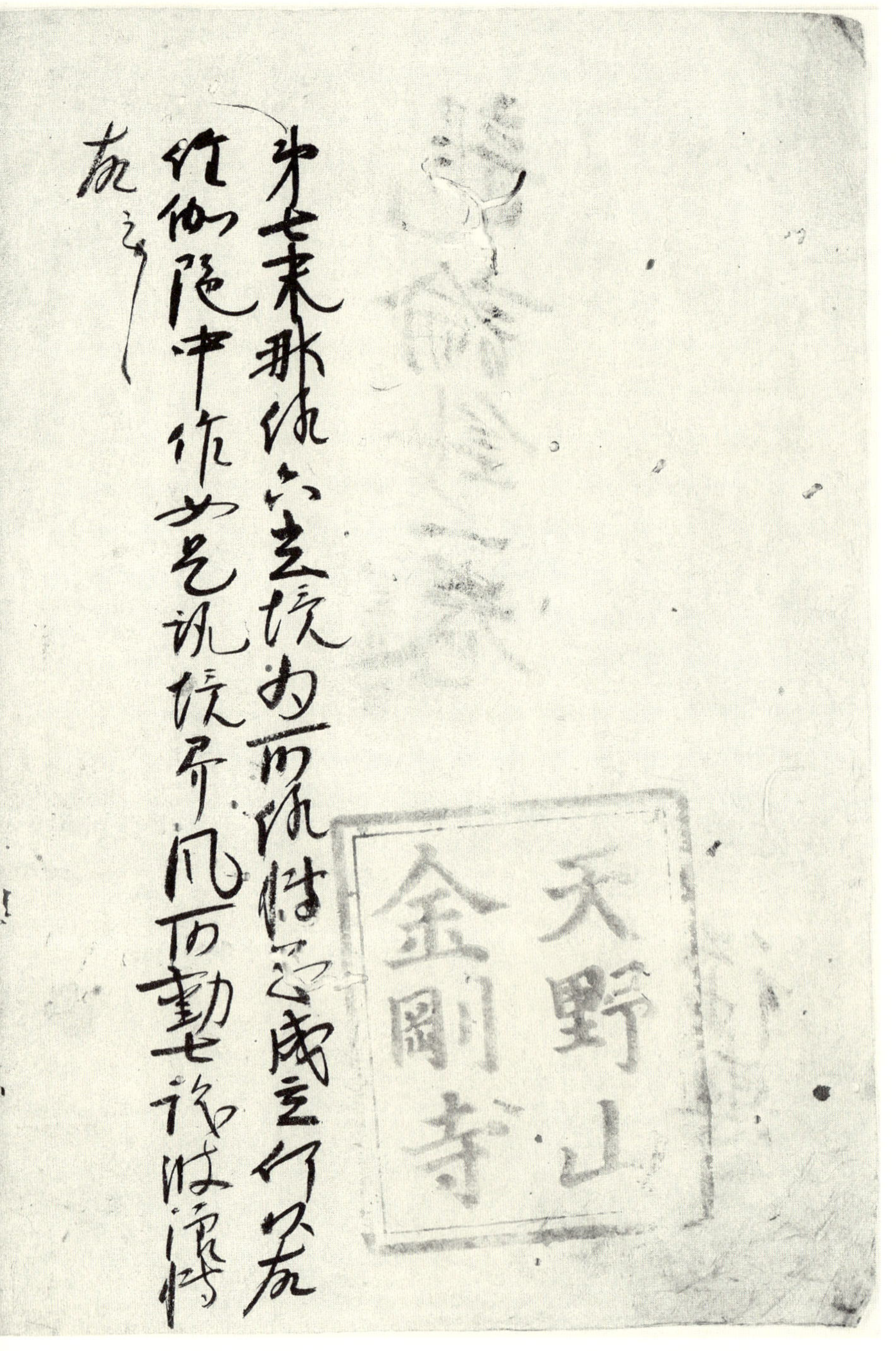
天野山
金剛寺

釈摩訶衍論決云々
上古諸学徒於付論有異説或内道論或内
作論也　安然和尚内道論之説見九時義一云
同摩訶衍論昔者戒明和尚将来之時有
諸道俗定作論之文而大安寺新羅国僧珍聡将
来是論新羅国大空之山中沙門月忠撰也云々作
龍樹論説答昔有疑此論付四失後有僧
流更加五失次有真言僧都上奏入言云

宗三論之中ニ流行天下ニ言宣者文載貞観
格ニ後有稲基寺名和尚蔵誨述秀記中足
令舊人ヲ失七失フ論宗ニ論ヲ題下ニ龍樹
菩薩造論ヲ内説様ニ可謂凱海法師ニ行ヒ花蓮
云々也　云々
又ハ其名二祖論文ニ依テ此西ヲ龍樹菩
説云々已尺羅什ノ備文此備海和尚ノ稲貴
和上以内云備ニ比叡山及他宗有内依論文ハ
備云々可同他共許ニ又一許二不一許ニ不之
内説耳云々

私上非仏行誑根学云々、修代御本疏也
以上者論之傳也
以下約論読文等
釈摩訶衍論十巻
馬鳴菩薩本論　龍樹菩薩釈論
一所依匡叢示、此唐将来釈摩訶衍論同之
初ハ疑彼龍樹之母只開巻之根帳織馬
鳴之者宗ニ依之論ニ云、非龍樹之鳴也其
人依菩薩之名為而作ニ耳、但于本論者云々

馬菩之造信論也梁承聖三年甲戌
真諦三蔵訳之云々付何人之序云々迴天鳳
威姚興皇帝弘始三年歳次星紀子度
於大荘厳寺仏陀摩多三蔵訳也齊書云々被
秦姚興世稱大秦皇帝亦稱文桓皇帝
號後宜迴天鳳威之号又姚者姓也興者名也
聖皇帝姓名力号未有也又自弘始三
年至梁承聖三年相去二百五十五年取被訳
本論之合前訳之又論一同力論旧序也大唐
安也又検本論文雅美義円云々付何人文勘附

予聞同志ら筆ニ妄邪同作ニ理判明矣
乞大徳南代彷之作芳遠踈持付納丈来菁膳芸
大近鹿持来金剛花并注金剛般若経同付命ニ
並納異花也乳罕花送之下流伝ヽ敬箋お方代ニ
真人三艇向
武明門国契　廷下
古人清息下畢非人在近暦僧録号漢
海飛之
論序之同ら尺二人行衛命而回風姚興白之帝
御示

論一第九陀羅尼之中又有則天文字
序、唯円云梵字也在云中天竺
論二、有第七末那之名
論一、翻譯解中作如是言以摩如巨海潜入文
引証者泥也勘合本作文一字足矣也
論二、云量有十云行為十二支那謂云未文
私云云文字之十謂也
下文、十支之十種謂熱捺捺謂云行為十
於九支八謂并除摩耶謂也上下應之於遠夢
論一論曰如来藏有十種於契經中別以為云

行九十二字大勢猶如未死
論五十後次分別出家義有二種在行内二十字
死與四義並死
論六之底大因傷同性本性論説九中作如是説
私云此云大師以此論内字本論所説依此本大先
不同宗人也有言字此論中明了二摩訶
衍〻〻〻〻〻字已言叙也云前文作論之亂
深志言充字唐朝始死也又以米也死然者末那
秦代翻訳未有此名又于時秦務仰甚以内
亭拔後宋元壽十二年訳之去姚秦世余載

大徳院在方如行了之外
又一行冊并
右件譯一部十巻之入唐宗目録請之下龍樹
并造之又延信冊在之又二行衍冊有序姓
奉流叡云　其序有則天文字
梵本先在于中天竺生騒使也其序之朕了其
以乾元三年歳次星紀九月上旬於大興善寺奉廷近至東界
文兼前翻訳所冊直翻訳人竺伐梵摩多二
義傳伝語人劉建隠士執筆人附賢令史首
尾二年方繕写畢功云々　其本冊在之

梁承聖三年歳次壬酉九月十日於衡州始興
郡建興寺志徳三蔵翻訳之月賢首那伝
諸師有惶於業文〻同姚秦之世大梁之年代遙隔
此乃于本分与梁所訳文言不〻許于乃繋
疏集目録人或之載付論依之天應年中葉
師等或明和上場朝之時将来当初法宗学
者〻判断伪論随而大寺新羅国僧珍聡之也
論本随大安之山沙門月湛撰〻　又論弁序中
有則王字伪論〻凱忠也斯之延但治代師春
内志言た年分稲基和上見今論失天台

或托刀之以錐去緒即乞下行乳梅迹時
引前化道云々

淡海居士傳　刑部卿

淡海居士淡海真人三船叉号元開近江天皇之
後銀牓天枝流派源別賜真人姓童年厭
俗脩尚玄門於天平年中伏膺唐道璿大徳
力息貫探閑三藏枝揆九流去俗無俗名言
毎試勝衣年有勅令還俗姓真人起家
学生因遇制立下頒承庶究之著二東宗

有春房ニ常院竜引衣師去隣處峯大
徽之因咲ノ頃時従處奉代賞元セ去和上氷上
詩云　五言
摩騰遊灌幽ニ　僧令入美寶ニ　豈可去和上　合ニ棄度海栗
禅林残欄客　東苑芳花豊　欲識律破　酒門得妙工
便伏腐力斉　残弟子既荒場域ニ自慶詩一首　五言
我是无明客　長迷有漏律　今朝荒善誘　懐抱泡埃塵
道窮前集　空花更落春　自陽ニ花拍　訊畏六塵味
お改并眠礼仏読丸　毎お草ト令花香奉仏魚

大和上東征傳一巻 前楊威用光撰又注延信論、
藻鈎、前東大寺唐学生僧思託撰注論之唐人
靈迹記興寺、僧術元見論手之杖老因廻使而
贊偈曰 五言
真人傳之論 居士著詞林、行言後析也 一句重千金、
翰墨云飾震錦 文花得意深 華国異使便 聊申眷作守
居士又作北山賦並長安大仙詳并丘冊見賦再
三嘆作書子建之久井風会光色之辛日本正
有曹植邪自還使便書並詩曰 五言
儒林併祭酒 文籍号先生 上下謂達東土 還成保下名

十五箇年物　三海帝門丸　絶域之乱許　日巻遵情
之堂寺國之風土珠林禁聡若靈水激合流波模帝
承居士撰之念誦取去出手云々
延暦注録第五巻
延暦僧録五巻　天台沙門釈思託撰
第一巻　始自賢聖真高僧合七人　皆依大僧伝述記
第二巻　始自上宮太子及帝并十人
第三巻　始自仁幹后女三人並菩薩　住木石口中高僧
第四巻　沙門五十八人賢淨半備半行表也
第五巻人　僧十人　居士卅人
延暦僧録目録一巻

天台山門又恩覚撰
延暦七年歳次戊辰二月乙亥朔三日壬午撰
唐天台宗僧也付鑑真大和尚渡倭州、
建中三年二月六日以我国代本写了之則蕤儀僧
御私撰也々 又役人大宝撰一巻関要注載之
了仍件撰也
東寺末学布山小隠房海記之
大意撰一々同新訳起信論注序々以唐則天聖暦年
三年歳次乙亥春十月于闐[テム]國三蔵実叉難陀[随]

唐證聖元年於洛陽於神都仏授記寺重訳
并論則天大聖皇后垂朝請大夫学太子中舎
人賈膺福等翻作大乗起信論者爲序復記本於
学大沙門十人筆受文成上下両巻云云跋
明者性隠括去字以前旨与舊翻是
同文昔說周行将立捷惟十我訳諒為旧備
行用於禅譯新叢書真偽偈四巻又以起信
一論太也爲寫法法括思兼二寺本少許乃
訳唐為弘通布五天則則化之現東西作
筆之唯付當知大過是三元大唐貞元

之義在於西方以宗依而翻起信論訳廣語ニ
以弘演五ニ宮又那陀弁等申法時代三蔵ノ
訳廣以為ヽ年由翻訳ニ依同宗依訳有別者也
宣習之文云ヽ
付言ニ々為章一見前於時代訳論有者也文
宣之訳者則見其論三蔵所深者也蓋習之
文七二十ノ三蔵翻体大摂乎学得門云人陀
多所獲為章同見字流ニテ翻訳廣由為ヽ
乙章也何以訳者多流字依ニ深ニ也し

一 樹造論為人ニ一ノ行衍論釈写造并起信論云

力傳有志云古来有争二ヽ傳云昔白鳳年
天皇之代天應年中華嚴寺智明和尚為
朝之時將來付論諸宗學者市城緇李判
大乱傳渡海居之三論奘人付捨付論定大疏龍寺
之旨是思人依弁之者為前作年但三寺
論志定高道弁之起信論梁武帝三
年甲戌志論三蔵訳之付傳又之序ニ迴天
鳳職姚興皇帝製弘始三年歳次星紀庚子
大庄又子筏提ニ多三蔵訳也晋云ヽ後秦
姚興也ハ弟大秦皇帝ヽ又ハ弟文桓皇帝ヽ姚苌

迴天風威之号 其一 又姚萇ト萇者姓也興ト萇者皇帝
姓名字也号 秦有七 其二 又自弘始三年 至第
王三十年 翻去一百五十年取様訳之ヲ論合前
訳之ヲ人論ニ同ク一人訳ニ是大唐旻也 其三 又指ヲ
論文ニ雖子周ニ什似ス文節ヲ所習同意見
果ト安机同訳ニ理則明矣 其四
宗派ト人广行併ニ翻訳ノ分明彼 其一 済ノ唐
論同録ス載見ス録彼 其二 号是宗字ノ相似尭字
彼 其三 号字理相遠ノ論彼 其三 姚興在秦之諱ハ
在梁秦代冤抗訳已同梁究流編不正論也
況秦以降至唐用元同録之載疏師之判是以

又云物信此論是大安寺戒明法師去天應上
中自唐将来尾張大僧都力傳擬勘目已勘成
偽論了
所此一段有福貴山寺作竹箴論述方記具答初七七、
失、未足叡山下積之失ゝ　末学下論并序中
有則天之字、乃秦代訳凱伝之其七　云一論有失七
末那之名、秦代翻訳未有此号　其二　又引下巻
務依区勘陀字元去加十二年訳去姚秦卅余年已
方論門按訳依作了　其三　又云経務仍足依依汉不
陶侃集依作諸経干漢土足龍樹論婚依作了　其四
又昔戒明和上将来之時、市大寺新羅国沙門
珍聡ゝ此論是新羅国大空山沙門月忠撰也

仏帝之也非人能之所　二ゝ者福也
已上菩提院権別当抄也
八家秘録ゝ　仁和八家秘密録ニ江为二十ア勘之
付草二八沈和尚安然列大師撰也　天台卅门安然集
金剛界ア中三ゝ疏集録ニ
已上廣釈所第十巻　龍樹　取明初來之日道俗州
为仏福ニ次德沈師ア用巖山本師破为仏福上ニ仁
和上同布大寺新羅僧院ゝ新羅中朝山
月巻安遠撰海和上秦之書言三巻ニ流行天下ニ
次福貴山道詮和上蔵破有仏福ニゝ書論ゝ之

又一ノ行術論疏三巻 付敘 陸臺内大論ニ
五ノ付荒本末六巻也 今二巻欠 現行
二巻也 有東寺定額ニ
五ノ八字九ノ録有毎本ニ
又本ニ一寂初根本東寺贈大僧正海空和尚録云々
十六ノ
于時元慶九年正月廿八日
元慶寺勅灌頂付法沙門安然録
論録三 五ノ付録不載也
去言宗所学経律論目録ニ 新書廿并
又一ノ行術論十巻 代抄摩多三冠

臨時度補之、迄是塞死莫令他宗僧雜住
者。宜承知依宣行之、立為恒例。符到奉行
參議從四位下守右大弁勲六等伴宿祢國道
從七位守左少史菟奴連清庭
弘仁十四年十月十日
和漢年代抄ニ後秦第二主姚興、治廿二年 皇初五年 弘始十七年
唐年代記ニ乞伏ハ号西秦、前秦 姚興ハ爲之之乎
乞伏後秦第二主也、姚興ハ苗之孔、姚萇帝号孫

245　244　243　242　241　240　239　238　237

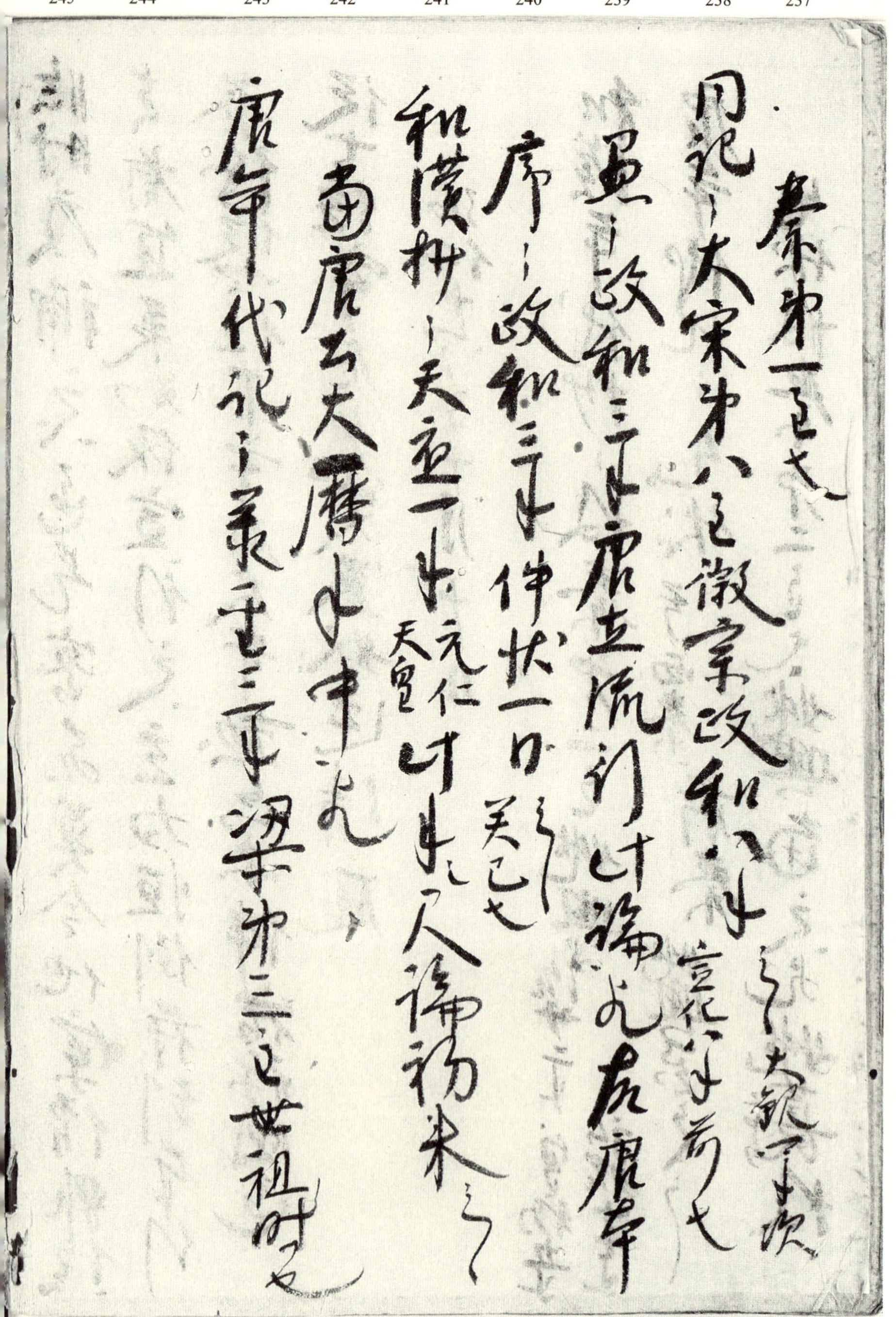

252 251 250 249 248 247 246

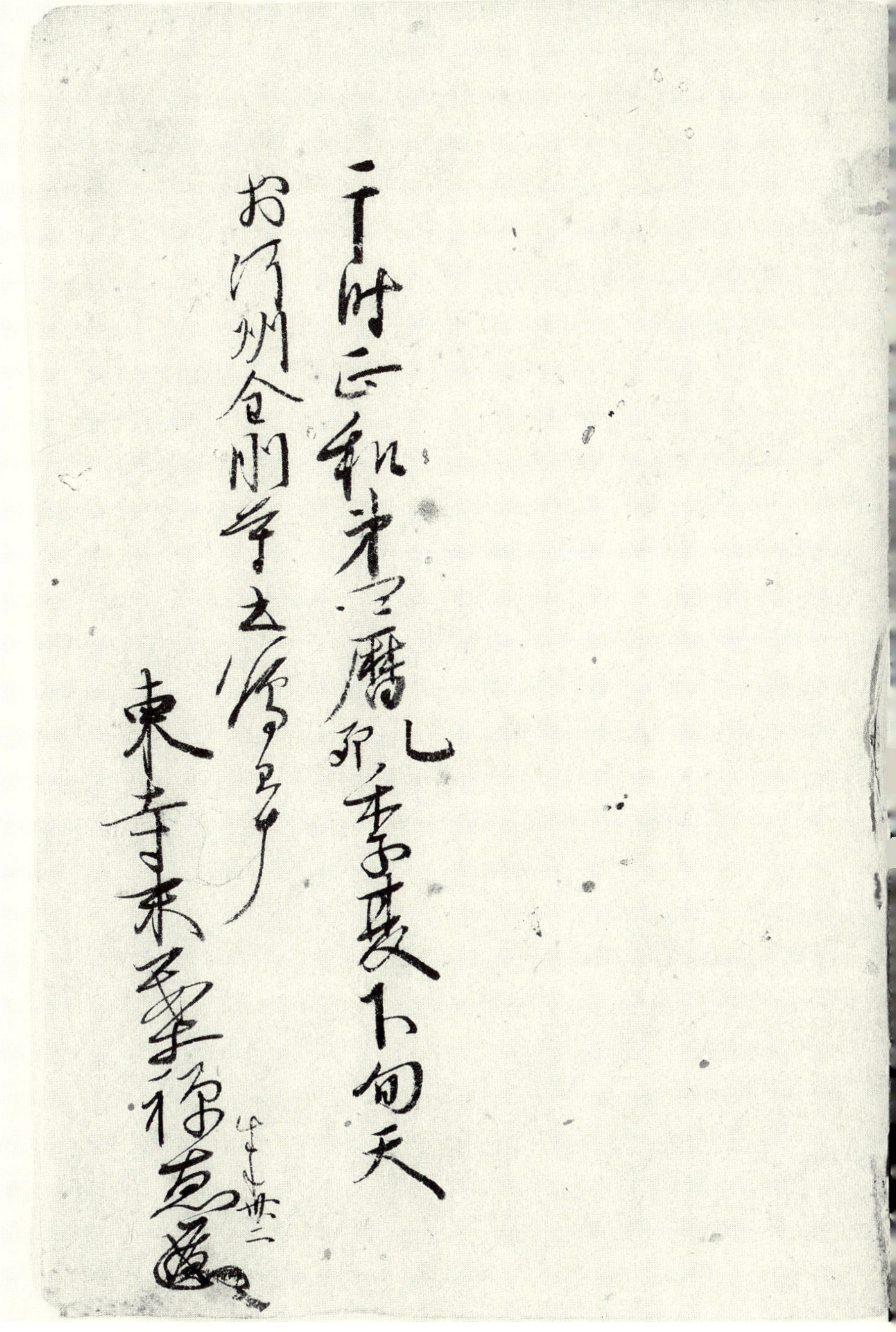

高野山印板目録

（元亨三年〈一三二三〉写）

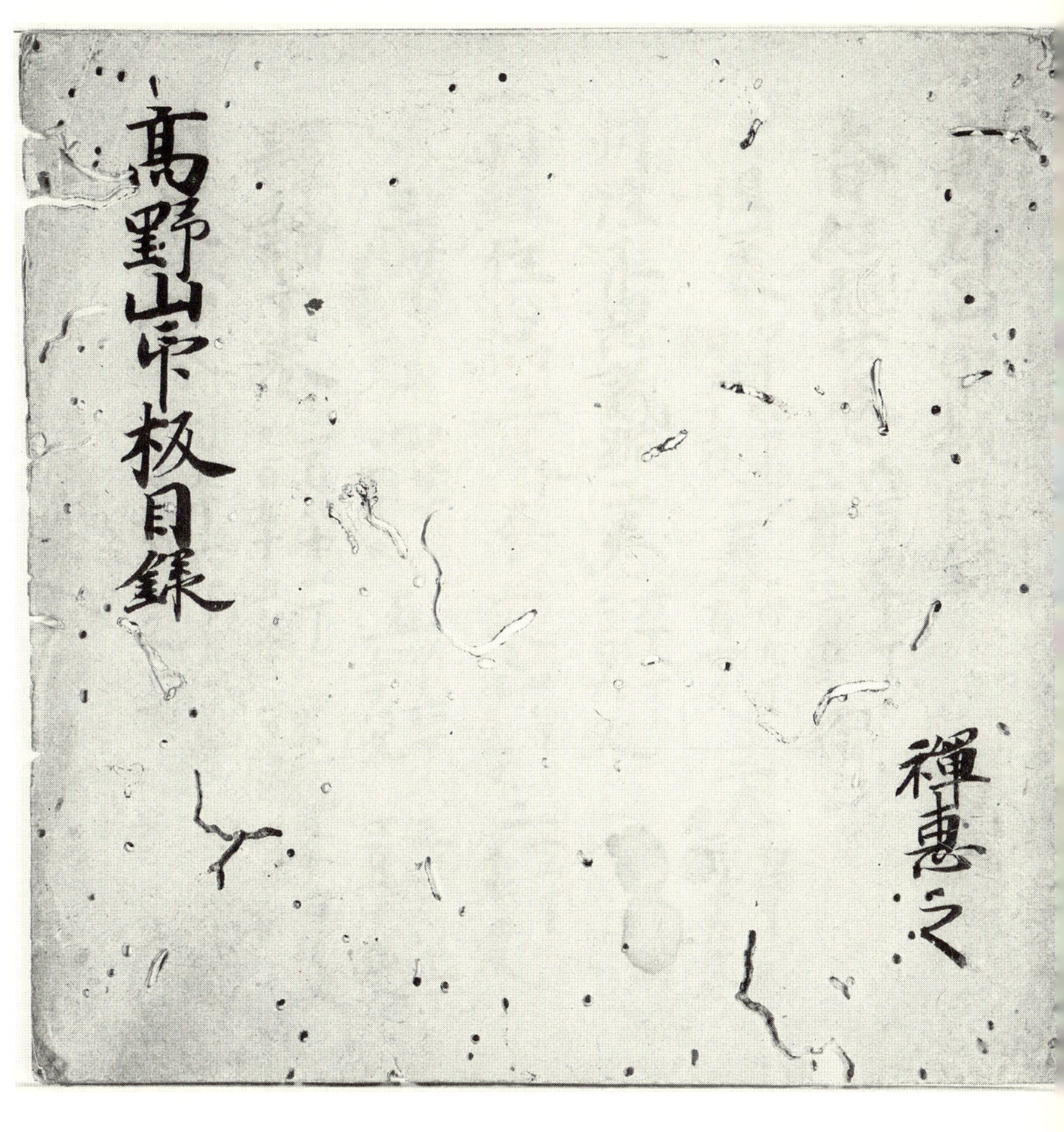
高野山印板目録
禪恵之

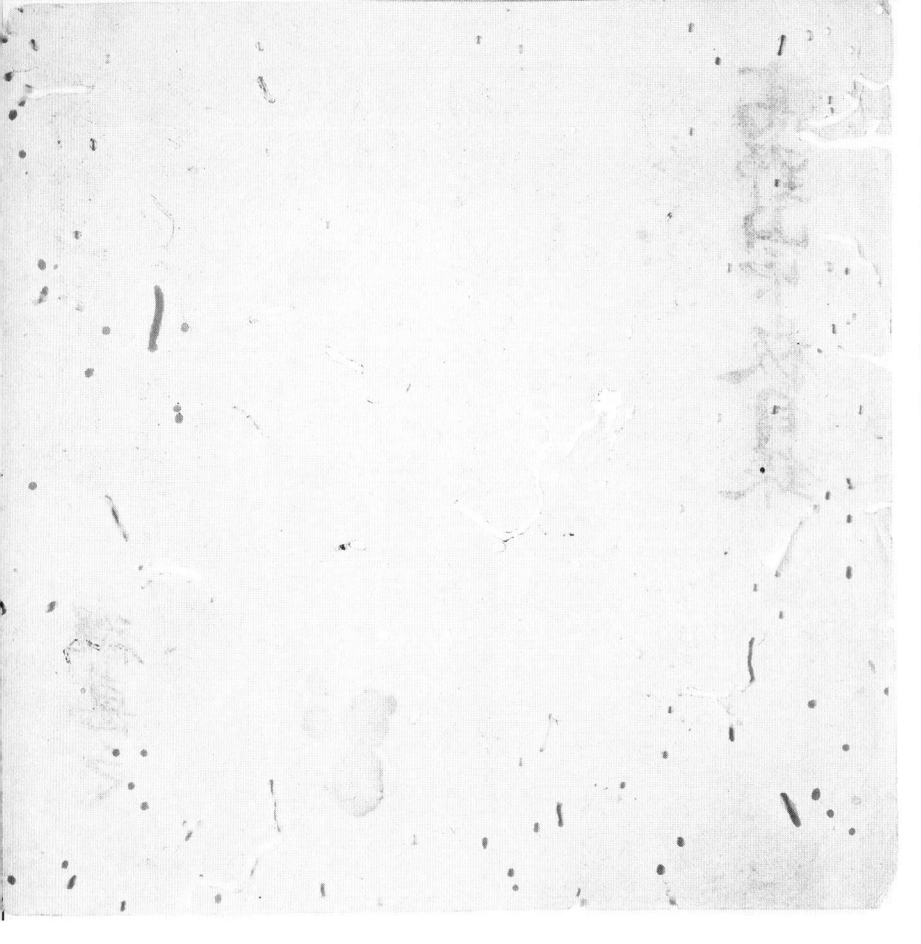

高野山印板目録

大日経疏廿巻　六百六十丁　二貫三百五十六枚

但一巻　四十六丁　百五十枚　二巻　卅九丁　百卅文　三巻　卅三丁　百十五文

同住不思議疏二巻　六十一丁　二百六文

同経住心品五巻本　一巻　廿九丁　九十六文　二　廿五丁　八十五文

三　廿八丁　九十三文　四　廿一丁　七十文　五　十六丁　五十八文　已上百八廿丁　三百三十九文

釈論十巻　二百八十一丁　九百五十五文　理趣釈　百十二文　上下二巻

同疏五巻　百九十六丁　六百五十三文

9 同鈔下巻 百卅八丁 三百六十六文　同記六巻 二百二丁 六百八十三文
10 同聖法花 五丁 廿五文　起信論 廿九丁 百文
11 十住心論十巻 百廿七丁 七百六十三文　宝鑰三巻 卅八丁 百五十三文
12 秘鍵 八丁 三十三文　二教論 二十五丁 九十五文
13 菩提心論 八丁 廿三文　即身義声字義 各十丁 各三十文
14 御請来録 十八丁 六十三文　真言所学録 十丁 三十文
15 阿字義 三丁 十九文　礼懺経 唐紙九枚 銭卅七文
16 悉曇字記 唐紙廿五枚 五十三文　金剛般若開題 九丁 七卅七文

17 金剛頂経開題 十八丁 六十三文 十八會指帰 十丁 四十文

18 金剛頂義決 廿一丁 百卅六文 陀羅尼義 十五丁 五十五文

19 真言二字義 十丁 四十文 付法傳二巻 廿二丁 百十九文

20 性霊集十巻 檀原百五十八枚 六百八十八文 但原字紙百八十二文 六百十二文

21 三教指帰 檀原卅七枚 百六十三文 理趣経 原字紙九枚 卅七文

22 四種曼荼羅義 十二丁 廿文 吽字義 五十五文

23 金剛頂経三巻 五十七枚 百八十九文 大日経七巻 百七十枚 五百六十二文

24 蘇悉地経三巻 百十九枚 三百八十一文

已上三部経皆原字紙也

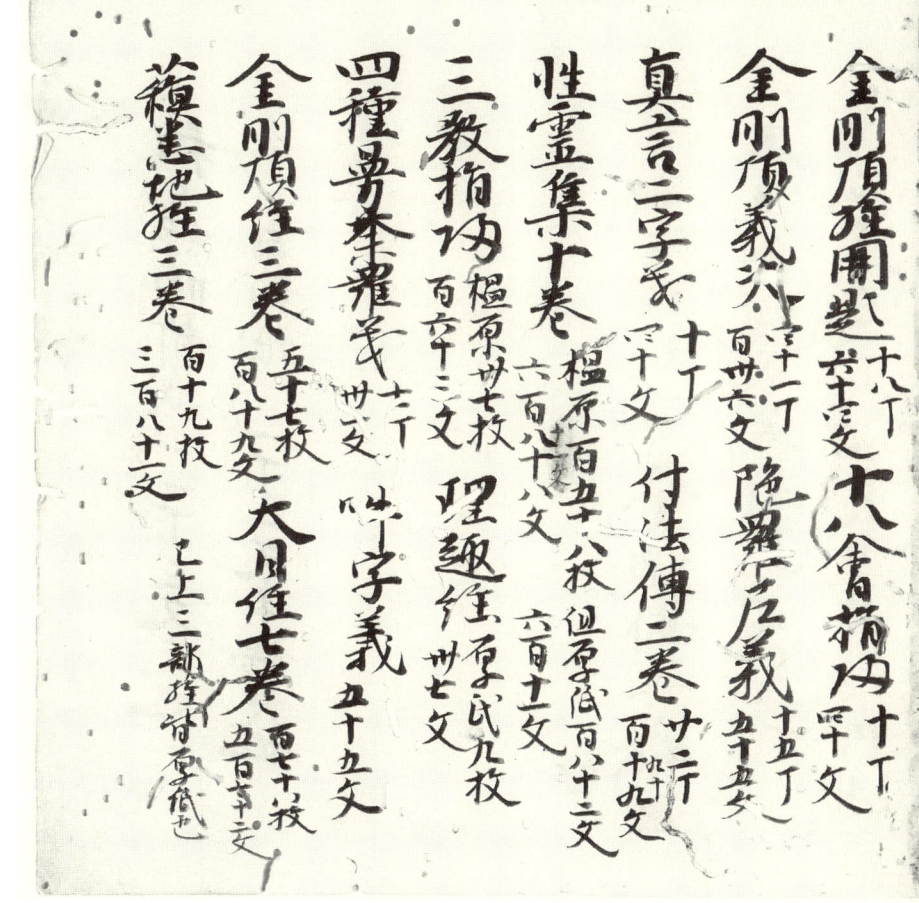

私云経師析紙ニテハ一丁ニ三文宛也
自析紙ニテハ一丁ニ二文半銭宛也

（裏表紙見返）

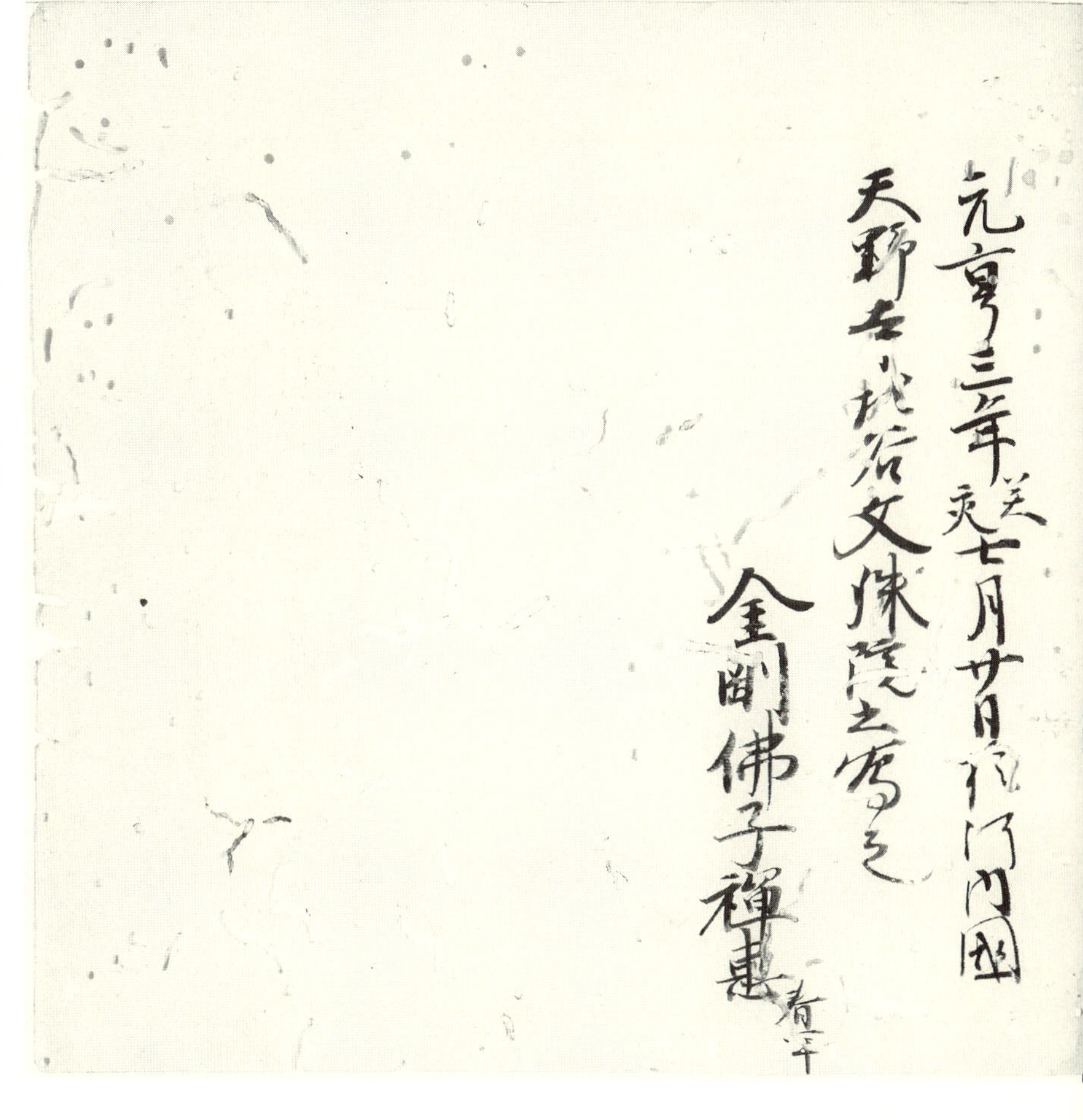

元亨三年癸亥七月廿日於河内国
天野岳ノ松谷文殊院之寫之
金剛佛子禅恵

翻刻

能生諸仏経釈

能生諸仏経釈迹下三四　沙門忍聖之本也」（表紙）

廿五三昧」（見返）

　薬草喩品

論説対治七慢中、第三、有大乗人一向増上慢、言無別声聞辟支仏乗、為対治此故説雨喩○賛

此中具セリ山川雲雨ヲ一独以薬草ヲ一標コトハ名ヲ一者、土地ハ是能生・雲雨ハ是能潤・草木是所生所潤ナリ。所生所潤ハ通シテ皆有用。而薬草用強シ。有漏ノ諸善悉能治トモ悪ヲ一無漏ヲ為最ト、無漏衆ノ中ニ四大弟子・以譬ヲ領コト仏ノ譬ヲ一深会カナヘリ聖心ニ一仏讃タマフ善哉甚為希有ナリト一述シテ其得解ヲ一以喩其人ニ一故称薬草喩品○

夫薬草者能除四大ノ風冷ヲ一補養五蔵ヲ一還年駐トヽム色ヲ一今蒙ヌレハ雲雨ヲ一忽成リヌ薬王ト一餌クラヘハ之遍治シ衆病ヲ一変シテ体ヲ一成仙ト譬フ下諸無ナキヒトノ二漏聞テ経ヲ一破キ二無明ノ惑ヲ一」（1オ）開ク中ニ仏知見ヲ上文云ヘリ、我等今日真是仏子無上宝聚不求自得文　○疏○

尓時世尊告摩訶迦葉○説不能尽 三行字略述成

文為二ト一略述成・二広述成ナリ。略述ニ又二アリ、一ハ双ヘテ述ス善哉ト。二ハ領ノ所ヲイフ不ル及一○真実ハ是述実ヲ功徳ハ是述権ヲ 云々

又従如来復有トイフ下述ス四其ノ領ノ所ヲ三不ル二及一云何不ル及一謂退進ト・横竪ト亦横亦竪ト非横非竪トニ・皆不及一也。○人天小草ヲ是為四退リテノ所ト三不二及一○菩薩ヲハ名上草ト亦名小樹大樹ト○是為四進テノ所三不二及一又十法界ハ同ク成仏法界ト○余ノ八法界ヲハ都不渉言一是ヲ為四横所三不二及一又七方便ハ従浅一至リ深ニ皆入レリ真実ニ余ノ五方便ヲハ都不在言ニ是ヲ為四竪所三不二及一又三世ノ利益未曾暫廃一是ヲ為亦横亦竪不及○一地」(1ウ)能生シテ未三嘗簡択一シ○一雲靉靆無三処トシテ不二密一一雨一味不隔枯栄ヲ。如来平等ニシテ不可思議○十方三世○無三有二差別一是為二非横非竪一領所不及ト不及之旨ハ非二都頓ニ奪一フニ特以初心ヲ望後心一ニ未三ルヲ窮二極地一ヲ故云不尽一ト耳 文 疏○○

於一切法 一切智地 文

五品位ハ・語ハ空シク不出一気徒ラニ不通一所行如シ所言一ノ々如シ所行一況六根相似位・加キ真修開発之後一就中一究竟朗然果位・三乗随智之徳・語黙作々加意。住行坐臥廻方便、一言一事結種熟脱之縁、一塵一色萌正了縁之種一ヲ仏所出言無不如義定一メ亦不無行而従(徒)転耳ト云テ、計テ少ヲ解リ三無」(2オ)差別一ヲ相シテ黶ヲ教法界唯心一ヲ向火一ニ追ヒ勝熱婆羅門之跡一ヲ臨テハ水一ニ尋ヌ海恵

比丘之流ヲ於一切法之境・以智方便・加ヒ意ニ其所説法之教・到於
智地・泯タク性ニ浣衣之子ノ灰水ハ・洗キ生死塵労之垢ヲ金師之容吹皮（フクカハ）・静（シツム）
覚観麁動之風ヲ亘テ水火ニ被テ草木ニ語ト云フ語ハ・断迷ヲ花ノ色ロ月ノ光リ・教ト云フ教・
開ク解ヲ覆鉢握筆・尚為ス出離生死ヲ之計ヲ観魚追鹿ヲ誰知証得菩提
之媒ヲ哉。凡有ル所説ヲ皆令衆生ヲ到此智地ニ此意。
如来観知一切諸法之所帰趣 文　知所帰趣ヲ是識ナリ薬ヲ 文 疏
帰者帰往ニ趣ト者流趣ス有情非情之類ニ水火草木之境・各有リ所帰趣ヲ皆
流通処ロ定レリ。鳥ト聞ハ鳥・鳧鴈鴛鴦・住ム水ニ蹄ト云ヘハ蹄メ・猪鹿熊罷（羆）・帰山ニ」（2ウ）
火鼠之鼠ハ・何ナル鼠ソ・縁火ニ不育（スソタ、）ヲ氷蚕（サン）之蚕ハ・氷底ニ養之ヲ火育氷養・水
住・山帰・由来根源・委知之云々 弁
松生テ巌石ニ千枝万条茂ナリ高原蓮種・水底黄蘂（スイアリ）・緑葉栄ナム深泥ニ
雲東西不定・随テ風ニ往来ス。水長短無シ形チ任器方ニ云々
随風ヲ之雲ハ・其谷其峯・其巌・其廉（カト）起レル気（イキ）・其方樹・其方枝・伝テ虚ニ
上聳クト知ル云々 弁
興雲ヲ之風・彼池ケ・彼草・彼方茎（クキ）・彼方葉（ハ）始テ起レル風ト知ル云々　弁山 峯松池蓮准之
千刃ノ桂ハ寸苗ニ之初テ・知大船楼櫓之時ヲ四海ノ波ハ一滴之分ニ、識トル草葉涓
露之元ヲ、鷹逐鴿ニ鑑（カヽミ）断然成道之事ヲ求度之人、識順解脱分之縁ヲ」（3オ）
所以水鳥依水ヲ息羽。山鹿隠山保蹄。人天依戒善ヲ身娯ヲ二乗修道

品㆒心静㆒以之㆒知所帰趣是議（識）薬判　遠帰趣准之知之
亦知一切衆生深心所行、通達無礙文　深心所行是識病文
衆生心行不可思議ナリ・智如々来乃能評量、鴦屈摩羅、弥殺弥慈、奮
剣㆒ヲ開解㆒リヲ、祇陀末利・唯酒唯戒・勧酒㆒持戒。和須密多、婬而梵行
邪婬達仏道㆒ヲ、提婆達多、邪見即正作逆罪㆒ヲ得記別。無聞比丘、得四禅
支林之抄㆒ヲ為猛火之薪。身子尊者、叶六住㆒ニ乞眼ノ邪縁ニ退失菩提㆒ヲ心性無
善悪節々移。邪正随時㆒罪福運々起。一人一日ニ・念々ニ積（ツム）八億四千ノ
数㆒ヲ若干衆生・若干劫数・若干念々・若干行々・衆生尚無斉限㆓」（3ウ）
況一界具十界㆒ヲ備ヘタリ百界㆒ヲ百界備レハ千如㆒ヲ界界互福ハ各具三千㆒ヲ塵数非
譬喩㆒虚空容受テム。各々心行・各々意趣・通達無礙・名如来能知ト云々
如此㆒心行不同一々知機宜㆒ヲ逗‐会スル・以之㆒深心所行・知病判○○
○今以大千世界㆒ヲ譬衆生世間㆒ニ山川渓谷土地ヲハ譬五陰世間㆒ニ世界ハ無別
法㆒為山川渓谷土地㆒ノ所レタリ成㆒衆生ハ無別法㆒為五陰ノ所成㆒土地ハ既通セリ・譬議（識）
陰㆒ニ山川渓谷ヲハ譬フ四陰㆒ニ能依ノ草木ハ雖㆔依㆓土地等㆒ニ大地等ハ非即草木○草木ノ
種子ハ更無別名㆒但取能生之功㆒ヲ名種子㆒ト所生ノ質幹ヲハ名草木。○内合習因
習果雖依五陰㆒ニ々々ハ非即因果㆒ニ要依於陰㆒ニ得有ルコト習因増長成弁スルヲ
名習果ト文」（4オ）
又用テ三千大千世界㆒ヲ譬正因之理ノ通シテ為（タルニ）一切ノ所依㆒也。山川渓谷土地ヲハ譬衆生ノ

陰界入ノ果報色心二ニ也、草木叢林ヲハ譬衆生ノ習因二ニ此三法ハ不相離一習ハ依陰入一々々不出法性一如草木ノ依山川二ニ々々ノ依ルカ世界一ニ　文　○○

岑桂千刃高トモ不重。庭ノ草三寸短トモ不軽一牡丹(ホ)艶々タリ紅玉房(サヲモ)　不受一枳(キ/カラタチ)棋(ク)琴(シム)々銛利(セムリノウ)刺(ヲモ)　不悪二百穀苗稼之産(サン/ナリハヒ)・根茎枝葉施地味一ヲ七宝金銀之珍、青黄赤白和地面ニ云々　弁

雲雨　甘蔗蒲萄得地一五穀万果ノ下トモ種一雲雨無潤一無由生長一スル所一以茎灼(ヤカレ)炎天之光一種蒸(ムサル)暑土之気一千林草不結一。万頃一穀不登云々

書云、百穀在テ地一熟スルコトハ依天一万民在リ下一成(カニ)依ル云々」一（4ウ）

或処人天、転輪聖王、釈梵諸王、是小薬草文

三草之内・小草者、人天乗或人衆生　弁　就テ人一四大州八中州一就天一欲界六天、色界十八処、無色四空処、天廿八、人十二処、都卅処、其中南閻浮提卅処ノ随一。其閻浮提、十六大国、五百中国、十千小国。日本国ハ非五百中国一非十千小国一東夷(イ)辺垂一粟(ソク)散ノ一分歟　処狭人少クナシト云トモ人数四十九億一万九千六百五十二人云々

若干人数・上自国王大臣下至人民百姓一乃至今日道俗男女貴賤上下・皆悉或処人天之人ノ字ニ納(オサマリ)、是小薬草之ノ草ノ内結スルハ五乗ノ数ニ列ナリ・円乗信入云々　面目雑弁」（5オ）

依何因縁二一乗円経ノ長行偈頌ニ結ヒ籠(コメイレ)・霊山会浄ノ仏語金言ニ呼(ヨヒ)立ル云々

土地ノ為土地コトハ之用(ユフ)㆒依三草二木之菁育(ソウイク)㆒ニ衆生ノ為衆生機㆒任ス三乗五
乗之習因㆒山高故不貴以有樹為貴㆒人服故不貴以有智為貴㆒
山大切何故ソ・檜(ヒノキ)椙(スキノキ) 柏桂堂塔精舎杣(ソマヲタツ) 立宮舎殿屋ノ材木。郊(カウ)‐
野(ヤノ)広キ何(ナス)‐為(レソ)・萱(カヤ)‐原(ラ)、茅(チ)‐原葦(アシ)萩萱苅(カリ)草苅テ飼馬㆒ヲ飼牛㆒ヲ世間之（広野也小野也）
支人之用途ノ料。高山禿(カフロニシテ)　木一本モ不生㆒広野裸(ハタカニシテ)　草一本不育(ソタヽスハ)
為世㆒為人㆒何為。綾錦羅縠(縠)之衣服縷(フクヨリ)桑絲之線(イトスチヲ)㆒　南威西施(シ)之
紅顔労(イタハラル)　苗子之実(コノミ)㆒衣食助コト人㆒ヲ偏ニ依草木ノ菓実㆒草木生
育(イク)遂ヒニ依大地㆒草木依トイフトモ大地㆒花果敷実ハ有雲雨之助㆒ケニ是譬」（5ウ）
何大千世界ヲハ譬衆生世間㆒山川谿谷土地譬五陰世間㆒○能依ノ草
木・雖依土地等㆒ニ々々非即草木○但取能生之功㆒ヲ名種子㆒所生質
幹ヲモテ名草木㆒○内合㆓習因習果ノ雖依五陰㆒ニ々々非即因果㆒要ス
衆生世間㆒ニ世界ノ上ニ有ルハ山川谿谷土地不同㆒衆生身ノ五陰差別。山川等上ニ
草木森(シム)然タルハ五陰之内ニ有五乗ノ習因習果アルニ名(ナツケタリ)
大地依テ草木㆒ニ有用㆒衆生依戒善㆒ニ有貴□草者人天云々　雑弁
衆生受仏戒㆒即入諸仏位㆒受持清浄戒㆒即是真仏子㆒
大悪病ノ中ニハ　戒ヲ為良薬ト　大怖畏ノ中ニハ　戒為守護㆒　死闇冥ノ中ニハ
戒ヲ為明灯㆒　於テハ悪道中㆒ニ　戒ヲ為橋梁(ケフリヤウ)(ハシヤナ)㆒　死海水ノ中ニハ　戒ヲ為大船。」（6オ）
草ニ有三草不同㆒葉々ニ有薬術之功、戒ニ有七支ノ差別、各々

備出離之徳萱草ハ忘憂ヲ紫苑ハ憶情ケヲ地黄ハ癒痕ヲ朱却
邪ヲ、護門草ハ叱却盗賊ヲ、劉熀草ハ死鹿起キテ馳、龍介草ハ服スレハ一丸ヲ
千才不飢渇蛍火芝食レハ枝ヲ巨夜ニ照暗書ヲ　〇〇
鑊湯爐炭湯冷、熱鉄火輪火消　熱地獄現世安隠　霍々瞿々氷解
紅蓮大紅蓮水和寒、千林結菓菓ト用ル恒河流水々ヲ水ツト見餓、五百
余生之間一渧之水眼ニ不見聞法聴経之力四大海湛水ニ　鼠ミ
戯フレ於猊ニ鵄昵于鷹ニ無互為食噉恐離ル共相残害思離三
途八難之苦器得六天四城之花報　後生善所」（6ウ）
聞法熏修、福徳扶スク身ヲ持戒功用、鬼龍不犯福ハ丁薄椅頓之
福財ハ春申季倫之財・履余三千ニ食過一万松傾千年之
蓋菊譲上寿之功ヲ水火刀賊ハ削其跡魑魎不指影　現世安隠
従人生人天悪趣閉ルハ扉　後生善所　天諸童子以為給仕、刀杖不加毒
不能害、令百由旬無諸衰患　現世安隠
以道受楽
蹴鞠、小弓、囲基(碁)、双六、世俗興宴、遊蕩、歓悦ストイヘトモ覚睡、促日ヲ述
懐遊心之計コト無過和歌詩賦ニ、宴会散欝之興・只在李篇
桑藉ニ所以一重錦繍之段、八項珪瑤之音。氷叩声々冷シテ、珠」（7オ）
棑字々円ナリ。雅言麗則之奇。綺・合繍聯之美、浮ヘテ景玉引

妙響一金ノコトク鏘（ユラメク）、文章藻麗（レイ）詩賦ノ艶句云々　雑言弁

況、出世法楽・法門清談興宴観悦得テ不可優称一論談決択之莚ハ・鉾損スレト無怨ラミ一、拾蛍聚（シウ）雪之暁（ツキ）身ハ疲（ツカルレト）心勇（イサマシ）。味（ニハ）道一日短・六十小劫謂如半日。求法一道近。塵数刹土過于一歩。何況、今経衣柔和忍辱之服教行人理糸細。食法喜禅悦之饍、甘甜常楽味灑一読誦室内、釈迦世尊現身、坐禅床上、普賢薩埵摩頂。住行向地踏（フミ）位。常楽我浄粧身云々

離諸障礙」（7ウ）

欲見花一風騒。欲興月雲起。曳弓絃弛。振刀柄折。臨時一障。当境一煩。況東作之農水渇旱（旱カ）。西蚕之営桑乏。人間大障・世上至歎。灯下開書。油（アフラ）尽光暗。室内静心一風猛叩窓一何況、朝念誦、暮読経、四魔三障、紛然競起、三時坐禅、六時行道、内外遮障、幾千万乎、如此一退散衆難一除却障礙。行住坐臥、任力所能、念々歩々、漸入仏道云々　○○

誦経示前身

沙門永慶、横川住僧覚超僧都御弟子矣、志在法花、果年誦経、遂籠箕面寺、夜誦経々矣、左右人々、同夢、老狗高声礼仏誦経云々　以事告之、永慶得告、慚愧懺悔祈念事縁、夢龍樹菩薩示云、汝前生狗」（8オ）身也、在法花持経者房、常聞経、仍転狗身、得人界果報、暗誦法花経、

余習在身、因茲、夢見狗身云々　其後慚愧発露遂往生矣　後生善処

誦経一心割鬼三切　成尋請雨黄河侵岸

但馬国有一山寺、荒廃年久、来住無人、有二客僧、不知案内来宿、各(落)居東西長床、及夜半時、有穿壁入者、其気如牛臭気、其中小僧法花持経者、一心誦経、其鬼捨小僧、往老僧所劚割食噉矣、小僧、上檀抱一仏腰、高声誦経時、鬼食老僧、食了来小僧許、其僧弥誦経念仏、其鬼顚落仏壇前○明旦見之、所抱仏者毘沙門、見壇前、牛頭鬼三段切殺、天王所持鉾剣赤血塗苻○　現世安隠」（8ウ）

授記品　略ス

化城喩品　○○

大通智勝仏、道場十劫之間・亘日夜旦夕、諸天雨衆花ヲ。香風時来萎花払地ヲ法雲綵イロヽヽ聳テ妙花雨ル虚云々

金谷苑之春花帯露貫玉、錦綾山之秋嵐叩杪散錦、臨時添興得節何宴、何況、解脱清冷風扇、十善苑林散花、大法智雲虚晴、六天宝花降アメトフル雨、雑林苑季々樹、須曼瞻蔔振杪、曼達池色々花、優鉢芬陀梨析茎、送十小劫春秋、旋転来下無絶、三時六時迎節、繽紛乱墜猿藉、吹去萎花、朝嵐」（9オ）宝菩提場掃庭、更雨新者、暮立住行向地花雨文

経云、其仏未出家時、有十六王子○聞父成阿耨菩提、皆捨所珍玩好
　之具、往詣仏所○諸母涕泣而随送之 等文
十六王子、小年之当-初、幻雅(幼稚カ)之往-時、父大王被捨一独遊母懐一之間、
我等父既成仏給聞、諸子聚首、兄弟合額語様、捨出恨荒宮床
悄(サシ)成仏給聞喜生々世々難値云、捨珍異玩好之具下十善万
乗之台、各母后申案内、祖聖王奏子細、擬詣父大王大通智
勝仏之所給時、祖聖王何様思食ケム。勿制、罪深闇夜多比丘
事恐往勧国荒譲位、誰人二人三人佐モヤト可云一五人七人、残有」（9ウ）
一十六人差聚併出事憂(ルサヘ) 云々
時母后乳-母傅(トカ)キ何云何歎。入後苑一翫花一還御遅ハ胸騒。出南殿一
興月一夜深程ニハ後-隔ナシ、一十六人烈(列カ)轅一永遠出都。二八王子並輿一
幽(カナ)山跡隠ナハ、九重宮荒萸甫ノ風独悲(シミ)一万乗跡絶・蓂莢露空泣。
諸母涕泣之泱(ナイリ)。長楽之庭響地一而随送之塵・照陽之殿起煙。王子
階下逾(タチモトヲル)-巡千度顧不出遣。諸母殿上泣呼ハフ・不知恥一宛(フシマロフ)-転。出ナハ背
母一罪深シ悲泣之響決胸。留恩愛羇難離一従冥一入冥一事悲。進
退惟(コヽニキハマテ)谷 去留踟躕ス。泣々誘母一渋(シフヽ)々許送之・其祖転輪聖王
与一百大臣諸共百千万億人民囲僥(繞カ)詣如来所供養恭敬」（10オ）
早説五言八行偈讃歎仏　四行半偈請転法輪　○○

今昔衆生云、衆生昔ニ悩。集ニ冥サニ不識道一不求滅一生死長夜増悪趣一
六趣転廻ス咸ス諸天一従深一沈深一従冥入冥云々
巨夜冥々不覚不知、燬(カ)宅炎々不驚一不怖。夏虫愚嗜光
焚身、林鹿哀就声捨命、明鏡浮衆像、好悪長短不厭影、貪
海呑万流、色香味触不簡境、従一大地獄一至一大地獄一劫ハ尽ト罪不
窮。従三悪道一往三悪道一易生不改報一王子悲此等衆生一出宮、諸
仏請仏令説法云々

私云東方五百万億諸梵天各与宮殿倶来、以救一切為上首」（10ウ）
供養仏所、散之花如須弥山、以宮殿奉仏説、五言四行偈讃歎仏、一
行偈請法輪、東南方、以大悲為上首来、以五言四行半偈讃歎、二行
偈請法輪　南方、以妙法為上首来説五言三行讃歎、二行偈請
請法輪　西南〇下方六万略之

上方以尸棄為上首来十行半偈讃歎仏二行偈請法輪

十方五百万億梵王衆、各光被召来驚振動集有様云々
緑空返雁、雲上立桂。峯杪散菓、任風切錦〇況三朱之天衣、飄颻
雲弭飛風、七宝妙冠珍瓏玉巾赫日、東来西集上方落下下方
涌昇、五百万億梵王梵衆、踏雲歩来、二万天子三万天子、乗星飛」（11オ）
亘、所散天花四(ヨモニ)ノ方雨積。並須弥一高峙。菩薩以供養仏菩提樹・杪交(コモゴモ)、

色綵(ヤイロエタ)天人飛行神仙ノ陵虚ハ常ノ事。若于天王天衆御宮殿ニ乗楼閣ニ
飛烈聚亘。云何、丹扉赤真珠緑空排(ヲシヒラキ)。白壁明月殿雲上峙。玉楼
金閣五百万赫々星馳。末宮紫殿幾千億萋(セイ)々雲(クニ)集。讃仏歌
歎声々迦陵鳴々響大千。供散花色々曼陀羅曼殊調(アサケル)須弥ニ
我等諸宮殿、蒙光故厳飾、今以奉世尊、唯垂哀納受、願以此功徳、
普及於一切、我等与衆生、皆共成仏道　文　此文諸私記和讃之証塵之体、委尋細可釈也。
廻向有三　廻小向大　廻因向果　廻自向他　金亀領卵　巨畝亀着抱
母常念小卵便不壊、如其失念卵即敗亡、以其男如追勝福云々　○○」（11ウ）
○諸根通利証聖三達鑑機。智恵明了真位・一実瑩玉。各々昇
法座宣揚助法化首楞厳化用汲引適時ニ旋陀羅尼弁説法随機。
白蓮八葉芬陀利開示語(悟)入濃淡(コクウスク/ノウタン)。界如三千頗梨珠依正因果
綵(イロエ)貫。法花超八之唱一十六座易延(ヘ)。妙法開三之理二八聴衆人異。其
智恵門難解難入・我々叩扉ニ其車高衆宝荘厳・代代寄轅ニ各得
六万恒沙衆ニ互設法譬三周之説云々　訓経文　十六王子誰云々
今現在十方、各得成正覚云々
東方作仏、一名阿閦在歓喜国、二名須弥頂、東南方二仏、一名師子
音、二名師子相○第十六我釈迦牟尼仏云々　」（12オ）
兄王子十五人・各移好世浄土之他方。弟ノ王子釈迦尊、独留娑婆穢濁

之世界。阿閦仏東行、在歓喜国聞宇羅耶末之。阿弥陀仏西去、極楽世界名ャ多野毛(ノ)之木。娑婆世界、衆生苦充満之処・罪業深重之棲。苦海波高、五濁底深、火宅燸嗅。八苦炎猛。依之、八方諸仏目影指(マ)踈(ヨソニ)見。十五王子ハ捨我等一遁離。釈迦世尊五百立誓一驚入火宅捨身。四弘発願一能為救護励力。雪山童子シテハ求法羅刹前捨全身。尸毗大王。行施一代鴿一懸称(ハカリニ)一壊目王抜眼一花敷王折髄(ナツキ)云々 四大海水猶可測量、捨身骨髄不可称計、仏々我故・益我愁悩焦身一我等我等違(スマフ)仏一不受我教背訓。東西駭名利馳蹄一楽着嬉戯栄路飛轅。不顧狛伺一鼠齧(カムリ)」（12ウ）櫝(ヒツヲ)一不知雀躍蟷螂粘(ネユ)蟬ニ世々所生之処々尋々不往値一我常教化之時々訓々聞不入。五百誓願殺手一永苦海墜(オチ)沈。三千塵点経劫一于今(イマヽテ)火宅熾焦。遍此度生来。善悪因果理知。値優曇鉢花之法、聞宿世結縁之事。億々万劫一遇ナリ生死指窮(コトキハ)一在今値浮木孔一時至菩提得期一何時投今度(コノヒ)沈何ツカ亦(マタヽヽ)写上。去(インシ) 月日三千塵点出涅槃一入涅槃。来春秋尽来際一沈流一漂流。水泡(アワヲ)捨玉結留無人。池水瓺鏡一居箱有益。抛雷光朝露之名利可未来得度之縁○○

尓時導師知此下、第三滅化引至宝所、譬此中有二、知息已、二向宝所文

山高峯尖路踏険粗一ヲ瀬迅(ハヤク)巌滑(ナヽメニシテ) 流渡峡峡一固陰沍(カ)寒(サユ)、塞(サイ)ノ外」（13オ）食雪一日(ヒヽニ)行飛波激(ケキ)浪谷ノ底・苔菌(茵)夜明。高峯横天懸(スカテ)抄書上。深

谷徹潭拘巌後下。三百由旬険難、流沙葱嶺非物。曠絶無人
之遠路・熱海鉄門無事。雲波煹濤風早眼将穿、跨谷越峯巌
密脛膕屈。心費立不立身疲行不行。労衆疲極惜人退還。商主化作城云々
重門高楼之閣苑林浴池之郭。大門中門、々ニ塗脇壁、小門脇門、扉打
金物、庭立砂池、取塵、泉水遣乖、木立峮嶙タリ。籬内色々花、灑艶
璨爛タリ。苑中季々菓、林木欝茂タリ。駅厩立並。曹司局作次。対覆
殿並棟透廊、都梨殿、側妻。車宿、車寄、侍、小舎イ、饍所、御厨、大炊、
進物処、壷、北面御処、出居、重々理様々楼。羅綾服並竿通色繫」（13ウ）
重。甘露之食分階調味備並。風台、水檻、夏里・竹簟、緑苔、冷構。
獣火、龍鐺、冬儲、繡被、絳帳、厚重云々　身疲道遠・睡覚夜長・安疲極
息贏尚滅化城引至宝処。心勇身揵万里咫尺疾通所至。々々者
何様処・湘浜寄白玉合浦敷琳瑯ヲ。毘(昆)崙山ニハ擲玉打鳥斯調ノ
島ニハ調削金立柱云々　○五百由旬今依此経判ハ之ヲ三界ノ果報ノ処ヲ為三百有余
国ノ処為四百実報国ノ処為五百下ノ文ノ念(合)譬ニ云知諸生死ノ々々ハ即是処所明矣。
○見或(惑)ヲ為一百ト五分為二百五上分ヲ為三百塵沙ヲ為四百無明ヲ為五百下ノ合
譬ニ云ヘリ煩悩険難悪道ト云々　疏
五百由旬者、分段生死有或(惑)業苦、為三百、変易生死有無明苦、為□(二)」（14オ）
百、十煩悩、十善道、所感十品類果、皆互相資故、合言五百　賛

無漏業者不名為険、有漏業者非正能感、変易之果所以除也無智変易不能業故也○
三百由旬二百由旬何譬、化城云宝処云何名云々 約処所論之、欲色無色方便
実報生死報処、名五百、約煩悩論之、見或(惑)順下順上塵沙無明云、五百化城
者涅槃理、宝処者三徳理云々
抑五住煩悩名五百由旬険難者、三千塵点恐三毒可云、其所以者、化城
者鹿苑之時二乗所証理名タリ。三千塵点者其前道樹已前大通已後
時分也。宝処者法花之時・初住分証秘密蔵。二百由旬者見思已尽
之後・初住已前塵沙無明也、若尓者二百由旬時分鹿苑証果之後」(14ウ)
法花開語(悟)之前方等般若両時相当。三千塵点ノ迷ノ体ハ迷真退大之
後・化城鹿苑之前・現行麁欲三毒煩悩マシ。三千劫数約時。顕三毒塵点ニ
労一五百由旬対処所一譬五住険難。所以、三千塵点約トモ時一点スレハ迷ヒノ体ヲ一三毒
煩悩・依三毒煩悩一流転ハ三界一以三界一譬三百由旬。超三百由旬一至化城一々々
即鹿苑前、三千塵点即三百由旬険難。三百由旬即三毒煩悩、々々々々
即一念心、々々々即如来蔵理。 処夢謂経年 等文○
夢中経多年、夢語刹那間。夢之体ハ妄想・長想故ニ謂塵劫一妄相
不可得レハ覚ノ前ニハ一刹那。変以大聖善巧一依四悉檀。或説仏道長遠一或説
仏易得ト云フ。長短定テ非定短一有定一有短。依悉檀善悪本非善悪□一」(15オ)
生善ハ任機宜一矣、依之一此是権行四悉檀引諸実行今入道耳ト判シ言

権実者論所行法時節、乃是誘進疲夫ト云テ、三千塵点ト聞ハ歎カシ。仏道懸曠経無量劫望絶。一念即是ト信スレハ馮モシ、須臾聞之即得究境阿耨菩提無疑二五障龍女無垢界即身頓極ニ成ス覚一ヲ三周声聞当来世若□劫数作仏。此皆任乗緩急一非理ノ令シムルニハ紀一依人一勤堕トモ定短為正。煩悩即菩提由旬険難無怖一生死即涅槃塵点劫海ニモ不失云々　○○

五百弟子授記品　来意等略不書　○

設満恒沙劫、珍宝荘厳具、奉献諸如来、及観喜頂戴、不如以慈心、廻」(15ウ)向於菩提、是福為最勝、無量無有辺、余法無過者、超踰不可許(計)、如是菩提心、必成正等覚　一念発起菩提心乃至菩提心者必成仏文菩提心有体質法界海処狭天地虚空覆傾不能容受ニヤ、彼菩提心何処誰発。如来滅後二千余年末法万年昨今。身寄石火之光一命繋草露之玉。蝸牛角上・名利誰争。泡沫宿中。寿福何馮。逝水不留一黄泉之旅何時。芬煙寄身一ヲ碧落之雲何聳、悲哉、南浮生捨、将返北芒一ニ、聞テ法一ヲ無信心一裏(裏)珠一ヲ無内衣一作罪一ヲ不知恥一ヲ隠偲無外衣一内外衣既無一発心珠何裏一衣壊フレ珠折ケテ長夜ノ泯暗誰照。綾上服鶴翺一期千才一ヲ無益。火鼠裘膚服邪見猊摧破。綾羅之服□」(16オ)壊夫一招女重袖、紅紫之衣・様々遠近迷精。綻襟服前粧身一ヲ々後不隠恥一ヲ、大梵天王三朱ノ衣無常之露（ツユニ）袖潤・釈提桓因七宝服・五衰之塵襟穢二一千才楽尽テ一劫半報窮・忉利天霞ノ衣・殊勝殿脱捨。中間禅天葉衣・支林杪繫去。信楽慚愧一乗法衣発菩提心三諦円珠・経無果解脱之線上教行人理之機開示語(悟)入之文ノ綾・観練薫修染色。焼燃之炎不焼一紅蓮之氷不朽。然烈河増之波不涅一剣葉林之枝不烈。殊本来常住之殊・三界火宅不折。珍恒常不変之珍・三千塵点不朽一聞円妙之経一ヲ成法王后一発円乗之心一ヲ懐法王之子一ヲ信三諦一諦之理一ヲ信楽之衣内裹(ツヽム)珠一ヲ三業六情恥罪・慚愧之衣外一ニ隠ス悪一ヲ億々万劫」（16ウ）至不可時乃得聞是法花経一火宅煻中・妙法蓮希敷。煩悩山上菩提鹿今繫。甘甜常楽之饍・大王之勧丁寧。無慚無愧之膚一ニ信楽慚愧重衣。流浪生死之間。貧窮無福恵○困無価宝珠得乎。常可如意値善云々

威花 出於世間上至有頂雨花説法色天聞下教化衆生　置十善中、亦雨七宝衆生見了、若触若用皆住三乗云々　智光

三徳 能映奪 一切光明映奪不現 文

能除災 地獄猛火皆滅清涼 文

能住持 大海山河而濁住之 文

毗楞伽 仮使天魔及諸毒龍、趣都率天壊衣菩薩在菩薩、頸珠威光故、魔軍退散衆悪悉滅 文

二威力 能消毒 大千世界悪龍悪人、悪馬毒蛇衆悪悉滅、慈愛歓喜世界清浄 文」（17オ）

能降魔 仮使諸魔尽其力、珠威力故魔事因滅 文

宝精 従初発心乃至十地、諸功徳聚是宝所生、菩薩降胎是宝先導、於母胎中為□宮殿、宝随其身而作仏事 文

宝珠有三種真諦

如意珠随意所願喩之仏宝　清水珠能清濁水喩之法宝　吐金珠下品投一両金得千喩、極声聞 中品投一両得万億喩、極(縁)□覚 上品投一両得無量億、極菩薩

端厳而正方　常住於大海　因此四摩尼　出生一切宝花厳経

日蔵光明大宝　離潤光大宝　火珠光明大宝　究竟無余光明大宝

文云　若無此四宝　天地悉漂没　大海無増減　四域皆安住文 花厳経

譬如随方宝　正住請方現　譬如浄水珠　澄浄濁水文 花厳経

紺色摩尼光所触(ロフル、)一 壁玉　離護大摩尼日月衆星 現於大虚　水精三日焼ニ不 熱アタヽマラス　如意珠赤色能除魔縁 緑色能除悪病」(17ウ)

黄色能除呪咀 紺色能増寿福　紫色能除煩悩

無価神珠十徳大般若

離人非人非害　不為悪鬼摂縛　離風熱淡(痰)雑广(病)

在暗能作照明　熱将能作清冷　寒時能値暖触

悪瘡癩广(疾)消除　涸地盈満　清浄水具八徳

授学無学人記品　来意等略不書

我願既満

身子尊者初テ得開示語(悟)入ノ之解一ヲ三喜テ舒領解一ヲ衆中躍喜。摩訶迦葉」(18オ)

中コロ顧光明世尊之記一七宝大車踏(フミシチヲ)楊一作無上宝聚之至富楼那尊者

睡入得法明如来之記一橋陳如比丘酔醒(サメテ)・翫フ常可如意之珠一ヲ四大声聞五

比丘点名一授記。五百羅漢千二百数一成仏一阿難羅云我等二人被漕捨(コキ)一不入数一身子目連定恵大将ナル尋流一尼乾ノ類。善吉満願仏法賢郎・思氏非釈種一在家一嫡子嫡男・我為太子時、羅睺為長子。入室写瓶上足、仏法大海水、流入阿難心。忍辱第一羅睺八法粧リ身一多聞第一阿難陀七事達心一ニ五天名高・四重聞流。解兼八万一ヲ徳勝五百。数非可迷一授ケムニ可背一身カハ。捨已(ヤミナハ) 身円寂ニ灰(ハヒシ) 数ニ不入一心無余滅(キエナム)。身子尊者花光之記別・結丹菓脣ヒル於人中樹ニ。摩訶迦葉光明之尊号翫満月鶏足山引例」一（18ウ）

衆望亦足

職可処一之人不処一可行事一之人ノ不行(マツコトセ)一 国労人歎(アヒ)云々 弁

大公望カ遇周文一謂浜之波、畳面。訖哩季カ補(フセシ)漢恵一ヲ商山之月、繋眉。殷紂治□(インロウ)カハ天下一呂望沢隠。漢恵御宇セシカハ四皓共出云々

文云、羅云是仏子・俗中最親・阿難持仏法一道中親勝云々

謂氏一共釈種・世尊息男女来当弟(イトコ)。於道一皆法灯忍行成就シ。護持法蔵一ヲ一切世間天人阿修羅所見知識ノ大名聞衆法説開三ノ最テ一初(メ)成ニハ仏一可成。三車当一初解(ソミ)早一可解。法譬因縁莚ニ摂テ・五百千二百数(スニ)不入一大会皆慮(ウラモヒ)、四衆八部猶顧。所一以ニ親ミ勝両人一不蒙記別一」（19オ）則衆望不足一也云々　両人若得記一豈不衆望亦足哉　其一

次八相記別無為与物結縁也。真修体顕之後・未来作仏之事・非可

不知。但於記別事一便見聞触知之類・結随喜信楽之縁一生其国位一其仏聞其法一得其益一故也、依之一人天大会各歎不結聴聞随喜之縁一作衆望不足之恨云々　其二

抑聞劫国記別一有何許。功徳為未来得度之種一与物結縁方便云弁委可釈労樹之寸苗一為宿影一用菓之便ナリ聞劫国之記別一結成仏得道之縁一所以、若有諸衆生、未発菩提心、一得聞仏名、決定成菩提、仏名聞十方、広饒益衆生、一切具善根、以助無上道云々」(19ウ)

法師品　諸略

高原何処・乾土何地。上原美松之下掘井ヲ向谷屏風尾之上求水。神山彼馳。尖スルトナ山・音石二上峻シキ岑ニ・構泉ヲ築ホラム池ヲ尽力一無益云々　弁衆生之心ニ具諸ノ煩悩ヲ名高原ト修習観名穿掘。方修理味如得清水云々高原陸地者衆生之心・乾操(燥)之土者・我人之身・此色心中有仏性之理一即大地之底ニ有水。譬煩悩迷深悪業罪重。以之一譬乾燥陸地。善根功積・宿殖徳原。即類潤。泥土薩伽耶見陸地一邪見稠林枝繁・上慢峻嶮乾土悪業沙石重・巌生滅無常之聞。無起無明住教・未詮中観恵。猶見乾土、方等般若・説中道義帯於方便如見湿土一法花開」(20オ)権之教・顕露正直之説々無上道初ヨリ見涅土聞思発真恵如獲清水云々

諸法従本来　常自寂滅相　仏種従縁起　是故説一乗云々

石木中有火、待遂鑽発煙、大地底有水、依穿鑿見涅、衆生無始恒居
三道、於中誰無一毫種類云
無明住地底理水自本有云非色香一観達之一穿鑿・従塵貪嗔
乾燥之地水不嫌乾燥奔泉涌盤石。広利刺山一射飛泉於兵刃耿
恭拝井一激奔流於衣冠婬欲即是道悉痴亦復然・於非道中通
達仏道観穿テ無明住地之玄底ヲ諸仏智恵之水奔体達三界火宅
之猛炎一平等大恵之蓮生流水不定処ヲ感至涌泉得悟不嫌人ヲ」（20ウ）
機熟達道ヲ穿鑿高原教門之措・猶見乾土方便之意・遂漸至
泥観恵之前・知水必□円乗之機。以弁可聴也
経文□(云)如来現在、猶多怨嫉云々　約法文也
人於人結根(恨カ)黙作害一常事。妙法之理一乗之教・何物結怨嫉何様
為忿嫉云々　弁
六師外道曲作異諦五法ヲ牟尼破法輪以此云猶多怨嫉歟
雨(ウ)衆三徳之談・米斎六句之説・指此一為妙法之讎歟　側横紙朱軸
之巻帙・敵長行偈頌之妙文、怨云、嫉云、何悪法花経一妬妙法理。
以之一不云怨嫉。但機根生シテ不能聞為宜。未熟少信受指之一可□」（21オ）
猶多怨嫉一矣。所以変以上文、□(今)我喜無畏、於諸菩薩中、正直捨方
便、但説無上道、知着相憍慢之者、依有怨嫉作怖畏聞利智上根

之身子、略開三之月暇、説法第一富留那、火宅喩、燸咽広略開
三之誘引五章六段丁重始開真是仏子之語陳我定当作仏之
領解身子　経法譬因縁之莚、聞三周五段之説、別記、同記之時顧法明之
記満願　依之、上慢五千在座如来、三抑之可説法不令説以之云、怨嫉若
尓者身子目連証定恵兼帯之苦法怨嫉、五百声聞、三明之聖、尓
前之莚、為一乗之敵、諸仏出世之本懐道場樹下可怠説如来大
事之因縁不可待鷲頭鶏足而然、我所得智恵、微妙最第一、衆生諸」(21ウ)
根鈍、着楽痴所盲、如斯之等類、云何而可度云々
大船楼艫、蚊虻非所掌、日輪赫奕、嬰児豈瞻仰乎、変以設方
便ヲ於四味ニ構洮汰ヲ於兼帯一ニ八教調機一ヲ一乗ノ開解ヲ大聖為大聖卌
余年煩々説経一ヲ凡夫既凡夫輒(タヤスク)不可説此法一ヲ変以方便品、如斯之
等類、云何而可度、我寧不説法、疾入於涅槃文　薬草喩品、如来尊重、
智恵深遠、久黙斯要、不務速説云々　依之一経文指不信敬疑之物・即
為増上慢。々々々即五千退坐之類・既起座一ヲ而去。豈非妙法怨嫉一乎。
若尓者我人五濁乱縵之近日・末法万年之昨今、闘諍堅固ノ楯ノ内・
放逸邪見林中、一句一文染肝一ニ一行一偈入聞。十万億仏所非大願」(22オ)
成就。宿善生此人間之火宅信解観喜実可難一沉、東夷辺垂
之処、廿万里隔山川時、末法澆漓之時、二千余年送春秋、牛

乳多水廿倍増、幾展転法灯油尽、四依弘経伝灯誰哉、但後五百才得境、且抛大教可流行時、遠御妙道結流一味法水当機器矣、所以経文、如来滅後、其能書持ハ、如来則為以衣覆之力。護誦トク（読）供養為他人説ハ現在諸仏之所護念之功。信力功積諸善根力熏修故、三徳秘蔵台上与仏共宿分座、若読若誦之処、書写経巻之砌、七宝塔起塔高広厳飾、塔中不安舎利、已有如来全身、得見此塔、礼拝、供養、是等皆近阿耨菩提」（22ウ）

一百八反玉朽、朝念誦、数珠、不知、六字宝号、聞絶、暮読経、袈裟、不被、欲捨懈怠之失、応当聴此経

□丈九条ノ例時勤・六根懺悔法ノ行・坐禅六時瑜伽壇場念仏三味弥陀宝号。抛是様衆行一只可聞妙法一ヲ睡入聞経一ヲ是即勇猛、是即精進説一ト偃臥聴聞ハ。是名持戒行頭陀者ト也 判。菩薩発大心・魚子菴羅果・三事因時・多成果一時甚少。発心修行之人数・繁於牛毛一ヨリモ得悟不退之類クヒ・尚希ナリ自麟角。身子尊者階カフ之六住一ニ値テ邪縁一ニ廃スタルサタ之行一ヲ欝頭藍勃得四禅一ヲ起テ上慢一ヲ入黎梨之底一但今経乃至能生一念信解、所得功徳、無有限量、如是功徳於阿耨多羅」（23オ）

○菩提退者、無有是処云々 一句入聞一永除諸懈怠一一念生信一ヲ都不退

菩提㆒抑欲捨諸懈怠、応当聴此経之文・抑信㆒有貴。開経功徳弥。
再思有疑㆒尋所以㆒何不知。但向的㆒放箭㆒ヲ十之八九不当㆓云モ、以大地㆒為
的㆒ト百タヒ射ルニ百当ル。捨悪㆒ヲ修善㆒ヲ々根極難発。即煩悩㆒ニ求菩提㆒ヲ々々尤易得。魔
界土石、変金宝、々々之前無土石之妙法、煩悩点菩提、々々之中忘煩悩
体悪業既解脱果懶随懈怠亦何有、煩悩即菩提、々々不可求涅槃体
生死、々々不可厭、所以今経是染浄不二之教聞、即除懈怠、亦迷語
一如、談信乃備衆行云々
陳(陣)中打鼓軍賊自破　毒鼓　　天鼓自鳴諸天恥羞　厭示欣善」（23ウ）
　若有得聞是経曲(典)者、乃能善行菩薩之道云々
菩薩道有六度之行、有四弘之願、供仏亘三祇各供養七万余仏相因
被百劫於百劫方修各百福厳飾、或世々結縁、処々動逾、塵劫数
幾千万、或三賢十聖、位々行々、恒沙仏法四門遍(ヘン)学是様衆行、只在
聞妙経、常啼東求、善財南請之行、普明首刎、薬王焼臂之勤、今経
一句ニ備之㆒ヲ妙法一文ニ摂ス之㆒代鴿㆒懸秤㆒哀虎㆒捨身㆒養卵於髻中㆒涙蹄
於背上。塵数行々恒沙法門・読誦声中・聴聞耳側。併集尽摂
故云、聞是経典、乃能善行菩薩之道云々
抑経文分明・仰信云モ可然道里(理)不知何云」（24オ）
文云、或従知識、或従経巻、聞上所説一実菩提、於名字中通達解了、

知一切法皆是仏法云々

一実菩提者諸法実相、々々々々者十界権実十如因果、三千依正三諦事里(理)、此等諸法不同云モ点体不出一実之理、一実者即一念心、々々々者如来蔵理、々含諸法故名如来蔵、於名字中通達解了者、理上名、々即妙法也、知一切法皆是仏法者、神力品所云、如来一切所有之法也、所以言体者諸法実相、言名者妙法蓮花、妙法是如来一切所有之法、依之、聞此名者、衆善万行自具、信此理者、恒沙万徳暗備、況、若人有能、信汝所説、即為見我、亦見於汝、及比丘僧、幷諸菩薩、即為見」(24ウ)我。見仏一信汝所説ヲ見法ヲ及比丘僧幷諸菩薩、見僧各随有所聞諦心観察於一心中得見三宝云々

一句入聞ニ三宝宛然。三宝即三徳。々々即三身。道識性般若菩提大乗身十種三法類通無礙ニ。聞一句一文ニ万行万善無不具足。故云、若有得聞是経典者、乃能善行菩薩之道、有其謂

入如来室、着如来衣、坐如来座、尓乃応為四衆広説斯経云々

如来室　堂云、寺云、精舎云、伽藍云　以此名如来室歟

何造何理　東大寺ニハ大仏殿・九丈扉排(ラヲヲシヒラキ)。興福寺・陶原亭・七堂棟ヲ側シリ。鸞瓦霜冴御笠山　被瑩。虹梁雲交(ハサマリ)・飛鳥山階入ｌ日」(25オ)赫重雲。殿聚珍宝・垂空蔵ニ海孤独薗南黄金一興廃既廿反・

善法堂高山・迷廬頂懸月摩尼殿晴空・都卒雲星云々
如来室者、一切衆生中大慈大悲心是云々　弁雑語
大慈大悲棟高・抜苦与楽影遠。大定智悲扉(トヒラ)広シテ・開善閉悪扉原。
同体慈悲室内・十界郡機・泯一子ニ・出生菩提窓ノ前四弘誓願被三千ニ
転輪王、舎宝、波宝、水火風熱去影。大梵王、荘厳蔵宝宮、大千内外
顕前ㇾ浄名室内四禅、仏土示於方丈ニ壷公瓶中大地虚空備千尺。
況如来室厳然法界道場於塵中摂引蠢々舎生於一念間
舎宝離悩受楽　波宝行向上覆広五由旬　水火風雨寒熱疲極等不被犯云々」（25ウ）
如来衣、迦葉付属金縷袈裟此歟　十万両金土樹神頂戴阿陀会歟
千仏伝授衣　絹僧伽梨布僧伽梨三大衣中何衣八百万諸大□□(声聞カ)読重
法衣　七仏展転送迦葉即袈裟、設何衣モ何織何裁縫縿園容
繭染墨子糸、春雨染色、秋風裁縫　忍辱衣云々
男女互福経緯三千依正延線。開示語(悟)入錦綾五仏章門上機示真
実相　色白蓮八葉芬陀梨花為実ㇾ施権染草。三草二木色不
定。罵詈誹謗邪見不破・刀杖瓦石雨不湿。四倒三毒之猛炎不焦
氷蚕服尚冷、五利八邪之寒嵐。火鼠裘尚湿、輪王衣宝塵垢不汚刃火不損
如来座等略不書○　恒沙衣　可尋之」（26オ）
見宝塔品　来意等大略　可尋　○

大事因縁事畢、一期化儀本意遂、濁世弘経歎、滅後敷弘労
思食時、霊鷲山ノ葉杪モ木立モ物哀シウ、上茅城庭面木枝草葉心
澄（スコクシテ）、峯嵐打林、開示語入、馴谷流激巌、仏之知見水咽満月輪ノ満ル顔、
緑山瓏々連、星同聞衆、苔庭落々、巌矖（サラヒ）松旧（カミサヒテ）万ッ罷（コトワサ）心静、虎
風将赴、海浪先動、龍雨将下、山石之潤、聳峯春霞、々色（イロ）非常、峙
峻松緑、々杪違例。鳥喈々刷羽息杪、虫切々呑声隠叢、菩薩、声聞」（26ウ）
顒々深微密之法説、慮人天大会飲渇希音霊瑞之他侍時、疑名
欝牙許之間、大地侵動、上茅城之庭、烈（ハシリ）宝塔漸涌、吠瑠璃、虚沖、光
明赫奕、朝日払霧、宝形玲瓏、満月出雲、七宝荘厳、塔高五百由
旬、霊鷲山苔庭、涌出在虚空、瑠璃柱透、真珠甍、光扉、赤真
珠、逐電塵立白壁、明月珠光、争白日、龍攘、甄叔迦宝、玉鐺別、
星虹梁、迦遮摩尼雲桝、並月五千欄楯、瓏々、石蔵、杵蔵、重珠、龕
室千万、重々、帝青、大青、鏗鏘、聞遍法界、四面皆出多摩羅跋
香、起波羅樹風芳而、懸其上宝瓔珞、似吠瑠璃、虚奕、高下長短、
二万里、須弥八万半、天懸東西南北一万里、持双七金峯峙、三」（27オ）
壷雲浮、七万里程分浪、五城霞峙、十二楼構挿天、卅六天、丹霞洞
闢、七十二室、青巌之石削成云々　弁
宝浄世界、多宝如来、乃往、久遠之当初、発証明法花之願、依六度

四弘之誓、万行波羅密被瑩鑄、塔婆従玄宗極地涌出、法性青天鏘キ、懸四徳涅槃、槙柱、非枯非栄択節、一実菩提擦、双非双照、拔聚、上求菩提、上長押、住引向地打廻、下化衆生礎、常楽我浄、居斗、八正道幡蓋翻、三空門之虚、七弁才之鈴鐸響、四涅槃之風、卅三天雨花曼陀羅曼殊繽紛、四衆八部展供養香花瓔珞雨降云々

出大音声　訓経文」（27ウ）

魁儡、遊女、取拍子、今様、木柳、節遣、随身、計声焼庭火足幹、催馬楽、知糯、臨時興珍、柴菴窓幽萎(サヒシシテレタ)　声澄(スコク)　上静月キニ木隠若(ヲサナキ)　音沖誦(ヒトク)何許心澄、哀聞、道命闍梨菴、賀茂、春日、夜々来、珣裔法師、誦経、普賢、文殊、集囹圄、況、大梵深達之音、大法商伽(迦)之響、出大音声之聞、大魁大千世界響亘、善哉々々之唱馴哉、迦陵命之囀合平等大恵之風涼、火宅之燸冴亘、皆是真実之雲晴、澄明之月澄上○交眼於雲路、塔婆塵二万里例聞、於大虚妙音響大千界、九輪相輪之色々、上茅城之虚嚇、宝鐸、宝鈴之声々霊鷲山之嵐離、尓時四衆、見塔聞声、従座起、合掌住一面戴眼云々」（28オ）

大楽説問、仏答之文　訓可読之云々

四百万億土田、清浄瑠璃変地、山川谿谷嶮岨、紫摩黄金界道、大海江河絶跡、頗梨明徹瑩鏡、須弥、鉄囲、削名投無万億外、蘇

迷盧山、四宝所成卅三天、玉台、無熱非池、八功徳水、十地菩薩、月澄三反
土田之晨、投移於他土、四百万億之境都塵乎、山海宝樹行之、五百由旬
抄塵宝座落々、高五百由旬台、斜衆宝荘厳之樹色香、添瞻
蔔之露、宝師之座床、光明爀瑠璃之地尽、虚空之晴天宝塔
翶照乎、大千紺瑠璃之大地、分身集坐、於八方十方、各々五百万億
那由他恒沙、分身諸仏、互来更集、万里馳八万雲集云々 弁」（28ウ）
碧玉装笋（箏カ）立柱返雁、黄綊纈（纐纈カ）林散錦、風葉眼交、雲路遠山云々
況、満月輪之尊容、安祥漸来、金山王之尊儀、厳非静臨云々
三反土田之瑠璃大地行々尚遠、四百万億浄頗梨土知々不窮
若干那由他世界、研（併カ）宝樹峙、宝座、仏坐、其上光明厳飾、並月澄亘、
如夜暗中燃大炬、大烈星照爀妙幢、室内、四仏世尊、並座、般若雲
上、千仏共説合声　珍貴云々　弁
是時諸仏、皆遣侍者、問訊釈迦（牟脱カ）尼仏○与欲開此宝塔○　訓経文
尓時釈迦牟尼仏○開城門○　訓
尓時釈迦世尊、上茅城之苔莚々辞踊虚霊鷲山之石床々」（29オ）
起浮雲、住虚空中踟躕（躊）、仏見廻衆会、一心観仏歎欽承衆会請
瞻仏、時仏四万由旬雲上漸昇治于宝塔、七宝荘厳蔵橋斜
踏至於塔下、舒紫磨金之解携赤真珠之扉、脱一行三昧之間緥テ

三解脱門之扉、如却關鑰之響、声動大千世界、開大城門之扉、照亘六天上下、観諫熏修之、多摩羅跋香、平等大会之風扇、全身不融、僉聚満月輪臨蒼海

　尓時多宝仏、於宝塔中分半座、与釈迦牟尼、而依言、釈迦牟尼仏、可就此座、即時釈迦牟尼仏、入其塔中座其半座 文

大円鏡之蓋下、諸法実之床上、満月列影金山、並座多宝」（29ウ）善逝、譲座可就此座、去離（スリノイテ）釈迦尊進寄、坐其半座、研（併カ）肩、古仏現全身、今仏集分身故、身命今身々々詣故身○ 多宝不滅釈迦不生 多宝本也釈迦迹也

本迹雖殊不思議一

尓時大衆、見二如来○皆在虚空 四衆請加

四衆、被加非得通之仙、羽衣飄々、無飛行之徳、玉鸞錚々、踏王喬双皃、上須弥之半天、乗丁令一鶴遊日月之宮殿云々 弁

不思見仏聞法之益、不顧断或（惑）証果之語、当時御風踏覆、直下視、人世冥々、何許面白、白山禅定峯、踏白雲昇万刃（仞カ）、三千世界眼前尽、十二因縁心内空、況六天雲上飄颻列袖、七金山頂厳然並座界」（30オ）表寂光第一義空之青天、心遊中里四徳波羅密之台 弁

漸上静行七宝塔橋下、二世尊御前行々立勝歇々戴眼、一度仰頭二尊並拝之時意 弁

菴羅宛之室浄名文殊坐向善見城之床上頂上釈王並座ソラ、卅三天悚慓（慄カ）八千菩薩欽渇、何況、仏与仏分座、一代之莚、未見月与月一台大千世界ニモ非アラシ、仰拝釈迦多宝並同玲瓏（瓏カ）、伏見、分身諸仏、列星赫奕、吠瑠璃之青天、宝幡、宝蓋、増灑艶、即、変清浄之宝地、宝樹、座添光飾云々　当此時、衆会思念古仏現全身粧、宝塔於五百今仏集分身改土田於三反、霊瑞希奇也、説必深奥矣、但之中仏既三尊、説開」（30ウ）誰焉推功於多宝、々々善逝、設教得機於釈迦々々世尊重説分身遍国土不可点上三仏世尊中誰説法給憂慮之間、説教主世尊当于時、以大音声普告大衆云々　弁　○

誰能於此娑婆国土広説法花経、今正是時、如来不久当入涅槃、仏欲以此妙法花経付属云々　訓文

六瑞放光之当初、横照万八千之土問答釈疑之云、重竪行二万之事ソラ開示語入（悟）、聞弥一期超八教シヘ妙ヘナリ、況浄万億那由他之土集恒沙不可説之、仏欲特中欲特表示也、甚深尚甚深妙法ヘシト、議待之処思外目録相違当入涅槃ト告亘衆会何思云々　弁」（31オ）

宝塔涌現、分身来集、喜幸思トモ、能々案之、釈迦世尊、今期臨終之、予遺財処分之証署集給云々　若尓者、分身来集之喜、非喜、化縁尽兆思、故仏今仏並座、優倍那留哉、当入涅槃時至矣、証

明法花之唱甄常上之珠、当入涅槃之告為昭中□誰能於此見廻心
細告亘、広説法花経、募不見事、哀、付属（アツラヘテ）、鳥将死声悲、以大音声聞急、人将別
語苦、付属有在尋穴シカハ、迦葉尊者、斗数之睫、嚬眉支頤、身子目連、憧相之衣、
湿袖面細、薬王薬上、大梵、説悲焰投薪、観音、弥勒、大勢至、憐愍涙酸
臭、三光天子、色違後光冷亘、四大天王、面誤甲下拭涙、緊那羅王之
琴扇含風薬枯、乾闥婆王、捊扣九鼓驚獣云々」（31ウ）
此経難持、若暫持者○則為疾得、無上菩提 経文可見之
論云、略者多宝如来一体、示現摂取一切仏身故、即由一身摂一切身、々
平□□（故）○言多宝者示現一切仏之同宝性故、欲明事中報仏等土
円（同）為亦表所詮理妙清浄無差別故 文 賛
善哉々々、将衆万善、故名善哉、将安楽故、是名善哉 文 善見律

　平等大恵

平等大恵者、即是諸仏智恵○平等有二、一法等即中道理、二衆生
等一切衆生同得一恵、大者如前高広義也 文」（32オ）
記云、法等者、大恵所観理也、同得者、皆用因理以至理也、若所観理与
衆生不異名大恵 文
記云、未来有説法花経処、此塔還現彼仏亦坐 文
　抄又抄出スル也　委可尋之

元暦元年七月十日　金剛寺書了
為欣求無上菩提也」（32ウ）

（箕浦尚美・仁木夏実）

佚名諸菩薩感応抄

菩薩

「　　」

1 菩提心「　　」貌。舎利子。菩提心者無有過失。不為一切
煩悩之所染故。菩提心者相続不絶。不為余乗中所証故。
菩提心者堅固難動。不為異論所牽奪故。菩提心者不了〔可〕
破壊。一切天魔不願動故。菩提心不可搖動。必能触証諸
仏法故。菩提心者妙善安住。於菩薩地善安住故。菩提心者無
有間断。不為余法所対故。菩提心者譬如金剛。善能穿徹」（1オ）
仏深法故。菩提心者勝善平等。於諸衆生種欲解無不等故。
菩提心者最勝清浄。性不染故。菩提心者無有塵垢。発明恵
故。菩提心者寛博無碍。含一切衆生性故。菩提心者広大無辺。
如虚空故。菩提心者無有障碍。令無碍智遍行一切無縁
大悲不断絶故。菩提心者応可親近。為諸智者所称讃故。

菩提心者猶「　」。能生一切諸仏法故。菩提心者為能建立。々々一切喜「　」。菩提心者発生諸願。由戒浄故。菩提心者難可摧滅。由住□〔忍〕故。菩提心者不可制伏。由正勤故。菩提心者最極寂」（1ウ）静。由依一□〔切〕大静慮故。菩提心者無所遺乏。由恵資糧善円満故「　」経

2 菩提心功徳。□〔若〕有色方分。周遍虚空界。無能容受者。恒河沙数等。諸仏刹土中。仮使布珍宝。供養於諸仏。有能一合掌。迴向菩提心。其福過於彼。辺際不可得 文 同

3 若初発心者。誓願当作仏。已過於世間。応受世供養 文 摩訶衍論

4 若復有人。燃於大灯如須弥山。幷七宝物於無量世供養諸仏。是福徳聚不如有人至心慈悲菩提心 文 大集経」（2オ）

5 如恒河沙等世界。満中妙宝持用施。雖有如是無量福。不如憐愍発菩提。無量億等恒沙仏。浄妙花香以供養。如是福徳猶不如。発菩提心不卓(七事イ)退 文 同

6 過去未来現在仏。一切縁覚及声聞。分別解脱不能尽。発心菩薩諸功徳。菩薩初発菩提心。広大無量無有辺。大慈大悲□〔覆〕一□〔切〕。何況菩薩余功徳 文 花厳経

7 菩薩「　」初発心時。一向求菩提。堅固不可動。

彼一念功□（徳）。深広無崖際。如来分別説。窮劫不可尽 文 同経」（2ウ）

8 仮使熱鉄輪。在我頂上旋。終不以此苦。退於無上道 文 報恩経

9 生死無［　］□（悩）。而於自他無利益。寧発於此受大苦。
非以不発受安楽 文 大集経

10 若於人中所受苦。不及地獄百千一。雖受三悪無量苦。
亦不退失菩提心 文 同

11 当知諸仏一切功徳。皆在初発調伏心中。譬如無牛則無
醍醐。若無発心則無仏種。若菩薩発心則仏種不断。譬如有
樹則有花実 文 花手経」（3オ）

12 一切衆生発菩提心。或有生因。或有了因○夫生因者即是
（13）大悲 文 13 一切善法悲為根本 文

14 出家之人発菩提心此為不難。在家之人発菩提心。是乃名為不
可思議。何以故。在家之人多悪因縁所纏繞故。在家之人
発菩提心時。従四天王乃至阿迦膩吒諸天。皆大驚喜作
如是言。我今已得人天之師 文

15 若有菩薩［　］□（無）上菩提心。即得名為無上福田。如是菩薩出
勝一切世間之事及諸衆生 文」（3ウ）

16 若諸菩薩得解脱分法。終不造業求生界色無色界。

常願生「　」衆生処 文 已上優婆塞戒経
17 無量無数劫。常行無上施。若能化一人。功徳超於彼 文 花厳経
18 如須弥山饒益一切。此菩提心利衆生故。是名布施波羅
蜜因。譬如大地持衆物故。是名持戒波羅蜜因。譬如師
子有大威力。独歩無畏離驚恐故。是名忍辱波羅蜜
因。譬如風輪那羅延力。勇壮速疾心不退故。是名勤策
波羅蜜因。譬如七宝楼観有四階道。清涼之風来吹四」（4オ）
門受安穏楽。静慮法蔵求満足故。是名静慮波羅蜜
因。譬如日輪光耀熾盛。此心速能破滅生死無明闇故。是
名智恵波羅蜜○譬如商主能令一切心願満足。此心能度生
死険道。獲功徳宝。是名方便勝智波羅蜜。譬如浄月
円満無翳。此心能於一切境界清浄具足。是名願々々々。
譬如転輪聖王主兵宝臣随意自在。此心善能荘厳
浄仏国土。「　」徳広利群生故。是名力々々々。譬如虚空
及転輪聖王。此心能於一切境界無有障碍。於一切処智」（4ウ）
得自在至灌頂位故。是名智々々々々 文 最勝王経
19 威徳王。「　」右蓮花化二子宝意宝上以偈問金光師
子遊戯如来言。

云何為供養。無上両足尊。願説其義趣。聞者当奉行。
花香衆妓楽。衣食楽臥具。如是等供養。云何為最勝。
　尒時彼仏即為童子而説偈言。
当発菩提心。広済諸群生。是則供正覚。三十二明相。
設満恒沙刹。珍宝荘厳具。奉献諸如来。及歓喜頂戴。」（5オ）
不如以慈心。迴向於菩提。是福為最勝。無量無有辺。
余法無過者。超踰不可計。如是菩提心。必成正等覚 文 観世音授記経
20 仮使忽得卌二由旬七宝大蔵。不如一言称讃菩提令人
信解 文 菩提福蔵経
21 発菩提心。一日一夜出家修道。二百万劫不堕悪趣。常生
善処受勝妙楽。得値諸仏受菩提記。坐金剛座成正覚道 文 心地観経
22 若以天人「　」□（色）声香触。捨施彼大人。不名善供養。
所資生供養。非無上供養。若発菩提心。是無上供養 文 一切法高王経」（5ウ）
23 発心畢竟二不別。如是二心前心難。自未得度先度他。是
故我礼初「　」文 大経
24 一念発起菩提心。勝於造立百千塔。宝塔破壊成微塵。
菩提心者成発心 文 心地観経
25 無量無数劫。常行無上施。若能化一人。功徳超於彼 文 花厳経 堅固幢菩薩

26若不能於無量仏所種諸善根。則不能発菩提之心 文 大集経」（6オ）（白紙6ウ）

菩薩名義

1能覚衆［　］覚者故名菩薩。能悟無明睡眠衆生故名
菩薩。演説随順菩薩之法故名菩薩 文 大集経

2得菩提故名為菩薩。菩提性故名為菩薩○求大智恵故名菩
薩。欲知一切法真実故。大荘厳故。心堅固故。多度衆生
故。不惜身命故。是名菩提修行 文 ウハソ戒経

3以何義故説名菩薩。能諦了知無衆生法。故名菩薩。是人所引〔行〕智
恵為首。故名菩薩。又令衆生智所引。法皆無所有。故名菩薩。無」（7オ）
所有義是菩薩。無所顕示是菩薩義。無二無碍。不過不没是菩薩
義空是菩提。何謂為空。無一切法故名空。々是菩提。以是義故一切
諸法皆是菩提 文 花手経

4為有情類求菩提。亦有菩提故名菩薩。彼如実知一切法相能不執着
故復名摩訶薩 文 大般若経

5若於諸行有遍覚者。当知彼類可名菩薩 文 同

6以能如是［　］諸法。通達諸法名菩薩故○無有情者当知即
是菩薩増語。以能除遣一切想故。所以者何。以能了達一切有情」（7ウ）
非実有情 文 同

7 若能無倒随覚通達。無所分別。々々永断。是故説名菩提薩
埵文同

8 以能随覚実無薩埵。無薩埵性。離薩埵性故名菩薩。由無薩
埵除薩埵想故名菩薩文同

9 一切有情行菩提行。不知不覚諸法実性。不名菩薩文同

10 菩提覚義智所求果。薩埵有情義悲所度生。依弘誓語
故名菩薩。以二為境名為菩薩○又覚是所求果。有情是自身。」（8オ）
求三菩提之有情者。故名菩薩。或菩提是所求薩埵者勇猛義。
不憚処。時求大菩提有志有能。故名菩薩。二皆依主。又菩提即般
若。薩埵謂方便。如是二法能利能楽一切有情。故名菩薩。亦
菩提薩埵。或及初解皆持業釈○菩薩如前即此菩薩位居八地
已上。為簡前小及二乗位故重〔言〕摩訶薩。無著般若論云。
諸菩薩有七種大。此衆生名摩訶薩埵文玄賛」（8ウ）

11 菩薩念衆生。愛之徹骨髄。恒時欲利益。猶如一子故文荘厳経

12 一々地獄中。経於無量劫。為度衆生故。而能忍是苦文花厳経

13 上士恒勤苦。自苦他安楽。及他苦永滅。以他為己故文倶舎

14 如余処中不出衆宝。衆宝要出於大海中。声聞宝中
不出三宝。三宝要従菩薩宝出文大集経

15 以菩薩宝能得仏宝。得仏宝已。則得声聞辟支仏宝。菩薩仏宝。是故菩薩名為宝聚 文 同

16 見一闡提堕於地獄。亦願与倶生地獄中。何以故。是一闡提」(9オ)若受苦時。或生一念改悔之心。我即当為説種々法。令彼得生一念善根。是故此地復名一子 文 涅槃経

17 所謂菩薩憐愍一切諸衆生故。雖復処在阿毘地獄如三禅楽 文 同

18 等心如地。荷負一切。於善於悪。無所増減。等心如水。洗諸垢穢。養育世間。除煩悩渇。等心如火。焼滅煩悩。[大]火炬光明。無所不[燎]懐。等心如風。無処不飄。戒聞香流。遍於三世。等心如空。離見清浄。遍入一切。而不随魔 文 宝積経

19 若捨一悪人。則為背仏息。是故悪衆生。不応於中捨。」(9ウ)
若人於無量。阿僧祇劫中。所修習仏道。大悲為根本。
若以貪欲心。嗔恚怖畏心。捨一可度者。是断仏道根 文 十住婆沙論

20 雖恒処地獄。不障大菩提。若報自利心。是大菩提障 文

21 其有衆生触嬈菩薩毀罵之者。菩薩徳故不堕悪報 文 如来秘密蔵経

22 若諸菩薩○方便善巧。無有一心一行。当空過而不迴向一切智者○譬如三千大千世界所出諸物。無不皆為有情受用。如是菩薩行深般若波羅蜜多方便善巧所

縁境界。無不饒益趣向菩提○如是菩薩所縁境界無」（10オ）
有一法不趣菩提 文 大般若経
23 菩提若見修行善法向菩提者。生己子心 文 同
24 三退屈者。　菩提広大屈。万行難修屈。転依難証屈。
十方世界諸有情。念々已証善遊果。彼既丈夫我亦尓。
不応自軽生退屈。我已悪道経多劫。無利勤苦尚能超。
修行小行得菩提。大利不応生退屈。転地凡夫初発心。
上擬遠証菩提果。我既修行経多劫。如何退屈却沈淪 文 摂論
25 終不軽尓而発語言。所発語言皆引義利。若無義利」（10ウ）
終不発言○不観視他好悪長短。平等憐愍而為説法○
知是不退転菩薩 等文 大般若経三百廿五
26 花香不能逆風熏○逆風流美遍諸方。終善之士名遍四方
能逆風熏花香不尓 文 倶舎
27 若不退転位菩薩摩訶薩。非常人身中恒為八万戸（尸）虫之
所侵食。是諸菩薩善根増上出過世間。所受身形内外清浄。
故無虫類侵食其身 文 大般若経
28 常不遠離大菩提心。身四威儀。往来入出。挙足下足心無散」（11オ）
乱。行住坐臥。所作事業皆住正念 文 同

29 若有聞説生死有過諸法無我涅槃有徳。身無為豎悲泣堕
涙。当知已殖順解脱分善。如見得場有牙生。知其穴中。
先有種子 文 倶舎

30 無量無数劫。解之即一念。知念亦非念。世間無実念。
不動於本座。一念遊十方。無量無辺劫。常化諸衆生。

不可説諸劫。即是一念頃。亦不令劫短。究竟刹那法 文 卅四巻花厳」（11ウ）（白紙12オ～12ウ）

文殊

1 文殊師利大聖尊。三世諸仏以為母。十方如来初発心。
皆是文殊教化力。一切世界諸有情。聞名見身及光明。
並見随類諸化現。皆成仏道難思議 文 心地観経

2 若有住処見文殊師利則為見仏。所説法処応起塔想。
若有衆生聞是法者。当知是人摂諸徳已 文 宝積経

3 我之所集一毛孔中所有福恵。設河沙等諸仏世界。満中
諸魔之所無有 文 同文殊」（13オ）

4 若施三千大千世界。其中所有一切衆生。給諸楽具令百千
億歳。不如施此文殊師利一爪端許所生福勝 文 同

5 雖於来世吾当成仏。菩薩衆数如江河沙。悉為濡首之所
開化 文 普超経 弥勒語也

6 文殊師利愍傷一切衆生之類不断仏教 文 大浄法門経
7 若復聞是二人名者。見観喜国如見自家。聞彼名故常
閉四趣。或以戯咲或随順他。或為名利此及外道。或犯重
禁五無間罪。亦閉四趣○若今現在及未来世。曠野嶮難」（13ウ）
諸恐怖処皆悉蒙護。於一切処恐怖悉滅。天龍夜叉○
毘舎闍衆。悉不能忤 文 二人者文殊 央掘也 央掘経
8 若今世尊告文殊師利演説於法。若告已説。令諸魔宮
皆悉闇弊無復威徳。使魔波旬憂悩不乱。令諸魔衆悉
善調。諸増上慢者破増上慢○仏法僧種相続不断 文 宝積経
9 若有得聞此文殊師利授記法門。及聞文殊師利名者。是
則名為面見諸仏○若有受持百千億諸仏名号。若復称文
殊師利菩薩名者。福多於彼。何況称於普見仏名。何以故。彼百」（14オ）
千億那由他仏利益衆生。不及文殊師利於一劫中所作饒
益 文 同
10 文殊師利。即入破散諸魔三昧。々々力故。即時三千大千世界
百億魔宮。朽故暗冥若将毀壊。其変已現無復威光。令
一切魔不楽其所。各自見身。昏耄羸瘠任杖而行。諸天
女宝変成老母○一切魔王白言。世尊。我等寧受百千万

億諸仏名号。不願聞彼文殊利一菩薩名。何以故。我即聞
是文殊師利菩薩名時。便大驚恐。若喪自身。尓時世尊告」（14ウ）
諸魔言○文殊大士。凡所開導利益衆生。億百千仏昔所未
作。今亦不作当亦不作。唯此文殊師利去来現在。当為衆
生建斯大事。衆生就已置解脱中 文同
11 文殊師利。乃能久遠成就如是降魔三昧。三昧力故。能令波
旬及諸魔衆。髪白老耄形悉倶衰。一至斯也 文同
12 我能堪任於諸衆生随所願求悉令満足 文同 妙徳菩薩
13 聖曼殊童子。五字秘密法。修此三昧者。疾入諸仏恵。
能以凡夫身。見成就仏身 文 五字陀羅尼頌」（15オ）
14 衆生性浄故。諸仏大誓力。此相応法印。現成諸聖身。
即於一座中。便成最正覚。若随此法者。応作如是信。
或起於一念。言是我凡夫。同謗三世仏。法中結重罪 文同
15 我是諸仏語。号為文殊声。若以無形色。音声可得知。
此是諸如来。般若波羅蜜。能破諸怨敵。滅罪中為最 文 一切如来同一蜜合為文殊
16 汝今真是三世仏母。一切如来在修行地。皆曾引導。初発
信心。以是因縁十方国土成正覚。皆以文殊而為其母。然
今汝以本願力故現菩薩相。請問如来 文 心地観経」（15ウ）

17 百千世尊終不能為。王阿闍世説法決疑。其唯縛首能為
斯王決了疑網文　普超経
18 今吾観観十方世界。不可称限不可計会。諸仏国土今現
在者。諸仏世尊同号能仁。悉是仁者濡首所勧。或号咸聖。
或号明星。或名所勧。或名錠光。或謂離漏。或謂如勝今我
一劫若過一劫。宣揚演説諸仏名号。濡首大士所開化者。転
于法輪不可称限文　同
19 文殊師利所有大願。非余無量百千億那由他菩薩之所能」（16オ）
有文　花厳経
20 今対一切衆。発大菩提心。為一々衆生。誓尽未来際。
受無量生死。而作大饒益。備修菩薩行。救諸衆生苦。
従今若違誓。起於貪欲心。及嫉妬怨恨。則誑十方仏文　宝積経
覆蓋王時於雷音仏所釈文初発菩提心説偈也
21 若有衆生但聞名者。除十二億劫生死之罪。若礼拝供養者。
恒生仏家。若称□（名）字一日七日。文殊必来至其人所。若有宿
障。夢□（中）得見。所求円満。若見形像者。百千劫中不堕悪道」（16ウ）
若行慈心者即得見文殊。若有受持読誦名者。設有障。不
堕阿毘極悪猛火。常生他方清浄仏土文　文殊涅槃経

多羅聚落梵徳婆羅門子右脇生初生之時其家如蓮花云々

22 我所集功徳。迴向施衆生。究竟菩薩行。至無上菩提。
悉供養過去。現在十方仏。願未来世尊。速成菩提道。
普荘厳十方。一切諸仏刹。如来座道場。菩薩衆充満。
令十方衆生。除滅諸煩悩。深解真実義。常得安楽住 文

23 三世一切劫。悉為一念際。一念中悉見。三世諸如来 文」（17オ）

24 神力遍遊行。大乗力普開。慈力覆一切。行力功徳満。
功徳力清浄。智恵力無碍。三昧方便力。逮得菩提力。
清浄善業力。除滅煩悩力。壊散諸魔力。具普賢行力。
厳浄仏刹海。度脱衆生海。分別諸業海。窮尽智恵海。
清浄諸行海。満足諸願海。悉見諸仏海。我於劫海行。
三世諸仏行。及無量大海。我皆悉具足。普賢行成就 文
已上文殊発願経

25 如来以□碍仏眼。所見諸仏刹土。若有菩薩以妙七宝満波〔彼〕」（17ウ）
諸刹。奉施供養一々如来。各尽未来際。若菩薩於此荘厳功
徳仏刹法門。受□〔持〕読誦復能発心。随文殊師利所学。行於
七歩。此二功徳比前七宝布施功徳。百分不及一。乃至算数
譬喩不能及 文 普見仏国大荘厳也。宝積経

26 我以無碍天眼。所見一切如来。若非是我勧発令得菩提我
於菩提終不応証。而我要当満此所願。然後乃証無上菩提○
文殊師利成仏之時名為普見。若諸衆生見彼満仏者。必
当得阿耨菩提。普見如来雖未成仏。若我現在及滅度後有」（18オ）
聞其名。亦皆必定当得菩提。彼仏刹。名随願積集清浄
円満○文　宝積経　南方国也　娑婆在彼刹中云々

27 大智徳勇健○乃至令速成菩提文　法花経

28 此文殊師利法王子。若有人念。若欲供養修福業者。即自
化身。作貧窮狐〔孤〕独苦悩衆生。至行者前。若有人念文
殊師利者。当行慈心。行慈心者即是得見文殊師利文　文殊涅槃経

29 此妙画像法。最勝殊功徳。三世一切仏。同讃不思議。
我今演□法。文殊童子徳。若有諸智者。能起一念心。」（18ウ）
依法画此像。獲福徳無量。供養生恭敬。所有倶胝劫。
四重五逆罪。極苦諸悪業。観敬童子像。報障皆当滅。
世間中所有。諸悪類衆生。不信有三宝。放逸破戒行。
不懼一切罪。堕於泥梨中。焚毒湯火悩。転輪受諸苦。経於無量劫。
若遇此画像。能発一念心。忻楽暫瞻視。或少刹那傾。
須臾不散乱。内発歓喜心。此諸悪業輩。一切皆当滅。

獲果福無量。何況行善業。能修清浄因文 文殊師利宝蔵陀羅尼経
30 能画文殊像。其福不可説。十方恒河沙。尚有知其数」（19オ）
画像福徳力。無能知其辺文同
31 文殊大菩薩。不捨大悲願。変身為真童。或冠或露体。
或処小児叢。遊戯邑聚落。或作貧窮人。衰形為老状。
示現飢寒苦。巡行坊市廛。求乞衣則宝。令人発一施。
与満一切願。令使発信心。信心既発已。為説六度法。
領万諸菩薩。居於五頂山。放億衆光明。人天咸悉覩。
罪垢皆消滅。居得文持法文同
32 此陀羅尼八字密蔵。是如来蔵出仏身経。亦名文殊童」（19ウ）
子変身八字呪経。若善男女。我滅度後法欲滅時。受
持此経読誦書写○当知此人現世獲得十種果報。何等
為十。一者国中無有他兵怨賊侵境相嬈。二者不為日月
五星廿八宿諸悪変化災患。三者国中無悪鬼神等行
諸疾疫。善神衛護万民安楽。四者国中無諸風火霜
雹霹靂等難。五者国土一切人民。不為怨家而得其便。
六者国中一切人等。不為諸魔所逼。七者国中人民。諸横
死着身。八者不値悪王行諸虎〔虐〕苦。無非時風異損苗稼。」（20オ）

五穀就〔熟〕成甘果豊足。九者善龍入境。及時降雨非時不
雨。名花薬木悉皆茂盛。仙天人類時々下現。無有旱澇
不調之名。十者国中人民不為虎狼呪獣諸悪雑毒之
所損害等文　同

33 若有諸国王。欲往他方国。入陣擬闘戦。書此陀羅尼。
八字真言句。頂帯及身上。心常懐憶念。不為怨家害。
刀杖不及身。頂有殊勝法。能伏他兵力。更画文殊像。
五□〔髻〕童子者。騎乗於孔雀。安置於幢頭。或遣人手執。」（20ウ）
使令軍前行。諸賊遙望見。自然皆退散。或取金銀等。
造作童子像。置於幡幢上。将入戦陣中。諸賊悪愚等。
応時尋退散。或迷失本心。帰疑自降伏等文　同

34 人王及非人。今当復諦聴。我今復重説。文殊悲願行。
一切諸世界。有仏国土処。大乗所流布。皆是文殊力。
十方国土中。菩薩及声聞。得発地位者。皆是々々々。
九十五種輩。修仙苦行業。得生非想者。皆是々々々。
生余諸天輩。受持五欲楽。受〔寿〕命得長存。皆是々々々。」（21オ）
諸修羅王等。遊行周四海。威力勇難当。皆是々々々。
天帝共修羅。於其大海上。闘戦無恐怖。皆是々々々。

諸龍無怖難。不懼金鳥食。解脱怨遷憂。々々々々。
諸少薄福龍。不被熱沙悩。身体得清浄。々々々々。
大威金翅鳥。能噉諸珍宝。入腹悉消化。々々々々。
大梵大自在。下至四天王。救護諸人民。々々々々。
功徳大夫〔天〕女。能満貧窮者。衣服雑七宝。々々々々。
文殊童子願。一切十方仏。尚不知其辺。何況凡夫類 文 同」（21ウ）
35 若仏刹中無文殊師。仏不出世。非文殊師利。不能成就〔熟〕一
切衆生広大善根 文 宝積経
36 十方世界中。有仏無仏国。大乗所流演。皆是文殊力 文 涅槃経
37 文殊是一切如来般若之蔵之法蔵也 文 金剛頂経
38 発菩提心。来登此山。滅無量罪。断悪修善。称念仏名。得
生浄土 文 台山也 法昭
39 文殊大聖尊。十方諸仏師。帰依供養者。超供養諸仏 文 元通
40 我昔能仁師。今為其弟子。二尊不並出。故我為菩薩 文 慈恩引経」（22オ）
41 十方一切諸仏如来将説法時。悉放眉間白毫相光来照其
身。従頂上入 文 花厳経
42 文殊師利。其行広大。其願無辺。出生一切菩薩功徳無有休息 文 同
43 然此台山一境。上下五峯。不論道俗。乃至足践一土一石。非但

滅生死之罪。仏記此等。当来必獲紫金之身文 化僧語道義之文
44 釈迦言。耆闍崛山誰之所造。是世界者亦従何出。迦葉
答言。文殊師利一切世界文殊所出文 普通」（22ウ）（白紙23オ～23ウ）

感応

1 照果寺解脱禅師値遇文殊感応縁

五台県照果寺釈解脱。俗性邪[刑イ]本士也。常誦法花。幷作仏光等親。追尋文殊。於東堂之左。再三逢遇。初則礼已尋失。後則親承旨誨。脱請問文殊曰。大士如何利益此土愚痴無智闕信難化衆生。文殊告曰。我一日三時。入破散衆魔三昧。破此土衆生魔業。入智母三昧。破愚痴暗。往地獄中。一々地獄苦現作仏身。放光説法。往餓鬼城。能施飲食。余人所施。」（24オ）入口化為火炎〔災〕。唯我所施。能益身心。生天解脱。入畜生道。能除愚痴。得悟。皆令発菩提心。脱又問曰。何衆生得化度。文殊曰。画我形像。我作○乃至一念南無輩。易可化度。自余衆生。雖尽悲心。自業故難可化。又問。如何生悟哉。殊曰。汝往昔我形像三寸許。造善根既熟。今須親礼○感諸仏現身説法矣。感応録

2 文殊化身為貧女縁

世伝。昔有貧女。遇斉赴集。自南而来。澆晨届寺。携

抱二子。一犬随之。身無余貲。剪髪以施。未遑衆食。白主僧曰。」（24ウ）今欲先食遽就他行。僧亦許有。命僮与饌三倍貽之。意令貧女二子倶足。女曰。犬亦当与。僧勉復強与。女曰。我腹有子。更須分食。僧乃憤然語曰。汝求僧食無厭。若是在腹未生。若為須食。叱之令去。貧女被呵。即時離地。倏然化身。即文殊像。犬為師子。児即善才及于闐大王。五色雲気。靄然偏空。因留偈曰。苦瓠連根苦。甜爪徹帯甜。是我超三界。却被阿師嫌。菩薩説偈已。遂隠不見。世会緇素。無不驚嘆。主僧恨不識真聖。欲刀刻自。衆人苦勉方上。尓彼貴賤等。観」（25オ）貧富無二。遂以貧女所施之髪。於菩薩乗雲赴処。建塔供養矣。同

3　阿育王造文殊像感応縁

昔阿育王。統摂此州。学鬼王制。伏酷尤甚。更作地獄。凶人為獄卒。文殊現処鑊中。火熾水清。生蓮花。心感悟即日毀獄。造八万四千塔。建立形像。其数亦八万四千也。此土東晋廬山文殊金像。此其一也。同

4　文殊□（師）利菩薩得名縁」（25ウ）

文殊師利。旧云妙徳新云妙吉祥。立名有二。初就世俗。因瑞

彰名。此菩薩有大慈悲。生舎衛国多羅聚落梵徳婆羅門家。其生之時。家内屋宅。化如蓮花。従母右脇而生。身紫金色。堕地能語如天童子。有上宝蓋。随覆其上。具十種吉祥感応事。故名妙吉祥。一天降甘露。二地涌伏蔵。三倉変金粟。四庭生金蓮。五光明満室。六鶏生鸞風〔鳳〕。七馬産麟。八牛生白犯。九者猪誕龍豚。十牙象現所以菩薩。因瑞彰名。二依勝義立名。如金剛頂流〔経〕説。由菩薩身。普摂一切法界等如来身。一切如」(26オ)来智恵等。及一切如来神変遊戯。已由極妙吉祥故。名妙吉祥也。同

五台県張元通造文殊形像縁 新録

張元通。信心貞固。発願造文殊像高三尺。安置室内方供養。至夜三更。梵僧両三。手執香爐。来至室内。遶像三匝。忽然不見。弥発信心供養香花。明日々西。像放光至五更。通夢見。十方諸仏来集室内。以妙花供養形像々〔云〕。是我本師。以敬師故。我等供養。諸仏亦以妙瓔珞。供養元通。汝以信心。造我」(26ウ)師像故来供養。通夢中白諸仏言。十方世界造文殊像。及能画之者。諸仏皆向其処耶。仏言。十方世界。若有此事。我等皆往供養之。何以故。我等発。皆是文殊教化力也。若有

帰依文殊者。超過帰依十方諸仏。即説偈言。
文殊大聖尊。十方諸仏師。帰依供養者。超供養諸仏。
説是偈。忽然不現。通復見聖衆来迎云。吾生金色世界云々。
通在生之時。隠而不語。注遺書収箱。寿終之後。人披見之。
其像移照果寺。霊験見在矣。」(27オ)

6 文殊他方如来之文

北方此骨(過)卌二恒河沙刹。有国名常喜。仏名歓喜蔵磨尼宝積。若有聞是如来名者○生歓喜国。閉四悪趣。若有持是如来名。若今現在。及未来者。曠野険難諸怖畏処。皆悉蒙護○一切八部諸悪鬼神。不能侵橈○彼土無有声聞縁覚。純一大乗。亦無老病衆苦之名○彼如来者文殊師利是也。央掘魔羅経

7 文殊往古如来之文」(27ウ)

過去無量無辺不可思議阿僧祇劫。尓時有仏。名龍種上尊王。国名平等○彼如来。豈異人乎。即文殊師法王子是也。首楞厳経

8 文殊最初発心之文

過去久遠過七十万阿僧祇恒沙劫。有仏名雷音。東方。去此七十二那由他仏刹。有世界名無生。雷音如来於中説法。声聞

衆。有八十四億那由他。菩薩二倍。有王名普覆。七宝具足於八万四千才以上妙供具供養如来初発心於仏前説頌而言。

今対一切衆。発大菩提心。為一々衆生。誓尽未来際。」（28オ）

受無量生死。而作大饒益。備修菩薩行。救諸衆生苦。

従今若違誓。起於貪欲心。及嫉妬怨恨。則誑十方仏。

尓時廿億衆生随遂彼王皆発菩提心。今並皆得阿耨菩提。作仏事也。而般涅槃。文殊師利。皆供養護持。仏法唯有一仏号持地山。過下卌恒沙仏刹。有世界名持地。於彼于今教化。尓時普覆王今文殊是也。宝積経

9　文殊未来成仏時文

文殊師利成仏之時名普見。以何義故名普見。以彼如来於」（28ウ）十方無量百千億那由他諸仏刹中普皆令見。若諸衆生見彼仏者。必定当得阿耨○菩提。普見如来雖未成仏。若我現在及我滅度有聞其名。亦皆必定当得○菩提○彼仏刹名随願積集清浄円満○在於南方○文殊師利言。我仏刹中。積集無量妙宝所成。復以無量摩尼妙宝。間錯荘厳。於十方界。所未曾有甚為難得。如是宝名倶胝歳中説不能尽。同

10　文殊不生之文

過去無数劫。有仏名宝威徳○有長者。名一切施。有子名義設」(29オ)在母胎時母信敬故。豫為其子受三帰依。子既生已年至八歳。父母請仏其子見仏生歓喜心為仏作礼。即能除劫百万億那由他劫生死之罪。是已後。値遇百億ナユタ恒沙仏○亦値二万摩尼光仏。亦値百億旃檀摩尼光仏○彼時童子戒護文殊師利是也。観仏三昧経

11 文殊誓願之文

文殊師利白仏言。世尊。我以無碍天眼。所見無量無辺諸仏刹中一切如来。若非是我勧発決定菩提教授教誡。令修布施」(29ウ)持戒忍辱精進禅定智恵。令得阿○菩提者。我於菩提終不応証。而我要於当満此所願。然後乃証無上菩提。宝積経

12 文殊成仏国与極楽国土勝劣

譬如有人析一毛為百分。以一分毛於大海中取一滴水。喩阿弥陀仏刹荘厳。彼大海水喩普見如来仏刹荘厳○宝積経

13 文殊師利初生之文

○仏告跋陀婆羅。此文殊師利有大慈悲生於此舎衛国多羅聚落梵徳婆羅門家。其生之時。家内屋室他(タク)(化)如蓮花。従母右」(30オ)脇而生。身紫金色。堕地能語如天童子。有七宝蓋随覆其

上。般涅槃経　十告祥在別巻

14　清涼山得名所因

清涼山者。即代州雁門郡五台山也。以歳積堅氷。夏仍飛雪。曾無炎暑。故曰清涼。五峯聳出。頂無林木。有如畳土之台。故曰五台。海東文殊伝云。五台。即五方如来之座也。亦蒙菩薩頂有五髻。清涼伝　表我大聖五智已周。五眼已浄。惣五部之真原。故首戴五仏之冠。頂分五方之髻。運五乗之要。」（30ウ）清五濁之災矣。　此山。磅礴数洲。綿五百里。左隣常岳。隠嶙参天。右椌洪河。縈迴帯地。北臨竔野。限虜障之闕防。南擁汾陽。作神洲之勢勝。迴環日月畜洩雲龍。雖積雪夏凝。而奇花万品。寒風冬列。而玲卉千名。丹嶂横開。翠畳起。排空度険。時逢物外之流。捫蘿履危。毎造非常之境。白雪凝布。疑浄練於長江。杲日熾昇。認扶桑於大海。已上」（31オ）

15　本願堂因縁　安置文殊像三尺　一間四面檜皮葺

件堂在根本中堂之北。是定源阿闍利之建立也。先号学音房阿闍利、後称本願堂阿闍梨　幼少之時、喪父之後、継父主税頭異名殊厭悪。母哀之、尋師、令依付。生年九歳、登山。依有学問之志、造立文殊像、為本尊恭敬。十五歳剃首、限千日参詣中堂。夙夜不怠、日数既満。
休息之間、依継父之請、適以下京。登山之後、歴十箇年、万寿四年夏、始以下京。件亭者六角富小路。相伝後生者祭主親定三位居処云々。頭(カミ)命云、此亭、鬼魅示怪、殆以現形。見之、必病悩。
仍為令降伏、去比嘱請皇慶阿闍梨、令修不動供之処、暗」(31ウ)
有声、写於阿闍梨之様、同時打磬、念誦唱礼、一事無違。七箇
日之間、其行法、二人如並壇、鎮蒙嘲哢、遂無其験、被結願畢。
仍為令祈件事、所招呼也。禅師答云、生年九歳、登山之後、于今十
年、愁(ナマシミニタツサハテ)携書巻、未修壇法、年臈是浅。以何行力、降伏悪魔乎。継
父重示云、僧侶者、不云年少、只依信心、蒙冥助者也。汝早可祈
禱云々。厭(エウ)状示此旨、敢無響応之詞。定源巻舌ヲ無言、坐一室、蒙(カフテ)
衣思惟、是非他、除厭我之計而已。乍生(イキ)別離母、専在斯事矣。
伏是我山三宝大聖文殊垂加護ヲ給。如此祈念、雖及昏黒、未補」(32オ)
空腹。頗臨疲之間、其板敷下、有声。惘然歎云、禅師垂哀令
免縛。自今已後、可避此処云々。定源問云、汝是何物了。若欲蒙原
免者、早可現形。鬼答云、我此地主也。而依禅室之祈願、蒙護法
之縛身、体如焼。仍御領之間、可移他処。速可令避除。但至現身
者、所見有憚歟。唯以止怪、可為徴(シルシト)者也。定源誣以勘責。不能堪
忍、突穿板敷、僅現頭。面色赤如火、眼曜如星。従口出火、其炎

成煨燼。乃数年然不焼物。辟除解縛之後、天明見其処、夜炎成玉、五色交錯、大小有差、無有孔穴。為宛文殊飾以糸金」（32ウ）纏之、忩以粧厳。其残入袋、加如法経、奉納文殊腹。□建此伽藍、安置件像。是号本願堂矣。堂幷孝、可用之」（33オ）

16 那爛陀寺戒賢論師正法蔵依文殊冥告老病縁

玄状〔奘〕法師参正法蔵。方事師資。務尽其敬。頂礼讃歎訖。正蔵命法師坐。問従何処来。報従支那国。欲於師処。学瑜伽等経論。聞已啼泣。喚弟子覚賢。令説已三年已前病悩因縁。覚賢曰。和上去今三年已前。有患。四支栒急。如火焼刀刺之痛。意厭此身。欲不食取尽。於夜中。夢天人黄金色。謂和上曰。汝勿厭此身。々是法器。修習難得。汝過去曾作国王。多悩衆生。故招此苦。当自悔責。礼誦行道。通正法。業累可除。」（33ウ）直欲不食捨之。終不得了。死已受身。還後受苦。猶如□輪。迴転無息。復三年余。有支那国僧。欲来於此。学諸論。已発在路。汝可待之。為演説付授。彼人得已。当転流通。以此功徳汝罪自滅。我是曼殊室利。憐愍汝故。来相告語当依我語。今日已後。所患亦当漸除与語已而滅。従尔来。和上漸則安隠。玄状行状

17 仏陀波利入金剛窟

仏陀波利者。唐云覚愛。北印度罽賓国人。亡身徇道。徧
観霊跡。聞文殊利在五台清涼山。遠渉流沙。躬来礼謁。以」（34オ）
唐高宗大帝儀鳳元年。至五台山。南陟思陽嶺。見林木
干雲。景殊勝。内心欣懌。五体投地。向山頂礼曰。如来滅後。
衆聖潜雲。惟有大聖文殊師利。於此山中。汲引群生。教諸
菩薩○伏乞慈悲普覆。令覿尊儀。言已。悲泣覆向山頂礼々已。
挙首忽見一老人。従山中出来。作婆羅門語。謂波利曰。師。情
存慕道。追訪聖蹤。不憚劬労。遠尋霊異。然漢地衆生。多
造罪業。出家之輩。亦多犯戒律。西土有仏頂尊勝陀羅尼
経。能滅一切衆生悪業。未知師□（頗）将得此経来否。波利報曰。」（34ウ）
貧道宜来礼謁。不将経来。老人曰。既不将経従来何益。縦
見文殊。亦不可識。師当却迴取此経至。流伝斯土。即是編奉
衆聖。広利群生。極済幽冥。報諸仏之息（恩）也。師如取得経来。
弟子即示師文殊所在。波利得聞此語。不勝喜躍。遂裁抑
悲涙。至心礼拝。挙頭之頃。不見老人。僧大驚愕○復還西
域。求仏頂尊勝陀羅尼経。至永淳二年迴。至長安。具以事
上聞。高宗大帝。遂留経入内。請日照三蔵法師。及勅司賓
寺典容令杜行顗等。共訳唐本。勅施僧絹三千疋。経遂」（35オ）

留内中。僧奏曰。貧遂捐軀委命遠取経来。意願並〔普〕済○不
以財宝為念不○帝逐留新翻之経。還僧梵本。乃将詣西明寺。
訪得通梵語唐僧順正。奏共翻訳。帝可其請。波利遂対
諸大徳。与順正訳訖。波利持本。再至五台山。相伝入金剛窟。
于今不出。僧順正等。具波利所述聖誨。序之経首云耳。

18　法昭和尚入化竹林寺

釈法昭。本南梁人。未詳姓氏。唐大暦二年二月十三日。南嶽雲
峯寺食堂内食粥。忽向鉢中。見五台山。仏光寺東北一里余。」（35ウ）
有山。々下有澗。澗北有一石門。覚身入石門。行五重〔里〕許。見一
寺。題云。大聖竹林之寺。久之方隠。心極駭異。二十七日辰時。還
向鉢中。尽見五台山華厳寺。了然可観。地皆金色。殊無山林。内
外明徹。池台楼観。衆宝荘厳。文殊大聖。及万菩薩。咸処其中。
又現諸仏浄国。食畢方滅。心疑益甚。因帰院語諸僧。衆且間
有人嘗至五台山否。時有嘉延曇暉二闍梨。応曰。某甲曾
到五台山仏光寺安泊。与師鉢内所見。頗同。雖然問知。亦未
発心遊礼。至四年夏。在衡洲湘東寺高楼之上。九旬入念」（36オ）
仏道場。及六月二日未時。五色祥雲。徧覆諸寺。雲中現諸
楼閣。々中有数十梵僧。各長一丈。執錫行道。衡洲挙郭。咸

見阿弥陀。及文殊普賢一万菩薩。倶在此会。其身高大。衆観
皆涕泣致礼。泊酉時方滅。法昭向晩行道場外。遇一老人。
年約七十。告法昭曰。阿師。嘗発願向五台山。今何不去。法昭
曰。時難路険。若為去得。老人曰。師可急去。法照却入道場。重
発誠願。夏満即往五台。礼拝大聖。是秋八月十三日。自南
獄。与同志十人。来遊台山。果無留難。至明年四月五日。方達」（36ウ）
五台県。南遙。対仏光寺。南有数十道白光。挙衆咸覩。六日
詣仏光寺棲止。果如鉢中所見之寺。是夜後分。因出房戸。
忽見一道光。従北山下来。至法照前。師遽入堂内。乃問衆僧
曰。是何光相。僧答言。此光常有大聖不思議之光。法昭聞已。
即具威儀。歩尋其光。遂至寺東北。約一里有山。々下有澗。
々北有一石門。及見二青衣童子。八九才。顔貌端政。倚門而立。
一称善才。一名難陀。相見歓喜。問信礼拝法昭云。何故多時
流浪生火。始来相見。遂引入門。向北行。将五里。忽見一金門」（37オ）
楼。可高百人。兼有挟楼。漸至門所。方見有寺。々前有大金
橋。金牒題号曰。大雲竹林之寺。一如鉢中所見。周円可二
十里。中有一百二十院。々中皆有宝塔荘厳。其地純是黄金。
渠流花菓。充満其中。法昭入寺。至講堂内。見大聖文殊

在西。普賢在東。各処師子之座説法。次其身及座。高可
百尺。文殊左右。菩薩万余。普賢亦有無数菩薩。前後囲遶。
法昭。至二聖前師子座下。稽首礼已。問二聖言。末代凡夫。
去聖時遥。智識転身。垢障深。煩悩纏蓋。仏性無□顕現。仏」（37ウ）
法浩瀚。未審。修行於何法門。最為其要。易得成仏。利楽
郡生。唯願大聖為断疑網。時文殊師利告言。汝以念仏。今正
是時。諸修行門。無過念仏。供養三宝。福慧双修。此之二門。
最為其要。所以者何。我於過去久遠劫中。因観仏故。因念
故。見供養故。今得一切種智。是故。一切諸法般若波羅密。甚
深禅定乃至。諸仏皆従念仏生。故知念仏諸法之王。汝等応
当常念無上法王。令無休息。法昭又問。当云何念。文殊告言。
此世界西。有阿弥陀仏。彼仏願力不可思議。当繫念諦観彼」（38オ）
国。令無間断。命終之後。決定往生彼仏国中。永不退転。速
出三界。疾得成仏。説是語已。時二人大聖。各舒金色手。摩法
昭頂。而為授記。汝已念仏故。不久証無上正等菩提。若善男子善
女人。願疾成仏者。無過念仏。則能速証無上菩提。尽此一報
之身。定超苦海。説是語已。時文殊大聖而説偈言。
汝等欲求解脱者。応当先除我慢心。嫉妬名利及堅〔慳〕貪。

去却如斯不善悪。応専念彼弥陀号。即能安住仏境界。

若能安住仏境界。是人常見一切仏。若得常見一切仏。」（38ウ）

即能速断諸煩悩。若能速断諸煩悩。則能了達真如性。

在苦海中而常楽。譬如蓮花不着水。而心清浄出愛河。

速能速証菩提果。

於是。文殊師利菩薩。又説偈言。

諸法唯心造。了心不可得。常依此修行。是名真実相。

普賢菩薩。又説偈言。

普現汝及一切衆。常応嫌下諸比丘。忍辱即是菩提因。

無瞋必招端政報。一切衆見皆歓喜。即発無上菩提心。」（39オ）

若依此語而修行。微塵仏刹従心現。悉能広修諸行願。

運接一切諸是情。速離愛河登彼岸。

法昭聞已。歓喜踊躍。疑網悉除。復作礼已。合掌而立。文殊師利告言。汝可往詣諸菩薩院。次第巡礼。法昭受教。次第巡礼。遂至七宝果園。其果纔熟。可大如盌。即取食之。味甚香美。法昭食已。身意泰然。迴至大聖前。作礼辞退。還見二童子。送至門外。礼已挙頭。遂隠不見。師乃愴然。倍増悲感。遂立石題記。今猶在焉○残久多不書之云々」（39ウ）

19　文殊三摩耶之文

尔時世尊。復入文殊師利摩訶菩提薩埵三摩耶所生。加
持金剛三摩地已。従自心出此一切如来大智恵三摩耶。名一
切如来心。即説蜜語。跋析羅底瑟那三合纔出此語時。於一
切如来心。即彼薄伽梵。執金剛以為智剣而出已。同一蜜合。
入於毘盧遮那仏心中。便為剣筲。既就已。住於毘盧遮那筲
身中。出現一切世界等如来身。一切如来智恵等。及一切如来神
反遊戯已。由極妙吉祥故。及金剛サタ三摩地。極堅牢故。同」（40オ）
一密合。以為文殊師利摩訶菩提サタ身。既成就已。住於世尊
毘盧遮那仏心。而高声作是言曰。
我是諸仏語。号為文殊声。若以無形色。音声可得知。以諸仏法
身。本無形相。恐成断滅故。以音声仮詮表。諸仏語言。即文殊声也。尔時文殊師利摩訶菩提サタ。従世尊
心下已。依一切如来右辺月輪中住。復請教示。尔時。毘盧遮
那仏。入一切如来智恵三摩耶金剛三摩地已。現一切如来断
除煩悩三摩耶。為尽徧衆生界。断除一切苦故。及一切安楽
悦意用故。乃至。成就一切如来随順音声円満恵最上悉故。」（40ウ）
彼金剛覚。於文殊師利摩訶菩提サタ。如上於双手授之。乃
至。以其金剛剣揮斫已。而高声唱言。

此是諸如来。般若波羅蜜。能破諸怨敵。滅罪中為最。
故菩薩左手持梵夾。般若体。自性清浄。右手持剣。表般若用。
除衆生煩悩怨敵。金剛頂」（41オ）（白紙41ウ～42ウ）

普賢

1 若有菩薩。修普賢行。常能履行。清浄法界。当知是
等。功徳如仏。能出無量。如来刹海。於一念中。悉遍十方。能
現一切。菩薩所行。其身内。容一切刹。又一念中。示現三世文花厳経
2 普賢悉在。一切仏刹。坐宝蓮花。師子座上。普賢身相。猶
如虚空。依於如々。不依仏国云々。同
3 普賢身相如虚空。依真(シン)而住非国土。随諸衆生心所欲。
示現普身等一切。一切刹中諸仏所。種種三昧現神通。」（43オ）
一々神通悉周遍。十方国土無遺者。如一切刹如来所。
彼刹塵中悉亦然文花厳経
4 清浄法身。無量劫海行菩薩行之所成就。無量劫中。猶尚不得聞
我名字。況見我身。若有衆生聞我名者。於三菩提。不復退転
○乃至夢中見聞我者。亦復如是○若有衆生聞我修習浄
仏者。必得往生浄仏刹。善財童子逕由親近一仏世界微
塵数等諸善知識所得功徳。於見普賢菩薩所得功徳。百分

乃至算数譬喩所不能及文同」（43ウ）

5 不修三密門。不行普賢行。得成仏者無有是処文仁王

6 若帰命聖普賢菩薩。諸仏菩薩悉皆加護文同

7 普賢菩薩名。諸仏第一子。我善根迴向。願悉与同彼。
身口意清浄。自在荘厳刹。逮成等正覚。皆悉同普賢文殊発願語也

8 一切衆生皆如来蔵。普賢菩薩自体遍故文大般若経

9 恒順衆生者。諸尽法界。虚空界十方刹海。所有衆生種々差別○我皆於彼随順而転。種々承事。種々供養。如敬父母。如奉師長。及阿羅漢乃至如来。等無有異。於諸病苦為」（44オ）作良医。於失道者示其正路。於夜闇中為作光明。於貧窮者令得伏蔵○平等饒益一切衆生。何以故。菩薩若能随順衆生。則為随順供養諸仏。若於衆生尊重承事。則為尊重承事如来。若令衆生々歓喜者。則令一切如来歓喜等文

10 普皆迴向者。所有功徳皆悉迴向尽虚空界一切衆生。願令衆生常得安楽。無諸病苦。欲行悪法皆悉不成。所修善業皆速成就。開閉一切諸悪趣門。開示人天涅槃正路。若若諸衆生因其積集諸悪業故。所感一切極重苦果我皆」（44ウ）代受令彼衆生悉得解脱究竟成就無上菩提文

11 我常随順衆生。尽於未来一切劫。恒修普賢広大行。
円満無上大菩提 文
12 我能深入於未来。尽一切劫為一念。三世所有一切劫。
為一念際我皆人〔入〕文
13 速疾周遍神通力。普門遍入大乗力。智行普修功徳力。
威神普覆大慈力。遍浄荘厳勝福力。無着無依智恵力。
定恵方便諸威力。普能積集菩提力。清浄一切善業力。」（45オ）
摧滅一切煩悩力。降伏一切諸魔力。円満普賢諸行力。
普能厳浄諸刹海。解脱一切衆生海。普能分別諸法海。
能甚深入智恵海。普能浄浄諸行海。円満一切諸願海。
親近供養諸仏海。修行無倦経劫海。三世一切諸如来。
最勝菩提諸行願。我皆供養円満故〔修〕。以普賢行悟菩提。
一切如来有長子。彼名号曰普賢尊。我今迴向能諸善根。
願諸智行悉同彼。願身口意恒清浄。諸行刹土亦復然。
如是智恵号普賢。願我与彼皆同等 文」（45ウ）
14 或復有人以深信心。於此大願受持読誦。乃至書写一四句偈。
速得除滅五無間業。所有世間身心等病。種々苦悩。乃至仏刹
微塵数一切悪業。皆得銷滅。一切魔軍夜叉羅刹。若鳩槃

荼。若毘舎闍。悪鬼神。悉皆遠離。或時発心親近守護○諸仏菩薩之所称讃。一切人天皆応礼敬○臨命終時。最後刹那○一切親属悉皆捨離○珍宝伏蔵。無復相随。唯此願王不相捨離。於一切時引導其前。一刹那中即得往生極楽世界。到已即見阿弥陀仏○等文」（46オ）

15 十方所有無辺刹。荘厳衆宝供如来。最勝安楽施天人。経一切刹微塵劫。若人於此勝願王。一経於耳能生信。求勝菩提心渇仰。獲勝功徳過於彼 文 已上花厳入法界品十願文

16 若有衆生未種善根。及種少善声聞菩薩。猶尚不得聞我名字。現見我身 文 花厳経

17 若法花経行閻浮提。有受持者。応作是此念。皆是普賢威神之力。若有受持読誦。正憶念。解其義趣。如説修行。当知是人行普賢行○ 文 法花経」（46ウ）

18 従諸仏法而出生。亦因如来願力趣[起]。真如常等虚空蔵。汝已厳浄此法身。普賢広大功徳海。遍往十方親近仏。一切塵中所有刹。悉能詣彼所明現 文 花厳経

19 普賢菩薩一々毛孔。常出諸仏世界及諸菩薩。遍満十方以化衆無的住処 文 智論

20我当以神通力。守護能受持普賢菩薩名者法花」（47オ）（白紙47ウ）

感応

1　窺沖法師造普賢像免難到印度録

窺沖法師僧交州人也。志望達到印度。即発願造普賢像祈請云。普賢大士。有恒順衆生願。豈捨貧道誠志。更感夢。普賢白象。摩沖頂云。汝有誠志。将往印度。若有留滞。我必救之。夢覚歓喜。与明遠同舶。而沈〔汎〕南海。忽遭悪風。欲堕羅刹国。沖専念普賢。其像現船上。風静向師子州。又復遭摩竭魚難。沖専念普賢。其像現船上。大」（48オ）魚合口而去。免難到師子国。更向西印度。見玄照法師。共指中印度。礼菩提樹。更到竹林園。微疾。如夢見普賢云。吾依聖力満足本願。獲六根浄。無令生恨。注遺書云々。」

2　秦安義造普賢菩薩滅罪免悪趣事同

秦安義者高陸人也。従少至長。放鷹射蔨心為家業。一日所殺不知幾千。月至月歳至歳。殺生都不可計算。邪見之人云。安義好殺身無善。生年五十有八。忽発瘡病。濃血穢身。臭気不可親附。義婦日出之時見病。一々」（48ウ）頰皆似雉觜。生希有心。呼児子見皆云似雉觜。更告

親属。凡有所見。皆云似雉觜脣。々如動。尓時馳使者。請
僧道俊法師。以明其状。俊曰。此人鷹鷂罪報重積。現身
尚還所啳食。自非悔力。甚難救療。俊問安義曰。身心奈
何。答。身心如春。閉目見無量鳥獣嗺齜啄飡骨肉。願師見
救療。俊曰。現苦如此。況復後苦。須懺其罪。義言。願垂慈
訓。俊曰。造普賢像。方得謝徳。如斯之頂。悶絶気絶。親属渧
泣。俊勧造形像。修普賢懺。三日方醒云。吾初見。馬頭牛頭。」（49オ）
怒目擄制云。汝愚気人。所殺之生雉鶏等類。入身咀嚼皮
肉。鹿羊等者。在庁各々訴非分奪命。王依想状。遣使召問。
不可違拒。即返縛四支。入火車中。忽将還逕中。無奈何事。値
一人沙門揩磨其身。熱苦暫息。遂至王庁。至王庁見百千
万億禽獣扨械枷鎖面縛。反縛罪人。尓時先沙門来。王従
座起合掌而立。沙門入庁就座。次入坐。沙門曰。此人是我檀。
親属為供養我。而其釁。将放赦之。王。阿師所言。不可堅拒。今
依所殺有情想。方召勘之。此事如何。沙門曰。朋友知識在人間。」（49ウ）
為修懺悔。迴向彼諸所殺生類。怨者皆解怨心方脱苦。王
曰。実如師説。宜将放還。王従座起。礼沙門曰。阿師共還。尓時
沙門。将安共出。忽見土家。以錫闢口。入安欻然不見。是時親属

謂安曰。為汝造像。々即救安。聞是語。喜悲交集。身瘡方愈。気力調和。更捨所有。供養其像。剃(ソイ)髪出家。誡家族子孫曰。以電露身。莫犯重罪。殺一生命。多劫受殃。冥事皆実。不可免過。唯留此言。不知去処矣。

3 宋臨瑠普明」(50オ)

斉上定林寺釈普明。懺誦為業誦法花経。毎主勧発品。輒見普賢乗白象王在其前矣。

4 宋路昭大后造普賢菩薩像感応縁

宋路昭太后。大明四年。造普賢菩薩。乗宝輿白象。安於中興禅房。因設講于寺。其年十月八日。斎畢脱坐会。僧二百人。于時寺宇始構。帝甚留心輦蹕臨幸。旬(旬)必致四。僧従対勅。禁衛厳粛。尓日僧名有定就摩久之。忽有一僧。顧于座次。風昆秀挙。図堂驚矚。斎主与語。往還百余言。」(50ウ)忽不復見。列莚同観。識其人矣。已上感応録

5 陳南岳衡山恵思

釈恵思。俗姓李氏。項城武津人也。児時因夢。梵行勧令入仏道。又夢。数僧訓以斎戒日惟一食。不受別供。時見朋類。誦法花経。情深楽重。先未曾習誦。日従他請経。於空塚中。独

自看之。無人教授。日夜悲泣。塚是非人所居。恐畏非一。移託古城。鑿穴止。昼則乞食。夜不眠覆。向経流涙。頂礼不休。其年夏多雨。土穴湿遂。挙体腫。行止不能。不忍対」（51オ）経。心力殊然。忽覚消滅平復如故。夢普賢乗六牙白象。来摩頂而去。法花一部。曾不識文　自然解了。所摩之処。自然隠起如肉髻。凡十年之中。誦法花声不輟。復悟法花三昧大乗法門。境界明了位六根浄。伝

6

薗城寺僧ム依普賢加護正念現前

有沙門。其名不詳。備前国人矣。具足妻子。逕多年月。登比叡山。得度投〔授〕戒。即住三井寺。暗誦法花。逕十余年。誦二万部。寺中上下皆生随喜。此僧又下本国。如昔与本妻子相共経」（51ウ）営世間。棄捨所誦妙法花廃忘年尚。誠以足為無慚愧僧。臨老受病。人々勧進令唱弥陀。令読法花。振頭不受。更不念仏。又不読経。及数十日。臨最後終病悩精喩。沐浴着清浄衣。白三宝言。傾年為魔被擾乱。棄捨一乗。執着邪見。今蒙普賢加護。得正念現前。昔廿年間。所読二万余部経。若不失猶在我。作自行因。当叶仏地位。願法花経今命終時。当暗誦。即勧傍人。令唱妙法蓮花経序品第。続名音

即誦始。如是我聞。一心高声。一部誦訖。頭面作礼即入滅矣。」（52オ）

7 沙門光空。近江国金勝山僧矣。其音清美如振鈴声。誦法花経。練行年尚。有兵本（部）介人。是将門近親。極悪不善甲兵武者。帰依此沙門。令住我家内。逕数年間。兵本介妻与持経者交通事云々。従者此事語兵本介。聞此事畢。持経者起怨害思。将持経者。至深山中。縛着樹下。以弓射腹。箭曲折而不立身。沙門一心観我果報依無実事受此苦報。以高貴声誦法花。五六度射箭。曲折同前。兵本初以郎等令射。後手自射。忽折摧如前。廿九箭皆已射。兵不大驚免沙門畢。即乞懺悔。」（52ウ）我今。於聖人所作大悪事。自今已後。更於大師不生悪心。流涙悔過。即将還。兵本介其夜夢見。有金色普賢菩薩。乗白象王。普賢腹間立多箭。兵本夢中問。以何因縁。普賢菩薩御腹立此多箭耶。普賢答言。汝於昨日依無実事。殺持経者。代其沙門我受此箭。兵本夢覚弥大驚怪。向持経者流涙懺悔。即追（退）去告語此事従者。逕両三。持経者厭離世間。持経持仏。以夜半永出去。兵本夢普賢告。汝年来供養我。依其功徳応当引摂。唯依無実事。」（53オ）欲害於我。見悪早去。見善早近。是如来所説之故。我今

去処。永趣他処。兵本介驚此夢。往見持経者住処。出往
方。兵本介大愁歎矣。

8 女弟子藤原氏。二度大貳隆家卿北方姉矣。誦法花経。不知
世路。一生寡婦。不知夫女体。身無所犯。心無作罪。数十年間。一心
誦経。夢金色普賢。所乗白象開口唱云。善女諦聴。依持法花。
常来守護。報在浄土云々。乃至臨終一念仏即世矣○入滅之後
夢。潔装束如天女妹以尋常食勧之。即答云。我是更不用」（53ウ）
此世界食○我飲食在宝威徳上王仏国土○指東方界而
飛去矣。

9 揚洲厳敬男児得明眼縁

厳敬揚洲人。家富無子息。偏帰正法。読誦法花経為業。後生
男子。三歳熱病眼暗。厳敬寿量品。少不能持。纔誦題目。無奈
何事。遇乱屋内堀穴。与衣食而捨走。乱静賊去三年方還。屋
舎破壊。梁柱散在。下有普厳。即憶知盲児。披穴肥腐円
満。両眼復明。悲喜問因縁。児曰。吾持法花経寿量品題者。一人乗」（54オ）
白象来放光。教句逕初読一品得明眼畢一部。後更不可

(10) 所去。厳生希有念。誦経甚通利。[10]釈曇韻定州人。後住温
洲行年七十。隋末奄乱隠于離石山。常欲写法花経。無一人

同志。如此積年。忽有書生無何而至云。所欲潔亦浄並能行之。即於清旦。食訖入浴着浄衣。受八戒入浄室。口含檀香。懸幡。寂然抄写至暮。方出。明又如先。曾不苦倦。及経写了。如法親奉相送出門。斯須不見○夢普賢現前告韻云。善哉如法書写法花。即身能離廿五苦□」（54ウ）

11 書云。昔伏羲乃王。臨河鈎魚。即得一亀。背上有是八卦也。変成六十四卦体。以之為模。尋五性吉凶。一毫不謬。或経。普賢菩薩自誓云。我作大亀。背負五吉凶。現於世。為恒規者。仍可信八卦也。」（55オ）（白紙55ウ～56ウ）

観音

1 帰命蓮花王。大悲観自在。大自在吉祥。能施有情類。
具大威神力。降伏極暴悪。暗趣為明灯。観者皆無厭。
示現百千臂。其眼亦如是。具足十一面。智如四大海文云々

2 最上大吉祥。具福智荘厳。入於阿毘獄。変成清涼地。
帰命大悲蓮花手。大蓮花王大吉祥。種々荘厳妙色身。
首髻天冠厳衆宝。頂戴弥陀一切智。救度有情而無数。
病苦之大求安楽。菩薩現身作医王文」（57オ）

3 作悪業故堕黒縄。及大阿鼻地獄道。諸有餓鬼苦趣者。

称名恐怖皆解脱 文

4 若人恒念大士名。当得往生極楽界。面見如来無量寿。

聴聞妙法悟無生 文　已上大乗荘厳宝王経

5 衆生有苦。三称我名。不往救者。不取正覚 文　弘猛海恵経

6 若有聞此六字章句救苦医王無上神呪。称観世音
大悲名字罪垢消除。即於現身得見八十億諸仏皆来授手。
為説大悲無畏者功徳神力幷六字章句。以見仏故即得」（57ウ）
無忘旋陀羅尼 文

7 大悲大名称。吉祥安楽人。恒説吉祥句。救済極苦者。
衆生若聞名。離苦得解脱。亦遊戯地獄。大悲代受苦。
或処畜生中。化作畜生形。教以大智恵。令発無上心。
或処阿修羅。濡言調伏心。令除憍慢習。疾至無為崖。
現身作餓鬼。手出香色乳。飢渇所逼者。教発無上心。
施令得飽満。大悲大悲心。遊戯於五道。恒以善集恵。
無上勝方便。普教一切衆。令離衆生苦。常得安楽処。」（58オ）
致到大涅槃岸 文　已上請観音経

8 光明甚盛照十方。摧滅三界磨波旬。抜除苦悩観世音。
普現一切大神通 文　観音三昧経

9 大勢菩薩観世音。能度十方苦難人。我令稽首難思議。
普現十方魔皆知。破滅魔宮砕殿時。是故稽首正法王。
哀哉無量事難当。抜地獄苦生天堂 文 同
10 若有人能受持此経。当得五種果報。何等為五。一者離生
死苦滅煩悩賊。二者常与十方諸仏同生一処。出則随□(出)」(58ウ)
滅則随滅。生々之処。不離仏辺。三者弥勒出世之時。当
為三会初首。四者不堕悪道地獄餓鬼畜生阿修羅中。
五者生処常値浄妙国土 等文 同
11 嗚呼大悲観世音。嗚呼世間自在者。若有専正憶持者
得脱一切悪道苦。此是世間尊重父。此是世間尊重母
此是世間救度首。此是世間大日光 文
12 不空羂索観世音。変作大梵天身相。扼羅楗陀観世音。
馬頭観音大明王。播拏目佉観世音。十一面首観世音。」(59オ)
四面大悲観世音。除八難仙観世音 文
13 不空広大。神通三昧。遊戯空界。得大自在寿命
(14) 逾遠 文 14 不空広博光明首三昧。騰往十方三千大千一切。
如伸臂傾還至本処○不空王幻化三昧耶。不空清浄天
眼三昧。以斯幻化三昧耶力。尒同有情。応現之状。所謂浄

居天伊首羅天。摩醯羅天大梵天帝○龍神八部人及非人
等。幷及水陸傍生有情。同類現摂化済度。悉令順伏得大解
脱。世尊是法名為不空羂索心王文」（59ウ）
15 作是不空羂索観世音像者。得成無量菩提善根。是人□（当）
得観見八十八殑伽砂倶胝那庾多百千如来文
16 汝今供養不空羂索観世音像者。乃譡承事供養六
十四千如来所殖種善根文　已上不空羂索経
17 聞此陀羅尼三昧耶者。皆獲勝利。或復聞已誹謗軽毀。而
不恭敬亦獲勝利文　同」（60オ）（白紙・60ウ）
18 如意輪六臂瑜伽法面決　金剛智説
南無大悲三昧思惟手。難度衆生能度相。
南無大悲三昧案山手。八風不動利他相。
南無大悲三昧摩尼手。願求衆生能満相。
南無大悲三昧蓮花手。能示衆生不染相。
南無大悲三昧念珠手。三途衆生離苦相。
南無大悲三昧金輪手。能転法輪滅罪相。」（61オ）
19 又様　不空訳
第一手思惟。愍念有情故。第二持意宝。能満一切願。

第三持念珠。為度傍生故。左按光明山。成就無傾動。
第二持蓮手。能浄諸非法。第三手持輪。能転無上輪。
20 如意宝輪王陀羅尼心呪第一希有。能於一切所求之
事。随心饒益皆得成就 文
21 雨妙珍宝如々意樹如意宝珠。於諸衆生令其希求応
時果遂 文」（61ウ）
22 但止摂心口誦不懈。百千種事所願皆成。更無明呪能
得与此如意呪王勢力斉者。是故先当除諸罪障。次能成
就一切事業。亦能銷除受無間獄五逆重罪。亦能殄滅一切
病苦 文
23 悪魔悪鬼。皆不得便。亦無刀仗。水火悪毒○怨賊劫盗能
及其身○兵戈戦陣皆得勝利。若有諍訟亦得和解 文
24 常為諸王公卿宰輔恭敬供養衆人。愛敬所生之処不
入母胎。蓮花化生衆相具足。在所生処常得宿命。始従今」（62オ）
日乃至成仏。不堕悪道常生仏前 文　已上如意輪経
25 毎日之中。於後夜時誦三千反。帝釈天王及諸天女。下来帰
依与明呪願 文　如意摩尼陀羅尼経
26 此如意呪応当勤修。作法不求宿日。不須持斎不須洗浴不

須別衣。受持之時不須辛苦。但読及誦即能成就。無上之事。
纔読即令堕阿鼻者。皆得清浄。五無間者銷滅無余病
者除○一切諸毒呪術厭蠱皆不能害。一切諸瘡不着其
身○脣内誦之満一百反。観世音菩薩即於其日見満人前。与」（62ウ）
其所願皆令成就。又見一切諸仏如来。及見西方無量寿仏。
極楽世界及菩薩会 等文　同

27
若須雨時。詣高望処当仰視天。誦此陀羅尼一千八反。甘
雨応時普令充足。若視地誦此陀羅尼一千八偏。能令百
穀皆得成然。若於枯池河泉辺。誦此陀羅尼一千八反水即
盈満。若以此陀羅尼呪千七反。摩⿰禾門〔捫〕病人身者即得除差。
若視失念人面身。誦此陀羅尼百八遍還得正念。若視飢」（63オ）
渇人面。誦此陀羅尼一百八反。所有飢渇悪相悉皆銷除 文

千手千眼観世音菩薩姥陀羅尼身経　呪楊枝嚼之得大弁才云々

28
是菩薩身作閻浮檀金色。面有三眼臂有千手。於千手
掌各有一眼。首戴宝冠々有化仏。其正本手有十八臂。先
以二手当心合掌。一手把金剛杵一手把三戟叉。一手把梵
甲一手把宝印。一手掌宝珠。一手把宝輪一手把開敷
蓮花。一手把羂索一手把楊枝。一手把数珠一手把澡

罐。一手施出甘露一手施出種々宝雨施之無畏。又以二」（63ウ）
手当斉右押左仰掌。其余九百八十二手。皆於手中各
種々器杖等吊。或単結手印皆各不同 等文 同経

29 若善男子善女人等作此印者。随随得滅除無量生死劫
来悪業罪障一時銷滅。当来往生十方浄土。今釈迦牟尼
仏。往昔初坐菩提樹下。為諸魔王之所悩乱。亦作此印
獲得安楽 文 千手千眼観世音菩薩 惣持陀羅尼印 同経

30 面有三眼一千臂。一々掌中各有一眼。正前面身有
十二臂 等文 菩薩呪経上」（64オ）

31 至心称念。我之名。応専念。阿弥陀如来。然後即当誦此
陀羅尼神呪。一宿誦満五遍。滅除身中。百千万億劫生
死之罪○臨命終時。十方諸仏。皆来授手。欲生何等仏土。随
願皆得往生 文 千手経 誦陀羅尼四種成就 息災 増益 降伏 敬愛 鉤召 等

32 我亦曾見過去毘婆尸仏。現斯千手千眼大降魔身。
世尊我今復現是千手千眼大降魔身。於千臂中各現
化出一転輪王。為同賢劫千代転輪聖。於千手千眼中
各現化出一仏。亦同賢劫千仏等出現故。世尊菩薩降魔身」（64ウ）
中此身為最 文 姥陀羅尼経

33 此菩薩過去毘婆尸仏。以化降魔身。千眼各出一仏。以為賢劫
千仏。千臂又各化出一輪王。為千代転輪王此菩薩降魔身
現出世時。一切世界中衆生身中有罪者。皆滅入地獄者
皆得出生人天中不堕三悪道 文　千臂千眼観世音菩薩呪経品巻上
34 若有衆生患眼痛者。是呪法師○以印々眼々痛即愈。以
此因縁其人当獲無辺天眼。徹見諸天 等文　姥陀羅尼経」（65オ）
35 若復有人能以一花。供養観自在菩薩者。是人当得身心妙
香。随所生処而得身相円満 文　大乗荘厳宝王経観音六字明呪也
36 汝能得是如意摩尼之宝。汝七代種族皆当得其解脱。彼
持明人。於其腹中所有諸虫。当得不退転菩薩之位 文　同経
37 若有男女。而能依法念此六字大明陀羅尼○日々。得具
六波羅蜜多円満功徳○於其口中所出之気々触他人身。所
触之人発起慈心離嗔毒。当得不退転菩薩。速証得阿○菩提。
若此頂戴持之人。以手触於余人之身。蒙所触者是速得菩薩」（65ウ）
之位 文　同経
38 又但心誦不出音。能滅一切前身中所作一切悪業罪障。出
声誦滅現在一切罪障。即見相好 文　阿嚕力迦経　観音真言也
39 作是観者不遇諸禍。浄除業障。除却無数劫生死也。如

是菩薩。但聞其名獲無量福。何況諦観 文 観無量寿経

40 我能堪忍対強悪趣諸衆生等為作帰依 文 決定毘尼経 観音語也

41 弘誓深如海。歴劫不思議○能滅諸有苦
具足神通力。広修智方便。十方諸国土。無刹無現身。」（66オ）
念々勿生疑○是故応頂礼。 法花経

42 羅身。為彼衆生演陀羅尼秘要之法。乃至応以帝釈之身○悉
地明仙。日月星宿童男童女種々之身。乃至異類二足四足多足
無足。有情無情三界之身而得度者。即皆現身之而為演説。以
是義故名観自在。 観自在菩薩授記経

43 又以蟻封泥作十万小塔。一々塔前誦三千五百反。所求悉地
最上最勝。心所念処皆得。其人先造四重五逆大罪。依此
無不滅。命終任意往生極楽国土 文 阿嚕力迦経」（66ウ）

44 若有衆生受苦。称我名者念我名者。為我天耳天眼所見
聞。不得免苦不取正覚 文 非(悲)花経

45 本体観世音　常在補陀落山　為度衆生故　示現大明神 文 観音三昧経

46 観三業帰依而抜衆生苦。略云観音 文 玄賛

47 同念是顕機。得脱有冥顕。由過現縁差。受益有等級。
若其機感厚。定業亦能転。若過現縁浅。微苦亦無微妙 文

48 釈迦過去於正法明如来所学習道法。正法明如来観音本
身。故知文殊観音普並曾為師 文 釈竹(籤)」（67オ）
49 広六観音即是廿五三昧。大悲即是無垢三昧。大慈即是
心楽三昧。師子即是不退三昧。大光即是観喜三昧。丈夫即
是如幻等四三昧。大梵即是不動等十七三昧 文 止観

50 請観音経四行偈

願救我苦厄。大悲覆一切。普放浄光明。滅除痴暗瞑。
為免毒害苦。煩悩及衆病。必来至我所。施我大安楽。
我々稽首礼。聞名救厄者。我今自帰依。世間慈悲父。
唯願必定来。免我三毒苦。施我今世楽。及与大涅槃 文」（67ウ）

51 作十一面。当前三面作菩薩面。左相三面当作嗔面。右相三
面似菩薩面。白牙上出。後有一面当作咲面。其頂上面作仏面。
其十一面各戴花冠。其花冠中。各々有一阿弥陀仏。左手
把一澡罐。其澡罐口挿一蓮花。右臂垂下。展其右手。以串
瓔絡施無畏手○ 文 陀羅尼集経

52 我有神呪心名十一面。具大威力。十一倶胝諸仏所説。我今説之。
欲利益安楽一切有情。除一切病故滅一切悪故。為止一切不」（68オ）
吉祥故。為却一切悪夢想故。為遮一切非時死故。諸悪心得

調浄故。有憂苦者得安楽故。有怨対者得和解故。魔
鬼障碍皆消滅故。心所願求皆称遂故 文

53 現身獲得十種勝利。一者身常無病。二者恒為十方諸仏摂
受。三者財宝衣食受用無尽。四者能伏怨敵而無畏。五者令
諸尊貴恭敬先言。六者蠱毒鬼魅不能中傷。七者一切刀
杖所不能害。八者水不能溺。九者火不能焼。十者終不横死。
復得四種功徳勝利。一者臨命終時得見諸仏。二者終不堕諸」（68ウ）
悪趣。三者不困嶮厄而死。四者得生極楽世界 文 十一面

54 若有曾於百千倶胝那庾多仏所種諸善根。得聞☐(此)呪。
況能受持如説修行 等文 同

55 応当先以賢好無隙白旃檀香。刻作観自在菩薩像。長一搩
手半。左手執紅蓮花軍持。展右臂以掛数珠。及作施
無畏手。其像作十一面。当前三面作慈悲相。☐(左)辺三面
作嗔怒相。右辺三面作白牙上出相○作暴悪大咲相。頂
(56) 上一面作仏面像。諸頭冠中皆作仏身 文 同

56 儀軌云 長一尺三寸作十一頭四臂○当前三面作寂静相 等云 自余同之」（69オ）

57 従最上面口中出声讃行者言。善哉々々善男子○汝能如是
勤苦求願。我当令汝所満足。令汝於此騰空而去。或復令
汝所遊無碍。或作持呪仙人中王。或使如我自在無碍 文

58 尓時像当前一面。口中出声猶如雷吼。由此使大地震動。行
者尓時応自安心。勿生恐怖但念神呪。乞所期願作如是言。敬
礼聖観自在菩薩摩訶薩大悲者。我於何時能与一切有情作
大依怙。能満一切有情心之所願。時観自在便与其願。当与願
時諸天龍等。無有能与作障碍者 文 同経」（69ウ）

59 前三面慈想見善衆生。而生慈心大慈与楽。左三面嗔面見
悪衆生。而生悲心大悲抜苦。右三面白牙上出面見浄業者。
発希有讃勧進仏道。最後一面暴大咲面見善悪雑
穢衆生。而生怪咲改悪向道。頂上仏面或対唱行大乗機者。
而説諸究竟仏道故仏面。各示三方三面為化三有故現三
面 文 十一面経疏

60 若有称念百千倶胝那庾多諸仏名号。復有暫時於我名号
至心称念。彼二功徳年々等々。諸有称念我名号者。一切皆得」（70オ）
不退転地。離一切广（病）脱一切障一切怖畏。及能滅除身語意
(61) 悪 文 61我此神呪有大神力。若誦一遍即能除滅四根本
罪。及無間令無有余 文 已上十一面経

62 受持斎戒如法清浄。繋心於我誦此神呪。便於生死超
四万劫 文 同」（70ウ）

63 一心三昧。現声聞形清浄不二三昧。辟支仏形寂静三昧。現
仏身。晃耀三昧。現帝釈身。梵王身。妙勝三昧。現転輪王身。
大荘厳三昧。現居士身。大悲三昧。入地獄畜生諸余悪道云々。
決定毘尼経

64 観音眼出日月。額出大自在天。肩出梵王帝釈。心出那羅延天。
牙出大弁天。口出風天。腹出水天。大乗荘厳宝王経

65 金色毛中有一切□(彦)達波黒色毛　有一切仙人灑甘露毛有六千金
銀山高各六万由旬　有一切天人金剛面毛有一切竪那羅光明毛孔」（71オ）
有一万六千金山　有一切菩薩帝釈王毛孔有八万金山　有一切不退菩薩大薬
毛孔有九万九千山　有一切菩薩績画王毛孔有百千万山　有一切縁覚　同

66 大乗荘厳三昧現長者身。宝積経

67 入於三昧。名大蓮花。住地獄。摂取衆生。受於天楽。見諸衆生
(68) 受種々苦○而為説法。悉得解脱○文　68入於三昧。名曰寂静。現
生畜生。受人妙楽。各随其願○入於三昧。名曰静過。生卑賤
家。受転王楽○入於三昧。名見一切行無作光明。住是三昧。示
入諸道。受勝道楽○入於三昧。名曰過於一切言説。住三昧時。」（71ウ）
一切十方世界之中。示現其身文　象腋経」（72オ）（白紙72ウ）

感応　依文少付勢至

1 釈法力道人、精苦有業行。欲於噌郡立精舎、而銭物不足。興〔与〕沙門明琛往上谷、乞得一車麻、裁行空沢、遂遇野火。車在風下、無得免理。于時、法力倦眠、覚而火勢已及。挙声称観、未得言世音、便自応声風転火滅、無他而帰。

2 釈法智道人者、于昔為白衣。嘗独行大沢、忽遇猛火、四面倶、既欲走無向処、自知必死、因頭面礼光観世音、至心称」（73オ）喚名号。俄而火過、一沢草無遺茎、唯法智所在処容身不焼也。

3 宋元嘉中、呉興廓嘗大火発、治下民人居家都尽。唯一家是草屋、在火腹、独存。太宇王詔之出見火、以為怪異。使人尋問、乃郡吏家也。此事索不事仏、但聞王道光世音、因大切起滅遂以至心得免也。已上応験記

4 昔有人。名竹〔竺〕長舒。晋元康中。於洛陽。為火所及。草屋下風無有免理。一心称名火迴風修除舎而滅。郷里残」（73ウ）見謂為火自滅。因風燥日。擲火焼之。三擲三滅。即叩頭懺謝。両巻疏

5 海塩有一人、年卅、以海探為業。波入海遭敗、同船尽死、唯

此人不死、独与波沈浮。遂得一石、因住身其上、而此猶或出或
没、判是無復生理。此人乃本事仏、而嘗聞観世音。於是心
念口叫、至誠無極。因得眠如夢非夢、見両人乗一小船、喚
其来入。即驚起開眼、遂見真有事、跳透就之、入便至岸、
向者船又不覚失去。此人□(遂)出家、殊精進作沙門。」(74オ)
6 伏万寿、平昌人、□□(居都)下。宋元嘉十九、為衛軍行佐。府
主臨川劉義慶鎮広陵、万寿請暇還郡。暇尽比四更
中遇大江、天極請靖。半江、忽遇大風、船便欲覆。既夜尚闇
不知所向。万寿本信仏法、当尓絶念観世音。須臾、見北
岸有光、如村中燃火、同舟皆見、謂是歐陽火也。直往就之、
不曙而至。訪問村中、皆云無燃火者云々。
7 山陰県顕法義寺主竺法純、晋元興時人也。起寺行壚出
枝格上買、依暮、将一手力戴柱渡湖。半漲、便遺悪」(74ウ)
風、船重欲覆。法純無計、一心誦観世音経。尋有一空船、如
人乗来、直進相就。法純得分載人柱、方船徐済。復以船遍
示郭野竟自無主。
8 梁声居河北虜、後叛帰南、夜半過川、為俊流所転、船覆
落水。声本事仏、唯念観世音。向太半河遭敗、去岸殊

遠、一沈一浮、飲水垂死。忽然覚脚得踏地、已在岸上。明日
視昨上処、絶岸甚高、非人力何然云々。」（75オ）

9 昔有人名曰道□三人□(乗)水度孟津。垂半一人前陥一人
次没。固(囧)進退水上必死不疑。一心称観世音。脚如踏板夜遇
赤光徑得至岸。此倒甚多。」（75ウ）

10 石虎死後。染閔殺胡。無少長、悉殺之。晋人之類胡者、往
々胡濫死。時鄴西寺中有三胡道人、共計議曰、染家法厳、
政復逃匿、同無免理。光世音菩薩救人危、今唯当至心自帰。
乃共誦経乞、昼夜不懈。数日後、収人来至、囲寺一匝。三人
抜刀入戸、欲各殺之。一道士所住講堂下、先有積材。一人
先来、与刀擬之、而趺中積材、刀曲如鈎、不可得抜。次一人又
前斫之、刀応手中、即一段飛在空中、一段反還自向、後余
一人、見変如此、不敢復□(前)、□(投)刀謝之、不審上人有何神術」（76オ）
乃今日刃傷。道人答曰、□実無術。聞官殺胡、恐自不免、
唯帰心光世音。当是威神齢祐耳。此人馳還白閔、具説
事状、閔即勅時特原三道人台在鄴親所聞見。

11 山売伝者、河内人也。永和中、高昌、呂護各擁那曲、相
与不和。伝為昌所用、作官長。護遣騎抄、繫為俘執。同

伴六七人、共繋一獄、鎖械甚厳、尅日当殺之。沙門支道山時在護営中、与伝相識、聞其幽執、至獄所候視之、隔」(76ウ)戸共語。伝謂山曰、困厄、命在漏刻、何方相救。山曰、人事不見其方、唯観世音菩薩救人厄難。若能至心帰請、必有感応。伝亦先聞光世音、及得山語、遂専心属心、昼夜三日、至誠自帰。内視其鎖械、如覚緩解、有於常。聊試推盪、摧然離伝乃復至心曰、今蒙哀祐、已令桎梏自解、而同伴尚多、無情独去。光世音神力普済、当令俱免。言畢竟、復牽槐余人、皆以次解落、有割剔之者。遂開戸走出、行於警之間、莫有覚。便踰城逕去。時□已向暁、行四五里、天明不敢復進、」(77オ)苦(共)逃隠一蓁中。須臾、□失囚、人馬駅、四出尋捕、焚草残林、無幽不遍。伝所隠処一畝許地、終無至者、遂得免勝還。郷里敬信異常、奉仏法。道山後過江、為謝度緒具説其事。

12　念観音官司薄目無其名

昔、孫賊擾乱海垂、士(庶)鹿多離其災。有十数人臨形東市。一人独奉法、使至意誦光世音。同坐問之、対曰、聞仏法経、有光世音菩薩済人危、故日帰耳。其使事效之。次当就命、官」(77ウ)

司薄目独無其名、相与驚駭怪、乃各散走。二人亦随衆、遂得
免。

13 婦女観音貫木自抜囹門更開

僧融又嘗与釈曇翼於江陵勧一人夫妻授戒後、其人為
劫所取、因遂越走。執婦繋獄。融遇涂見之、求哀救、対曰、唯
当一心念光世音耳、無余術。婦人便称念不輟。幽囚経時、後
夜夢見沙門立其頸間、以足蹴之令去。婦人驚覚、身母三
木忽日離解。見門猶閉、□司数重守之、謂無出理。還目(自)穿」(78オ)
着、有須得眠、復夢向人□(曰)、何以不去、門自開也。既起、乃越人向
門、々開得出。東南行数里、将至民居。時天夜晦冥、忽逢一人、
初甚駭懼、其夫亦依竄草野、昼伏夜行、各相問訊、其乃夫
妻也、遂共投翼、々即蔵之寺内別処。無何、其郷人有遠
商者、翼令随去、竟得免也。

14 蓋護念観音異光照之前道

蓋護、山陽人也。嘗係獄応死。至心誦観世音経、三日三夜、心無
間息。忽於夜中眼見観世音、大放光照之。即時鎖械自脱、戸自」(78ウ)
開、光便引護出去、随光而走、行得廿里地、於是滅。護宿草中、明
日徐得免。

15　王球誦経夢得妙文覚遂免鎖

王球字叔衒、大原人也。宋元嘉九年作信陵郡。坐遭賊
失守、繫江陵獄。着一大鎖、釘之極堅。球在獄中、恒時斎、長
誦観世音経。一夜、忽夢己自坐高座上、有道人与其一分経、題
云、光明安行品幷諸菩薩名。球開読、忘第一菩薩名、憶第二観世音、
第三是大勢至、皆有国「　」□(因)是眼覚、便見双鎖已解。」(79オ)
球知有感応、不復憂□(怖)。因□(自)浥具鎖、依常着之。渉三日、
事非意便散。珠元嘉十九年見衛府行参軍、従鎮広
陵、精進甚矣。

16　僧洪在囹模像胸仏

道人釈僧洪者、都下凡(瓦)官寺。作丈六銅像、始得作畢。于時
晋義熙十二年、大禁鋳銅。僧洪未得開模見像、便為
官所収、繫在相府、判奸罪、応入死。僧誦念観世音経、得
一月日、忽夢見其所作像来至獄中、以手摩其頂、問、汝」(79ウ)
怖不。僧洪以事答。像曰、無所憂也。夢中見像前方一尺許、銅
色燋沸。得遂至出市見殺。示日、府参軍応監形。初喚駕
車、而牛絶不肯入、既入便奔、車即粉砕、遂至冥無監。更
復尅日、因有勅従彭城還、道、若未殺僧洪者、可原。既出、破模

着像、果胸前如夢。此像今在瓦官寺也。

17　王蔡念観音其身在硎外

王蔡、陽平人也。魏虜当欲殺、鎖械内土硎裏。硎深廿余丈、或有飲食、皆懸与之。蔡□(本)□□先誇観世音経。於是至念」（80オ）誦、得満千反。夜忽然覚□自□□(硎)外、而無復鎖械。因是走遁、即便得免云々。

18　道人至心却賊迷惑

益洲有一道人、従来山居。後忽遭賊、欲起逃走、勢不得去、因還住坐、至心称観世音。賊向已見在屋裏、而入屋自迷惑不見之、自相謂曰、此是神、必能殺我。各競去。

19　河北有老尼、薄有資財、為賊所掠。尼既無計、仰天絶喚」（80ウ）観世音。忽聞空中有噫声、響振遠近。群盗驚怖、一時散走、諸物皆得不失。

20　毛徳祖専念澍雨連々虜騎逃返

毛徳祖始帰江南、出開数里、虜便遣人騎迎尋之。其携将家累十余口、聞追在、便伏道側蓬萊之中、殆不自客具徒騎相懸、分無脱理。唯闔門共帰念観世音菩薩。有須天忽澍雲、始車蓋、仍大澍雨。追者未及数十大(丈)遇雨不得近便返。徳遂合

家免去云々。」（81オ）

21　道人念宝号劫□□入身

北有一道人、於寿陽西山中行。忽有多人出劫之。縛髀着樹、欲殺取衣物。道人至心喚観世音、劫遂斫之不入。因自大怖、放捨而去。

22　法禅一心大士賊弓不放主

開中道人法禅等五人、当姚家時、山行逢賊。既無逃走処、唯共一心念観世音。賊挽弓射之、遂手不得放。謂言神、怖懅各走。法禅等五人安隠得去。」（81ウ）

23　像持頭上寇刀自析斫

蜀有一白衣、以梅檀函貯観世音金像、繫頭髪中。値姚萇寇蜀、此人身在陳。臨戦正与萇、手自斫之。其唯項中□（鏗）然有声、都不覚痛。既得散走、逃入林中。賊去解髪視函、々形如故。開出見像、身有斫痕。始悟向者之声是中像。其人悲感、寧傷我身、反損聖形。蓋悟慈霊、後倍精進云々。

24　子教至心刑人眠熟

南公子教、始平人也。「　」城、為　虜児長楽公所破。」（82オ）城中数万人一時被「　」雖知必死、猶至心念観世音顧救済。及至交刀見斫而没自不申又行刑人忽自睡熟、便不能挙手。時虜主自監、見驚問故。子教不覚那忽遒、能作馬鞍。虜主即便置之。当時亦不自覚善遒此、唯覚正存念而已。被置之後、尋因得帰、作小観世音金像、以栴檀函供養。行則頂戴、不具人知。至于年老、精問転篤○

25 乾鍾誦経壓土自脱」（82ウ）

西海大字呉乾鐘者、本事仏法精進、恒誦観世音経、嘗虜所抄縛脾壓腰、欲走馬射之、以為覩戯。呉因帰命観世音、特自苦至、於是天忽大雨、至冥不自。虜不能出、悉以氈自覆。呉尓時縛時甚急、兼壓在土中、不覚忽自得脱、因尓而走、虜軍覚之、馬騎乱逐、相去小許、而策馬終不能及遂得脱去。」（83オ）

26 開達誦経大虎□□柵

道人釈開達、以晋隆安二年、北上壟掘甘草。時羌中大餓、皆捕生口食之。開達以晋為羌所得、閉置柵裏、以択食等伴肥者、次当見及。開達本請観世音経、既急、一心帰命、恒潜諷誦、日夜不息。羌食柵人漸欲就尽、余開達与一小児、以擬明日当食之。開達急、夜誦経、係心特苦、垂欲成就、羌来取之。開達臨急愈至、猶望一感。忽然見有大虎従草趒出、跳距大叫、諸羌一時怖走。虎因柵作一小穿、足得道人、便去。開達仍」（83ウ）将小児走出、逃叛得免。

27 斐安起、河東人也。従虜中叛帰、至河辺、不得過。望見追騎在後、死在須臾、於是喚観世音。始得数声、仍見一白狼従草中出、仰視安起、迴還繞之。安起目不暇視、狼還入草中。斯須追至、起心悟、復喚狼、若是観世音、更来救我。遣此未竟、応声即出。安起跳往抱之、狼一擲便過南岸。集止之間、唵失狼所在。追騎共在北岸、望之歎惋無極云々。」（84オ）

28 曇竭齎経師子□□象

宋元初中。有黄龍沙弥曇無竭。誦観音経。浄修苦行。諸徒属廿五人。往尋仏国○天竺舎衛路。逢山象一群。竭齎経誦念。有師子従林中出。象驚奔走。後有野牛。鳴吼而来。将欲害。又中如初帰念。有大鷲飛来。牛便驚散。遂得剋免。

29 羅刹国現青鳥救人、波羅奈作蝿蜂誘生暮（ホ）陀虫」（84ウ）

30 王桃念観音虎捨之志

王桃、京兆杜人也。性好殺害、少為猟師。年過卅後於林中○遇虎、即牽弩射虎。此虎傷走。後有一虎従後齧、桃両髀皆砕、猶不自置。桃憶先聞道人説観世音、仍至心帰念。便見放桃、因得起。虎猶怒自墳太叩繞之。桃逾投心至念、虎遂置之而去。桃還家自誓云、若不瘡死、当奉仏受戒。尋得着愈、竟成精進人。」（85オ）

31　法顧念観音「　」

法顧道人、上党（垣）饔恒人也。本性薫、名良。嘗従沙門還熏恒（垣）、路径中、忽遇雷雨大闇、虎狼乱走。憂怖無計、便至心念観世音。須臾雨止、前行、仍見有居家。進告家宿、主人住之甚好。曙乃覚故盤石上眠、但見空林而已○後遂出家、恒住蜜雲山中。宋元寿時人也。」（85ウ）

32　僧融誦経降伏鬼神

釈僧融、篤志汎愛、勧江陵一家、令合門奉仏。其先有神寺数間、以与之充給僧用。融便毀徹大小悉取、因留設福七日。還与之後、主人母忽見一鬼、持赤索、欲縛之。母甚憂懅、乃請沙門転経、鬼怪遂白無。融後還空山、道中独宿逆旅。時天雨山夜始眠。忽見鬼吾兵甚衆、其一大者帯中挟刃、形甚宏〔壮〕

緯。有挙胡床者、大鬼対己前據処之。乃揚声癘色曰、君何謂鬼無霊耶。使曳［　］右未及加手、融大不悳、称念」（86オ）光世音、声未及絶、［　］□（住）床後、有一人状若将帥者、可長丈余、着黄染皮袴褶、手提念杵以擬鬼、々便驚懼散走、甲曹之属、忽然粉砕云々。

33　恵簡念光世音鬼神捨居処去

刑洲聴事東有別斎三間、由来多鬼、恒悩人。至建武時、猶無能住者。唯王周旋恵簡道人索有膽識、独出居之。以二間施置経像、住自一間。既渉七日因夜坐、忽一人黒衣無目、従壁中出、便来獱簡開心了、唯日□（不）得語。独専念光世音。良久、鬼」（86ウ）乃謂道人曰、聞君精進、故来相試。神色不動、豈久相逼。竊然還入壁中。簡起滲瀬拝礼諷誦、然後還眠。忽夢向人謂之曰、僕以漢末居此、数百年矣。為性剛直、多所不堪。君有浄行、特相容耳。於此遂絶。簡住弥年安隠、余人猶無能住者。」（87オ）

34　病人念観音［　］臂摩其痕

月氏国有人得白癩病、百種治不差。乃至観世音之像前求哀、情甚苦至。像仍申臂摩其痕、即時便差。身体光飾、異本形。像手即猶中不還。

35　精恵誦経聾亡開明

宋元嘉廿六年、青洲白茍寺道人精恵縁、急病聾盲、頓失耳眼。自念此非着疾、又無質薬、唯当誓心帰観世音、誦此経一千反。誦数裁満、□(耳)目不覚額然自□(差)。」(87ウ)

36　癩疾之人擬遷居念観音所病便愈

道豫道人説、有一癩病人、其家欲遠徒之。病者求得小停、便仏前以身布地、純念観世音。経日不起、体已冷貢、唯気不尽。忽起自言、所病差。便見不固十日中、都好平復。

37　法義致誠夢中洗符蔵

沙門竹法義者、山居好学。後得病積時、政治○日就綿篤。遂不復治、帰誠光世音。如此数日、昼眠、夢見一道人来診候其病、因為治「　」湔洗符蔵、見有結聚不」(88オ)浄甚多。洗濯畢、「　」義曰、病已除也。眠覚、衆患豁然、尋便復常。

38　姓台念観音期日産生

有一人姓台、無児息、甚自傷悼。於是就観世音乞子、在□僧前誓曰、若以余日生児、更非瑞応。唯以四月八日生者、則是威神之力。果以四月八日産一男、字為観世音云々。

39　老嫗桃灯万里之外指光　冥報記

彭城嫗者、家世事仏○親属並亡、唯有一子、素能教訓。」（88ウ）
児甚有孝敬、母子慈愛、大至無倫。元嘉七年、児随到□(彦)
之伐虜。嫗衞涕追送、唯戒帰依観世音。家本極貧、無以設
福、母但常在観世音像前燃灯乞願。児於軍中出獲、為
虜所得。其叛亡、遂遠送北堺。及到軍復還、而嫗子不
反、唯帰心灯像、猶欲一望感徹。児在北亦怕長在念、日□(夜)
憤心。復夜、忽一灯、離其百歩。誠往之、至軽失去。因即更見
在前、已後如向、疑是神異、為自走。遂比至天暁、已百余里。
懼有見追、蔵住［　］□□(日没)、還復見灯。遂尽停村乞」（89オ）
食、夜乗灯去。経歴［　］行平。輒転如千里、遂還郷。
初至、正見母在像前、伏灯火下。目(因)悟前所灯即是像前灯
也。遠近聞之、無不助為悲喜。其(ソノ)母子遭符神力、倍精進。
児終卒供養、乃出家○一説嫗既失子、恒燃灯観音像前、□(昼)
夜誦観世音経、希感聖神、望一相見。又恐或已没、兼四
時祠之。虜以嫗子為奴牧草沢。当母祭祠之日、輒夢還
臨響。母積誠一年、昼夜至到。後児在山中、亦見一光如

柱形、長一丈、已十歩。疑是非常、便往就之。恒懸十歩、而」（89ウ）疾走不及。遂不得已十日至家々見光直帰像前、母正稽顙在地云々。

40　帛法祈声其音清美

沙門法橋、中山人也。精懃有志行、常欲諷誦衆経、而為人特乏声気、毒不意、々常憤然。謂同覚曰、光世音菩薩令人現在得願、今当至心祈求。若微誠無感、宿罪難□(消)、与其無声久存、不若捨身更「　」食、唯専心致誠。三四日転」（90オ）就羸頓。諸弟子共「　」声音稟受有定、非一生所及。和上当愛身行道、何有其於取弊。橋性剛決、造因弥励曰、吾意久了、憤勿相乱。至五六日、気勢弥綿、裁有余息。師徒憂惋、謂其待尽。而猶閉目叉手、至誠不輟。至七日朝、暁状開目、如有悦色。謂弟子曰、吾得善応。索水盥洗、因杭声作三偈、音気激高二三里外。村落士女、咸共驚駭、不知寺中何異音。皆崩騰来観、乃橋公之声也。彼遂誦五千余万言、声音如鐘、初□(無)衰竭。其時皆疑其道人也。」（90ウ）石虎未猶在、年九十余乃終。比来沙門誠之者。竺扶□(橋)沙弥也。

41
羯若鞠闍国（唐言曲女城国 中印度境）王字曷利沙(伐)代禅那（唐言 喜増）父字
波羅羯邏(伐)代禅那（唐言 光増）兄字曷邏闍代禅那（唐言 王増）光増
崩後王増以長副位以徳治政。時東印度羯羅拏蘇
伐剌那（唐言 金耳）国設賞迦（唐言 月）王毎謂臣曰。隣有賢主国之
禍也。於是誘請会而害之○時大臣婆尼（唐言 弁了）○謂僚庶
曰○先王之子。亡君之「　」慈天性。□驚因心。親賢允」（91オ）
属。欲以襲位。於事「　」志。衆咸□(仰)徳嘗無異謀。於
是輔執事咸勧進曰。王子垂聴○克復親讎。雪国之恥。光父
之業。就大焉。幸無辞矣。王子曰（喜増也）国副之重。今古為
為難。君人之位。興立宜審。我誠冥〔寡〕徳。父兄遐棄。推襲
大位。其能斉乎。物議為冥〔宜〕。敢忘虚薄。今者殑伽河岸。有
観自在菩薩。既多霊鑑。願往請辞。即至菩薩像前。□食
祈請。菩薩感其誠心。現形問曰。尓何所求。若此勤懇。王子曰。
我惟積禍。慈父云亡。重茲酷罰。仁兄見害。自顧冥徳。国□(人)」（91ウ）
惟尊。令襲大位。光父之業。愚昧無知。敢希聖旨。菩薩□□
汝於先身。在此林中為蘭若比丘。而精懃不懈。承茲福力。
為此王子。金耳国王既毀仏法。尓紹王位。宜重興隆□□為
志。傷愍居憶。不久当王五印度境。欲延国祚。当従我誨。冥

加景福。隣無強敵○於是受教而退。即襲王位。自称曰王子。号戸羅迭多(唐言戒日)遂率国兵。構習戦士。象軍五千。馬軍二万。歩軍五万。自西徂東。征伐不臣。象不解案。人不釈甲。於六年中。「　」広其「　」〔増〕□甲兵。象軍」(92オ)六万。馬軍十万。垂「　」不「　」平。務修節倹。営福樹善。忘寝与食。令五印度不得噉肉。若断生命。有誅無赦。於殑伽側建立数千窣〔窣〕堵波。各高百余尺。於五印城邑。郷聚。達巷。交衢。建立精廬。儲飲食。止医薬。施諸羇貧。周給不殆。聖迹之所。並建伽藍。五歳一設無遮大会。傾竭府庫。恵施群有。唯留兵器。不「　」云々

42 鏡面浮像縁　西域記第五

摩掲陀国迦布徳迦(唐言鴿)伽藍。南二三里。至孤山之。「　」(92ウ)峻。樹林欝茂。名花清流。被岸注壑。上多精舎霊「　極剞劂之工。正中○」(93オ)(白紙93ウ)

43 祈観音留生身待龍花像

駄那羯磔迦国(亦謂大案達羅国南印度境)○城南不遠有大山「　毘吠伽(唐言弁)論師。住阿素羅落宮待見慈氏菩薩成「　論師雅量弘遠至徳深還。外亦僧佉之服。内弘龍猛之学。

聞摩揭陀国護法菩薩宣揚法教学徒数千。有懐談議
杖錫而往。至波吒釐城。知護法菩薩在菩提樹。論師乃命門人
曰。汝行詣菩提樹護法菩薩所。□(如)我□(辞)曰。菩薩宣揚遺教道引
迷徒。仰徳虚空「　」乖礼謁。菩提」(94オ)
樹者。誓不空「　」謂其使曰。人
世如幻身命若浮。渇日勤誠未遑談議。人信往復竟不会
見。論師既還本土。静而思曰。非慈氏成仏誰決我疑。於観
自在菩薩像前誦随心陀羅尼。絶粒飲水時歴三歳。観
自在菩薩為現妙色身。謂論師曰。何所志乎。対曰。願留此身
待見慈氏。観自在菩薩曰。人命危脆世間浮幻。宜修勝「
覩史多天。於斯礼覲尚速待見。論師曰。志不可奪心不「
曰。若然者宜往駄那羯磔迦国城南山巌執金剛神所「　」(94ウ)
誦執金剛陀羅尼者当遂此願。論師於是往而誦焉。三「
之後神乃謂曰。伊何所願若此覲励。論師曰。願留此身待見「
自在菩薩詣指遣来請。成我願者其在神乎神乃授秘「
曰。此巌石内有阿素落宮。法行請石壁当開之即入中可以待見。
論師曰。幽居無覩誰知仏興。執金剛曰。慈氏出世我当相執。論師受
命専精誦持。復歴三歳初無異相。呪芥子以撃石巌壁

豁而洞開。是時百千万衆□□(観覩)忘返。論師跨其戸而告衆
曰。吾久祈請待「　」此同見」（95オ）
仏興。聞者怖「　」喪身命。
再三告語唯有六人従入○入之既已石壁還合同記第十巻

44　念観音舟来応縁

老師行善者、俗性堅部氏。小治田宮御宇天皇之代、遣学高
麗　其国被流離而行。忽其河辺椅懐、無船過渡無由。
居断橋上、心念観音、即時老翁、乗舟迎来、同載「
従舟下道、老公不見、其舟忽失云々。霊異記」（95ウ）

45　念観音返本州縁

伊預国越智郡大領之先祖越智直、当為救百済「
之時、唐兵所擒、至其国。我国八人、同住一州。償得一「
菩薩像。信敬尊重。八人同心、窃截松木以為舟、奉請其像、安
置舟上、各立誓願、念彼観音。爰随風任波、直来筑紫。朝
庭聞之○後建郡造寺、即置其像云々。同

46　念観音得富貴縁

御手代東人者、諾「　」武太上天」（96オ）
皇之代、入吉野山修「　」名曰、南無銅

鐵万貫、白米万石、好多施徳。時従三位栗田朝臣之女、未通不嫁。其娘女、於広瀬之家、忽然得病。悤々痛苦、無由差止。粟田卿、遣使八方、令問禅師優婆塞而、遇東人而、拝請令呪。彼卿之女、被呪力病愈。乃将於東人発愛心、終交通也。○終女与東人、更為夫妻、令家財物、皆既施与○乃「
死時以姪女婚東人、付家財。東人現得大福。乃是(観)□「
験云々。同」(96ウ)

47　被盗像自現縁

大和国平群郡鵤村岡本尼、観音銅像有十二枚体○彼銅像□体、盗人所取、尋求無得。後経数月、平群駅郡西「
池。夏六月、彼池辺有牧牛童蒙等、見之、池中有聊木頭。上居鵄、牧牛見彼居鵄、拾集礫塊、以擲打、不避○下池取鵄。垂将捕之、則入水。見所居木、有金　　取牽上見則観音銅像。仍名菩薩池云々。同

48　貧女念観音得「　」(97オ)

諾楽古京殖槻寺「　」姓名未詳也。

父母有将、多饒富財、奉鋳観音菩薩銅像一体。高二尺五寸。隔家成仏殿、安彼像供養○父母共命終。財物散失。独守空宅、

昼夜哀啼。以縄繋銅像手、常牽之、香花供養、願楽福分。
○隣里有富者。妻妾忽死。媒嫁。孤女恥身貧衰、不肯。夫
進遣衣服、来婚。霖雨不止、三日不避。家無食物 「
飢○妻入于空屋。徘徊大嗟、嗽口洒手、参入堂内 「
繋縄、涕泣白言○爰日申時許、急叩門喚人。出見 「　」」（97ウ）
富家乳母。大□（櫃）具納百味飲食、美味芬馥、無不具物 「
鋺鍱子。即与之言○嬢大喜、不勝幸心、脱裹衣、与使 「
物可献。但有垢衣。幸受用之○後入堂見、所脱 「
銅像手○夫妻無夭、大富豊饒。同

49

念観音得銭財縁

沙門弁宗。大安寺僧也。天年有弁。白堂為宗○受用其寺
大徳修多羅経供銭卅貫、不得償納。維那僧等、徴銭而逼。
債無便故、登於泊瀬 「　」 繋縄引」（98オ）
之而白言○我施銭 「　」 送銭償
寺云々。同

50

丹波国穴練寺観音縁

沙門感世。以仏像為其所作。而読法花経。毎日必読一品一巻。
其中暗誦普門一品。日々必誦三十三巻。又十八日持斎。奉仕

観世音菩薩畢。其仏檀越宇治宿祢宮成雖作仏像。専［
哉者。施与仏師種々禄物。令京上時。檀越作此念。我殺此［
取反所与物。則於大江山殺害仏師。奪取禄物而還本処［　］（98ウ）
越為見所造観世。往寺開戸奉見新仏。金色観音［
被切損。従其疵中。赤血流下。満地凝結。檀越見了。心［
泣歎息○即遣使者。尋仏師存不。使者上京見［
有家。一分痕○仏師言。我雖遇盗人。身不蒙一分痕。安□(穏)還
家云々。寺記云、像胸立失、赤血流出、慈眼似泣、金体如悩、少泣而立矣。

51

周防国金判官代縁

周防国玖河郡有一人。姓名不詳。□国判官代也。従□(少)年
読法花経。奉仕観［　　　　　　　］有一怨敵。」（99オ）
常伺求短。欲害此［　　　　　　　］瑞像。霊験
顕然。判官代参仕供養。逕多年□(序)。判官代勤仕公事。□(従)
府還舎。怨敵率数十兵。侍遇険難□殺此判官代。段々
切壊。以数十箭射之。以大刀切之。以鉾串之。刚足折手。目刻
削鼻。種々摧折破壊。怨敵如意殺判官代。各々分散。時判
代心中無一分苦。身上無塵許痕。起畢随怨［
家。安穏住。国中遍聞判官代被害之由。怨家之□(人)［

代家。見聞案内。夜部如負摧破殺人。無一分痕。執作〔　〕」（99ウ）
怨家聞此事。生希有念。判官代夢。有一人宿徳〔
言。我是三井観音。代汝身蒙多痕。救汝急難。欲知〔
見三井観音。夢覚判官代往三寺。奉拝見観〔
至于足下。無一分全処。折手捨前。剛足置〔
削観音鼻。判官代流涙奉音。悲泣感歎。〔
人見判官代。名金判官代○怨〔
無怨悪念焉。」（100オ）

52

山城国蟹満多〔

山城国久世郡。有一女人。従年七□（歳）。〔
十八日持斎。奉念観音。至十二歳。読〔
悲一切。有人捕蟹持行。此女問云。為充何料此〔
為食也。如（女）言。此蟹与我。々家死鼻多。此蟹代〔
以憐愍心故入河中。其女父翁。耕作田畠。有一〔
来即為呑之。翁不意曰。汝蛇当免蝦蟇。若免捨者以〔
蛇聞此事。挙頭見翁面。吐捨蝦蟇而還走去。翁後時〔　〕」（100ウ）
作無益事○心生歎憂○臨初夜時。有叩門人。翁□（知）〔
開門見。五位形人云。依今朝語所参来也。翁云。過〔

坐。蛇即遠行了。此女以厚板令造蔵代。極令⌈
夕。入居蔵代。閉門籠矣。至初夜時。前五位⌈
女籠蔵代。生念恨心。現□(本)蛇形。囲巻蔵代。⌈
驚怖。至夜半時。蛇尾叩音不聞。又⌈
不聞吸。明朝見之。大蟹為⌈
蟹皆還去。如顔(女)色⌈　⌋(101オ)
経。一尺許観音告之⌈
燃等文。我依妙法観音威力。⌈
為救蛇苦及蟹罪苦。建寺。造□(仏)⌈
蟹満多寺。在今。時人亦云。紙幡寺。不称⌈

53　鷹取男持観音経免死難

陸奥国有一人。姓名未詳。田猟魚補取鷹⌈
尋人跡不通険処。飛到峨々石巌涯。下臨大⌈
上望虚空。白雲眇々。其岸中央有山凹所。巣生子⌈　⌋(101ウ)
取男○相語一人以数百尺縄。結付椸枕。以縄末繋⌈
乗篙中。令人執縄。漸々垂下。遙到巣許。鷹⌈
居巣傍。先取鷹子。結羽裹雛。入是篙⌈
人不登上人引止篙。取鷹子又不下篙⌈

取宅語妻子言。汝夫□篙。下巣許［
而死○此男頃年毎月十八日。持斎［
処巣無他念称念観音○有［
欲呑。鷹取抜刀［　」（102オ）
上蛇隠不見即□（知）［
立刀蛇頭巣之刀也。同

54　多多寸丸免刀難

播磨国赤穂郡有一類盗人。一国同心。［
足。乍生送獄。有一盗人。年廿余。以縄繋縛。［
走返更不立身。再三箭還去。奇問之。盗人［
観音経十八日持斎。昨日夢僧云○称念観音［
多々寸丸是也。同　」（102ウ）

55　念千手観音清盲明浄縁

奈良京薬師寺東里鳥、有両眼清盲之人○昼坐薬師
寺於正東門、披敷布巾、称礼日精魔尼手。往来之人、□（哀）
之米銭置巾上。或坐巷陌、称誦如上。［　」阿
倍天皇之代、名体不知之両人来［
治左右目了□言、我逕二日必来［

久、両眼明浄、平復如故。当期日終「　」（103オ）

56 打拍千手□持者被現罰

越前国加賀郡、有長若浮浪之人「
野朝臣遅麿。為優婆塞、常誦「
至加賀郡。神護景雲三年才次己酉「
馬河里。遇行者曰、何国人。答曰、我修行「
云、汝将（浮）浪人。何輸調役乎。縛打駈役。行者猶拒捍不随○
我頂戴陀羅尼、執持大乗。何令打辱哉。実有験徳、今示威
力。以縄繋千手経、従地引之而去○其後長至家、従馬将下、」（103ウ）
堅不得下。忽乗馬騰空而往、到打捶行者之処、懸空逕
一日一夜、明日午時、自空落死。其身摧損、如算入嚢○云々。同

57 賀夜良藤与霊狐通接

余寛平五年、出為備中介。時有賀夜郡人賀陽良藤者。
頗有貨殖。以銭為備中少目。至寛平八年秋罷、居住本郡
葦守郷時、其妻淫奔入京。良藤鰥居於一室、急覚「
狂乱。独坐執筆、諷詠吟和歌。如有挑女通書之状「　」（104オ）
与女児通慇懃之辞。然而人不見其形。如此数十日、一「
良藤所在。挙家尋求、遂無相遇。良藤兄大領豊中、□

統領豊蔭、吉備津宮祢宜豊恒、及良藤男右近衛忠貞等、皆豪富也。皆謂、良藤狂悖、自捨其身。悲哽懊悩、求其屍所、然猶無過。倶発願云、若得良藤屍骸、当造十一面観世音菩薩像。即伐栢樹。与良藤形骸、長短相等。向之頂礼誓願。如此十三日、良藤自其宅下出来。顔憔悴、如病黄癉者。又其蔵無柱、唯石上居折、々下去地纔四五寸、曾不可容」(104ウ)身。而良藤自其中出来。莫不敬怪。須臾良藤心情醒、語云、鰥居日久、心中常念与女通接。於是、有女児一人、以書着菊花来云、公主有愛念主人之情。故奉書通慇懃。即開書読之。艶詞佳美、心情揺蕩。如此往数度、書中必有和歌、遁唱和、後遂以飾車迎之。騎馬先導者四人。行数十里許。乃一宮門、有丈夫一人迎門云、僕此公主家令也。公主命僕引導大人。於是、従家入屏内。其殿屋帷帳□飾甚美。須臾薦饌、珍味尽備。日暮即入讌覆□」(105オ)好。意愛纏蜜、推死無恪。昼則同筵、夜即併枕、□理、猶如疎隔。遂生一男児。々亦聡悟、状貌美麗。朝夕□未嘗下膝。常念改長男忠貞為庶子、以此児為嫡子。此為其母之貴也。居十三箇年、忽有優婆塞。持杖直昇公主殿上、侍人男女皆尽逃散。公主又隠不見。優婆塞以杖突我背、令出狭隘之間。顧内視之、此我家蔵桁下也。於是、家中大小大怪、即毀蔵而視之、有狐数十散走入。其蔵下、猶有良藤坐臥之処。良藤居蔵下、纔十三日也。」(105ウ)而令謂十三年。又蔵桁下纔四五寸、而令良藤知亭門縮形出入其中。又以蔵下令知大殿帷帳、皆霊狐之幻或也。又優婆塞者、此観音之変身也。大悲之力、脱此邪妖而已。其後良藤無恙十余年、々六十一死。善家秘記

58

山崎橋依十一面観音感応亘事

此橋天平年中行基菩薩所造也。修造纔畢、於橋大設□会。是日洪水俄至、橋亦壊流。人庶溺死者不可勝数。□□累代修造末数年常致○壊。承和□(九)年朝庭多「　」(106オ)重亦修造。歴年九箇年、至十五年□□成、無幾「　年亦流□(失)、無遺一木。其後至今七筒年、行旅以舟□(往)□是或小艇競渡、多載牛馬。或風急浪怒、梢工未慣。如□覆、溺死者動数千百人。於是、先君忽全、我依此橋梁、立其陰徳。深思遠慮無所不至。遇摂津国武庫山高僧延寿、問其方略。延寿者智兼備、修行亦高、幹事之名、

着聞当時。又旧、与先君契為檀主。故有此問。於是、寿答
云、如聞、此橋行基菩薩弘願所逮也。然則、自非仏力、不能成」（106ウ）
功。況公利物之志尤切、尽忠之誠既露。若能致篤信、必有
感応。貧道所住之山、有一沙弥。能修十一面観音法。凡厥所
念願、立致感験。須招彼沙弥命之祈祈禱。先君大悦、乃自
向彼寺請帰。沙弥即於橋北西願寺北□□（山小）道場今□□□□
造等身十一面観音像。一夏之○供養香花。沙弥精誠懇切、
昼夜於念、或三四箇□（日）不薦斎飯、唯以水嗽口而已。至七□
上旬、有□所将領国中真勝者、□（走）来言云、有一老翁□
我能□□（造此）橋、□□（汝須）諮造橋長宮「　」先君倒「　」（107オ）
前而老「　」然□（則）居□○「　」着□□（冥）「
造之由「　」云、吾当為使君成之。僅可経一年。於是□
給排批昼□（適）□悉事□（無）大小莫不用。瞻翁、容顔憔悴
髪皓匃。□（冬）夏常着布衣袴。性不飲酒、又□（不）念腥膻、唯
愛念年少女子。其所昵延者五六箇□（日）□乃謝遣。□所得
資俸、皆与此女無有遺。而更迎他女資給如前、翁居処
空、不畜僕従。一枕一莚之外、無他什物。或問年幾許、又何
郡県姓名、翁答云、不知。翁長不満五尺而気力強健、行歩」（107ウ）

捷迅。躋登高峻、超梁絶険○乃至未踰一年、橋梁已成。
時左弁藤原氏宗為覆勘使、巡検此橋○将召見加賞
賜、而此翁、中夜逃去、不知所住。時人皆怪、謂之観音之化身
也○同

59　祈□(念)十一面観音読耶馬台 ⌈
弘仁年中□(摂) ⌈ ⌋ 山有一沙 ⌈
頂未□(嘗) ⌈ ⌋ 念 ⌈
梁之代□(至) ⌈ 」(108オ)
国使其文 ⌈
宝志 ⌈
乗白馬過 ⌈ ⌋ 杖而以朱 ⌈
韻又 ⌈ ⌋ □(論)義理、今此沙弥 ⌈
世守師葉、亦帰依十一面観音者也。同

60　筑前国優婆塞屍骸生蓮花
筑前国有一優婆塞。読法花経。誦普門一品。奉仕観音。
深有善心。殊恐悪業。香椎明神御祭年預。被差定畢。」(108ウ)
雖離殺生。神事有限。為設魚鳥宍食。出山林野外。□(伺)鳥
求魚。大池有水鳥。優婆塞以弓射之。下池取矢。此男沈

池永不見形。衆人臨池。探求此人。更不求得。父母妻子。悲泣
懊悩○夢云。我於傾年有道心故。不好⊓
⊔根内催。三宝⊓
⊔所在⊓　」（109オ）
61
⊔比丘見⊓
⊔□(都)人。我父仏師也⊓
地獄。受難忍苦願沙門以此事告我父母⊓
比丘言。地獄受苦無暇。何出往来哉。女言。今日是十八日也。我平生
時。欲奉仕観音。又欲読観音経。雖作是念。未果其願。僅十八
日一度持斎○故観音毎月今日来此地獄。代受苦○比丘尋」（109ウ）

（箕浦尚美・丹下暖子）

捌釈

捌釈」（表紙）

釈迦

此仏、三身中是、劣応生身仏也。以浄飯王為父一、摩耶夫人為母。南瞻部州摩伽陀国王宮誕生給也。今此娑婆、四苦八苦充満、邪見強々有情所居也。依之、十方諸仏、被擯出之類集此土。若干大菩薩、亦不堪利益之比、在此世界。然釈迦牟尼如来、為利益我等一ヲ、殊此土垂応一給也。哀哉一。若教主釈尊、不出現娑婆一者、我等衆生、弥増邪見一、顧三途苦果一、無出離之期一、悉流転三界一、更非サルヲヤ見仏聞法器一ニ乎。牟尼月ハ既隠レ、慈氏之日、未出一。□（長）夜ノ暁キ難ク覚一、無明雲厚ク聳ソヒテ、法性ノ空ヲ難シ晴。雖然、幸□（三）」（1オ）依テ□（釈）迦遺教一ニ、纔得リ弁ヲ善悪因果一ヲ。此是、非牟尼広大恩徳一ニ乎。防身口意之過ヲ、修シ念仏三昧一ヲ、或、懺悔六情根之重障一ヲ、欲見普賢象王一ヲ。若、立テ五種法師之行一ヲ、遙期ス無上仏

果一ヲ。又、持テ五八十種ノ戒一ヲ欲フ離ト地獄鬼畜ノ難一ヲ。此等滅罪生
善之計、皆是無不釈尊之訓□（三）。父母摩頂生育スル恩ハ、一世ノ内、当シ
報シツ之一ヲ。牟尼利益之徳、設無量劫日々三時、両肩荷負不可
酬尽。況、昔、為薩埵王子、以身一施餓虎。或、為尸鞞大王一割
肉一賛（替）鴿身一。讃仏之獦人、窟（イハヤノ）前翹（ツマタテ）足ノ指一ヲ、超劫之摩納、淤泥ニ
□（掩）頭駄ヲ。忍辱仙人ハ割（サイテ）支節一ヲ流シ乳一ヲ、尚闍梨ノ入定ハ髪ノ」（1ウ）
□（中）□長セリ鴿ヲ。雪山童子、為半偈捨身、楽法梵志ハ一句ノ直ニ投
命。如是、無量劫間、利益郡類一、不可称計。依之一、瞼ヲ廻シテ一ヒ見レハ
紫金ノ尊容一ヲ、戒定恵解脱知見之功徳、自備ヘ、峙耳一ヲ、纔ニ聞ハ
釈迦牟尼仏名号一ヲ、三昧六道ノ法門オホツカナカラス。青蓮之瞼ニハ現シ
慈悲之相一ヲ、頻婆之脣ニハ具ス梵音之相一ヲ。眼色ニハ示智恵之相、歯□ニハ
□ケタリ敬愛ノ相一ヲ。形体顕妙覚高貴之体一、威光備十力無畏
之相給ヘリ。此仏自行功徳化他利益、略以如此云々。
□一念忘起シテ六趣四生ニ交已来、念々所起貪嗔痴三毒造
所□火□（血）刀業因也。依之、三□（世）ノ諸仏、教化十方賢聖慈□（訓）」（2オ）
不□入□入扣冥□□□（徒死徒）生思云罪報一心肝如割、而、今
適、受難受人身、値遇仏教ニ、如長夜之暗得灯（エ）一嶮難之道
得朋（トモカラモ）一。生此不設（マケ）糧糧、冥途之責メ如何逃之ヲ乎。今造

□(上)釈迦如来像者也。

先奉是仏任例有三身一云。法花説給様、釈迦如来五百塵点之前ニ已成仏給トモ且ク為衆生一、今日始テ成正覚示給也。依之、経説云、然我実成仏已来乃至那由他劫文。三身妙果ノ秋月ハ早ク感一円果ノ夕ノ空ニ円タ□(マ)ヒケレトモ、四智菩提春風ハ近方便伽耶ノ樹下ニ扇クトソノタマヒケルニコソアメレ。□本実成之昔ヨリ得報身ノ常ノ寿一已来ハ乃至未来永々一得永」（2ウ）□。先、寿命トハ無ク其終一モ無限リモ、非生ニ現生一非滅ニ現滅一ヲ。嵐毘尼苑ニ示シ誕生一スト沙羅林ニ唱滅コソアメレ。仏レハ無シ中現生一ヲ無中唱。

微多

須従本堪事者可拝委釈也。雖然、才覚不及之上、亦未曾意習二処也。山上作法問答、次疑為体、釈経説法、其憚作者也。但大施主御仰事、難背二可釈事意。今日ノ之大施主ノ思食サム様ハ、但仏眼真言ヲ奉ラハ読一大願成就可思食也。以□様ノ□(語)一ヲ開万□(徒)之神網一ヲ驚大衆耳目一、頗以難所也。今日□□主□□種々善根一々□思付二云一憚多、就私非之務□」（3オ）□□上□□□(見)世□(露)之事二□□□書経一給、偏為欲□滅罪生善之功徳。凡、昼夜朝暮行業、皆三悪道業因ナリ。彼春花芳《ニホヒ》薫□(正)還三途冥之郷二為因縁一。秋意報赫明皆莫不□(流)

□（転）生死之業因ニ。況、雑（マシハテ）山野ニ殺麞（ヒツメヲ）一輩ヲ、漬（ツカリテ）江海ニ漁（スナトル）鱗（イロクツヲ）一
類（タクヒ）、定盛無間大城報一。凡惣謂十不善、併是三悪道業因乎。
一取他人不許意物、定得畜生道果報者也。彼仏ノ弟子（ミテシニ）有憍梵
波提トイフ者ノ、断三界煩悩一、証無学果。観行、薫修、日久、禅定法
門得自在一。具三千威儀一、備八万細行。釈迦牟如来、於霊鷲
山説法給時、有多御弟子一、数及一万二千一。此ノ時キニ是ノ無学果ノ」（3ウ）
□（憍）梵波提、衆中恒動口一従口一不計一咬唾（カムツハキヲ）時衆怪テ問
仏言、何故、此憍梵波提、常動口咁唾ヲ。仏告、此憍梵波提、過
去世ニ人（ヒト、アシ）有時キ、他人ノ作粟一ヲ中ニ往テ戯喜テ粟三（アハ）粒許ヲ取テ
安□□掌ニ嘗ルル之之ヲ。依此小縁一、其後チ五百生ノ間、得牛ノ果報ヲ。此
□（後）今日為人一、証無学果一、為トモ仏弟子一其残習未尽。猶動口
咁唾也トソ答給タル。此事、人能可聞タマフ事也。粟三粒許ハ何許ノ
偸盗ナレハ罪報サハカリ久ク五百生マテ憍梵波提受給ケルニアリケム（トコソ）□
□（流）レ如クシテ是一ノ人身口意ニ有多ノ罪報一者、惣言（イヘハ）此、殺生、偸盗、邪
□、□（妄）語、□語、悪口、両舌、一シテ□（モ）非易持一。妄語者有惣ヲ□無□」（4オ）
□□□□重罪業□故□□禁制給皆仏説一。□（犯）□□落□
□地獄、所□獄卒可責云、妄語第一火、尚能焼大海、喩焼妄語
人、如焼草木薪文。有□（意）一人、誰不思知此事一哉。非此等一、奉見□（聖）

教一、凡、触事ニ悪業因縁甚多者也云々。彼谷鶯一音啼耳□(鳴)
聞、流転生死業因也。翫花ニ好色一、亦輪廻生死因縁也。何況、
日々発三毒等分煩悩、時々作七支業道者ノ、命終之後、還三悪
道一、顧烟燃猛大苦ニ事、定無疑。然、今日大施主滅罪生善
大願、不以言宣以意計カル。先造仏菩薩形像ニ殊勝。
彼仏在世、有二王。波期匿王、優闐王」（4ウ）(斯)
□□(此)二王相議。波期匿王、以紫磨金造、優闐王、以牛頭栴檀ニ造。又
求□(無)可請一。人天上毘首羯磨云物ノ上手アリ。造帝釈天王ノ得勝堂ヲ
□也。彼工請下造件仏、鉾ヲノ、音上至ル忉利天ニ。聞之ニ輩、莫不得
解脱ヲ。下至阿ヒ地獄ニ聞鉾ノ音ヲ時、天上人中ニ有アル類ヒ断或(惑)証
果生天得道スルモノアリ。造ル仏ヲ徳ノ勝タリケレハ聞音ヲ人、皆分々ニ離苦果ヲ、証
□(解)脱ヲ。彼天上ニハ五衰ノ愁ヘ急ニ留マリ欲フトコ五妙境界ニ。地獄三熱
□(眠)リ覚メテ、□(随)心自在ノ喜ヒ□(不)遍ニ来タリ。以此准思ニ更ニモ不云ニ致信
□ヲ造仏ヲ人ノ功徳ヲ思遣オホシ□(レ)。顕サムニ一相ノ功徳ヲ猶以可ト足ニ思ヲ□ルモノ
□□相□随好ヲ、善根ハ大海須弥□□、猶非喩ストコソ思ユレ。善根ハ」（5オ）
□□□為□□乗閣 ［ ］ハ信心懇ナレハ功徳モ亦□□思
□波期匿王、以紫磨金ニ造ケム仏ヲ、何ト□不思ス、十善帝王ノ果報ナルカ故、
優闐王以牛頭栴檀ニ造モ仏ヲ非事ニモ。大国ノ王ニシテ七珍万物豊□(ナ)レハ

□万三千ノ仏ヲ造ラムニモ何ノ難事カ有ラム。聖徳太子ノ守屋ノ大臣ヲ
降伏シテ卌六箇ノ伽藍ヲ造給ケムモ非難、大護大王威力故ナリ。
但、大施主ノ功徳コソ深ク懇ニハ思ヘ。即離八万四千微塵労門一ヲ
萌キサシ仏果菩提ノ因一ヲ給ヘ□猶勝彼一ニモ思レ。円満二世大願一ヲ、唯在此
功徳云々。
□(抑)、大底許釈仏菩薩者。先、阿弥陀如来ヲ釈申者、此仏有三身、」（5ウ）
□(法)身、報身、応身也。有仏無仏性相常然之法如々法界理、是ヲ
申法身如来一ト。境智宣令修因感果一ノ色身、是ヲ名報身如来一ト。
応物現形、随類現形一ヲ、応身如来ト。弥陀ノ依正ヲ説ト諸経論
説不同也。十往生経ノ中ニハ、一度ヒモ念弥陀如来一ヲ極楽世界ノ廿
□(五)人ノ菩薩来テ守護行人一ヲ説宣ヘタリ。九品往生経中ニハ、始自
□(上)品上生終下品下生一ニ、極楽世界依報荘厳ヲ明セリ。観無□(量)
寿経中ニハ、寄十六相観一ニ談阿弥陀如来ノ大悲利生ノ深重ナルコトヲ。
□観経中ニハ、宝蔵比丘トシテ発卌八大願一ヲ説宣ヘリ。経論説□ニ
□□セリ。□□聖教中、何経□(不)説弥陀如来ノ依報正□(報)。此中□」（6オ）
□□量□□□意一。大□(底)、釈申弥陀如来一者、此仏、在ス□□(八万)四千□(相)
□、一々相好中現無数仏。一々化仏、悉亦以無数菩薩為眷属。身
孔ヨリ流出光明一ヲ猶如百億ノ三千大千界ノ。一々ノ光明ニ惣シテ

有リ七百五倶胝六百万億ノ光明一。熾燃赫奕タルコト如六万倶胝ノ日
(輪)(ヲ)□□聚カ一処一ニ云々。烏瑟顕レテ晴天ニ緑ノ髪カムサシ細コマヤカナリ。白毫
(右)□ニ旋テ婉転セルコト猶如五須弥一ノ。丹菓ノ脣クチヒル、伽陵ノ声コヘ、師子相□
胸、仙鹿王ノ脚ハキ、乃至千福輪(輻)ノ趺アナウラマテニ、悉以毘楞伽宝ヲ而荘
厳セリ。放一々光明ヲ照十方世界ヲ。遍法界ノ衆生ヲシテ(引)□摂(極)□
楽世界ニ摂取不捨ノ誓願ハ在此如来一ニ。一念弥陀如来ヲ、滅」（6ウ）
無量曠劫ノ罪障ヲ。仮イナリニ顕ハ弥陀如来ノ形像ヲ莫不免三悪
道ノ業因ヲ云々。大定智悲ノ雨普灑無尽世界、大悲引(摂)□ノ
風動欲色見意ニ。遍法界ノ衆生、依弥陀如来ノ利生ニ報仏果菩提ノ
道ニ唯在此一日本往生記所被載ノセ一数幾ソ　寛印供奉

寛施御菩薩

□釈観世音菩薩一、此菩薩ハ過去速離八万四千ノ微細塵労門一、
□仏名正法明如来一、今為利益衆生一、還現ヘリ菩薩形一。等覚無
□大士、或智法王菩薩也。凡、断卌一品無明、顕十四夜月光ヲ(利)□
□衆生ノ(行)□願、不異大覚世尊ニ。悲花思益等、大(乗)□経中□」（7オ）
□□観□□生ヲ。抑、此菩薩ハ(霊)□異ニ在ス。但非彼世(界)□ノ為ノミニ当
□怖畏急難ノ為ニ尤此ノ菩薩至要也。普門品中、離三毒七難一、
(二)□求両願満足トヲ説宣ヘリ。火ノ難、水難、更不来。依馮テ観世音菩薩ノ

□力一ヲ弓箭刀兵難モ亦不可有。依憑観音ノ本誓一ヲ二世大願
□満唯在此菩薩ニ、現三十三身、設十九説法。凡、此菩薩利生不可
以語宣。彼三悪道ニハ現身代諸苦患一唯此菩薩也。所以、灑テ大定智
悲雨一ヲ、滅焼燃、惣焼、燃熱ノ三熱炎ヲ、放紫磨黄金ノ光一ヲ、安紅蓮
大紅蓮之苦ヲ、以甘露ノ妙薬一ヲ、問餓鬼道飢餓ノ愁一ヲ、□(成)変化牛
馬□(或)畜生道苦患、有意一人、誰不帰依此菩薩一乎。況、切利天ノ」(7ウ)
□□(釈提)桓因トシテ哀愍スルモ欲天衆一ヲ此菩薩ノ所現色身也。或為初
釈大梵王一ト以定光頗梨鏡一知見六道衆生善悪業因一。皆此
菩薩普現三昧化身也。或十六大国、五百中国、十千小国ニシテ現国
王夫女身一、利益衆生一、皆此菩薩随縁、感見随類似同ノ色身也。
十方諸国土刹那須臾モ無不現身一、唯在此意。和光同塵、
□相作仏、利益伴類、唯在此菩薩ニ。依此一、信心施主、以無限誠、奉
□(顕)観世音菩薩之形状一事意在此云々。抑、開宿善之検一仰
事摂之財一尋金人之跡馮利見之恵、仰願補陀落山観世
□□(音菩薩)知□□(見此)由一□(還)念本誓□(必)大施主不□身景昼夜恒時」(8オ)
□□大□奉守護、□体□□(疲)寿命無怖如千秋万□齢□
□給。現世当生二世、一々善願、今成就円満給。寛印供奉
次釈大勢□(至)菩薩者、此菩薩阿弥陀如来ノ右面弟子、助弥陀如来

□儀一為教化衆生一現大勢猛ノ形ヲ。謂此菩薩ノ体一ヲ者、八十万□(億)
(那)□由他恒河沙由旬ナリ。為利益衆生一ヲ現小身一ヲ遊化十方世界一
勧テ遍法界ノ衆生一ヲ引摂極楽世界一。帰依弥陀如来一人、
(尤)□可奉□(顕)此大勢至菩薩ノ形像ヲ。弥陀如来利益ニ付悲願
唯以此菩薩一為本体、所以、聖教中説云、神通周遍十方国一、普現
一切衆生前一、衆生若能至心念、皆悉導令至安楽云々。所以」（8ウ）
遍□(法)界衆生、往生極楽世界、依大勢至菩薩ノ勧一ニ。此菩薩頂、有収
瓶一、々ノ口ヨリ大宝蓮花開タリ。以此花開一ヲ、知見衆生善悪業因、
此菩薩ノ頂ヨリ放五色光明一ヲ照三千大千世界一ヲ令シテ受シム苦衆一ヲ得
安楽一ヲ。大切之中大切菩薩也。以頂上五色光明、照無間大城一ヲ。火
□刀ノ三熱ノ炎、急変テ成ス清涼ノ池一ト。紫磨横金ノ光、一度照
(寒)□氷地極一ヲ、紅蓮大紅蓮ノ氷リモ頓ニ消テ為清浄地一ト。以一乗
法味一ヲ助餓鬼城ノ苦患一ヲ、往テ修羅道ノ巌崛ノ中一、止三熱ノ苦一。
□□菩薩誓願云々。此非私言一依聖教説、所宣申一也。凡遍法界ノ
□(生)□ノ□□□(極)楽世界ニ、偏在此大勢至菩薩引摂、偏非馮ノ」（9オ）
□□□□□天竺□(震)旦之□フ□ル伝ツタヘ有アリ云々。任経論意説。
大□(略)釈奉了。　寛印供奉
(又)□勢至菩薩者、是弥陀如来右脇之大士、無上念王第三王子也。仏

説言、以智恵光照一切、令離三途、得無上力故、此菩薩名大勢□(至)文。
慈悲之中至尊一ムト。一度瞻仰尊顔、無数劫ノ生死罪消滅矣。」(9ウ)
□□*　或人云惟命闍梨草等
□□(双観)無量寿経説弥陀卌八願、観無量寿経説弥陀十六相観、
大阿弥陀経、小阿弥陀経、天新菩薩ノ所造ノ論等、唐土ノ人師ノ所釈
不一准一。先挙昔ノ行因相一ヲ、宣ヘ弥陀ノ悲願一ヲ、今ハ顕テ三身功徳一ヲ
□(可)期往生一ヲ。抑尋見大乗経一ヲ、此娑婆ヲハ昔シハ名ケキ刪《セ》提嵐国一。有キ王。
名ケキ無上念王一ト。掌シテ四海一ヲ持天下ヲ。朱楼紫殿之内ニ后妃綵女カシツカレ
玉楼宝閣ノ之間ニ三槐九棘《コク》ニイツカレテ万乗屈膝一ヲ千乗曲テ身一ヲ耽《タノシム》テ
□□楽一シヒ□恣ニ交テ人間ノ栄福、心ニ任タリ。綾羅敷殿ニフメトモ無惜シム心一ロ、錦
□□レ□(ト)モ□ニ□シ歎ク思一ヒモ。国土ニ得テ自在一ヲ七宝ニ豊カニ天下無並一。朝」(10オ)
□□□床錦ノ帳ノ内ニ、遅起不朝ス政《マツリコト》。九重城闕ノ□一身ニ受
□(国)ノ快楽一ヲ金屋粧成帳南面儀玉楼恣宴ニ乗花顔一ヲ無
際。楽ヒ過キ身一ニ無量ノ悦モ満テリ心ニ。而ニ内ニ宿因催シ、外ニ機縁扣テ、出離
生死頓証菩提ノ思、急開発。遅々タル鐘漏初長夜覚テ睡一ヲ誓□言ク、我
見ニ人間ノ作法一ヲ、上始テ自国王大臣、下至テ田夫野人一ニ、皆是生
老病死ノ身也。具セリ会者定離之悲一ヲ。所以、朝ハ生テ夕ハ死《シヌ》。昔ハ富テ
今ハ貧シ。入息《イルイキ》出ツル息、設雖盛長寿楽一ヲ、不免無常一ヲハ。縦盛レトモ富

*阿弥陀の見出しに相当。

□□一ヲ、必有分離ノ期。是以テ、我、雖登ト帝王ノ位一ニ、一ヒ無常殺鬼来テ
□ス時ハ、眼ハ玉ノ簾ノ本ニ閉トチ、影ハ羅ノ帳ノ内ニ失セテ、花貌（ハナノ）ハ委（シホムテ）　変シ色ヲ」（10ウ）
□(玉)膚ハタヘ□(冷)□袂一ヲ九重宮ノ内ニ催駕之霄万乗一ヲ昔蹤已異霜
□飾終之夕ハ千行祈涙難乾。加之、錦ノ帳ノ登リ一夜ノ煙リ、夜月ヲ独リ守テ、宮
中浮女ノ愛増ハカ□□□(匣)鏡ニ塵リ奄ヌ。朝ニハ影ケ不ハス浮ウカ、秋ノ風セ空ヲ払□
□(妄)妾語仕之輩ラ悲添フヲヤ。何況、無常殺鬼正ニ来レハ時ヲ□(近)テ不論ヲ高下
貴賤一ヲ、不撰（ス）老少緇素一ヲモ。隠セル珠ノ簾（スタレ）羅ノ帳ノ之内ニ顔（カホモ）已ニ露（アラハレヌ）
青草ノ本ニ、養厳粧金屋之底一ニ質モ徒ニ曝（サラサレ）白日之光一ニ。朝
交夕語之輩モ送塚間一ニ空ク還ヌ。夜昵昼親之一人モ抛テ野外一ニ恐リ
去□仍大王重テ願云、設ヒ預厳王ノ位一ニ、強ニ念ヒ養トモ、空ク作影頭
□□□□シ□(苦)ニ交□ニ只是法還人ヲ畏許ヲヤ。永離レハ父母妻子」（11オ）
□□□独□六趣四生ノ旅道一ニ冥々タル生死闇ナレハ己カ□(影)不（スシテ）見
二□余年之間タ□(逆)シ頭一ヲ上シテ足ヲ行時ハ、大臣公卿ハ不随身一ニモ后妣
綵女モ不訪（ス）、瓔台玉楼本栖トモ多百由繕那洞然猛火ノ中随テ
焦和膚一ヲ時キハ、呼天一ヲ扣トモ地一ヲ有何甲斐一カ。所以、其国ニ仏出世化
度衆生一ヲ名曰法蔵如来一ト。大士忽ニ至法蔵仏所一ニ捨玉冠一ヲ除髪
鬢一為ヘリ比丘一ト。蚌胎龍胎頷之宝非ス不弥（イヨヽヽ）瑩一ニ。戒珠作翫金翠錦
繍之粧一ヲ非ス不美□(作)釈羅為衣装一ト。捨環一ヲ、三衣一鉢ヲ臂ニ繫（カケ）、脱テ

蘊機一ヲ、歩ヒ行苦行為ニ上求菩提下化衆生一ノ、不惜身肉手足一ヲ、受□
□□(楽)一ヲ□(只)為ナリ尽カ一身一ヲ。故ニ有偏頗於人ニ憂喜盛故ニ、重日一重月二」（11ウ）
招テ三途業因一ヲ永隔菩提一ヲ。是、以我国ノ一切衆生一ノ捨身命一、証菩薩ヲ、
遙抜テ生死ノ苦果一ヲ、行菩提ノ道一ヲ、発卌八願一〇昔無浄念王ハ今弥
陀如来是ナリ矣。

寛御

観世音菩薩ハ峙（ソハタテ、）瞻レハ大定智悲尊容一ヲ、無始已来ノ三業罪障、急ニ
消滅ス。廻テ心一ヲ念ヘハ大慈大悲色身一ヲ、無量功徳善根刹那ニ出生者也。
況、低頭ヲ挙手ヲ礼スレハ、急俄（タチマチニ）来、生死ノ業因尽キ、二世ノ大願円満ス。
遵□一ヲ至テ志一ヲ敬ヘハ、□(永)離レ三途ノ罪障一ヲ至菩薩(ママ)ニ無疑。所以、称名
□□(讃)スル輩ハ必除キ三熱ノ苦果一ヲ深ク預カ□勝妙ノ楽。恭敬供養スル類」（12オ）
□(三)□毒七難皆離レ、二□(求)両願円満ス。惣此菩薩、生々世々□□(難値)無量
広□(劫)□□奉コト聞名一ヲ□(難)結縁ノ大衆、聴聞入来ノ人共ニ、今日□リ深ク観
世音菩薩ニ繋馮（カケ）一ヲ致志一ヲ給ヘ。凡ソ小善根ノ人ハ全ク不見此菩薩色意一ヲ生
々ニ厚ク殖徳ノ本一ヲ人ヲ、奉聞此ノ菩薩ノ名字ヲハ也。夫、聞名一ヲ見身二以念ハ
無シ不蒙利益ヲ。奉聞名ヲ者、永離ル無量億劫ノ生死ノ罪業一ヲ。亦
奉称念一輩ハ速ニ証ス三菩提ノ妙果ヲ。有求コト寿ヲ者、僅聞ハ万
才ノ齢久ク持ツ。有ル沈メルコト病一ニ人、称レハ名号一ヲ、風水違之病悉除ユル。五濁

乱慢ノ境ヒ離業所生ノ薬タモ猶除病延命ノ験、不空ス。況、大□
□大悲ノ無限ノ善根ニ被ル成セ観世音菩薩名号、宣滅煩悩病不延」（12ウ）
（法）□□ノ命ヲ哉。凡、観世音菩薩、大悲闡提行願、不捨衆生悲願、超
□菩薩誓願也。現世、添万才千秋ノ栄花ヲ、作一切衆生依祜□、後
生、滅火血刀罪業ヲ必送無上菩提位ニ。六道四生ニハ必施無畏即
設三途八難受苦衆生、如影不離形樹随風動随、遂十方法
界衆生助給大士也。其中熱鉄火輪大地ニ歩テ独リ訪トフラヒ罪業深重
衆生ヲ、二万由旬ノ猛火ノ中ニ交テ必代受苦叫喚ノ群類ニ。凡、六道四生必
和光利物之思ヒ三有法界郡類、遍随順衆生広是則一生之
（随遂）□□カハ生々世々之随遂也。一劫二劫憐愍カハ無量広劫慈悲
□□一切衆生悉地令円満是菩薩大悲誓願力也。」（13オ）
又（釈観）□□（ママ）音世菩薩者、此菩薩、是娑婆世界能仁、至極楽世界甫処
大□也。遍六道施於利益衆生無捨給コト、十方三世菩薩大士
多聖、猶観音薩埵勝給ヘリ。其所以、経六道四生類利益、則
施難化之衆生観音也。上従有頂、下至無間城、胎卵湿化之生類
不預観世音之慈悲者、何離苦得楽。彼那落之中、交鉄刺
剣葉之林、受銅柱鉄床之苦、趣刀山聚之中、焦多百由旬
（啖）□思シヤ。餓鬼城之内一万六千才之間、不聞飯食之名字ヲタニモ

飢饉之憂、難堪也。畜生道之互相食噉苦、安有阿修羅之闘
□□□(諍合戦)之畏、亦雖忍人間之四苦八苦、亦以何安ナル其人界□生事」（13ウ）
□□□□又聖教之中サソ見侍ル。サレトモ極難堪侍処ソ四
苦八苦云者、有生老病死。此云四苦ト。加愛別離苦、怨憎懐
□(苦)、求不得苦、五盛陰苦、云八苦。先申四苦之様体、余ヲ略可申。
□レトモ事繋シテ坐席長羅成、仍、存セム略ヲ。生苦父母之赤白
二渧和合シテ始受生剋ヨリ卅八之七日、二百六十余日之程処母胎
之間、以瘀穢不浄為朝夕之食、日月僅満、適出生之時、所受苦
患、敢不可勝計。以百千之刃、従首至趺ニ徹、猶難堪也。此生苦也。次
老□(苦)者、竹馬鳩車之遊、慈父之膝養、悲母之懐、見人捧翫コト、猶如
「　」ス。瞼爛、□(近)人有憚。頤マカテ交ヲ衆ニ恥、傍人咲嘲事、如□」（14オ）
「　」。次病苦者、或男開栄耀於春花、或女並モ(コト)美
艶□於秋月、不遍之外、受病、露命何ニカハ持□□。臥シ病ノ床、沈レ□憂
席、媚麗(ヒレイ)之粧、無益。親昵語為何。次死苦者、望兼官寵識ヲ
懊ルモ(ムサホ)黄金珠玉、一息退レハ更以無益。無常之風、一扇運、難抑
成レハ朝夕ニ語輩モ送塚間空還ヌ。夜親書押モ類モ抛ケテ
野外徒去。隠珠簾蘿帳之内、体輙乃露ニアラハレヌ青草之影ニ、厳
□(深)金廊之床ニカシツカレシ身トモ、但曝サラサル白日ノ光。上下不論、貴賤不撰也。

死之悲時空作テ路頭之骨ト埋(ウツマレコケニ)含交ヌルハ(カリソ)庶サハ(カリ)哀事ヤハ有ル。

仍□□□レハ此等苦更無益、□(釈)上モ亦安モ□(無)シ。大梵王ノ居シテ□(高)勝」(14ウ)
□(台)閣、□□□深禅定楽ヲ恨シウモ無、釈提桓因之坐シテ珠勝殿、厭トモ
□欲之境、遮(サマラハレ)此等ヲハ皆有漏之果報、遂ニ沈ミヌ三熱之油クニ。地極ノ
銅□(燃)猛火之苦、餓鬼之飢饉、愁歎之悲、畜生之互相食噉之歎、
修羅闘諍合戦之畏リ、人間四苦八苦難、天上五衰難、現ノ憂ヲ欲ヒ
遣ルニ何処ノ何ル境カ離憂ヲ免タル苦ヲハ。其レニ観世音菩薩、称給様ハ
強六道四生ニ身分利益衆生之謀無隙。彼八寒八熱之底、大
定智悲之体忝ナク入閻魔獄卒之掌、従青蓮花瞼落紅色涙、
誠以哀(ヒニコソ)欲ユレ。或、麗甘露之法雨、翻(ヒルカヘシ)飢饉城ノ憂ヲ、或、和道
「　」畜生愚痴之心。或名大光普照、修羅闘諍之思ノ」(15オ)
「　」観世音菩薩也。為薄福之類為衣食ト、或与単已
□(輩)乃奴婢時モ有、或現薬樹王之身、除一切衆生四百四病、或示
如意珠王身、抜一切衆生之求不得苦、生老病死之苦、何人抜
之鎮観音大士天五衰亦難免、観音サタ何不哀給。凡無
縁慈悲遍及法界無作誓願無隔一切益コト三界五趣之有
□(情)類法数無懈マフ時、設寄心不トモ懸念大悲利益郡生之
願ハ無所狭、況、信心大施主、顕其尊容、現世当生大願令

決定云々。」（15ウ）
□ヲ者□（説）□云、毎自作□（是）念乃至速成就仏身云々。大雄猛
□（世）尊釈迦牟尼如来ノ慈悲ノ御心不付（ス）シテ正、云何、我ヲ令シカナ、トコソハ
一切衆生ヲシテ速ニ入レ無上菩提ニ成就セ仏身ヲ依テ思シメスナルニ境界ニハ無生モ無
滅トモ権（カリニ）示コソ生ハアメレ滅ヲ。是以釈迦牟尼名ク毘盧舎ナ。所
居常寂光之砌リ、唯仏与仏ノ常波羅蜜ノ摂処成処、波
羅蜜ノ滅有相ノ界ナレハ、四徳不生ノ理ノ中ハ無生。三身常住ノ体ノ上ニハ
不レ可トモ有ル滅モ、此毎自作是念、以何今衆生之心ニ被誓、得入無
上道、速成就仏身、慈悲ニ佐曾波礼天（サソハレテ）、従法性幽都（ハルカナルミヤコ）ヲ催聞テ
□□□□之扉ヲ歩ミ善巧利生之道ニ再ヒ来ヒケル分段同居之」（16オ）
□□□□々現生、数々（シハヽヽ）唱滅ヲ不起滅定ヲ、現シ諸威儀ヲ、
無化化々禅之力ラ随形ヲ六道ニ、上従有頂天ノ、下モ及マテ阿鼻大城
之底ニ、凡胎卵湿化ノ衆生、善悪邪正之□（北カ）ニ併随類化現之
質スカタ如影ノ随フカ形ニ、方便随縁ノ説法ハ如響ノ応声ニ、和光同
塵ノ」（16ウ）
（十二）□□面□□□（観世音）神呪経云、時観世音菩薩白仏言、世尊我有心呪
□（名）十一面○我憶過恒沙数劫外。有仏名百蓮花眼頂無障
□□（碍功）徳光明王如来。我於尓時在彼仏所。作大持呪仙人中王。

於彼仏所方得此法○持此法時莫他境。於晨朝時洗浴其身。
着新浄衣。受持此法○誦呪一百八遍。持此呪者現身即得十
種果報。何等為十。一者身常無病。二者恒為十方諸仏憶念。三者一切
財物衣服飯食、自然充足恒無辺乏少。四者能破怨敵。五者
能使一切衆生皆生慈心。六者一切虫毒一切熱病無能侵害。七
「　」不能為害。八者一切水難不能漂弱。九者一切火難不能焚」（17オ）
「　」受一切横死。○復得四種果報○一者不為一切禽獣所
□(害)。二者永不堕地獄。三者臨命終時得果十方一切諸仏。四者命
終之後生無量寿国ニ。同経取意云、若婦人、無免(児)、欲得免(児)者
可造四肘壇中心安十一面観音、東方安阿弥陀、北方安大勢至、南
方安馬頭観世音菩薩、西方安摩醯首羅天可念之。但除不至心、可
造作法云。又以白梅檀可造也。其木要須精好堅実、不得枯篋、
其像身量長仏一肘若人肘量二肘一磔若不得者、一尺三像身量長仏一
肘□人肘量二肘一磔若不得者、一尺三寸作之亦得。当前三面菩薩面、左相三
面□□、□(右)相三面似菩薩面、狗牙上出。後有一面笑面。頭上面」（17ウ）
可作仏□□□(十)一面。各戴花□(冠)。其花冠中、各々安阿弥陀仏。従白
月一日入道場至十三日念之、必須浄室也云々。
吉祥天女

夫、不仕吉祥天者、何以免辛苦之逼触肝、不供養補光薗主
者、何以免無常使。今設財宝船、度衆生、此菩薩慈悲也。畜(蓄)智
恵、救愚痴人、此菩薩弘誓也。今此天者乃名福分天。又名功徳天
□□菩薩。位雖登八地ˉ、弘誓願無極故、成天女形ˉ、在北方毘沙門
□(光)□薗中、度貧窮衆生。此菩薩、昔、ヒハシ仏時、女人名曰、清説
□□□奉上其仏而発願□(云)、我等世得菩薩時、成女形、慈悲一切」(18オ)
□□□面顔円満如秋満月、以福智□(宝)度衆生、以此因縁其
□見無厭其福故、施於法界猶以不尽、智恵深度如大海、
□戒無動如須弥、精進難懐(壊)如金剛、忍辱堅固為大地、故名
吉祥、故是女形。離婬欲身、亦断煩悩身、離破戒身、離愚痴身、
離邪見身、離憍慢身、貧欲身、地獄餓鬼畜生身、離貧窮身、
下賤身、離黄門二根之身、離闡提身、離一切穢身、是智恵天
女也。浄土天女也。可成仏之女、衆生給福之天女也。利益衆生天、安
穏自在之天也。故名吉祥也。但吉祥福徳無量無辺者所度世
界□□□無辺也。□人則其智恵境界無尽也。若有」(18ウ)
人至□□□供養除交得福　除万病無碍自在也矣。□(私)□也。
亦至*　付明合
薬師如来ハ本行菩薩道時、最初発心之刻(キサミ)立テ十二大願廻ヘリ利生ノ

＊「薬師如来　付名号」を訂正。

方便ヲ。無縁ノ慈光遍ク照テ導五道生死迷暗ヲ一、無怙ノ悲願遠ク垂テ
□テヲ未来際一ヲ、為ス期ト。四弘誓願ノ疎ナルニハ非トモ、十二ノ大願殊勝タマヘリ。三世益
□□（浅）ニハ非トモ、像法転ノ利益誠ニ深在ス。至心帰依之願ハ離テ三途ノ
□菩提ニ□リ勝妙楽一ニ。一称南無之徒ラハ服シテ伊王ノ良薬一ヲ、除身」（19オ）
□□ヲ□此仏ハ悲願不思議ノ利益、一トシテモ得テ不可云矣。甚□（深）
□薬師瑠璃光如来ト奉名者ハ付十二大願一ニ祖尋思ニ之ヲ一
□（第）一、第二、第七　誓願ニ其意顕タリ。然ル様ハ薬師ト申コトハ依レリ第
七願一ニ。　其願云、我来世ニ得菩提一ヲ時、若有衆生、諸ノ病ニ所レテ逼一、父母
師長□シ無ク帰一コト、善友心残トシテモ無救一コト、構テ伊方一ヲ可キ加療治一ヲ、
暫シモ無ク除病延命一ヲ、薬モ無シテ、家貧シテ身ニ財無ク、凡貧賤孤
露ニシテ無依無怙（コナラム）者ノ依カ先世罪業一故、諸病苦競ヒ逼ム時□
若我名ヲ其耳ニ一度モ経ハ衆病悉除テ身心安隠ナラムト故依テ
□ノ一□（経）其耳、衆病悉除之誓願一ニ得薬師トイフ名ヲハ也云々。彼者」（19ウ）
□、篇□（鵲）カ西天東土ニ除病ノ薬ヲ施モ、只有テ名灸（キウ）針湯薬ノ
疎ナル験ノミ、イマタ無ク称名衆讃ノ徳ハ、彼ノ仙人羽（ウ）客ノ紫府（清涼山）、赤城（天台山）テモ
作モ長生ノ方一ヲ、独有テ三真九転（キウ）ノ緩（ユルナル）術一ノミ、全不震（フルハ）、衆病悉除ノ
威ヲハ、唯薬師如来ノ大伊王ノミコソ第七悲願ニ酬（コタヘテ）方ミ一切
衆生ノ前ニ無畏良薬ノ師トモ名給（ナノタマフニ）無ケレ恥モ。此次良与法薬悲願委細可釈云々。

次瑠璃者、乃第二ノ大願ヲ成就シテ所得給名也。即説其願主ヲ
□願、我来世得菩提時、身如瑠璃、内外明徹、浄無瑕穢、光明
□大、功徳魏々、身善安住、炎網荘厳、過於日月云々。即、此願
□□□□ニ証菩提ヲ時、仏身如瑠璃ノ内外映徹シ、相好瑞美□ニシ」（20オ）
□□□□ナラムト誓願給也。此大誓願ノ中ニ薬師如来ノ尊
□□顕□□、祖(ホヽ)望テ願ノ体(テイニ)、聊ニ奉釈其身相ヲ者、仏身如ト
□(璃)□誓願ヘリ。相好荘厳之色身ハ定テ七浄瑠璃ヲ瑩(ミカイテ)
表裏映徹シタマヒタラム。浄無瑕穢ト誓願ヘリ。大円鏡智之尊容ハ必懸ケテ
円満月輪ヲ遠近ニ照曜シタマフラムヲヤ。紺(コム)瑠璃ノ髻(モトヽリハ)、高ク顕テ光ヲ
挿(サシハサミ)浄瑠璃界ノ空ニ、紫磨金ノ膚(ハタヘハ)浄ク瑩テ影カケ浮フ八功徳池ノ
底ニ白豪ノ光ハ遠ク吐(ハイチ)照シ尽虚空界ノ荘厳ヲ、丹(タン)菓之唇(ヒルハ)
稍(ヤヽ)開テ出ス転妙法輪ノ音声ヲ。青蓮之眼ハ潔シテ湛(タヽヘ)碧ヘキ玉之水ヲ、
□花之容(カホハ)円カシテ含メリ満月之光ヲ。凡、大小相海烈テ王ヲ赫赤タリ。幾カ」（20ウ）
□(瑠)璃ノ大□(地)ニ映徹セル哉。万徳ノ荘厳交テ色ヲ微妙ナリ。斜(ナヽメニ)宝樹
枝葉之影ニ徘徊(ハイクワイ)矣。八万四千ノ相海ハ散シテ星ヲ照曜シ於瑠璃明鏡テ
之膚(ハタヘニ)冊二位ノ瓔珞ハ垂テ露ヲ飄颻ス於寂滅忍辱之衣ニ。都テ
言フニ之ヲ上従無見頂相、下至ニ千輻輪ノ相ニ其功徳荘厳得テ
不可窮矣云々。念仏相好功徳乃至三身功徳云々。　仍、成就セムト此身ノ如クニ瑠璃ノ内外明徹ナラムヲ

誓願ヘリ。故号テ曰瑠璃一ト。誠以テ有《アリ》其所以。次光者、由第一大願、其
□云、願我来世得菩提時、自身光明、熾然照曜無量無数
□□(辺)世界、以三十二大丈夫相、八十随好、荘厳其身、令□
□(切)有情、□我無異、誓願給ヘリ。思ヒ□ヤル□此願玉ノ趣一ヲ実ニ薬師如」(21オ)
□□□(来悲願)可シ深ク□憑一ヲ。夫付光一有多光。略言ハ之一ヲ、世間ノ事□
□□世ノ義ノ光也。付此事理光明一ニ亦有無量無辺ノ功徳□
□光明云々。不可繁《シケクス》。薬師如来酬テ因位大誓願ニ、僧祇大劫ノ
修行円満シ、万行諸ハラ蜜之熏修シ、四智心品ニ所被成一放テ此□ノ
無量無辺ノ光一ヲ、照ムト無量不可説ノ世界一ヲ誓願ヘルヲヤ。但、伊王ノ誓、放テ此
自身ノ無量ノ光一ヲ照ニウテ無数ノ世界一ヲ有何賢事乎。有何因縁乎。放テハ
万徳荘厳之光一ヲ為放カ十方ノ仏前一ニ歟。照テ種智円明ノ光一ヲ面目ヲ
為残《ノコサムカ》伊王ノ自身一ニ歟。但シ不アラシ而モカラムトハ相覚ヒ一転テ大覚朗然ノ菩提
□前シヌルヨリ□タハ三戒頓ニ尽テ永ク捨一ヘリ無明之余習一ヲ。常寂之宮《ミヤコニハ》求メム」(21ウ)
□(何)ノ名聞ヲカ。□(法)性ノ郷ニハ施サム何ノ面目一ヲカ矣。只是放テ大悲方便ノ光ヲ、□(破)シ
生死之長夜一ヲ照テ分段輪廻之里一トヲ、為ナリ尋訪ハムカ受苦之衆生一ヲ也。花厳
経説云、又放光明名清浄、映弊一切天人ノ光一ヲ、除滅一切諸闇○普
照十方無量国云々。此文、実ニ薬師如来ノ悲願ニ相叶ヘリ。仏御光□(リ)
中ニ清浄光明トイフ光リ有《アリ》。放此光明一時ニ彼摩醯首羅天、色究竟ヲ

光明ニマレ極光浄天、大梵天ノ光明ニマレ、皆悉ク此清浄ノ光明ニ所レテ隠蔽㆒セ
□以不現《ス》。何況、六欲天ノ光、乃至照ス四天下㆒ヲ日月星宿ノ光ヲモ
□如日光ノ遍ク隠カ月星火ノ一切之光ヲ。薬師如来放テ清浄□(光)
□ヲ照テ十方世界㆒ヲ除タ□フ一切衆生ノ諸冥闇ノ苦㆒ヲ。若ハ八寒八熱ノ□」（22オ）
□□冥□(闇)ノ苦ミ乃至□(修)羅鬼畜ノ日月モ所ノ不照㆒愁へ、乃至人中天上ノ生死□(長)
□□(闇)ニ一々放テ此清浄ノ光明㆒ヲ悉令ム照明セ云々。当此時光明ニ所ノ被照
□□□(甚)歓喜スルコト無シ極リ。焦熱大焦熱ノ黒闇ノ空ソラ頓ニ晴《ハル、ノミカハ》。清涼ノ
光触《フルレハ》身㆒ニ、三熱ノ苦、永除ク。紅蓮大紅蓮之玄冬ノ自暁《ヲノツカラハル、ノミカハテンクワ反》《アクルヤスメ》。温和
光リ遍スルニ体㆒ニ寒氷ノ愁、已ニ留ヌ。彼ノ餓鬼ノ衆生モ飽《アイテ》光㆒ニ息《ヤスメ》飢饉ノ悲㆒ヲ、畜生
打捶ノ類モ触レハ光明㆒ニ忘《ワスレヌイタミヲ》病。乃至、修羅、人、天、一々ニ蒙コト放光ノ利益㆒ヲ
幾ソ乎。伊王薄伽、従万徳荘厳ノ御身㆒流出シテ如是㆒無量ノ光明㆒ヲ利益マフ遍
法界ノ衆生ヲ云々。或、放テ衣服荘厳ノ光㆒ヲ令裸形ノ者ヲシテ得柔耎ノ上服㆒ヲ。或、□(放)テ□
味ノ光明㆒ヲ飢饉衆生ニ令マフ飽忉利天ノ四種ノ甘露ヲ。或、放テ眼根清浄光明㆒ヲ、
令聾者ヲシテ聞迦陵頻ノ妙音ヲ。或ハ、照テ身根清浄光明㆒ヲ、令諸根点壊ノ
衆生ヲシテ具□(足)㆒セ。」（22ウ）
□□(ハ)照テ意根清浄ノ光明㆒ヲ、令□(邪)見放逸ノ衆生ヲシテ得正見ヲ。或、□(放)
無限ノ光㆒ヲ、除キ慳貪ノ煩悩ヲ、或、放清浄光㆒ヲ滅犯戒之罪ヲ。或、放寂静
光㆒ヲ止散乱麁動ノ心ヲ。或、放智恵荘厳ノ光㆒ヲ、留愚痴ノ迷倒ヲ。或、

吐無畏ノ光明ヲ退非人ノ怖畏ヲ、或、吐安隠ノ光明ヲ滅一切ノ苦痛ヲ。
或、流出シテ歓喜ノ光明ヲ令一切衆生ヲ、愛楽セ仏菩提ヲ。或、流出テ深
智ノ光明ヲ、令一切衆生ヲ開悟セ無量法門ヲ。凡ソ伊王薄伽放光ノ
利益、都テ以不可挙尽ス。但有一疑。所謂薬師如来ハ由テ一誓願
□□光明熾燃トシテ照マフ無量世界ヲ。ナトテ其中ニ染テ心肝ニ憑マツルコト深ク
□崇思給フルニ光ニ有□。或大乗経云、所ノ放光明ヲ名善現ト。若有テ
□□□(衆生遇)ヘル斯光ニ、彼レ獲トイハ、罪報ヲ無ケム有是処、因是究竟スト。」(23オ)
□□□(無上道)伊王善遊(逝)、本行菩提道ノ時キ僧祇耶大劫ノ功徳万行
□波羅蜜法門ニ熏習シテ大円鏡智ノ中ニ瑩キ得テ所ノ成就ヘル
□光明有。其名ヲハ曰善現光明ト。一切衆生皆因テ是光明ニ
究竟トノタマヘルヲ無上菩提ヲ、万ツノ光ヨリモ実ニ要須ノ光ナリカシ。持薬師仏人、自然此光成仏事可釈之。
但此中一ノ論義アリ。必ス可キ尋知ル事ソ。カヤウナル事ヲ思得テコソハ於仏慈
悲利生ノ方便ニ不成疑ヲ、決定ノ信ヲ成深ク奉ラメ憑伊王大誓願ヲモ。
仍テ不可有不顕申。其論義ノ侍ハムヘル様ハ、薬師如来ノ一
弘願トシテ、サハ放テ自身光明ヲ照無量世界ヲ者ハ、何ナトテ不ルソ照此ノ娑婆
世界ヲハ。只日月衆星ノミコソ廻テ四天下ニ照也。敢テ無自余ノ光云々。若
□(照)受苦□(ノ)□(衆)生ヲ者ハ、此娑婆世界許リ五濁八苦テ重キ処ヤハ有□(ア)ル。」(23ウ)
又、照一切世□(界)ヲ有ハ、都テサハ□(可)シ無カル。地獄餓鬼畜生モ、万ノ処ハ皆

伊王ノ光明ニ所テ照一離苦一ヲ得テム楽一ヲ。此事ハ実ニ難ク被□(ヌ)ル難一セ事ソ云々。驚テ此
難一ニ倩思ニ事ノ道理一ヲ幸ニ得タリ花厳経ノ一文一ヲ。説テイフ様ハ、譬如キハ盲ノ
不カ見日、非ス無ニハ日一ノ出、世間ニ諸ノ有目一者ノハ悉都見、各随テ所ニ務
修其業一ヲ、大聖ノ光明亦如是一。或、有衆生ノ光ヲ見不見一、邪見悪
業ノ□(モ)ノハ都不能見、勝智恵ノ者乃能見。了達甚深妙徳賢首
□□(菩薩)ノ讃セル仏因、仏果ノ徳一ヲ一ノ伽陀ノ文ノ意ハ、盲者不見日。日不カハ出世間一□。
□□一不見光一ヲ盲者ノ過ナルヲヤ。諸仏ノ光明モサナモアル。罪業深重ノ徒
□智恵ノ眼一不見仏ノ光明ヲ。但不トモ見光一ヲ少モ於如来ノ放光利物
□成□ヲ。是以伊王ノ大弘願不謬。無縁ノ光明無□(形)一。照邪見」(24オ)
□□(放逸)一故□(稚)智眼闇不ル□見仏世尊ノ光一ヲ我過也。五濁八苦ノ此世界□モ
□照ス一道清浄ノ光ヲハ。有何偏頗矣。六趣四生モ無ク簡一常ニ照ス無作ノ
□□□有セ愛僧(憎)ノ心哉。然則、於伊王善逝一ニ縁浅者、不覚悟此
光一ヲ空ク愁生死之長夜ヲ。適宿縁深シテ如来ノ弘願ニ懸心憑者、
設堕三悪道一覚知シテ此光明一ヲ速ニ離レ生死一ヲ至菩提一ニ云々。檀越見聞等功徳可釈之。
但縁浅シテ内ニ無智恵ノ眼一、設伊王薄伽放テ自身光明一ヲ、雖照ト不
知之一ヲ。不見之一ヲ人ハ、蒙大悲利生ノ光用一ヲ有何益哉。又此事ハ可
尋知一事ソ有ル。然ヲ、見レハ或大乗経一ヲ、宣此所以ヲ。今依彼一ニ、祖釈セハ、
設不□テ覚悟光明一ヲ悲火血刀ノ罪果一ヲ衆生モ、漸依蒙此光用一漸

次離其苦患一ヲ、刹那々々ニ身内ノ一豪善根、厳少ノ菩提種子増□テ」（24ウ）
（終）□□菩薩ノ自行化他ノ功徳円満シ乃至仏果転依位究竟スル縁ト成ナル。□ノ
火旱水湿之喩ヲ思ヒ像セレハ、ケニサモアラム事（コト）理也。峨々ト結ヘル谷ノ氷リ頓ニ可クモ
消（キユ）一非トモ、日光漸照セハ、自非トモ可解一解ケヌ。悪業煩悩ノ氷リ堅ク結ヘリトモ蒙ラ□□
伊王ノ光用一ヲ不消失哉。漸々恵光ニ所照一終ニ滅スルコト衆罪一ヲ□
疑。地ノ中ニ有トモ草木種子一、甘雨不レハ浄一無潤。日光不レハ照、不生長。
衆生身ノ内有トモ可成仏一種子、不蒙伊王ノ光用一ヲ、何生長乎。
依之、罪業衆生、設不見光一ヲ不トモ覚光一ヲ、猶強ニ尋訪テ、照無量
（無辺）□□不可説々々若干ノ世界一ヲ、以中道仏恵ノ光一ヲ、専一切衆生
□分ニ云々。可釈始終化導。可釈檀越成仏道事、乃至法界成仏道等事云々。依此等ノ大願一ニ功徳成就ノ
（得）□□ヘル名ソ。（只）□難ク忘因縁一、薬師瑠璃光如来（ト）□申スニ非ス。但シ、以此伊王」（25オ）
□（名）□薬師如来一ト。悲願ハ及トモ十二種一只依此三誓願一得其名。十二ノ
□（願）□ハ申ニ無勝負一モ。本行菩薩道ノ時ノ深重ノ大弘願ナリ。何レモ顕シテ□
□悲利生ノ功徳一互ニ無彼此優劣一ナソシモ超、依第七ノ願一ニ次□
□第一第二一ヲ簡ヒ定テ為其名号ト。此事ソ誠ニ不審有（アル）。此ノ益ヲ（慥）□
申事ハ亦返テ安ソ侍ル云々。釈迦牟尼如来ノ五百大願ヲ立ヘル併捨ヤハ彼
願一ヲ得ヘル其名一ヲ。弥陀種覚ノ四十八ノ弘願深在スモ、亦無量寿ノ名ハ依
一願行一ニ顕ヘリ。伊王善逝モ亦依マヘル三ノ誓願一ニ、有何辺一カリ乎。況、任（十二ノ）□□

大願ニ一々列ハ其名字ヲ事繁シテ、濁世末代罪業深重衆生、奉
唱其名号一ヲ、極テ嬾ク愚痴ノ我等ラコトキ徒ラ云何奉ヲ持一得エム。然レハ只
□(賢)モ愚モ貴モ賤モ、易ク聞一易持一程ニ約ツヽメテ其語一ヲ、薬師如来トハ奉」（25ウ）
名。何況、伊王ノ悲願事広トモ此三ノ誓願中ニモ勝ヘリ。伊王善遊(逝)ノ自行
化他功徳、此ノ三ノ願行収尽。依テ如是一意趣一ニ、今以三大願ヲ示名一ヲ
授種智還年薬一ヲ治一切衆生ノ病一ヲ誓自伊王本誓願、簡十方
三世諸仏一ニ尤可奉名良薬ノ師一ト。第一第二ノ誓願ニ列ネ其初ヲ
後々功徳行願ハ皆可収此中ニ。仍酬テ此ノ三種ノ大願一ニ名称遍ク
蔵ヲサメタマヘリ。尤理也。付中、以三願一ヲ示其名、誠可有其所以矣。我天
台宗ノ意、或釈経教、或宣仏ノ悲願一ヲ終ニ所帰世観心釈ニ、夫観心
□(釈)者、百界千如三千世間ノ法門我一念ニ上下相具シテ、阿鼻依正ハ
□□(居)想聖自心一ニヒルノ身土ハ不ト超凡下一念一ヲ。悟リ得ル不也観心ノ□
□云々。今約三願一ニ表其名一ヲ者、顕三諦法門也。所謂以空仮中ノ三ヲ、」（26オ）
□三諦ノ法門一ト。此法門ハ是生々曠劫難聞一言語道断心行処□(滅)ノ
□門也。只聞三諦名許、自無始罪業立所ニ消滅シ、無量功徳□(善)
□(根)一時出生シヌ。依之、我宗師以三諦法門一ヲ為究竟至極法門。凡
十方三世ノ諸仏、此ノ三諦ノ妙理ヲ為己心ノ法門一ト乃至一切衆生悪
業煩悩ノ身中、悉具三諦法門一ヲ。仍、此三諦ハ必可尋知、要須ノ法門

也矣。夫、空者、万法皆併畢竟空寂。仮者、万法皆如幻如化而
有。中者、万法非有非無也。以此三諦一ヲ、返テ得意、薬師瑠□（璃）
光ト申ハ自此三諦ノ法門ト知ヌ。何者、薬師者仮諦名也。夫伊王ノ
悲願ハ従真如常寂ノ宮二垂応一ヲ三土ノ郷一ニ、遊テ法眼道
種智家一、取テ八万法蔵ノ薬草一ヲ、申テ首楞厳定ノ腕一ヲ擣簁和」（26ウ）
合シテ四教三観ノ法薬一ヲ、遍随テ十法界機縁ニ、□（治）分段変易ノ病一ヲ。是則
仍、約仮諦一、奉名薬師也云々。次、瑠璃者空義也。其所以者、金光明経ニ
説ヘリ。信相菩薩ノ室ノ中ニ天紺瑠璃云々。宗師釈此文云、紺瑠璃浄ク瑩テ内外ニ
徹ハ表空一ヲ也云々。今幸ニ得此文一ヲ明知瑠璃ノ体表裏映徹シテ無内外ノ
□□（差別）一。其形如ナルハ空ノ即一切ノ法皆不可得ナル義也。故瑠璃ノ名ハ表空諦一ヲ便也。
光者、法性常寂光ノ理ヲ名一導清浄ノ光一ト。彼法花ノ六端（瑞）ノ中ニ眉間
□□（瑞光）一ヲ、照万八千世界一ヲ、中道円極ノ光也。彼娑羅林会時、瑠璃光菩薩
所放光明畢竟不可思議ノ第一義光也。今伊王善遊（逝）、酬本願二所放
□□（光明）又中道清浄ノ□（光）也。故光者、表中道ヲ也云々。仍顕此三諦法門ヲ
□□□（大）願一ニ、得其名一ヲ。然レハ此薬師瑠璃光ト申ス名ハ、深有其因」（27オ）
縁。誠ニ以可得心一。故此名号ノ内ニ、収三諦法門不可思議ノ功徳一。
只奉聞此名一ヲ、無量病頓ニ除テ、一切功徳自然ニ生シ侍（ハヘルナリ）。此
名号ニ収六度万行ノ法門一ヲ。一度モ聞者、無量ノ薬草耳ノ底ニ畜（蓄）（タクハヘツ）ルナリ。

此名号ニ尽セリ十力無畏功徳ヲ。一度モ唱者、一切法味舌ノ上ニ嘗(ナメツル)也。内
具テ三諦妙理ヲ、五分法身之香、遍熏シ、外ニハ顕テ伊王ノ本誓ヲ、八正道
支之風、遠扇ク。色香美味悉具足タレハ、能治ス一切衆生ノ病ヲ。彼花
厳大集ノ盛ニ畳メル菩薩ノ願行之薬ヲ。亦薬師ト申ス二ノ文字ノ出仮利
生ニ方ニ収ニス彼摩訶般若ノ十六会ニ聚タル畢竟空寂之術ヲ。又是□(表)スル
諸法皆空ヲ、瑠璃ノ名号ニ尽タリ。凡法花ノ絶待一実中道之妙薬
□捃拾ノ続命ノ重宝医道モ、顕ハレ一道清浄ノ光用ニ、出タリ種智」（27ウ）
□□ノ仙□ヨリ云々。一微塵ノ中、猶有大千経巻。伊王ノ名号ノ下ニ寧不収
八万法蔵ノ方薬ヲ哉。以須弥ヲ入芥子、是常ノ事。伊王ノ神反名号ノ
下聚タル諸仏如来ノ功徳ヲ仙術ハ、決定可信□□。依之、都言之、一切功徳
皆此名号下収尽ケレハ、文字ハ無幾モ。五ノ文字レトモ一経耳者、身心ノ病除リテ侍ケル。
伊王ノ薬ハ何ソ只此薬師瑠璃光ノ五ノ文字也。彼蓬莱仙洞ヲ指シテ不レハ
求、童男(丱)卧女モ舟ノ内シテ不(ス)可老(ヲイモ)。彼崐崘玄圃ニ攀(ヨチテ)不レハ尋仙人羽
客モ妙薬不珍(スメツラシ)　只立処ニ得ツルハ是ノ釈迦牟尼如来ノ丹菓ノ唇ヨリ流出タル
伊王善遊ノ五ノ文字ノ薬ヲ、信濃篇鵲カ灸針湯薬モ、破リ皮ヲ穿ハ
肉ヲ治シテ多シ痛ミ、西王東父カ瓊英(ケイエイ)玉液(エキモ)　三真九練煩シテ累ヌ年□(ヲ)。□(只)
□(伊)王薄伽ノ五ノ文字ノ良薬ノミコソ不シテ損一毛ヲモ、除愈之ヲ。不シテ過刹那ヲモ」（28オ）
□(療)治タマ□。不運歩ヲ得ルハ伊王ノ薬也。不シテ破肉ヲ治者、伊王ノ名也。服トモ

々□モ不尽者、伊王善遊ノ薬也。多トモ少トモ不異二者ハ伊王薄伽ノ
秘方也。世間ノ薬ハ只治スルニ除一支ノ病一ヲ、伊王ノ法薬ハ兼テ除五体ノ病一ヲ。
世間ノ薬ハ近ク治ス四大病一ヲ。伊王ノ法薬、遠治三毒病一ヲ。世間薬ハ只
除彼肉ノ病一ヲ、伊王法薬ハ、深除骨髄ノ病一ヲ。世間薬ハ能除一世
病、伊王法薬ハ遍治生々世々ノ病一ヲ。世間薬ハ空ク有テ却(キャク)老之名一ノミ
無延齢ノ人。伊王法薬ハ種智還年ノ類幾(ソヤ)乎。世間ノ薬ハ徒ニ
伝テ長生ノ聞一ヲ絶タリ不死ノ家ヘ。伊王法薬ハ金石氷雪之徒ラ難尽云々。
南陽ノ季斉者ハ漢ノ世ニ巽(ハイテ)水一ヲ滅蜀(ショク)都之火一ヲ。後漢ノ子訓ト□シ
□ハ生埋(イ□□ウツメル)(サイ)死児ヲ還隣家ノ其父ニ。外伝ノ仙術、世俗伊方スラ払難一顕」（28ウ）
□一猶以□□(也)。況、種智ノ方ニ年老イ常住ノ術ニ齢傾カタフイテ伊王大伊王
良薬霊験、寧虚乎。薬師如来、過テ十恒河沙世界一ヲ取テ有
縁ノ土一ヲ成正覚一。名曰浄瑠璃世界ト。伊王ノ本誓ニ繫心一ヲ運思一ヲ人、併
生彼世界ニ。譬如念シテ弥陀如来一ヲ生ル、極楽世界一ニ者云々。夫、浄瑠璃世界ノ
有様ノ以娑婆ノ穢悪一ヲ彼世界ニ比思ニ、依報正報之粧遥相易(カハレル)事、幾
乎云々。不以地輪、水輪、風輪一ヲ安立土一ヲ。大定智悲ノ幢、擎テ瑠璃ノ大地ヲ
無地獄餓鬼畜生ノ旧宅一。只人天能浄所居ノ土也。瓦礫荊蕀ノ
慢(ミタリカハシク)繁ルモ、瑠璃ノ地ニハ削跡一ヲ、山嵈幽(イウ)谷ノ嵯凹(クホメルモ)、悉投捨タリ他方ニ。無朝ニ
明(□ケ)夕ニ暗(クル、)昼夜之殊セ。伊王種覚吐テ光一ヲ常ニ照ス無レハ花散ケリ。葉

□□モ絶タリ。春秋之変改モ七覚ノ花盛ニ開テ一実ノ薬鎮ニ熟セリ。以テ」（29オ）
□□彼浄瑠璃世界二人ノ有様一ヲ□思ヘハ我等生死無常ノ形骸一
又幾カ異耶。卅六物ノ不浄ヲハ不畜（蓄）身一ニ、紫金ノ膚潔シテ相好払ヒ塵ヲ、
収貪熟蔵、汚ヲレ泥（テイ）不流出一。牛頭栴檀之香遍ク熏スルヲヤ乎。五障女人
之雲晴（ハレテ）、三明ノ月光澄（スミ）、違縁誹謗之色収テ、瞋恚ノ煙リ永絶タリ。七宝
満テ眼ニ失ヒ求不得苦一ヲ、寿命飽テ意一ニ離タリ愛別離ノ苦一ヲ。無君臣
黎（レイ）民之差別一無事カヘテ朝庭一ニ望官位一ニ思ヒ免レハ老病ノ家苦痛難ヲ、
絶無常衰毛（耗）ノ痛一、除病府愁ヲ、都テ其ノ相ノ易（カハ□ルコト）、敢テ以テ不可言云々。
凡尋彼ノ土ノ体世界荘厳一ヲ、勝テ西方ノ宝刹殊勝ノ域ニ、超過セリ
十方浄土大会ノ儀式一ニ。出三界之外美ナルコト全類セリ花王界ノ粧ヒ
□（紫）磨金之縄細（コマヤカニ）曳テ、界ヒ七浄瑠璃ノ道ヲ、摩尼珠之光清□（ク）瑩テ」（29ウ）
□□八功□（徳）□□、宮殿楼閣幷テ珠玉ヲ耀ス光一ヲ。瑩キ日一ニ瑩テ風一ニ
瓏々タリ。宝樹宝池交テ七宝一ヲ斑セリ色ヲ。染メ枝一ニ染テ浪一ニ艶々タリ。聖
衆如星一ノ列テ、繞レリ満月ノ尊容ヲ。幾カ瑠璃ノ大地ニ赫奕、人天美シ□（テ）楽一ヲ
□ス紺瑠璃ノ空一ニ。四智心品之曲臨暗一ニ悲也。衆鳥和鳴テ囀（サヘツリ）七仏ノ名号一ヲ、
□（清）風冷吹テ扇ク十二ノ悲願一ヲ。七重樹ノ下ハ飽テ不死ノ甘露一ニ、宴座セル者
□（多八）□功徳ニ池ノ渚ニハ飲テ長生之流一ヲ歓喜者幾耶。法喜禅悦ノ味ヒ濃ニシテ
□ト嘗ルニ四住ノ毒忽ニ消エ、柔和忍辱ノ衣厚シテ、永ク不痛（イタマ）。三界無常ノ

風云々。次釈穢悪ヲ全令欣求浄土ヲ釈シテ自身他身病死愁ヲ、可令欣彼伊王ノ浄刹ヲ云々。厭離穢土委可依極楽記。彼世界ハ
［　　］伊王ノ本誓ノ所ノ成就仏土ナレハ、若シハ依報荘厳ノ具マレ正報種智ノ類ノ
□体髪膚□ニシ、皆以テ無上法薬ヲ造成シ瑩テ不思議金渡ヲ為荘ト云々。大施太子ノ」（30オ）
□前ハ□□皆是金銀也。耆婆大臣腕ノ下ハ草木併良薬也。伊王
善逝ハ良□法薬行願円満ヘリ。清浄ノ仏土浄瑠璃界一々ニ伊
王ノ薬、長生秘方ニ無シ不□イフコト成ト云々。彼大宝防之砌ニ海恵菩薩来フトセシ先
□□(テ)大海ヲ波洗ヒ雲ヲ大集ノ空亭ノ席ニ虚空蔵菩薩列カハ山川岭
谷悉収テ上下八方皆空也。各任セテ行願功徳ニ、依報正報顕来コトハ常ノ
事也。故薬師如来ノ所ノ取東方浄瑠璃世界ハ、一切皆以テ薬ヲ荘
□(厳)セリ云々。瑠璃ノ大地ノ金縄界道セルモ、瑩成セル実相ノ玉渡ニ也。宮殿楼閣ノ
荘厳殊妙ナルモ、列聚タルナリ三諦ノ瓊英エイヲ也。人天衆会併服シテ種智ノ妙
薬ヲ、顕シ相好ヲ、菩薩声聞悉嘗テ法性ノ神丹タンヲ、持金石之齢。凡、至宝
樹宝他(池)之荘カサリニ、一切皆無シ非サル薬ニ荘厳。彼七重宝樹ノ瑠璃ノ大地ニ」（30ウ）
□立行□□当アタリ葉々相次ルモ、取枝葉花菓ヲ、皆是薬也。彼八功徳ノ
水、黄金ノ岸ニ波打チ、瑠璃ノ地ニ正散テ真珠殊レル□文ヲ、飲甘流美水ヲ、悉
無非イフコト上薬ニ矣。先付宝樹荘厳ニ、尋思ヘハ伊王ノ上薬ヲ、実然事□
理有ルリソ。南閻浮提ノ内、雪山峯、有大薬王トイフ木。只此峯ニ栄テ敢テ不
散在余方ニ。彼須弥山王ノ畳テ吠瑠璃頗胝迦宝ヲ為山ト、以宝樹

梅檀一□為スル樹一ト中モ不坐ス。大鉄囲山ノ遙ニ連テ遶リ四海ヲ草木藪□
（繁）□盛ナル間モ無ナカリ。然ヲ神通仙飛往テ彼山ニ、取花ヲ拾菓ヲ挿サシハサミ枝、取葉ヲ
令知有□フコトヲ此樹云々。但何レハ以此木ヲ名ルソト大薬樹王トハ尋ルニ、三真之妙薬、九転
□神丹、西天東土王カ父カ之適除病延命之薬能、無如シクハ此樹ニ。仍名大
□樹王ト。（所求）□□寿者、念レハ其名、万才之齢久ク持。有治病者、聞ハ」（31オ）
□□ヲ□□之病速ニ除癒者歟。況、任心ニ嘗枝葉花菓ヲ、随
思ヒ服スル（根茎）□□樹木ヲ者、蒙テ長生不死之霊験、改老ヲ還年ヲ
幾許哉。都テ言之ヲ、此樹ノ根マレ茎マレ花マレ菓マレ自本至末ニ一モ無
（所可）□□捨。皆悉ク集レハ伊方上薬ヲ取根茎ヲ非可捨枝葉ヲ。皆
悉（移）□仙洞長生ノ方ヲ、撰テ菓実ヲ非可投花蘂ヲ。何ナシカハ不サラム集蓬
（莱）□不死之楽ヲ乎。穢悪充満ノ我国ノ雑業所生ノ草木タモ有
如是奇用。何況、伊王薄伽ノ大定智悲、無限ノ善根ヨリ出ラム
彼浄瑠璃世界ノ七重樹ノ怪木ノ皆不老不死ノ仙方被ノ成事（ハ）□理ハリナリカシ。
紫磨金ノ花ノ色ロ美テタウシ含メル光ヲ葩ハナヒラノ間ニハ、聚メ常住不死秘方ヲ赤真
□□ノ菓ミ□蜜カ□ウシテ烈タル玉ヲ皮ヘイ中ニハ濃コマ□□セリ種智還年ノ上薬ヲ。梅檀沈」（31ウ）
□之香満枝葉ニ内熏シ遍ク聞レハ随芬芳ニ自得三諦之紫菊ヲ。
毘楞迦宝之瑶珞ヤウラク垂露ヲ飄颻スレハ、応シテ響ニ即畜四智之（甘桃）□□
其宝樹ノ威徳、内ノ方薬、外ノ荘厳、得テ不可言。只聞テ名ヲ一度念□

浄瑠璃世界七重宝樹一ヲ、自除身心病一ヲ無量ノ善根刹那生ナム物哉。
彼穢悪世界ノ雪山ノ峯ニ生ナル大薬王樹タモ、聞名一ヲ滅ナリ病一ヲ。何況、伊
王ノ善根ヨリ所生宝樹栴檀、豈名ノ下ニ不取其霊験一ヲ乎。次宝□(池)
□(湛)□□八功徳水一ヲ併無非伊王ノ妙薬一ニ物云々。当朝異域ニモ猶水ニ有功徳
能一。東西海ニモ稍ヤ、湛長生不死ノ薬一ヲ。況、浄瑠璃界ニハ八功徳ノ清水
□畳ラム劫□(老)延齢ノ波ヲ。此娑婆世界ハ見ト々聞ト々ク事ハ皆厭離ノ境、触事
□□モ思□□タモ湛ル八功徳一ヲ大海アリ。所謂一達ル須弥山乃至持双山等」（32オ）
□山一ヲ□有八大海。最初ノ太海ハ深サ八万由善那乃至如是□々ニ
□漸ク□□云□(々)。或、又、雪山北、香酔山南、有阿耨達トイフ池。非レ得通ノ
神仙者、無能至者。阿耨達龍王ノ所居ナリ。彼池ニ又備八功徳水一ヲ、所謂澄
潔清浄ニシテ離泥濁一ヲ、甘美軽耎シテ不臭渋。飲ノム時除飢竭等ノ無量愁ヲ、飲
已テ長益シ□(諸)根一ヲ、増益ス善根一ヲ。然レハ五濁之境、穢悪之処タモ如是希□
事アリ。比思之一ヲ、東方浄刹ノ伊王ノ宝池、増マイテ何許カ湛微妙ノ方薬一ヲ畳メ□
浄耎ノ法水ヲ欣思給也。七金山ノ間ノ八功徳ノ海、踰繕那ノ山ヤマ峻ニシテ非一レハ可越
往一、雖息ムト飢竭一ヲ、為我一カ有何益一カ矣。阿耨達池ヲ長益ナル諸根ヲ甘
露之流モ得通ノ人ヨリ外ニハ不ナレハ至一ラ、空ク聞テ名一ヲノミ肥ス耳一ヲ許也。何況、娑婆穢
悪之流ナレハ可厭。生死無常之国ナレハ不可欣。只□テ伊王薄伽ノ本」（32ウ）
誓一ニ、一念ノ□ニ□(超)テ十恒沙河世界ヲ至ナハ」（33オ）

「　」*

内□(証)外用之功徳、如形奉釈者ハ、凡諸天ノ覆護人間ヲ、於何而不可是非諍競者也。然トモ奉テハ於（オキ）ヒ沙門天王ニ者、利益殊ニ憑モシク霊験古ヨリ新（アラタ）也。源ト潔（イサギヨケレハ）流終ニ清シ。谷深ケレハ響（ヒヽキ）随テ大ナリ。然レハ此ノ天王ハ内ニ証法性真諦ノ理ヲ、外現ヘリ利生俗□(諦)ノ形ヲ。是ノ故ニ上ニ護持シ仏法ヲ下憐愍タマフ衆生ヲ。大悲利生ノ心ロ□□染テ□□(肝胆)ニ徹レル骨髄ニ者（モノヲ）奉名ヒ沙門天王ト也。凡ソ利生方便之中ニハ能護持シテ仏法ヲ□(利)益スル衆生ヲ之方便殊以勝タル者也。凡、三界所有ノ衆生、□(離)スルモノナラハ仏法ノ威神ヲ者、更ニ以不可得安隠ナルコト者也。栴檀ノ林ニハ必有（アリ）伊蘭。仏法中ニハ定テ具セリ魔縁ヲ。護持ノ天等不ハ在、仏法刹那トヽメモテ而留ラムヤ世。若仏法世ニ不在、□ハ□生更不可安隠ナル。因之ニ、能以仏法之力ヲ□(妙)利益ヘリ。」（33ウ）衆生ノ父母之養補ハ一生ノ之間ノ仮染（カリソメノ）事也。天王之利益□(ハ)、経テ三□(世)ヲ無シ尽コト。一生涯ノ之間ハ世間之願望何事カ乏カラム乎。千秋尽之後ニハ決定シテ而引入マフ菩提ニ者也。如来在世ノ昔ハ親（マノアタリ）来テ人中ニ、見（ミエタマヒシカトモ）一切衆生ニ而衆生之悪業重カ故、仏急ニ隠タマヒシカハ常住ノ洞（ホラニ）者、護持之天等モ随テ還テ本宮ニ而不見（ス）人間ニ。皆是末代ノ衆生悪業深重カ故、外護ノ神道モ随テ隠給ヘル也。但、宿善内ニ催シテ有レハ、請供タテマツル者、必ス隠シテ□ヲ、窃（ヒソカニ）来テ納受シ供養ヲ、知見マフ誠心ヲ。是以信心ノ大施主、宿善内ニ催シ、善縁外□メテ顕シ、供養フコト此ノ天王之形像ヲ、既運マヘリ多年ノ星霜ヲ。然ニヒ沙門天王自説云ク、

＊毘沙門天の見出しに相当。

南瞻部洲ノ五濁悪世ノ中、若ノ僧、若ハ俗、若ハ尼、若女、若聞我名ヲ一知ラム有ト我一
□ □(辺)ヲ隠シテ形ヲ一常ニ守護シテ消滅不□ヲ一令生福徳ヲ一云々。」(34オ)
□ 日本東夷之国ニ一者、□(誰)人カ□(不)ラム知此ノ天王在スト一
何者カ不ラム聞此天王名号ヲ一。此ヲ以テ影ノ不離形ヲ一。犢子ノ不離(レサルカコトクシテ)母ヲ一、昼夜ニ相ヒ
随ヒ□霖ニ守護シタマフラム。従託生母胎之当初(ソノカミヨリ)一、至長大老年之今日ニ一、皆
□□天王之守護ニ一、悉酬タリ護持之恩徳ニ一。但自他ノ貧富ハ只可シ限
宿世因縁□。貴賤ノ優劣ハ又勘(タフヘシ) 戒下毀持ヲ一。妄(ミタリニ) 迷因果ニ一、空ク不□(可)(ス)
陵(ナイ□シロニス)蔑 天王ノ護持ヲ一。僅ニ発シテ邪見ヲ一、忝ク不忽(スイルカセニ) 諸護持之恩徳ヲ一
誤マリ也。寧嗔(イカラムヤ) 琴瑟ヲ一乎。愚ニシテ不トモ知恩徳之深コトヲ一、悉ク相助(タスカレリ) 護持之力ニ一。
不ルハ見色□(境)ヲ者是盲者之失也。何恨ミム日光ヲ一。不ハ縁声塵ヲ一是聾者之
怠ノ子者母若不レハ念セ者、其ノ子必夭損ス。衆生ハ天王若不ハ念セ者、更有何ノ
□一。若□□ノ奉恭敬供養一者、弥(□ヨヽ) 蒙ル新ナル加護ヲ。更専シテ思ヲ、奉帰」(34ウ)
依尊重□□受ク現ノ利益ヲ一。然ハ今日ノ信心大施主者、造像供養之
勤メ、既非一年二年之経営ニ一、熏修久ク重タリ年序ヲ。恭敬尊重之
志シ、又無一日二日之懈怠一、信心ヲモテ偏ニ仰ク霊験ヲ。哀哉。人界下劣(レツ)
之心ナレトモ幾カ通(カヨヒタマフラム) 四天王ニ一乎。穢濁蝸舎(火反 カタツフリ) 之栖(スミカナ)レトモ 忝ク我カ天王ハ翔ラム耶。天人ノ
記録シタマフコトハ人界之善悪ヲ一者、従見ル掌ノ之菴羅果ヲ一尚明白也。卆(スイ(翠))
闐(ケイ反) 之内ノ夜ルノ遊トモ皆ナ見マフ催スト輪廻之業因ヲ一。双枕(シム)之間ノ暁(アカツキノモノカタリ) 語、悉照マフ

□ムト未来ノ因縁ヲ。愚ナル我ハ更不シテ知之ヲ謂(ヲモヘリ)能ク隠タリト。賢キ天人ハ空ニ能
視セリ之ヲ□。仍造悪ヲ者ヲハ尤可慚(ヘシハツ)。天人ハ一トシテモ而無不名記セ故、若人造ヲハ
善ヲ、為(ナシテ)歓□(喜)ヲ、先飛ヒ来テ守護シ摩頂シタマフ。別(ワイテ)不レトモ志シ諸供セ善根之庭諸
「　　」利シタマフ檀越ヲ者也。何況、別ニ奉ラム恭敬供養」（35オ）
「　　」スルニ善根ノ事ヲ多年之熏□(修)、幾カ積ヌラム歟。配テ毎日ニ
□(開)眼供養スル仏菩薩天王ノ形像ヲ毎ニ度、若干ノ法味ニ預リ悦ヒ給ラム乎。何ノ度ノ
修善ニ□三界ノ天人四海ノ冥道ノ不ル降臨影向セ志ス。亦以然也。必納受シテ無
□善根ナリト弥ニ守護マフ施主ヲ。人界猶ヲシ人王ノ臨タマフ処ニハ有リ其ノ賀(ヨロコヒ)。況、天人
降臨ノ砌リ寧空ラムヤ乎。是以テ分チ雲ヲ臨マフ天人ハ、必ス施テ不死ノ妙薬ヲ授マヒ天上
之寿命ヲ、凌□ヲ集ヘル冥道ハ、定テ譲(ユツリテ)亀鶴ノ年齢(レイヲ)含(フヽメタマヘリ)海底之宝珠。
□(説)マヘル法味ヲ神祇ハ為トテ牆壁ト禦(フセキ)怨敵ヲ感功徳ヲ。冥官ハ帯シテ剣戟ヲ守ヘ
施主ヲ。各具ヘレハ神通ヲ隠セリ形ヲ。云テ不見(スト)眼ニ、非ス可キニ不信(サル)セ。多門大士、引
卒シテ部類ノ諸天ヲ、毎ニ降臨マフ大施主ノ私宅ニ、何度(イクソタヒカ)施ラム法。施平等之面
目ニ言非ス□□マフ恭敬供養之悦ノミニ。普天卒土ノ冥道ト共ニ法味喰」（35ウ）
受□フ感□□□(上)天下ニ更ニ□(以)テ不シ有。龍王得レハ一訪ヲ大雨ヲ灑ク天
下ニ。一ノ息(イキヲ)入レハ螺唄ニ音声動ス遠近ヲ。世間之事相ノ不思議、尚以
如此。何況、出世ノ法雨ヲヤ哉。何況、無漏ノ法音ヲヤ乎。然則微少ナレトモ而法水
□(預)□ツケタテマツル如来ノ大龍ニ。成シテ広大ノ法雨ト早ク生長タマヘ三草二木ヲ。調□(曰)ナレトモ

而法□（音）入レハ大法ノ螺唄一ニ、成テ大法ノ音声ト迷ニ令マヘリ聞三千大千ニ。
何況、天人見得少一ヲ成大一ト之力用ヲ具足マヘリ。各ノ預テ弟子カ小善ニ
□広大ノ善根ト随喜シ給ヘ。況、非ス極少ノ善一ニ熏修積ルヲヤ乎。以在家
之身一ヲ随テ任一ニ帰依シテ三宝一ヲ顕如来ノ形像一ヲ写セリ菩薩ノ色像一ヲ。皆是
随テ護持之天等ノ御心ニ奉ルナリ修行仏法一ヲ也。設ヒ不トモ運ハコ志ヲ天王ニ、利益必
［　］ヲヤ［　］聞□□ニハヒ沙門ト申ス名ヲ分ニ、則顕形像一ヲ恭敬供養ウヲ」（36オ）
［　］是釈迦牟尼如来ノ御弟□（子）也。四部ノ御弟子ノ□（中）ノ
其ノ一（ヒトリ）優婆塞□（イ）フ是也。如来之ノ大悲ノ哀レニ貴ク在者（イマスコトハ）、不ル出俗網一ヲ在
家ノ衆生ナレトモ而皆不シテ捨之一ヲ、併為ナリ我弟子ト。是以テ任テ我カ大師釈迦牟尼
□□ノ教一ニ、更奉敬礼帰依三宝之境界一ヲ護持人法ノ天人必□（可）
資-助シタマフヘキナリ弟子一ヲ也。凡付テ公一ケニ被誉一顧（ホマレヲカヘリミルニ）私一ヲ、有ル幸ヒ、皆是天王ノ補佐
之力也。五穀成熟シ万菓豊饒ナル、亦是冥道ノ加護ノ故也。凡、求食
者□（与）飲食。求衣服者与衣服。耕作者与地味。蚕養者与成
熟。求眷属一者与眷属。求妻子者与妻子。求財宝者与財宝。
求田宅荘薗牛馬六畜乃至一切者、皆令階所求ヲ、皆是此ノ天王
之□（力）用也。□□（依之）、古（イニシヘハ）一ノ証□侍（ハヘリ）、精（ク□シク）伝申テ、奉ラム□（令）信大□（王）ノ霊験ノ弥」（36ウ）
□（貴）コトヲ。□（昔）シ□（大）国、□＊（有）求ル宝ヲ之一ノ僧。天上天下第一ノ宝者ハ、無シ如クハ々
意宝珠ニ。惣テ朝中ニ全ク難キ有一者也。為得カ此宝一ヲ普ク修行五

＊断片「有」が相当。

竺之間、従胡国至東天竺国、値一洗濯女一。沙門、問女云、方為求（如意）□□宝珠、来此国。其所在慥解我。女人聞之、以口不答、以洗濯足声令答云、従此東方大道路辺、有大石。往暫時之間住、必一鳥来居汝膝上、喃甚深之義、幷繋糸尋我、喃尓□□鳥倶還来我許云々。依女人洗濯足声教、往暫住者如所教鳥来居膝上、如女教喃、仍、抱鳥、還至女人所、女人歓喜教沙門言、我是清浄女人也。汝亦求道沙門也。知汝「　」此□□所求道也。汝須係糸幽陰之令之尋」（37オ）「　」鳥為導師一。必至宝所□了。女人、沙門□糸。因之如教鳥意前往数日往、四方鉄山相現、更無可過道。仍此時尋鳥糸声、喃甚深妙法門。聞之往者、釈迦如□、普賢、文殊、観音、弥勒等所居処至得タリ。尓時観世音菩薩告ヒ沙門言、汝来此希有々々。非少信者不来此処、唯求法之志、苦（因）□来此也。洗濯女教汝者、則我身観音是也。鳥来導汝者、汝所持ヒ沙門天王是也。鉄山四遶者、汝所造悪業之山也ト云テ、与四如意宝珠、還本国給ヘリ。難得如意宝珠即奉持此天王者必得之。況、世間所有之普通ノ財耶。悪業□□而天王＊（威）□力能導令至仏所給ヘリ。（空）□歓喜出生共憑哉。」（37ウ）

＊断片「威」が相当。

抑□□(王)ハ□□(何者)□□如是不□思議之力用、能□(尋)根本ノ不思議之
功□ヲ可《ヘ□ナリ》　自利々他之方便ト也。見花盛ヲ知池深ヲ、尋迹ノ広ヲ知
本ノ高ヲ。本高カ故、迹広、迹広故、利益則遍シ。本ハ是住シテ摩訶般若
畢竟空寂室ニ証ヘリ常楽我浄ノ四徳波羅蜜ヲ。毘盧ノ身土ヨリ
垂テ応ヲ居シ半須弥之間ニ、天上ノ依正ニ留テ跡ヲ住ヘリ水精山之頂ニ。摂
領シテ羅刹夜叉ノ二鬼ヲ表マヘリ不《サラムコトヲ》　令取ラ愛見ノ境界ヲ。凡ソ一切衆生
□ヲシテ令不随心ニ所求不叶念ニ者ハ本《モト》依テナリ悪業深重ナルニ也。
然ルニ此天王思食ス満ト一切衆生ノ心願ヲ。大慈大悲ノ心者、徹レルコト骨髄
母ノ念一子ヲ。是故ニ以テ大悲誓願ヲ動シ法性□(難)動之山、依無謀ノ
「　」生死□□之海ニ、所以ニ内ニ隠シテ□(法)身常住□(之)徳ヲ受タマウ之欲界ノ」（38オ）
「　　」生死五欲之相ヲ入四王宮ノ中ニ之時キ従《ヨリ》所以彼ノ
□色相荘厳ハ悉ク是悪業深重之末世ノ衆生ノ心願必ス円満ムト
顕シ給ヘル形体色像也。凡ソ一切衆生ノ身中ニ自本愛見ノ羅刹夜
□ノ二鬼ヲ具足セリ。是以テ我モ人モ同諸共ニ被ルカ狂《タフラカ》　此ノ羅刹ニ故、量《ハカ□》
出イタサレテ法性之山ヲ溺《タヽヨヒ》　入レリ生死之海ニ。刹那モ無シテ相ヒ離ル、コト時ニ迴《メクラス》　三有
海ニ、心既被□□誘《コシラヘツケ》　着更ニ不《ス》求メ相離レムコトヲ毒気深徹テ精《セイニ》　心神久ク
□リ籠ラレタリ。既ニ為多年ノ朋友、只悪鬼ヲ為セリ親倫ト。往ヘ天上倶ニ随テ往キ
来ノ人中ニ倶随テ来挙《コソテ》　体恣ニ散動ス邪気入テ心ニ狂《タフラカス》　身ヲ。合ルニ

眛(マナフタヲ)一 深ク睡眠ス毒災一遍シテ体ニ蕩カセルナリ心ヲ毎ニハ暮々一与鬼倶ニ臥ス。毎
朝□与鬼□□双テ不臥一顕ニ入テ体一ニ抱 肝(ウタカラ□□キモト) 眠ノ中ニハ悪夢」（38ウ）
屢(シハヽヽ) 侵(ヲカス) □□ノ可キ発ス凶事ヲ失逃也。覚ノ所ニハ物怪時(トキニアリ) 有
羅刹ノ可キ行ス不善ヲ表事也。凡ソ有テ一切ノ心事不相応事一所ロ念フ
不叶一所(ス□ナハ)ロ掟(オキツル)一有リ妨(サマタケ)一。乃至蚕養不如(ス)ク法ノ一。耕作不豊(ス)饒一。出テ
朝庭一□懐タキ怨一ヲ入テ私蘆(シロニ)有シ困(タシナミ)一等、凡一切ノ凶悪不善ノ事、皆此ノ
愛見ノ二鬼ノ所致一ス也。只今モ籠居テ各ノ身ノ中ニ聞ラム定一ムルナリト我等二鬼ノ
所為一ヲ哉。所従ノ眷属又以臣多也。六十二見、八十八使、九十八随眠、百八
煩悩之悪賊、八万四千ノ塵労乃至無量無辺也。皆是此愛見□(二)
鬼ノ所従ノ眷属ノ夜叉羅刹也。併ラ引率テ群ムレ居テ我身ノ中一ニ、伺ヒ隙一ヲ
□短悉ク是一切衆生怨賊、三世如来讎敵也。然、此ヒ沙門天
□□ハ護持□□□□衆生ノ大定大智ノ本誓悲願深ク在スカ故ニ」（39オ）
「　　」戟(ケンノホコヲ) 矛一示シ攘(ハラフコトヲ) 一切不許ヲ、下化衆生ノ
□(アナウラノ) 下ニ蹈(フ□)二頭ノ鬼一ヲ、表マヘリ降セムコトヲ愛見羅刹ヲ。世間ニ憑モ、人誰レカ
有ラム能摂伏一スルコト、不見眼ニ者ハ有トモ兵(イクサ)一非足可キニ戦(タヽカフ)一。勢(セイ)力強盛ナル
□ハ非ス世間ノ陰陽ノ呪術ノ所ニ伏スル。只有 此天王(マシマイテ)一ノミ得ヘリ召(メシ)□(出)□(シ)愛
見ノ二鬼一ヲ蹈伏スルコトヲ、内証既位高シ本体ハル舎那ナリ正覚久遠□
迹ニ現ヘリ天王ノ形一ト。所以ニ、乗普現三昧ノ力一ニ、化作テ悪俗嗔怒之

□(色)身一ヲ以真諦三昧一ヲ摂伏マヘリ愛見二式ノ魔鬼一ヲ。久成正覚ノ年
者《オイタマハレハ》一心三観智ノ点《ハカリコト》《ユ□カシコク》登四智円明ノ位一ニ、十力雄猛ノ勢《イキヲヒ》内ニ
威《イカメカシキカ》故ニ摂領マフニ愛見ノ羅刹一ヲ、得テ自在一ヲ利益マヘリ衆生一ヲ。垂迹之形者ハ
親□ナリ利益□□(末代)薄福□□一也。本誓ヲ無ク忘《ワスル、コト》一□(必)ス施霊験一ヲ給へ、雖今」（39ウ）
古異一称念是同シ。准テ昔ノ沙門ノ所求一ニ必奉ル憑我カ天王一ヲ往テスル阿ヒ城一ニ
代マフ衆生ノ苦ニ。況、自余ノ苦患ヲヤ耶。深所期一者、究竟只有リ芥一ニ。然レハ
則チ以テ官位福禄之餌《エヲ》一、呑《ノマセテ》人天郡萌之鱗《イロクツヲ》一、以テ大定智之悲
釣《ツリヲ》置マフ菩提常住之岸ニ。是以従一実真如之家室一、来テ生死大海
之湊《ミナトニ》一、隠クレテ法性真諦之形一ヲ成マヘリ生滅俗諦之身ト。所ノ儲一ヘル官爵福
徳之餌《ヱ》不可空クス之一ヲ。必ス含《フ、メタテマツリタマヘ》信仰帰依之櫝」（40オ）（白紙40ウ）

心経

釈セハ般若心経一此ノ経ハ三世諸仏成仏智母、一切衆生度苦ノ船
筏也。空即是色ノ故、雖起《オコスト》忘想ヲ於長夜ノ夢一ニ、色即是空ノ故、
可期正覚ヲ於涅槃ノ界一ニ矣。故四処十六会ノ中ニシテ遍ク歴《ヘテ》色心種智ニ
広ク説ヘリ無相妙理ヲ。然トモ大部ノ経者ハ文義広博ニシテ鈍根小智ノ所不堪一也。
故設ケテ此ノ略説一ヲ引導群迷一ヲ也。所以ニ、滅シ四重五逆ノ罪障一ヲ、除キ九十五
□(種)ノ邪道一ヲ、蒙リ諸仏菩薩ノ愍念一ヲ、得コト梵釈龍神ノ擁護一ヲ、無シ如《シクハ》此ノ経書
□読誦スルニ。□□□□(恩)謝徳之砌一ニ定テ天衆地類、降臨影嚮ラム」（41オ）

□□(為)ニ法楽□□(荘厳)ノ□□(書)写供養一也。所以ニ、瑩(ミカキテハ)無価ノ宝珠ヲ、為シ倍ムカ
天衆ノ威光一也。湛(タヽヘテハ)般若ノ智水ヲ為洗ムカ地祇ノ熱悩ヲ一也。以之ヲ非雲ニ非シテ
雨ニ消(ケシ)四生ノ悩熱ヲ、非日ニ非シテ月ニ照ス三界ノ惑ー闇ヲ。若尓ハ過去
幽霊ハ預(アツカリ)天衆地類ノ加護ニ、被レテ照般若無碍ノ智光ニ、得コト離苦
得楽ノ益ヲ、所無疑一也矣。
般若経文云、一切善根皆依般若文　一経其耳善根力故定得無上正等菩提文」（41ウ）

三身

法身ト者、是法如々ノ境也。離青黄赤白ノ色ヲ異ニシテ長短方円ノ形ニ有仏天
仏性相常然、凝然、常住法性真如ノ妙理也。体遍シテ森(シム)ー羅ノ万法ニ無シ簡コト
有情非情□。法身体遍諸衆生、万徳凝然性常住、不生不滅
不去来、非一非異非断常ト。以テ之ヲ名法身如来ト。報身者是(イハ)法ー
□ノ智也。酬(コタヘテ)因位ノ万行万善ニ所ノ感ー得一実修実証、自受法楽ノ依身
也。身量満テ法界ニ唯仏与仏ノ境界也。自受用身諸相好、一々遍
満十方刹、四智円明受法楽、前仏後仏体皆同ト。以之一号報身之」（42オ）
□也。応身□(有)、法報二身。是唯仏与仏之境界ニシテ非ス教化衆生ノ体
質ニ。以テ之(コヽヲ)無ー形ニ示□テ形ニ八相成道シ応ー問シテ機縁ニ、済度群生ヲ也。水銀和真
□(金)、能塗諸色像、功徳和法身、所々応現往、八相成道転妙法
輪、即応身如来也ト。以之ヲ名応身一也。四智ト者、大円鏡智、平等

性智、妙観察智、成所作智也。八識転シテ成（ナル）四智一ト也。八識者（イハ）眼耳鼻舌身意之六識ニ、加テ摩那識、阿羅耶識之二一ヲ、名ク八識ト。自宗ニハ加テ阿摩羅識一ヲ立九識一ヲ也。第八識転シテ成大円鏡智一ト、第七識転シテ成平等性智一、第六識転シテ成妙観察智一ト、前五識転シテ成々所作智ト。此ノ四」（42ウ）智転シテ成三身如来也。大円鏡智成法身。平等性智成報身。成所作智成化身。妙観察智遍於三身文。　四智ト云ヒ三身ト云雖異ナリト名一体相融通同也。以茲一諸仏所証之万行万善ノ功徳、八万四千諸波羅蜜ハ四智三身之中ニ摂在也。然レハ則、我等ラ衆生ノ第八阿（アラ）刺耶蔵識ノ中ニ三身如来ノ妙理宛然トシテ雖トモ備一ト惑障屈シ心一ヲ煩悩塵労遮（サイキテ）眼一ヲ不覚不知。譬ハ如貧女ノ不カ識伏蔵ヲ。或ハ纏サレテ痴愛一ニ、従冥一入出冥。或着邪見一、以苦一欲捨ムト苦ヲ。覚者ト云、衆生ト云、一念ノ心反（ヒルカヘシツレハ）無替（カハル）事。諸仏ノ功徳不可求他□（処）ニ者也。法性如大海、不説有是非、凡夫賢聖人、平」（43オ）等無高下文。阿鼻ノ依正ハ所シ極聖ノ自心一ニ、毘盧（盧）ノ身土ハ不越（ス）凡下ノ一念ヲ。惣テ以テ凡聖一如ト習一ヲ為自宗ノ大旨ト也。是惣功徳也云々。」（43ウ）

（箕浦尚美・海野圭介・中川真弓）

龍論鈔

龍論鈔一巻
禅恵之」（表紙）
『第七末那縁六塵境。為所縁転義成立。何以故。経伽陀中作如是説。境界風所動七識波浪転故云々。』*」（見返）
釈摩訶衍論第四云
上古諸学徒於此論一有異論一、或為真論一、或為偽論一也。安然和尚為真論一之義云、教時義一云『問、摩訶衍論、昔者戒明(三論宗)和尚将来之時有テ諸道俗一定偽論一。又南大寺新羅国僧珍聡伝云、是論、新羅国大空山沙門月忠撰也。而何引龍樹論証一。答、昔有居士一論ニ付四失一。後有僧衆一、更加五失一。次有真言僧都一、上奏入真言」（1オ）

*『釈摩訶衍論』第四（T1668_.32.0627c21～c24）。

宗三蔵之中一流行天下一。其官符文載貞観ノ格一ニ。後有福基寺名也和尚箴(シム)誨(クワイ)(オシフオシフ)迷方記中具会旧人四失七失一、論定真論一。々題ノ下ニ云、龍樹菩薩造一。故引為証拠一。可謂一顕晦随時一行蔵在運者也云々』。*

又云、基公者『不検論文真偽一是非一所引龍樹〔猛〕菩薩説者是尺摩訶衍論文。此論海和尚及福貴和上以為真論一。比叡山及他宗皆為偽論。文引論者可引自他共許之文。一許一不許不足為証一耳云々。』*（1ウ）

『和上非仏一何誑後学一云々』。* 弘法師奉疏也。

以上真論之伝也。

以下偽論証文等。

『尺摩訶衍論十巻

馬鳴菩薩本論、龍樹菩薩尺論。

一難昨使至。垂示従唐一将来尺摩訶衍論。聞名之一初ハ喜被龍樹之妙尺一。開巻一之後恨穢馬鳴之真宗一。今検此論。実非龍樹之唱一。是愚

*『真言宗教時義』第一（T2396_.75.0375b02～b11）。

*『真言宗教時義』第一（T2396_.75.0390b18～22）。

*『真言宗教時義』第一（T2396_.75.0390b23）。

人假菩薩之名一。而所作一耳。但其本論真実馬」（2オ）
鳴菩薩之起信論也。梁承聖三年（五五四）甲戌
真諦三蔵訳之。今此偽尺之序云、〈私云可注之〉廻天鳳
威姚興皇帝製。弘始三年（四〇一）歳次星紀庚子
於大荘厳寺一仏伐提摩多三蔵訳也。晋書云、後
秦姚興生ハ称大秦皇帝一。死称文桓皇帝一。
始終無廻天鳳威之号一。又姚者姓也。興者名也。
聖皇帝姓名即為号一未有一也。又自弘始三
年一至承聖三年相去一百五十五年取後訳
本論一合前訳之尺論一。同為一論田亭。是大虚
妄也。又検本論一文雅義円。今此偽尺文鄙（イヤシク）」（2ウ）
義昏（クラシ）。同巻異筆必非同訳一理則明矣。
今大徳当代智者何ソ労（イタハシク）遠路ヨリ持此偽文一来。昔膳（セム）
大丘（キウ）唐ヨリ持来金剛蔵菩薩注金剛般若経亦同此論一、
応偽妄作也。願早蔵（カクシ）送テ不可流伝シテ、敢爰於万代一。
真人三船白（マウス）、
　戒明阿闍梨座下』＊
古人消息可尋一誰人在延暦僧録号淡

＊杲宝『宝冊鈔』第八（T2453_77.0820c27～77.0821a20）。

海居士。

論[難]序、題同云、尺摩訶衍論疏『回鳳威姚興皇帝製』一*（3オ）

論[難]第九引陀羅尼一之中亦有則天文字一。

序[同]云、『朕聞其梵本一者在其中天竺一。*』

論[同]二云、有第七末那之名一。

論[同]四云、『楞伽経中作如是説、譬如巨海浪』等文*

引四巻経一也。勘合本経文一一字不異一也。

論[同]二云、『心量有十一、云何為十一。一者眼識心』等文*

私云、真言宗立十識一也。

下[同]文云、『十者立十種識一惣摂諸識一。云何為十*』

前九者八識幷唵摩羅識也。上下癈立相違如何

論[同]云、『論曰。如来蔵有十種一。於契経中別々説故。云』（3ウ）何為十。一者大惣持如来蔵。*』

論[同]五云、『復次分別生滅相者。有二種一。云何為二一。一者麁与心相応故。*』

論[同]六云、『広大円満自性本徳契経中作如是説*』。

私云、弘法大師以此論為真言本論一。若依此等文一歟。

*『釈摩訶衍論』序（T1668_.32.0591c27）。また、済暹『釈摩訶衍論決疑破難会釈抄』（T2286_.69.0576b24）には、「三船居士疑難云。天回鳳威姚興皇帝製」と淡海三船の疑難として記される。

*『釈摩訶衍論』序（T1668_.32.0592a25）。

*『釈摩訶衍論』第四（T1668_.32.0626b19～20）。

*『釈摩訶衍論』第二（T1668_.32.0606b04）。

*『釈摩訶衍論』第二（T1668_.32.0611c27～28）。

*『釈摩訶衍論』第二（T1668_.32.0608a11～12）。

*『釈摩訶衍論』第五（T1668_.32.0632b07～08）。

*『釈摩訶衍論』第六（T1668_.32.0641a14～15）。

不可宗人一也。有真言宗之此論中明不二摩訶衍々々々者即真言剱也云々。若文弥偽論之疑深シ。真言教者唐ノ朝ヨニ始故也。又以第七識一名末那一秦代翻訳未有此名一。又引四巻楞伽一甚以為奇一。彼ノ経ハ宋元寿（ママ）十二年訳之一。去姚秦卅余載」（4オ）也。論疏在前一、如何引之一哉。

尺摩訶衍論廿

右件論一部十巻不入諸宗目録一。論題下之龍樹菩薩造一。是尺起信論一故云尺摩訶衍論一。有序姚秦御製云々其序有則天文字。其序云『朕聞其梵本先在于中天竺二。遣テ騋（使也）一奉迎一近至東界。以弘始三年歳次星紀九月上日一於大荘厳寺一。親受筆削。敬訳斯論一。直翻訳人筏提摩多三蔵。伝俗語一人劉連陀等。執筆人謝賢金等。首尾二年方繕写畢功云々』*其本論者」（4ウ）『梁承聖三年歳次壬酉九月十日於衡州始興郡建興寺一』*。真諦三蔵翻訳之一。月婆首那伝語智愷等筆受、自姚秦一至大梁一、年代遙隔

*『釈摩訶衍論』序（T1668_32.0592a25～b01）。

*『大乗起信論』序（T1666_32.0575a25～26）。

然引其本論一、与梁所訳一文言不許其間製事章歟
疏集目録人亦不載此論一。依之、天応年中薬
師寺戒明和上帰朝之時、将来当初諸宗学
者判為偽論一。随南大寺新羅国僧珍聡云、是
論本新羅国国大空山沙門月忠撰云々。又論幷序中
有則天ノ字一、偽論之疑由斯一而起ス。但弘法師、秦
為真言本論一。福基和上具会論失一、天台ノ」（5オ）
安然引之一。以称真論一。即題云、『可謂顕晦随時一
行蔵在運一者也』*云々。

（一行空白）

『〽淡海居士伝刑部卿
淡海居士、淡海真人三船、亦曰元開一。近江天皇之
後、錫捍天枝、流海源別、賜ル真人姓一。童年厭
俗、折一尚玄門一。於天平年一、伏膺唐道璿大徳
為息置。探聞三蔵ヲ一、披検九経ヲ一。真俗兼縁一、名言
両泯。勝宝年、有勅一令還俗一姓真人。起唐
学生、因患一制亭一。雖処居宛ニ一、不着三界一、示」（5ウ）
有眷属一、常修梵行一、求会真際一、故挙大

*『真言宗教時義』巻一（T2396_.75.0375b10～11）。

微之円覚一、順時俗一、故奉法賓至。後真和上来。上
詩云五言
摩騰遊漢国ニ一、僧会入呉宮(キウ)一ニ、豈若真和上、含事(章歟)渡海東、
禅林戒網密、恵苑覚花豊、欲識玄律(津歟)啓、酒門得妙工、
便伏斉為斉戒弟子、既蒙賜。或云、自慶詩一首五言
我是無明客、長悉(患歟)有漏律(津歟)、今朝蒙善誘一、懐拖絶埃塵、
道種将萌夏一、空花更落春、自帰三宝徳、説畏六魔瞋、
於政事暇(イトマ)、礼仏一読経一、毎於節会一、花香奉仏一。兼述」(6オ)
真和上東征伝一巻、喩揚威用先後。又注起信論、
藻鉤□(虫損)門。東大寺唐ノ学生僧円覚、将注論、至唐。々
霊越龍興寺ノ僧祐覚、見論、手不択巻。因廻使、有
讃待曰五言
真人伝起信、俗士著(着イ)詞林一、片言復析玉、一句重千金一、
翰墨舒霞錦、文花得意一深、幸因星使便、聊申眷仰心、
居士又作北山賦。主長安。大理詳事丘丹見賦、再
三嘆仰、曹子建之久事風雲、失色不奇一。日本亦
有曹植耶。自還使、便書兼詩曰五言
儒林称祭酒一、文籍号先生一、不謂遼東土、還成俗一下名、」(6ウ)

十年当甘物、四海本同声、絶域不相識、因答二達此情一、無量寿国者、風生珠、禁聡苦空、水激全流、波挨常示。居士、摂心念誦、願生安楽云云

出延暦注録第五巻

〽延暦僧録五巻天台沙門釈思託撰

第一巻　始自鑑真一高僧合七人伝燈大階弥述蔵。

第二巻　始自上宮太子王帝并十人。

第三巻　始自仁幹一合廿三人智光々任等石口中高僧。

第四巻　沙門五十八人賢瀑半備半行表等也。

第五巻　僧十四人居士卅人。

延暦僧録目録一巻」（7オ）

天台沙門尺思託撰

延暦七年歳次戊辰二月乙卯朔三日壬午撰

唐天台宗僧也。付鑑真和尚一渡倭州二』*

（一行空白）

建永二年二月六日以或同法本一写了。是則蔵俊僧都私抄也云々。又彼人大意抄一巻奥委注載之。可見件抄出也。

* 『延暦僧録』佚文。後藤昭雄「『延暦僧録』考」、同「『延暦僧録』「淡海居士伝」佚文」（同『平安朝漢文文献の研究』吉川弘文館、一九九三年）参照。

東寺末学南山小隠房海記之

（一行空白）

大意抄一云、『問新訳起信論注序云、以唐則天聖暦年
三□（虫損）歳次己亥冬十月㆒于団（テム）国三蔵実叉難陀（随イ）」（7ウ）
唐朝三蔵義浄法師等。於神都仏授記寺㆒重訳
茲論。則天大聖皇后。遣朝請大夫守（シュウ）大子中舎
人賈（カ）斉福等翻経大徳大福光寺僧復礼（フクレイ）等義
学大沙門十人筆受。分成上下両巻。其発（ハツ）
明（メイ）シ真性㆒ヲ、隠括ス玄宗㆒。雖義旨与旧翻㆒不異。
而文共理周シ。詞将意愜（カナヘリ）、惟（オモミレハ）此新訳諒（マコトニ）為円備㆒』。*
如何開真諦謬㆒乎（ヤタフ）答案、高僧伝四㆒ヲ云ク、『又以起信
一論文出馬鳴彼土ノ諸然思承ムヤ其本㆒ヲ。奘乃
訳シテ唐㆒ヲ、為梵㆒、通シテ布五天㆒。斯則法化之縁東西互
挙』*云々。准此㆒当知㆒大遍覚三蔵大唐貞元（観歟）」（8オ）
之年在於西方㆒、将家依所翻起信論訳唐語㆒、
以弘彼土㆓ニ。実叉難陀幷義浄等後代三蔵得
訳唐㆒。為梵㆒、々本為翻訳㆒。故同家依訳有リ真如
薫習之文㆒而已。

＊願暁等集『金光明最勝王経玄樞』第一（T2196_.56.0486b19～b22）。

＊『続高僧伝』第四 T2060_.50.0458b27～b29／『寶册鈔』第八 T2453_.77.0826c12～14。

此意言梵本一歟。若尓後代訳論有真如受
薫之訳一。者則是真諦三蔵所謬一。真如薫(クン)習之
文也。二ケノ三蔵翻経ノ大徳、義学ノ沙門。其人雖
多二所獲一。梵本同是宗依之。翻訳唐一、為梵一、
之本也。何以訳者多証字依無謬云々。

（一行空白）

問、龍樹造論、名尺摩訶衍論一。解馬鳴菩薩起信論云々」（8ウ）
為偽二為真一。答、古来有争一云偽論昔白壁(ヘキ)
天皇之代天応年中、薬師寺戒明和尚帰
朝之時将来此論一。諸宗学者南城ノ緇李判
大疑偽淡海居士三船真人。『今検此論一。実非龍樹
之旨。是愚人假菩薩之名二而所作耳。但其本
論者実馬鳴菩薩之起信論也。梁承聖三（五五四）
年甲戌、真諦三蔵訳之一。今偽尺之序云、回天
鳳威姚興(エウキヨウ)皇帝製、弘始三年（四一〇）歳次星紀庚子於
大荘厳寺、筏提摩多三蔵訳也。晋書云、後秦ノ
姚興生ハ称大秦皇帝一。死ハ称文垣(桓イ)皇帝。始終」（9オ）
廻天鳳威之号其一。又姚ト者姓也。興ト者名也。聖皇帝

姓名即為号一。未有一也其二。又自弘始三年一。至承聖（五五四）三年一、相去一百五十五年。取後訳之本論一、合前訳之尺論ニ。同為一人訳一是大虚妄也其三。又検本論文一雅義周一、今此偽尺文鄙義昏。同巻異筆一必非同訳ニ理則明矣其四』*。

最澄云、尺摩訶衍論者『翻訳不分明故是一。隋唐ノ諸目録ニ不載見録一故是二。其真言字不相似梵字一故是三。其義理相違本論一故是四。姚興在秦一。真諦ハ在梁一。秦代筏提訳。已同梁家依論一。若正義論者従秦以降。至唐開元一目録不載一。疏師不引一。是以」（9ウ）不足帰信一。此論者、大安寺戒明法師、去天応年中自唐一将来。尾張大僧都為伝検勘曰、已勘成偽論哉』*。

安然云、『後有福貴山寺作、箴誨迷方記一具会初四七之失一。未尺叡山四種之失ヲ一云々』*。末学云、論幷序中有則天文字一。為秦代訳疑伝之甚也其一。論有第七末那之名一。秦代翻訳未有此号其二。又引四巻楞伽説一。斯経宗元去加十二年訳去。姚秦卅余才是

*『寶册鈔』第八～T2453_.77.0821a02～14。

*最澄『守護国界章』上之中（T2362_.74.0162b20～27）。

*安然『教時諍論』（T2395B.75.0366b10～11）。

前論引後訳経ヲ哉其三。又四種楞伽是偽假説不可帰依一。夫偽経論始于漢土一。是龍樹論口偽経一哉其四。又昔戒明和上将来之時、南大寺新羅国沙門珍聴云、此論是新羅国大空山沙門月忠撰也文。」（10オ）偽論之由誰人疑之一哉。二云、真論也。

已上菩提院権別当抄也。

八家秘録云、『今拠八家秘密録一。以為二十部類云々』天台沙門安然集*。

此本ニハ証和尚先烈大師後烈。

『金剛界部第三義疏集録二

尺摩訶衍論十巻龍樹。戒明初来之日、道俗判為偽論一。次徳証師引用。叡山本師破為偽論一ト。仁和上問、南大寺新羅僧珍聡云。新羅中朝山月忠妄造。後海和上奏入眞言三蔵一ニ。流行天下一ニ。次福貴山道詮和上箴破テ古偽論一。云真論云々。」（10ウ）

尺摩訶衍論疏三巻法敏　暁奏為真論』*。

愚云、此疏本末六巻歟。而今二巻欠歟。現行四巻也。有東南院経蔵ニ。

愚云、八家ノ録有両本一。

*安然『諸阿闍梨真言密教部類総録』（T2176_.55.1113c20）。

*頼宝『釈摩訶衍論勘注』巻一（T2290_.69.0612a19～26）。

又本云、一最初根本東寺贈大僧正海土和尚録云々。
　十六部。
『于時元慶九年正月廿八日。
　元慶寺勅灌頂伝法沙門安然録』*。
論録三愚云、此録不載一也。
（一行空白）
真言宗所学経律論目録云、
尺摩訶衍論十巻龍樹菩薩筏提摩多三蔵」（11オ）
或本云、右名阿毘達磨蔵翻云対法、所以研竅
諸法性為沙汰、諸教浅深、隠括邪正、黙陟真偽
斯蔵尤妙、馬鳴起本。記歟龍樹作尺。良有以也。
（一行空白）
太政官符治部省
　真言宗僧五十人
右被右大臣一宣称奉　勅件宗僧等自今
以後令住東寺一。其宗学者○尺摩訶衍等十
一巻論等経論目六在別一。若僧有闕一者以受学一尊法有
次第功業僧補之一。若無僧一者令伝法阿闍梨」（11ウ）

*『諸阿闍梨眞言密教部類總録』巻上（T2176_55.1113c09～10）。

臨時度補之。道是密教莫令他宗僧雑任、
者。省宜承知依宜行之。立為桓例符到奉行
参議従四位下守右大弁勲六等伴宿祢国道
従七位守左少史美奴速清庭。
弘仁十四年（八二三）十月十日

（一行空白）

和漢年代抄云、後秦第二主姚興治廿二年、皇初五年弘始十七年
唐年代記云、乞伏号西秦、前秦姚興滅之云々。
乞伏後秦第二主也。姚興当之歟。姚萇（チヤウ）後」（12オ）
奏第一主也。
同記云、大宋第八主徽宗政和八年（一一一八）云々大観四年次宣化八年前也
愚云、政和三年（一一一三）唐土流行此論歟。故唐本
序云、政和三年件状一同云々癸巳也
和漢抄云、天応一年（七八一）元仁天皇此年シ尺論初来云々。
当唐公大暦年中歟
唐年代記云、承聖三年（五五四）、梁第三主世祖ノ時也、」（12ウ）

（六行程度空白）

于時正和第四暦（一三一五）乙卯季夏下旬天

於河州金剛寺書写畢

東寺末葉禅恵生年卅二（花押）」（後表紙見返）

（海野圭介）

解題

第四巻「要文・経釈」概要

第四巻「要文・経釈」には、経典や聖教を対象とする学問活動から生み出された要文集と経典をめぐる講釈（経釈）の実際を伝える貴重古典籍を集めた。以下の五点を収録する。

・元暦元年（一一八四年）書写『能生諸仏経釈』（二八函八番）
・平安時代末期書写〔佚名諸菩薩感応抄〕（一七函四八九番）
・平安時代末期書写『捌釈』（七函八番）
・正和四年（一三一五年）禅恵書写『龍論鈔』（四一函七七番）
・元亨三年（一三二三年）禅恵書写『高野山印板目録』（四三函一〇四番）

経論中の重要語句を「要文」と呼ぶが、要文集の作成は、代表的な学問方法の一つである。〔佚名諸菩薩感応抄〕は、菩薩に関する要文と感応説話の引用のみから成る文献である。「経釈」は本来、「経の釈」であり、本巻では『能生諸仏経釈』がそれに相当するが、諸仏菩薩の講釈である『捌釈』と、『釈摩訶衍論』の真偽をめぐる問題を論じた『龍論鈔』も収録した。いずれも寺院の学問と唱導の産物で当時の活動を伝える希少な資料であり、これらに基づいて新たに検討されるべき事柄は多い。漢訳仏典や聖教を含む中国文献（漢字文献）の日本での受容の方法や経路を考える上でも不可欠な資料である。他に、当時の学問を支えた書物の流通の一端を窺い知る資料として『高野山印板目録』を収めた。以下、それぞれの概略を述べる。

【1】『能生諸仏経釈』

『妙法蓮華経』（法華経）薬草喩品第五から見宝塔品第十一までの注釈である（「能生諸仏経」は、法華経の意）。末尾に「抄又抄出スル也」とあるが、因縁譚を比較的多く残している。また、漢詩句の引用、対句的な修辞や、「蹴鞠(マリ)、小弓、囲基(碁)、双六」（七丁表）などの俗世の事物を列挙している点などが、法華経講説の詞を伝えるものとして貴重である。引用典籍としては、智顗『妙法蓮華経文句』等天台系のものが多いが、法相宗の法華経注釈書である窺基『妙法蓮華経玄賛』の引用もある。奥書に、「元暦元年（一一八四）七月十日　金剛寺書了／為欣求無上菩提也」とあるが、これは、金剛寺聖教のうちで書写が金剛寺で行われたことを示す最も古い年次である。

【2】『〔佚名諸菩薩感応抄〕』

菩薩に関する要文と感応譚を集成したものである。中国の『観世音菩薩応験記』、『三宝感応要略録』、日本の『日本霊異記』、『本朝法華験記』、『善家秘記』など、佚文を含む多数の文献が引用されており、説話文学研究に寄与する貴重な資料である。この点は、後藤昭雄氏による一連の論文で指摘されているが、特に、中国六朝時代の『観世音菩薩応験記』の佚文が国際的にも注目されている（後藤昭雄「金剛寺蔵〈佚名諸菩薩感応抄〉所引『観世音応験記』佚文」（『大阪大学文学部紀要』三九、一九九九年三月）、董志翹『『観世音応験記三種』訳注』（江蘇古籍出版社、二〇〇二年））。また、引用される経文の配列から、要文集作成の過程を垣間見ることもできる。感応譚を多数収録する本書は、平安期の菩薩信仰の一つのあり方を示す資料でもある。

【3】『捌釈』

諸仏菩薩の功徳と因縁を説いた書物である。表紙に記された書名「捌釈」は、「捌き釈く」意か。「捌」には数詞「八」の意もあるが不明である。内容から天台宗の書物と判断され、平安中期の天台僧である寛印の佚文も含まれている。造像の功徳や施主への言葉が記されており、造像供養の法会の詞を中心に集成したものと思われる。

【4】『龍論鈔』

真言密教の教学史において重視されてきた『釈摩訶衍論』について、その真偽を論じた書物であり（「龍論」は「釈摩訶衍論」の意）、その多くは引用文から成る。本書には、日本最古の僧伝『延暦僧録』（七八八年）の目録および、淡海三船の伝など、貴重な佚文も含まれている。書写は、金剛寺の十三代学頭である上乗房禅恵（一二八四―一三六四）による。

【5】『高野山印板目録』

中世から近世にかけて高野山において開版された高野版の目録であり、その書目、丁数、費用などを知ることのできる貴重な資料である。本書も禅恵による写しで、元亨三年（一三二三）の奥書を持つ。禅恵は高野版を積極的に書写、収集したが、後年、彼が入手した高野版『大毘盧遮那成仏経疏』には、入手の労と世上の動乱についての書き入れが残されている。例えば、『大毘盧遮那成仏経疏』巻二十（四四函一九番三号）（刊記「弘安二年（一二七九）四月廿三日於金剛峯寺信芸書」）の巻末には、以下のようにある。

正平十五年（一三六〇）庚子五月廿一日、於河州天野山金剛寺無量寿院、当寺大疏廿巻無摺写本之故、世上動乱時剋、大門坊舎被焼払、武士尚以欲責来之間、寺僧百姓恐怖無極、雖然、為後代勝本、奉買迎之了、学頭禅恵七十七

禅恵が聖教の奥にこのような当時の動乱への嘆きを多く書き留めたことは、南北朝史の研究においては夙に知られているが、それらは真言僧禅恵にとっての要書であった高野版や『釈摩訶衍論』の諸注釈書に集中していることを付言しておく。

禅恵の活躍に見るように、金剛寺は真言宗寺院である。行基の開基と伝えられ、高野山の阿観（一一三六―一二〇七）の入山によって再興されるが、平安後期の典籍には他宗のものも多く含まれている。前述のように【1】は、元暦元年（一一八四）金剛寺での書写で、天台宗と法相宗の教学内容を持つ法華経釈である。漢詩句、比喩、因縁等が見られることから、唱導にも深く関わる書物と考えられるが、異なる宗派の教理が併記してある点は留意される。

また、【3】は、天台宗の書物であるが、『天野山金剛寺善本叢刊』第一巻所収『円珍和尚伝』、第二巻所収

『天台伝南岳心要』、『教児伝』なども天台宗にかかわる聖教である。金剛寺には、承安四年（一一七四）書写『法華文句』巻四（五一函一番）等の天台三大部とその注釈、[1]長寛三年（一一六五）書写『観無量寿経』[2]なども あるが、同じく天台系の書物に、平安末期写本『百願修持観』（内題）（一九函七九番）がある。[3]同書に付されたヲコト点は、十二世紀初頭から主に天台宗寺門派で用いられたとされる西墓点で、表紙には「良尋　伝領無之」とある。この良尋について、以前の紹介時には人物を比定できなかったが、その後、宇都宮啓吾氏より、九条兼実の息で法性寺座主を務めた人物（一一七七―一二〇七）[4]ではないかとの教示を受けた。書写時期と西墓点からこの人物と考えて良さそうである。外題に「発願文」とある本書の内容は、普賢菩薩の十願や阿弥陀の四十八願などに準えて誓われた百願（実際は百十五願）で、自らの菩薩行によって仏身・仏智を得て衆生を救おうとするものである。当時の菩薩観や誓願観を具体的に示すものと言える。菩薩という観点から比較すると、本巻所収の【2】は、菩薩の感応に視線が向けられており、【3】は、仏の前世としての菩薩、あるいは、仏が往還したものとしての菩薩を捉えている。菩薩信仰の諸相として各々興味深いものである。金剛寺の所蔵典籍は、真言宗に限らない。特に、平安期には天台系にかかわるものが多く、今後の検討が求められる。

注

（1）赤尾栄慶「天台聖教の古写本――天台三大部とその注釈――」（科学研究費補助金研究成果報告書『金剛寺一切経の総合的研究と金剛寺聖教の基礎的研究』第一分冊、二〇〇七年三月）。

（2）「天爾波留点（てにはるてん）（別流）」に近いヲコト点が付されており、延暦寺での加点と考えられる。『日本古写経善本叢刊第三輯　金剛寺蔵　観無量寿経　無量寿経優婆提舎願生偈註　巻下』（国際仏教学大学院大学学術フロンティア実行委員会、二〇〇八年）参照。

（3）拙稿「金剛寺蔵『百願修持観』影印・訓読文・略解題」（『真言密教寺院に伝わる典籍の学際的調査・研究――金剛寺本を中心に――　研究成果中間報告書（平成二十年度）』（二〇〇九年三月）、「金剛寺蔵『百願修持観』の菩薩観」（『真言密教寺院に伝わる典籍の学際的調査・研究――金剛寺本を中心に――　研究成果報告書（平成二十二年度）』二〇一一年三月）。

（4）良尋については、多賀宗隼「慈円と良尋」（『史学雑誌』七〇―八、一九六一年）参照。

附記　本巻所収典籍の翻刻については、翻刻末尾に記載した他に、中野真理子氏（能生諸仏経釈）、瓦井裕子氏（諸菩薩感応抄）の協力を得た。

（箕浦尚美）

能生諸仏経釈

一　書誌

元暦元年（一一八四年）書写の『能生諸仏経釈』（二八函八番）は、法華経の薬草喩品第五から見宝塔品第十一までの注釈である。その書誌は以下のとおりである。

冊子、粘葉装。楮打紙。共紙表紙。表紙を含めて三四丁。縦二八・六cm、横一六・六cm。押界あり。界高二五・七cm、界幅一・七cm。一面九行、一行二三字程度。声点あり。外題「能生諸仏経釈迹下三四」。内題、尾題なし。奥書「抄又抄出スル也　委可尋之／元暦元年七月十日　金剛寺書了／為欣求無上菩提也」。表紙左下に「沙門忍聖之本也」、見返し右上に「廿五三昧」とある。見返し中央左寄りに「天野山／金剛寺」の朱印がある。

外題の「能生諸仏経釈」は、「法華経釈」の意である。世親『法華論』（菩提留支訳『妙法蓮華経憂波提舎』）は、法華経に十七の異名を与え、九番目に「能生一切諸仏経」を挙げている。

此大乘修多羅有十七種名。（中略）九名能生一切諸仏経者。聞此法門能成諸仏大菩提故。

（此の大乗の修多羅に十七種の名有り。（中略）九つに、「能く一切諸仏を生ずる経」と名づくは、此の法門を聞きて能く諸仏の大菩提を成すが故なり）

（『大正新脩大蔵経』二六巻二頁下段）

十七の名称には、「一名無量義経」、「三名大方広経」のような他の経典に重なる名称も含まれるが、いずれも法華経の性質による名付けである。この部分を引用する窺基『妙法蓮華経玄賛』には「能生諸仏」とあって、本書の題名と一致する。

外題の下にある「迹下」は、「迹門　下巻」の意であろう。法華経は、序品から安楽行品第十四までの「迹門」と「従地涌出品第十五」以下の「本門」に分けられるが、本書は、薬草喩品第五から見宝塔品第十一までの注釈から成る。「迹下」の下の「三四」は、八巻から成る法華経の巻三と巻四を示すと思われる。法華経の巻三は薬草喩品第五から化城喩品第七、巻四は受記品第八から宝塔品第十一である。

本文のあとに、「抄又抄出スル也　委可尋之」とあり、少しあけて、「元暦元年七月十日　金剛寺書了」とある。元暦元年は、金剛寺の現存聖教のうち、金剛寺で書写したことを示す最も古い年記であり、金剛寺の蔵書形成を考える上で重視される点であろう。表紙にある「沙門忍聖」はこの本の所持者と思われるが、不明である。本文と同筆であるか判断は難しいが、本文に近い時期の文字と思われる。

二　内容

本書には、法華経の薬草喩品第五から見宝塔品第十一までが順に説明されている。天台智顗『妙法蓮華経文句』が「疏」という注記を添えて多く引用されており、二丁表の「五位品」「種熟脱」等も天台の用語であるが、法相宗の法華経注釈書である窺基『妙法蓮華経玄賛』も、一丁表（冒頭）、一五丁表、三二丁表に、「賛」と注記して引用されている。書名の「能生諸仏」は、『玄賛』にあるが、『文句』にはない。本書には天台と法相の教学がともに含まれており、その事情については今後の検討が必要である。

奥書に、「抄又抄出スル也」とあるように、省略されている箇所が多く、授記品については、「略ス」とあるのみで本文はない。法華経の注釈は一般に、「来意（大意）」、「釈名」、「入文判釈」の三門から成るが、本書では、「来意等略不書」（五百弟子授記品、授学無学人記品）、「諸略」（法師品）、「来意等大略　可尋」（見宝塔）などとして、省略している部分がある。分量としては、五百弟子授記品と授学無学人記品が短く、他の三分の一程度で五〇行に満たない。来意を省略し、入文判釈（各句の注釈）が長く、経文に関わる因縁や事物の例示が多く書かれていることが本書の特徴の一つとして挙げられよう。近年研究が進められてきた院政期の天台系の法華経品釈に、石山寺蔵『法華経品釈』や澄憲『法華経品釈』（金沢文庫・真福寺蔵）などがあるが、前者については、文言の分量が少ないものであり、重要点のみを抜粋した草本と推定されている（蓑輪顕量『日本仏教の教理形成——法会における唱導と論義の研究』大蔵出版、二〇〇九年）。後者は、前者より文言が多く、対句的修辞も多く用いられており、説法に巧みであった澄憲（一一二六—一二〇三）の弁舌の具体を伝える資料とされている（大島薫「安居院澄憲草『法華経品釈』管見」（『金沢文庫研究』三〇〇、一九九八年三月）、同「『花文集』解題」（『真福寺善本叢刊　第二巻　法華経古注釈集』臨川書店、二〇〇〇年）」。漢詩句を引用したり、対句的表現を用いたりする方法は本書にも共通するものであるが、本書にある「蹴鞠、小弓、囲基（碁）、双六」などのような世俗の事物に引き寄せて行う記述は、澄憲草には見られないようである。本書は、豊かな表現を含む新出の法華経釈として、その時代性や教学内容とともに注目される。

以下、特徴的な部分を摘記する。

三　各品釈について

（1）　薬草喩品（第五）（一丁表～八丁裏）

・冒頭に、「賛」と注記して、窺基『妙法蓮華経玄賛』、「疏」と注記して、智顗『妙法蓮華経文句』を引用している。

・「尓時世尊告摩訶迦葉○説不能盡　文」（一丁表）、「於一切法、一切智地　文」（二丁表）、「如来観知一切諸法之所帰趣　文」（二丁裏）のような形で、法華経の本文を示し、その注釈を行っていく。

・「五位品」「種熟脱」（二丁表）は天台の用語である。

・七丁表には、法華経の語句「以道受楽」に関して以下のようにある。

蹴鞠、小弓、囲基（碁）、双六、世俗興宴、遊蕩、歓悦ストイヘトモ覚睡、促日ヲ述懐遊心之計コト無過和歌詩賦宴会散欝之興・只在李篇、桑藉所以一重錦繍之段、八項珪瑤之音。氷叩声々冷シテ、珠桃　字々円ナリ。雅言麗則之奇。綺・合繡聯之美、浮ヘテ景ヲ玉引妙響ヲ金ノコトク鏘、文章藻麗詩賦ノ艶句云々　雑言弁

「述懐遊心」は、藤原明衡「極楽和歌序」（『本朝小序集』）に、「夫和歌者、遊心述懐之根源也」と見られる。「李篇」、「桑藉」は、道教と儒教の書物のことで、空海『文鏡秘府論』序に「李篇玄而寡和、桑籍近而争唱」とある。「雅言麗則之奇、綺合繍聯之美」は『北史』文苑伝・序の語句であるが、『文鏡秘府論』「四声論」にも引用されている。「氷叩（和）声々冷シテ、珠排（ヒライテ）（排）シ字々円ナリ。」は、白居易「江楼夜吟元九律詩」の句であり、これらには漢学の知識がうかがわれる。

・八丁表の「誦経示前身」と八丁裏の「誦経一心割鬼三切」は、鎮源『本朝法華験記』巻中第五十三「横川永慶法師」、及び、第五十七「遁鬼害持経者法師」の抄出である。『本朝法華験記』は、長久年間（一〇四〇〜四四）の成立とされるが、現存古写本は高野山宝寿院蔵仁平三年（一一五三）書写本（上巻）のみであり、本書は貴重な本文と言える。

（2）授記品（第六）（九丁表）

・「略ス」とのみあって、全く記されていない。

（3）化城喩品（第七）（九丁表〜一五丁裏）

・九丁裏から始まる「十六王子」の話は釈迦の前世譚であるが、経典内容とは大きく異なっている。本書では、十六人の王子達は父に捨てられたと嘆く（「父大王被捨」独遊母懐之間」「捨出恨荒宮床」）が、経典には父に捨てられたという記述はない。また、出家した父が成仏したと聞いた十六王子が都を出るときには、諸母が涕泣したと記されるが、本書ではそれを、「諸母殿上泣呼ハフ・不知恥」宛-転（フシマロフ）。」と描写し、王子が仕方なく母を連れていく（「渋々許送之」）と潤色する。更に、経典では、修行した十六王子はそれぞれの浄土に行き、十六番目の釈迦が娑婆に残ったと記されるが、本書では、「十五王子ハ捨我等遁離。」（一二丁裏）と十五王子が穢土の娑婆にいる我等を見捨てたと説く。「阿閦仏」「阿弥陀仏」等を含む十五王子を否定するような言い方は名説法ではないだろうが、「釈迦世尊五百立誓驚入火宅捨身。」と、釈迦が五百願を立てて「衆生苦充満之処」である穢土の火宅に捨身したとも記しており、釈迦信仰の強さによるものと思われる。なお、『梁塵秘抄』にも、「大通智勝の王子ども、各々浄土に生るれど、第十六の釈迦のみぞ、娑婆に仏に成り給ふ」（八九）とある。

・「化城」は、一三丁裏に以下のように記されているが、当時の寝殿造を連想させるものである。また、建物を列挙する方法には、『口遊』や『新猿楽記』などのような初学書も想起される。

重門高楼之閣苑林浴池之郭。大門中門、々ニ塗脇壁、小門脇門、扉打金物、庭立砂池、取塵、泉水遣乖、木立峮嶙タリ。籬内色々花、灑艶琛爤タリ。苑中季々菓、林木欝茂タリ。駅厩立並。曹司、局作次。対覆殿並棟透廊、都梨殿、側妻。車宿、車寄、侍、小舎イ、饍所、御厨、大炊、進物処、壷、北面御処、出居、重々理様々楼。羅綾服、並竿通色繋重。甘露之食、分階調味備並。風台、水檻、夏里・竹簟、緑苔、冷構。獣火、龍鐺、冬儲、繡被、絳帳、厚重云々

（4）五百弟子授記品（第八）（一五丁裏～一八丁表）

・「来意等略不書」とある。本章と次章は他章に比べて短い。

（5）　授学無学人記品（第九）（一八丁表～一九丁裏）

・「来意等略不書」とあり、その後に法華経本文「我願既満」「衆望亦満」を説明する形で書かれている。

（6）　法師品（第十）（二〇丁表～二六丁表）

・「諸略」とある。「如来室」についての説明（二五丁表）に南都の寺院が見られる。

東大寺ニハ大仏殿・九丈扉排（ラヲヲシヒラキ）。興福寺・陶原亭・七堂棟ヲ側シリ。鸞瓦霜冴御笠山　被瑩。虹梁雲交（ハサマリ）・飛鳥山階入ㇾ日赫重雲。

（7）　見宝塔品（第十一）（二六丁裏～三二丁裏）

・「来意等大略　可尋」とある。

・二七丁裏の「三壷雲浮、七万里程分浪、五城霞時、十二楼構挿天、卅六天、丹霞洞闢、七十二室、青巖之石削成云々　弁」は、都良香の文（『本朝文粋』巻三対冊神仙）による。三〇丁表には、「四衆、被加非得通之仙、羽衣飄々、無飛行之徳、玉鸞錚々、踏王喬双舄、上須弥之半天、乗丁令一鶴遊日月之宮殿云々　弁　不思見仏聞法之益、不顧断惑証果之語、当時御風踏覆、直下視、人世冥々」とあるが、この傍線部は、白居易「夢仙」による表現である。また、続く「三千世界眼前尽、十二因縁心内空」は、『和漢朗詠集』にも採られる都良香の句である。漢詩句の引用は、各章に見られる。

・「出大音声」（二七丁裏）には、以下のように音曲にかかわるものを列挙した説明がある。

魁(傀)儡、遊女、取拍子、今様、木柳、節遣、随身、計声焼庭火足幹、催馬楽、知欐、臨時興珍、柴菴窓幽(サヒシ)、萎(シヲレタ)声澄(スコク)上、静月キニ木隠、若(ヲサナキ)音冲誦(ヒトク)、何許、心澄、哀聞、道命闍梨菴、賀茂、春日、夜々来、珣甯法師、誦経、普賢、文殊、集圀圄、況、大梵深達之音、大法商伽(迦)之響、出大音声之聞、大魁大千世界響亘

傍線部の道命（九七四―一〇二〇）は読経の名僧として知られ、『本朝法華験記』下第八十六や『今昔物語集』巻十二第三十六に、蔵王、熊野、住吉等の明神が道命の法華経を聞くために毎夜訪れ、近くの松尾明神は昼夜を問わず聴聞していたという話が記されているが、そこには賀茂、春日が含まれていない。この差については未勘である。

・最終丁（三二丁）はすべて引用文による注釈である。「此経～」（見宝塔品）、「論云～」（法華玄賛）、「善哉～」（善見律毘婆沙）、「平等大恵」（見宝塔品）、「平等大恵者～」（法華文句）、「記云～」（法華文句記）。

以上、各品釈の内容について、特徴的と思われる箇所を摘記した。漢詩句の引用や対句を用いた作文は随所に見られ、平安後期の経釈の詞として重要な資料と思われる。また、「化城」「如来堂」「出大音声」などの説明では、仏典から離れて実在の寺院名や世俗の事物を列挙しているが、『新猿楽記』のような初学書での事物の列挙と似ているようである。平安期の法華経釈の例は限られており、説法の言説、教学面ともに、今後の検討が求められる。

（箕浦尚美）

佚名諸菩薩感応抄

〈佚名諸菩薩感応抄〉（仮題・一七函四八九番）は、菩薩に関する経文と感応譚を抄出集成した平安時代末期の列帖装の冊子である。はじめに菩薩の概要を述べ、続いて、文殊、普賢、観音の順に、各菩薩に関する経文と感応譚が集められている。その感応譚には、中国の『観世音菩薩応験記』『三宝感応要略録』『大唐西域記』、日本の『日本霊異記』『本朝法華験記』『善家秘記』など、佚文を含む多数の文献が引用されており、説話文学研究に寄与する貴重な資料であることが、後藤昭雄氏による一連の論文で指摘されている。(1)

調査当初、本書は分散して保管されており、段階的に発見されて配列が整えられた。本解題では、書誌と構成を中心に述べる。なお、箕浦尚美「菩薩の霊験譚と要文の集成——金剛寺蔵〈佚名諸菩薩感応抄〉の方法」（『同朋文化』一二、二〇一七年三月）と重複する部分を含む。

一　書誌

〔佚名諸菩薩感応抄〕の書誌は、以下の通りである。

列帖装、縦二八・二㎝、横一六・〇㎝。現存一一〇丁（表紙を含む）。尾欠。料紙は厚手の楮紙。押界。毎半葉八行書き。原装は白絹糸綴じ。本文は漢文体。まれに返り点、句読点、傍訓。奥書・識語の類は残らないが、縦長の書冊の体裁および本文の字体から、書写年代は平安末期から遅くとも鎌倉初期と考えられる。

本文より一字あるいは二字下げて標題に類するものが書かれている。

菩薩□	一丁表一行目
［（破損）］	一丁表二行目
菩薩名義	七丁表
文殊	一三丁表
感応	二四丁表
普賢	四三丁表
感応	四八丁表
観音	五七丁表
感応　依文少付勢至	七三丁表

冒頭の「菩薩□」「菩薩名義」において菩薩の概要を述べた後、文殊菩薩、普賢菩薩、観音菩薩の順に、各菩薩にかかわる経文が列挙され、その後に各菩薩の感応説話が収録されている。便宜上、本解題では各章を順に、「菩薩」「菩薩名義」「文殊篇　経文類聚部」「文殊篇　感応部」「普賢篇　経文類聚部」「普賢篇　感応部」「観音篇　経文類聚部」「観音篇　感応部」と呼ぶこととする。

文殊・普賢・観音・(依文少付勢至)という配列については、釈迦の脇侍である文殊と普賢、阿弥陀の脇侍である観音と勢至という順序と推定される。ただし、この順で編纂されている書物は意外に少なく、一方で、本書の主要な依拠文献である遼の非濁撰『三宝感応要略録』が同じ順序であることから、その影響とも考えられる。

列帖装の本書は、巻末を欠く七括から成り、第二括〜第七括の各括はすべて、八枚の料紙を重ねて二つ折りにした形である。このことから、第一括については、【図】に示したように、一三、一四丁の対となるべき冒頭二丁が欠落している可能性がある。現状では冒頭に白紙が一丁あり、それを共紙表紙と捉えると本文は一〇九丁であるが、現存本文一行目の標題「菩薩□」と二行目には破損があり、現存本文の前に、序文などがあった可能性も考えられる。

また、各章はいずれも丁の表側から書き始められているが、【表】に示したように、章の末尾に半丁以上の大きな余白を取る場合がある。観音篇では、途中にも内容的区切り目に余白があるが、これらは、後に要文や感応譚を追記するために設けたものと推測される。空白行は計一五三行ある。つまり、一九丁分もの余白である。

【図】

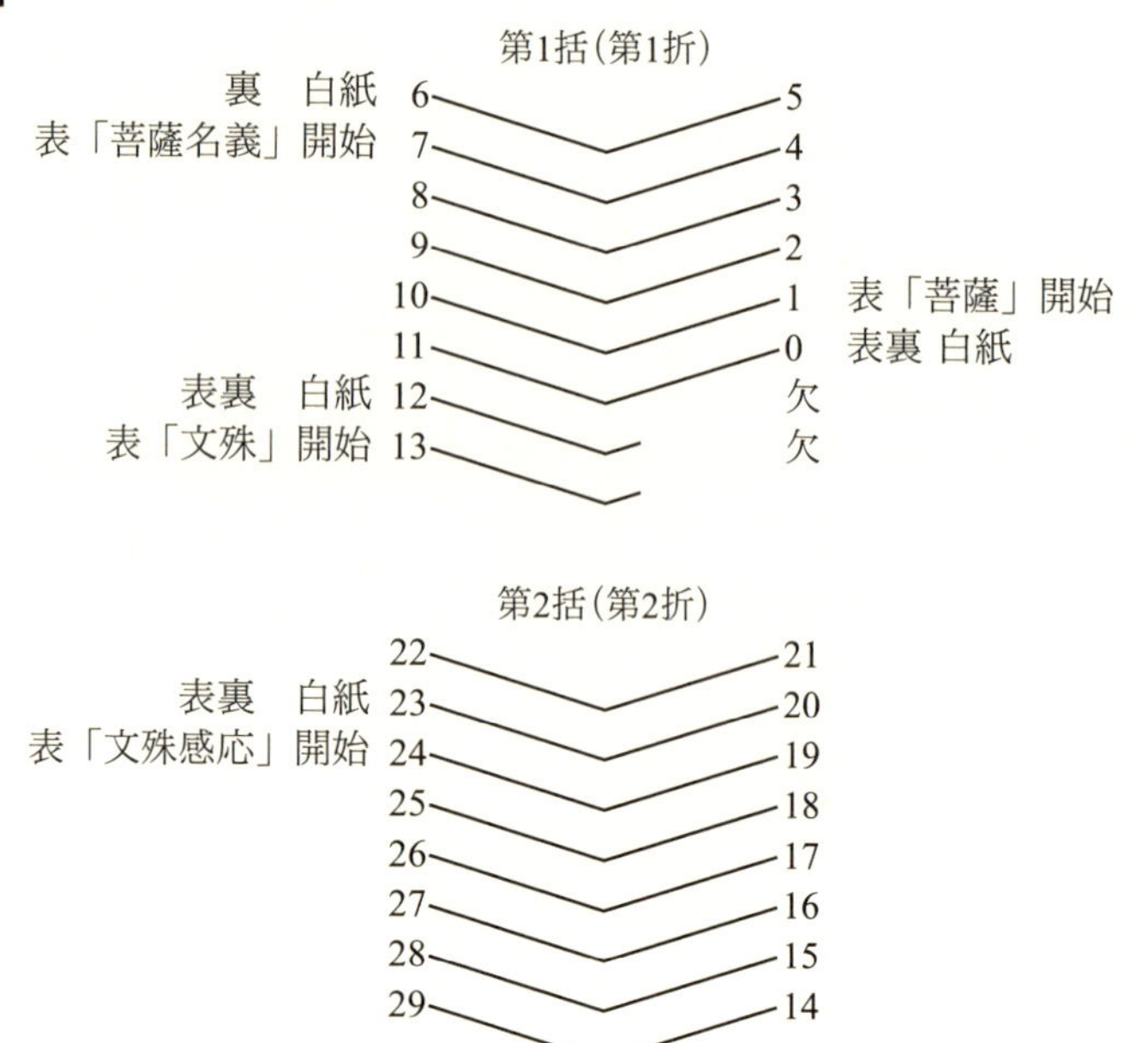

【表】

内容	空白部分を含む丁数	空白行数
(白紙・表紙)	1丁	
菩薩	6丁	末尾10行（半丁＋2行）
菩薩名義	6丁	末尾17行（1丁＋1行）
文殊篇経文類聚部	11丁	末尾17行（1丁＋1行）
文珠篇感応部	19丁	末尾27行（1丁半＋3行）
普賢篇経文類聚部	5丁	末尾10行（半丁＋2行）
普賢篇感応部	9丁	末尾27行（1丁半＋3行）
観音篇経文類聚部	16丁	末尾15行（半丁＋7行）、途中10行（半丁＋2行）
観音篇感応部	37丁	途中20行（6行、6行＋半丁）
合　計	110丁	章末123行、途中30行

二　構成と出典

以下、各章の引用書目を概観する。前述のとおり、全体としては、菩薩・菩薩名義において菩薩の概要を述べた後、文殊・普賢・観音の順に、各菩薩についての要文と感応譚が収録されている。経文類聚部は、各引用末尾が「文」の字で閉じられ、その後に簡単な出典注記がある。感応部は、引用冒頭に見出しがある場合が多く、その部分、または、引用末尾に、出典注記がある。本解題では、翻刻に付した番号を利用して、依拠資料を概観する。書名の分かりにくいものや、典拠が注記と異なる場合には、それを（　）内に示した。

（1）菩薩

1□□経（大宝積経）、2同、3摩訶衍論（不明。『釈禅波羅蜜次第法門』には「故摩訶衍論偈説」として引用）、4大集経、5同、6花厳経、7同経、8報恩経、9大集経、10同、11花手経、12（優婆塞戒経）、13（同）、14（同）、15（同）、16已上優婆塞戒経、17花厳経、18最勝王経、19観世音授記経、20菩提福蔵経（不明。散逸経典「菩提福蔵法化三昧経」か）、21心地観経、22一切法高王経、23大経（大般涅槃経）、24心地観経（不明。貞慶『心要抄』他に引用あり）、25花厳経堅固幢菩薩、26大集経（大方等大集経）

（2）菩薩名義

1大集経、2ウハソ戒経（優婆塞戒経）、3花手経、4大般若経、5同、6同、7同、8同、9同、10玄賛（妙法蓮華経玄賛）、11荘厳経、12華厳経、13倶舎、14大集経、15同、16涅槃経、17同、18宝積経、19十住婆沙論、20

（大乗荘厳経論）、21如来秘密蔵経、22大般若経、23同、24摂論（不明。良忠『往生要集義記』には「摂論唯識論等意云」とある）、25大般若経三百二十五、26倶舎、27大般若経、28同、29倶舎、30三十四巻花厳（『大正新修大蔵経』（No.278仏陀跋陀羅訳『大方広仏華厳経』）では巻三十三に相当するが、金剛寺蔵平安後期写本では巻三十四。(2)）

（3）文殊篇　経文類聚部

1心地観経、2宝積経（大方広宝篋経）、3同（大方広宝篋経）、4同、5普超経（文殊支利普超三昧経）、6大浄法門経、7央掘経（央掘魔羅経）、8宝積経、9同、10同、11同、12同、13五字陀羅尼頌、14同、15一切如来同一密合為文殊（金剛頂瑜伽中略出念誦経）、16心地観経、17普超経、18同、19華厳経、20宝積経、21文殊涅槃経、22（文殊師利発願経）、23（文殊師利発願経）、24已上文殊発願経、25宝積経、26宝積経、27法華経、28文殊涅槃経、29文殊師利宝蔵陀羅尼経、30同、31同、32同、33同、34同、35宝積経、36涅槃経（涅槃経にはない。『文殊師利宝蔵陀羅尼経』に「一切諸世界　有仏国土処　大乗所流布　皆是文殊力」とあるのが近く、これは34（二一丁表）にも引用されている。）、37金剛頂経（金剛頂経にはない。趣意か。）、38法昭（『新修往生伝』巻三釈法照から引用か。）、39元通（『三宝感応要略録』巻下「第六五台県張元通造文殊形像感応」から引用か。）、40慈恩引経（『広清涼伝』巻一「又大慈恩寺基法師阿弥陀経疏。引経云」から引用か。）、41花厳経（『広清涼伝』にもあり。）、42同（『広清涼伝』にもあり。）、43化僧語道義之文（『広清涼伝』の「大聖僧謂義曰」によるか。）、44普通（安然撰『普通授菩薩戒広釈』）

1～35については、2で「宝篋経」を「宝積経」とする以外に齟齬はない。36以降は、注記通りの引用ではない点が興味深い。例えば、38、39、40は、『新修往生伝』『三宝感応要略録』『広清涼伝』などの伝記や感応譚に含まれる偈頌に依っており、経文の集成が感応譚と深く関わるものであることを示している。41、42は、『華厳経』の語句であるが、前後の40、43が『広清涼伝』によるものであることから、41、42も『広清涼伝』からの孫引きの可能性がある。清涼山（五台山）は文殊信仰の聖地であり、『広清涼伝』には文殊菩薩の霊験譚が多数収録されている。

（4）文殊篇　感応部

一九話のうち、1～5話の出典は、『三宝感応要略録』である。文殊篇に最も多く利用されているのは『広清涼伝』である。出典注記に、6央掘魔羅経、7首楞厳経、8、11、12宝積経などとあるが、『広清涼伝』からの孫引きと見られるものも含まれる。例えば、7は、『広清涼伝』巻上に「按首楞厳経下巻云」（『大正蔵』五一、一一〇一頁中段）として引用される語句に相当するが、『首楞厳経』には一致しない。また、17「仏陀波利入金剛窟」、18「法昭和尚入化竹林寺」は『広清涼伝』に拠る感応譚であり、『広清涼伝』は、感応部・経文類聚部ともに文殊篇の主要な典拠と言える。6「文殊他方如来之文」から14「清涼山得名所因」と最後の19「文殊三摩耶之文」は、感応譚ではなく文殊の由来や文殊自身の誓願である。15本願堂因縁は、典拠不明である。

（5）普賢篇　経文類聚部

引用される二〇の経文のうち、一四は『華厳経』で、普賢三昧品や入法界品などの普賢菩薩について書かれた部分である。出典注記との齟齬はない。

1花厳経、2同、3華厳経、4同、5仁王（仁王般若陀羅尼釈）6同、7文殊発願語也（文殊師利発願経）、8大般若経、9～14（華厳経）、15已上花厳入法界品十願文、16花厳経、17法花経、18花厳経、19智論（大智度論にはなく、

妙法蓮華経玄賛からの孫引き）、20法花

（6）普賢篇感応部

本章の一一話の出典注記は、「録」「感応録」「伝」のみで、1～4は『三宝感応要略録』、5、9、10は『法華伝記』、6～8は『本朝法華験記』による。また、11は『注好選』巻下「亀負八卦図　第四十七」とほぼ同文である。『注好選』から本書への引用は他には見られない。

（7）観音篇　経文類聚部

六八の経文が類聚されている。その内容については前掲拙稿を参照されたい。前半が比較的正確な引用であるのに対して、後半は経文の原文に一致しないものが多い。これは、文殊篇と似た現象である。版本とは別系統の本に依ったか、別の書に引用されたものから孫引きした可能性などが考えられるが、特に後半部分に集中していることは、要文集成の作業過程をそのまま反映しているようである。北宋の天息災訳の比較的新しい観音経典である『大乗荘厳宝王経』が、1～4、35～37、64～65と三度にわたって引用された点は、時代性を示していると思われる。この経典は観音の六字大明陀羅尼の功徳を説くもので、『覚禅抄』などの密教書で重視された経典である。

（8）観音篇　感応部

六一話が収録されている。末尾は破損し欠落している。出典注記としては、「応験記」「両巻疏」「冥報記」「西域第五記」「同記第十巻」「霊異記」「善家秘記」が見られ、以下の文献を出典としている。1～3、5～8、10

〜27、30〜40は『観世音応験記』、4、9は『観音義疏』、41〜43は『大唐西域記』、44〜49、55、56は『日本霊異記』、50〜54、60、61は『日本法華験記』、57〜59は『善家秘記』、28は『法苑珠林』他に見られる。29は出典未詳である。

中国六朝の疑経『観世音応験記』が主たる資料として利用されている。その佚文を多数収めている点が、本書が国際的にも注目される所以である。また、三善清行『善家秘記』も散逸書である。同書は七話の佚文が知られているが、本書はそのうち三話を収めている。『日本霊異記』や『本朝法華験記』も古写本が少なく、本書の佚文は貴重である。

以上、引用経文と説話の典拠について略述した。集成された要文は、一見、整然と並んでいるようにも見えるが、収集後に並べ替えをしたと言えるほどではなく、収集作業の跡を多く残していると思われる。例えば、追加収集や孫引きと思われる引用など。また、章末に多くの余白を残しているのは、要文をさらに収録するためと考えられる。

引用された要文は、自らが菩薩行の厳しい実践に向かうものよりは、信仰対象としての菩薩の霊験にかかわるものが多い。観音篇で言えば、面、手、眼などの菩薩の像容が具体的に示され、陀羅尼の功徳が説かれているという点である。菩薩の感応譚とともに収録されている点からは、菩薩行よりも尊像の形や陀羅尼の功徳が重視されるのは当然とも言えるが、経文類聚部と感応部とが互いに響き合うことを示している。本書には、六朝時代の『観世音応験記』や『観世音三昧経』ばかりでなく、遼の非濁撰『三宝感応要略録』や遼で重視されていた北宋の密教経典『大乗荘厳宝王経』も積極的に用いられており、平安時代後期の菩薩信仰を伝える点からも重要である。

注

（1）後藤昭雄「金剛寺蔵〈佚名諸菩薩感応抄〉」（『説話文学研究』二八、一九九三年六月）、同「金剛寺蔵〈佚名諸菩薩感応抄〉考――所引の『日本霊異記』と『観音三昧経』について――」（『国語と国文学』七一―八、一九九四年八月）、同「三善清行『善家秘記』の新出佚文」（同『本朝漢詩文資料論』勉誠出版、二〇一二年、初出一九九五年）、同「金剛寺蔵〈佚名諸菩薩感応抄〉所引『観世音応験記』佚文」（『大阪大学文学部紀要』三九、一九九九年三月）。各論文において、本書に引用された説話と現存写本との比較考証がなされている。参照されたい。

（2）平成15～18年度科学研究費補助金基盤研究研究成果報告書『金剛寺一切経の総合的研究と金剛寺聖教の基礎的研究』（第二分冊、二〇〇七年三月）「金剛寺一切経・大正蔵対照表」参照。この表は、古写本と版本との調巻の差を確認する際に有用である。

（箕浦尚美）

捌釈

一　書誌

『捌釈』（七函八番）は、釈迦、阿弥陀、観音、薬師など諸仏菩薩を釈し、その功徳と因縁を説いたものである。奥書や識語はないが筆跡や紙の様子から平安時代末期書写と思われる。虫損が激しく、判読不能の箇所が多数あるが、当時の説法における言説をよく示す文献と思われる。書誌は以下のとおりである。

冊子、列帖装。共紙の表紙を含めて四八丁。本文は四三丁で、本文の前に遊紙が一丁分あり、その表面には試し書きと思われる墨書、裏面には「天野山金剛寺」の朱印がある。末尾は、本文の後に第四括の三丁分が余っており、裏表紙を除く五面全体に、やはり試し書きと思われる墨書がある。縦二八・一cm、横一六・五cm。界線はない。本文は、一面八〜一〇行、一行二二字程度。内題・尾題はなく、表紙に「捌釈」とある。「捌き釈く」意か。「捌」は数詞「八」の意でも用いられるが、書名の意味は不明である。

二　構成

本書には、諸仏の功徳や因縁譚が記されているが、その標題を順にたどると、以下のように記されている。

「釈迦」、「微多」、「寛施御菩薩」、「大勢至菩薩」、「□□」（弥陀）、「寛御」、「吉祥天女」、「亦至　付明合」、「[　]」（毘沙門天）、「心経」、「三身」

このうち、「微多」は「弥陀」、「寛施御菩薩」は「観世音菩薩」、「寛御」は「観音」の当て字である。また、「亦至　付明合」は、「薬師如来　付名号」と書かれた部分に線を引いて一行空けて書かれたもので（一九丁表）、当て字が意識的に行われていると言える。本文には一般的な漢字を用いているが、見出しの文字を変更することによって、一見しただけでは何の本か分からないようにしているようである。

阿弥陀や観音については、標題そのものも重複しているが、内容的にも重複している部分があり、整然と配列されているとは言いがたい。それぞれの仏に関わる説法の詞を収集して一冊に纏めたものと考えられる。末尾には「三身」の章があるが、仏の三身（法身、報身、応身）は、冒頭の「釈迦」にも説かれており、その形を変えて記したものである。以下、仮に章を分け、各章の概略を記す。

・釈迦（一丁表～）　浄飯王を父とし、摩耶夫人を母とする釈迦は三身のうち劣応生身の仏である。釈迦も慈氏菩薩（弥勒）もいない今は、釈迦の遺教によっていると説く。釈迦如来像を作る功徳について。

・弥陀（三丁表～）冒頭に、「才覚不及之上、亦未曾意習ㇾ処也」と説法を謙遜する詞が記されている。憍梵波提の牛の因縁、妄語、造像の功徳、阿弥陀如来について。末尾（七丁表）に、「日本往生記所被載ノセㇾ数幾ソ寛印供奉」とある。

・観世音菩薩（七丁表～）観音は正法明如来が還って衆生のために菩薩形に現れたものであることを説く。末尾（八丁裏）に「寛印供奉」とある。

・大勢至菩薩（八丁裏）阿弥陀如来の右面の弟子で、阿弥陀を助け衆生を教化するために大勢猛の形を現すと説く。九丁裏に「大略□(釈)奉了　寛印供奉」とあり、寛印の詞の末尾を示すが、次行に「□(又)大勢至菩薩者」として、無上(諍)念王の第三(二)王子と説く。勢至菩薩に関する詞を収集、列挙している。

・阿弥陀（一〇丁表～）見出しは、「□□　或人云、惟命闍梨草等」とあり、文字の判読は難しいが、阿弥陀の前世である無上(諍)念王の話。王であっても死ぬときは独りと悟って法蔵比丘となり、四十八願をおこして阿弥陀如来になったと説く。

・観音（一二丁表～）観音の功徳。一三丁裏に、「又、釈観世音菩薩者」として、観音の居所を述べ、「四苦」「八苦」を説く。一七丁表以降に、『十一面観世音神呪経』のまとまった引用がある。

・吉祥天女（一八丁表～）吉祥天が女であること。菩薩であった時の発願の内容を説く。

・薬師如来（一九丁表～）本書全体の三分の一を占める。薬師如来の十二大願について。第七願に薬師、第二願に瑠璃、第一願に光に関する願があり、それが薬師瑠璃光如来の名となる。光についての議論。十二願のうち三願のみを重視することについて。三願と三諦法門の関わり（空は瑠璃、仮は薬師、中は光）。薬師瑠璃光の功徳について、薬師を名医、仙薬、大薬王樹、阿耨達池等と比較して説く。浄瑠璃世界の様子。

・毘沙門天（三三丁表～）　毘沙門天の利益。洗濯女と鳥の話。この話は、『覚禅抄』「毘沙門天法」にも「或記」として見える。(1) 愛見の羅刹と夜叉の話。

・心経（四一丁表～）　大部の経は鈍根小智には難しいため般若心経があると説く。読誦の功徳。

・三身（四二丁表～）　法身、報身、応身。天台宗の九識。

三　背景

本文中に、「我天台宗ノ意」（二六丁表）、「自-宗ニハ加テ阿摩羅識ヲ立九-識ヲ也。」（四二丁裏）、「惣テ以テ凡聖一-如ト習ヲ為自宗ノ大旨ト也。」（四三丁裏）などの語句があり、天台宗の立場から記された書である。以下の典籍の名称（それに類するもの）が見られる（順に摘記、重複あり）。

法花、十往生経、九品往生経、観無□(量)寿経、悲花・思益等、大□(乗)経、普門品、無量寿経、観無量寿経、大阿弥陀経、小阿弥陀経、天新(親)菩薩ノ所造ノ論、唐土ノ人師ノ所釈、大乗経、□□(十一)面□□□(観世音)神呪経、花厳、金光明経、宗師釈此文、日本往生記、極楽記

「日本往生記」、「極楽記」は、慶滋保胤『日本往生極楽記』を指している。「宗師釈此文」（二七丁表）は、智顗の『金光明経文句』を指すと思われる。また、三カ所（七丁表、八丁裏、九丁裏）に「寛印供奉」とあり、その直前の部分は、寛印の文を引用していると思われる。寛印は、平安中期の天台宗の僧で源信の弟子であるが、その著

作はあまり知られていない。八木昊恵『恵心教学史の総合的研究』第一部第五篇第八章「寛印（丹後先特）」（永田文昌堂、一九九六年）、松田宣史『天台宗恵檀両流の僧と唱導』（三弥井書店、二〇一五年）などに、著作についての論究があるが[(2)]、本書は寛印の新出の佚文と言えるだろう。他に、一〇丁表の阿弥陀の項には、「或人云、惟命闍梨草等」とある。惟命も平安中期の天台僧である。『小右記』長元三年（一〇三〇）九月三十日、長元四年八月三十日、九月十九日条には、惟命の講説（演説）が素晴らしく聴聞の人々が随喜したことが記されている。なお、『大師先徳名匠記』（続々群書類従十二）には、恵心流として、源信—覚超—定誓—惟命—円禅（以下略）と示されている。

四　説法の詞

本書によく似た性質を持つ文献に、青蓮院旧蔵『諸仏菩薩釈義』[(3)]がある。これは、青蓮房等への書状の紙背に書かれた表白の文範で一一世紀末のものと考えられている。同書の目録では三二の項目が挙げられているが、まず、釈迦、薬師、弥陀、阿弥陀迎接、観音、勢至、千手観音（以下略）の順に一六項目の仏菩薩の釈があり、続いて経釈が、心経、阿弥陀経、無量寿経、法花経（以下略）の順にある。配列・内容とも本書と一致するものではないが、「天台高僧が、導師として法会に臨むに際し草する表白の文範[(4)]」、「貴族が新造する仏菩薩の開眼供養に備えて著された釈義で講述説法の草案[(5)]」とされる書物で、そこに見られるような施主を意識した詞や造像の功徳を説く詞が本書にも多く記されている。その例を以下に示す。

・「須従本堪事者可拝委釈也。雖然、才覚不及之上、亦未曾意習」処也。山上作法問答、次疑為体、釈経説法、其憚作者也。但大施主御仰事、難背可釈事意。今日ノ之大施主ノ思食サム様ハ、但仏眼真言ヲ奉ラハ読大願成就可思食也。以□様ノ□（語）ヲ開万□（徒）之神網ヲ驚大衆耳目、頗以難所也。今日□□主□□種々善根一々□思付云憚多、就私非之務□□□上□見世□之事□□□書経給、偏為欲□滅罪生善之功徳。」（三丁表）

・「然、今日大施主滅罪生善大願、不以言宣以意計カル。先造仏菩薩形像殊勝。」（四丁裏）

・「但、大施主ノ功徳コソ深ク懇ニハ思ヘ。」（五丁裏）

・「依此、信心施主、以無限誠、奉□（顕）観世音菩薩之形状事意在此云々。」（八丁表）

・「先、申四苦之様体、余ヲ略可申。□レトモ事繋シテ坐席長羅成、仍、存セム略ヲ。」（一四丁表）

・「況、信心大施主顕其尊容、現世当生大願令決定云々。」（一五丁裏）

・「但、宿善内ニ催シテ有レハ、請供タテマツル者、必ス隠シテ□ヲ、窃（ヒソカニ）来テ納受シ供養ヲ、知見マフ誠心ヲ。是以信心ノ大施主、宿善内ニ催シ、善縁外□メテ顕シ、供養フコト此天王之形像ヲ、既運マヘリ多年ノ星霜ヲ。」（三四丁表）

・「多門大士、引卒シテ部類ノ諸天ヲ、毎ニ降臨マフ大施主ノ私宅ニ、何度（イクソタヒカ）施ラム法。」（三五丁裏）

一般に、造像する施主は、高貴な身分の俗人と考えられる。一例目には謙遜の詞も見られるが、導師は実際にそのような詞を用いて説いていたのであろう。本書に記された講説は、仏の前世や菩薩の誓願等を多様な因縁と比喩を用いて説くものであり、中古天台の寛印や惟命の詞とされるものもある。この時期の資料は限られており、非常に貴重な資料と言える。

注

（1）彌永信美『大黒天変相――仏教神話学Ⅰ――』（法藏館、二〇〇二年）四三三頁参照。

（2）寛印に関する近年の論考には、他に以下がある。高橋秀栄「丹後先徳寛印と迎講」（『駒沢大学仏教学部論集』三四、二〇〇三年一〇月）、落合俊典「源信の弟子寛印の『開元録』研究とその意図」（『高橋弘次先生古稀記念論集　浄土学仏教学論叢　一』（山喜房仏書林、二〇〇四年一一月）。

（3）久曾神昇編『不空三蔵表制集　他二種』（汲古書院、一九九三年）所収。

（4）山崎誠「青蓮院旧蔵「諸仏菩薩釈義」攷――曼荼羅供略作法を中心に――」（『国文学研究資料館紀要　文学研究篇』三七、二〇一一年三月）。

（5）小山昌純「青蓮院旧蔵『諸仏菩薩釈義』と浄土教――院政期の叡山浄土教――」（『仏教学研究』七一、二〇一五年三月）。

（箕浦尚美）

龍論鈔

龍樹作・筏提摩多訳とされる『釈摩訶衍論』は、馬鳴作・真諦訳と伝える『大乗起信論』に対する注釈である。その著者や制作場所をめぐっては古来より議論があり、現在も結論を得ていない[1]。しかしながら、空海（七七四―八三五）によって真言所学の論と定められたため、真言密教の教学史の中で重視されてきた。標記の『龍論鈔』（以下、誤解の恐れのない限り本書とも称す）は、『釈摩訶衍論』の真偽を論じた書物の一つであり、標題の「龍論」は『釈摩訶衍論』を指す。他に伝本は見出せず、現時点では孤本であるが、金剛寺蔵本には異本注記を附した校合のあとがあり、そうした書写の状態から見て、他に親本がありそれを転写したものと判断される。

本書を紹介し、その資料的価値について述べたのは後藤昭雄[2]で、本書に引用される思託撰『延暦僧録』佚文の意義を述べるに際し、本書の基本的性格についても触れている。本邦最古の僧伝である『延暦僧録』（七八八年成立）は佚書であり、宗性撰『日本高僧伝要文抄』等に引用される佚文が収集され復元が試みられているが、本書に収められた、奈良時代の文人淡海三船（七二二―七八五）の伝は従来その一部が知られるのみだった（本書に淡海三船の伝記の引用を見るのは、三船が『釈摩訶衍論』の偽撰を唱えたため）。後藤は本書に基づき、『延暦僧録』に収められていた淡海居士伝（淡海三船伝）の復元を試みている。

一　書誌・奥書

本書の書誌的事項は次の通りである

龍論鈔（りゅうろんしょう）（四一函七七番）　　　　　　　　正和四年（一三一五）写　一帖

列帖装。共紙表紙（縦二一・五㎝、横一五・〇㎝）、中央打付書「龍論鈔一巻」。料紙、楮紙。墨付、十二丁、遊紙なし。毎半葉十行から十二行前後、一行十七文字前後。内題なし。奥書は巻尾に次のように記される。

　于時正和第四暦乙卯季夏下旬天
　於河州金剛寺書写畢
　　　　東寺末葉禅恵生年卅二（花押）

また、表紙左下に「禅恵之」の墨書。用字、漢字。同筆の墨・朱墨書入あり。印記「天野山／金剛寺」（方形朱印）。本書にはその撰述の経緯などは記されないが、『延暦僧録』淡海居士伝に続けて、七丁表に直前の行からは一行の空白を置いて次の本奥書が転記される。

建永二年(一二〇七)二月六日以或同法本写了。是則蔵俊僧
都私抄也云々。又彼人大意抄一巻奥委注載之。
可見件抄出也。
東寺末学南山小隠房海記之。

この本奥書によれば、これに前接する部分は、建永二年(一二〇七)二月六日に房海が「或同法本」によって書写した「蔵俊僧都私抄」の抜粋となる。その前端は必ずしも明瞭ではないが、後藤は、「直前に位置する『延暦僧録』佚文の部分については、この識語が係るものと解することができよう」とする。その指摘のように、五丁裏四行目(空白行一行を含む)の「〳〵淡海居士伝刑部卿」とはじまる部分は、直前の行に一行空白を空けて書写されている。「〳〵淡海居士伝刑部卿」からが奥書の指す範囲と一応は見てよいように思われる。

また、本奥書に「又彼人大意抄一巻奥委注載之」と、やはり蔵俊の著作として記される「大意抄」は、七丁裏十行目に「大意抄云」とあり、十丁裏の二行目に「已上菩提院権別当抄也」と記されるので、その範囲が「大意抄」の抜粋と推測される。「大意抄」も他に所在の確認ができていないが、「大意抄云」として始まる『同新訳起信論注序』の引用部分八行は、願暁等集『金光明最勝王經玄樞』第一に、それに続く四行は、『続高僧伝』第四に同文が認められる。「大意抄」も先行諸書から要文を抜き出し、私見を加えた書であったと思しい。

奥書に記される人名のうち、蔵俊(一一〇四—一一八〇)は平安時代末の南都の学僧。興福寺の覚晴・教高に師事し、また、良慶・定清・長有に法相教学を学んだ。久寿二年(一一五五)に維摩会竪義を務め、治承元年(一一七七)元興寺別当、同二年権少僧都、同三年興福寺権別当に補任される。同四年(一一八〇)九月二十七日示寂、

七十七歳。鎌倉時代初頭の興福寺の法相学匠は多くが蔵俊の門流で、建保二年（一二一四）八月に門弟等の奏上により僧正法印位が追贈され、菩提院贈僧正と称される。

房海は、醍醐寺蔵『伝法灌頂師資相承血脈』[3]に、三宝院流壱海の付法として「観相房　中将阿闍梨　籠居高野　左近衛中将源有房息」とあり、また、理性院流賢信の付法として「中将阿闍梨　有房中将息」とある。さらに勧修寺流長遍の付法として「理証上人」の注記が見える。年代的にも、先の奥書の「房海」は、源有房（一一三一―？）息の醍醐寺の房海であろう。[4]

巻尾に附された奥書に名の見える禅恵（一二八四―一三六八）は、金剛寺第十三代学頭で中世金剛寺の復興に大きな足跡を残した学侶。東大寺東南院、根来寺、高野山、久米田寺などから、種々の事相書や頼瑜（一二二六―一三〇四）の著作を請来しており、それらは現存する金剛寺聖教の一つの核をなしている。[5]

二　構成・著述内容

本書は、見返し部分に『釈摩訶衍論』第四の一節（SAT大正新脩大蔵経テキストデータベースの番号[6]T1668_32.0627c21～c24、以下経典等の引用については同様に示す）を引用し、「上古諸学徒於此論有異論、或為真論、或為偽論也」と、この書に古来より龍樹の真撰とする説と偽撰とする説が存することを記す。その後、改行して「問、摩訶衍論～」と問答体で論議が始まるが、これは本書の立てた問ではなく、直前の行の末尾に「教時義一云」と記されるように、安然（八四一？―九一五？）の『真言宗教時義』第一（T2396_75.0375b02～b11）からの引用である。

第七末那縁六塵境。為所縁転義成立。何以故。経伽陀中作如是説。境界風所動七識波浪転故云々。」（見返）

『釈摩訶衍論』第四（T1668_.32.0627c21 ～ c24）

釈摩訶衍論第四云〇上古諸学徒於此論㆒有異論㆒、或為真論㆒、或為偽論㆒也。安然和尚為真論㆒之義云、教時義一云問、摩訶衍論、昔者戒明和尚（三論宗）将来之時有テ諸道俗㆒定偽論㆒。又南大寺新羅国僧珍聡伝云、是論、新羅国大空山沙門月忠撰也。而何引龍樹論証㆒。答、昔有居士㆒論ニ付四失㆒。後有僧衆㆒、更加五失㆒。次有真言僧都㆒、上奏入真言」（1オ）宗三蔵之中㆒流行天下㆒。其官符文載貞観ノ格㆒。後有福基（寺名也）和尚箴（シム）誨（クワイ）（オシフオシフ）迷方記中具会旧人四失七失㆒、論定真論㆒。々題下云、龍樹菩薩造㆒。故引為証拠㆒。可謂㆒顕晦随時行蔵在運者也云々。

『真言宗教時義』第一（T2396_.75.0375b02～b11）

これらの例のように、本書は総体として他書の記載を抜粋、収集して本文を構成している。以下、一丁表より二丁表まで、『釈摩訶衍論』が真撰であることを述べた書物からの引用が続く。典拠となった書物の書名はかならずしも明示されない場合もあるが、二丁表より二丁表にかけては以下の書物から抜萃される（真撰説の列記部分の末尾には「以上真論之伝也」（二丁表二行目）と記されている）。

安然『真言宗教時義』第一（T2396_.75.0375b02〜b11）
同『真言宗教時義』第一（T2396_.75.0390b18〜22）
同『真言宗教時義』第一（T2396_.75.0390b23）

次に、二丁表の途中から「以下偽論証文等」と記し『釈摩訶衍論』が偽撰であることを述べ、やはり逐一の書名は明示されない場合もあるが、次のような書物を典拠とすると考えられる記述が続く。

杲宝『宝冊鈔』（T2453_.77.0820c27〜T2453_.77.0821a20）
願暁等『金光明最勝王経玄枢』第一（T2196_.56.0486b19〜b22）
道宣『続高僧伝』第四（T2060_.50.0458b27〜b29）
最澄『守護国界章』（上之中 T2362_.74.0162b20〜27）
安然『教時諍論』（T2395B.75.0366b10〜11）
安然『諸阿闍梨真言密教部類総録』（T2176_.55.1113c20）
頼宝『釈摩訶衍論勘注』巻一（T2290_.69.0612a19〜26）

金剛寺には、禅恵の書写になる、頼瑜『釈論開解鈔』（三七函六九―七番等）、頼瑜『釈論愚草』（四三函六―一番等）をはじめとして、その法脈に連なる蓮恵、舜恵といった僧侶達の書写した『釈摩訶衍論』の論議聞書、注釈書が多量に伝存している。根来寺から『釈摩訶衍論』をめぐる論議の書物が招来され、中世金剛寺の学問を下支えしたことは既に指摘があるが、(7) 本書もそうした『釈摩訶衍論』をめぐる中世金剛寺の教学の歴史の一端を伝える資料と言える。

内容についてみれば、全十二丁あまりの本書に蔵俊の著述からの引用がおよそ五丁あり、本書の論述の核をなしている。先に示した本奥書によれば、この蔵俊の著作は醍醐寺僧と想定される観相房房海によって書写されて伝えられたものであるが、金剛寺に現存する聖教類の奥書からは、東大寺東南院と、それと深い関係を持つ醍醐寺阿弥陀院が禅恵の聖教書写の拠点であったことが知られる。頼瑜の著作類も、根来寺において書写されたものとともに、醍醐寺阿弥陀院、東大寺東南院に蓄積された書物に基づき書写されているものも多い。例えば、頼瑜『釈論開解鈔』（三七函六九―七番等）には「元亨四年〈甲子〉六月二日、於南都東大寺東南院々主坊書写了、禅恵 春四十一 夏廿四」の奥書があり、頼瑜『薄草紙口決』（四一函五三番）には「醍醐寺阿ミタ院」の名を記す本奥書が転写されている。『龍論鈔』の書写された、正和四年（一三一五）には、醍醐寺塔頭での伝授を本奥書に記す『秘抄』を天野山北谷文殊院で書写しており、元亨四年（一三二四）に東大寺東南院院主坊において伝授されている（『秘抄』（四一函五、六番等）。『龍論鈔』も同様の環境で貸借書写されたものである可能性がある。

注

（1）但し、現時点では、中国或いは朝鮮半島で作成されたとの理解が優勢という。大山公淳「釈摩訶衍論真偽問題」（『干潟博士古稀記念論文集』干潟博士古稀記念会、一九六四年）、石井公成「『釈摩訶衍論』の成立事情」（『中国の仏教と文化　鎌田茂雄博士還暦記念論集』大蔵出版、一九八八年）。

（2）後藤昭雄「『延暦僧録』考」、同「『延暦僧録』「淡海居士伝」佚文」（同『平安朝漢文文献の研究』吉川弘文館、一九九三年所収）、同「中国へ伝えられた日本人の著作――淡海三船の「大乗起信論注」――」（『日本歴史』六一〇、一九九九年三月）。

（3）築島裕「醍醐寺蔵本「傳法灌頂師資相承血脈」」（『醍醐寺文化財研究所紀要1』（法蔵館、一九七八年）。

（4）このことについては、前掲注2に記した後藤論文に既に指摘がある。

（5）「天野山金剛寺所蔵根来寺関係史料目録Ⅰ・Ⅱ」（『根来寺文化研究所紀要』1・2、二〇〇四年十一月、二〇〇五年十月）に、天野山金剛寺に所蔵される根来寺に関係する書写活動を伝える奥書類が一覧される。また、赤塚祐道「根来寺中性院頼瑜と天野山金剛寺禅恵をつなぐもの――事教二相の流伝――」（『根来寺文化研究所紀要』1、二〇〇四年、十一月）参照。

（6）http://21dzk.l.u-tokyo.ac.jp/SAT/（二〇一八年二月時点のアドレス）。

（7）赤塚祐道「高野山大伝法院の論議――金剛寺蔵『釈論抄出』について――」（『印度学仏教学研究』56―1、二〇〇七年十二月）。

（海野圭介）

高野山印板目録

本書は、高野山金剛峯寺で刊行された、いわゆる「高野版」の開版・印行にかかわる目録である。昭和七年（一九三二）に水原尭栄によって刊行された『高野板開板目録』中に他の三種の目録とともに影印されているが、今日では入手することが困難で、所蔵する機関も多くはない。この『高野板開板目録』には、刊行者である水原自身の解説が付されており、本稿は、この解説や、同じく水原『高野板之研究』（『高野山学志』第一篇、森江書店、一九三二年）などにおうところがおおい。

一　金剛寺本『高野山印板目録』の書誌

写本、一冊（四三函一〇四番）。料紙は楮紙。法量は縦一五・三㎝、横一五・五㎝。装丁は次第枡型の粘葉。高一二・八㎝、幅一・二㎝の押界が施される。毎半葉八行、一行字数不等。表紙は本文共紙で、全二紙で本文は二丁。表紙左上に「高野山印板目録」と外題を署し、右下に「禅恵之」の墨書がある。本文は、経名・巻数を大字で、丁数・代金等を二行割書で書写し、記載の典籍は三六部である。内題は外題と同一で、巻末に次の奥書がある。

元亨三年癸亥七月廿日於河内国
天野寺北谷文殊院之写之
金剛仏子禅恵　春四十

表紙、本文、奥書ともに同筆で、元亨三年（一三二三）禅恵の書写とみとめられる。禅恵は弘安七年（一二八四）に生まれ、正平一九年（一三六四）に没した真言密教の学侶で、金剛寺第一三代学頭をつとめ、政情不安定な南北朝時代において金剛寺の復興に尽力したことで知られる。金剛寺聖教の整備につとめ、自らも多くの聖教の書写をおこない、こんにち伝存する典籍中に、禅恵の奥書をもつものが多数ある。

なお、水原による影印本は、漉き返しの料紙を再現するかのように灰色の紙に印刷されているが、金剛寺本は一般的によくみられる素紙で、灰色ではない。

二　高野版の開版・印刷目録

高野版とは、高野山において刊行された典籍の総称で、鎌倉時代から江戸時代末期まで、継続的に開版・印刷がおこなわれており、狭義には江戸時代初期までの古刊のものをいう。江戸時代中期以降には袋綴装のものもあるが、江戸時代初期までは、装丁はもっぱら巻子もしくは粘葉で、厚紙両面印刷の粘葉装が圧倒的に多い。室町時代末期までの開版・印刷に関する史料は必ずしも多くはなく、これまで知られているものとして、単行のものは、以下の五種（三帖）の目録がある。

定置印板摺写経論疏等直品条々事　一冊　正智院蔵
　正安二年（一三〇〇）成書　大永六年（一五二六）写。四四部掲載。
高野山印板聖教目録　一帖　親王院蔵
　元応二年（一三二〇）写。三六部掲載。
高野印板注文（内題　御作等印板注文）
教相目録 高野印板経蔵打札（内題　定置印板摺写経論疏等直品条々事）　一帖　親王院蔵
　元応二年（一三二〇）写。『高野印板注文』三五部掲載　『教相目録』三七部掲載。
　折本の表裏に書写。
高野山印板目録　一冊　金剛寺蔵
　元亨三年（一三二三）写。三七部掲載。

これらとは別に、典籍中に転載・引用されるものに、以下の四種がある。

真言書籍摺書料紙併用途事

頼瑜『真俗雑記問答抄』第一三巻所収。一四部掲載。『真俗雑記問答抄』は文応元年（一二六〇）の成書。（『真言宗全書』第三十七巻）

高野山印板聖教目録
定置印板摺写経論疏等直品条々事
御作等印板注文
『群玉窓架』第七所収。一〇九部。延慶四年（一三一一）。（原本未見、水原解説による。）

日本において、典籍の印刷は奈良時代のいわゆる『百万塔陀羅尼』にはじまるが、本格的な印刷がおこなわれるようなったのは平安時代後期以降であるとされる。平安時代から室町時代までに開版された古刊本の主要な出版地には、「春日版」「東大寺版」「西大寺版」などがある南都、「叡山版」「泉涌寺版」「浄土教版」「五山版」などがある京都、そして「高野版」「根来版」がある紀州がある。これら古刊本については、目録の編纂や、解題・研究がすすめられてはいるが、伝存する数にも限りがあり、具体的な印刷・流通状況が不明なものも多く、『大乗院寺社雑事記』中の春日版の料紙や印刷の代金にかかわる記述や、西大寺版や叡山版などの刊記に、料紙や印刷代金についての若干の記述が確認できるのみである。このような状況のなか、高野版に関しては、鎌倉時代の開版・印刷に関わる目録や記録が九種もあることは特筆すべきことである。

三　金剛寺本『高野山印板目録』の特色

金剛寺本『高野山印板目録』には、『大日経疏』以下『蘇悉地経』まで三七部の典籍について、総丁数と代金が記載されているが、例外的に『礼懺経』『悉曇字記』『理趣経』『蘇悉地経』には「厚紙」、『三教指帰』には「椙原」、また『性霊集』には「椙原」「厚紙」と料紙についての記載がある。特に記載のないものは、一般的な「高野紙」を用いるものと考えられている。紙質についての記述は、『高野印板注文』や『教相目録』にも同様の記述がみられる。

また、本文末尾『蘇悉地経』に続いて、以下のような記述がある。

私云経師新紙ニテハ一丁三文宛也
　自新紙ニテハ一丁一文半銭宛也

これによって、経師の用意した紙に印刷する場合、代金は一丁あたり三文、発注者が自ら紙を調達して印刷のみを依頼する場合は一丁あたり一文半であったことが判明する。これもまた『高野印板注文』など他の目録にもある記事で、当時の典籍印刷の代金をしる重要な資料となる。

ところで、金剛寺の聖教類は近代においてかなりの数が散逸したものの、なお相当数が伝存しており、このうち高野版は、多くが零本、零葉であるものの、鎌倉時代から江戸時代までのものが確認されている。禅恵の手沢や奥書を有するものとしては、現在までの調査によって、『釈摩訶衍論』巻第五・第八、『大毗盧遮那成仏経疏』

巻第五・第六・第七・第八などが確認されている。これらのなかには、漉返し紙（宿紙）に印刷されたものもあるが、これは本目録の注記にある発注者が調達した紙を用いたものの可能性がある。

　また、高野版そのものではないが、高野版を転写したものが見受けられ、そのうち『上新請来経等目録表』（四四函一二番）には、以下のような禅恵の奥書がある。

　写本云、
　建治三年丁丑七月廿八日於金（剛）峯寺信芸書
　正中二年乙丑九月廿三日亥剋終於河州天野寺北（東）谷文殊院（改名無量寿院）
　以摺本書写了　　　　　　金剛仏子禅恵（春四十二 夏廿五）
　正平十八年癸卯九月廿九日於天野金剛寺無量寿院加一見畢
　　　　　　　　学頭法印禅恵（八十歳）

　これは、刊本で入手できなかった『上新請来経等目録表』を、他所に所蔵される高野版によって転写したことを示しており、禅恵が熱心に聖教の収集につとめていたことを伝えている。

　本書は上述九種の高野版関連目録中では、成書がもっとも新しいもので、記載内容も他本と大きく異なるところはないが、目録の書写者である禅恵が所持した高野版とともに金剛寺に伝来しているという点は大きな特色であり、高野版の開版・印刷・流布の歴史を考えるうえで重要であるのみならず、金剛寺所蔵の高野版やその転写本、また根来版などとの関連において、真言密教寺院の教学における高野版の位置づけ等をうかがうための重要な典籍といえよう。

（梶浦　晋）

監修

後藤昭雄（ごとう・あきお）
大阪大学・名誉教授、成城大学・元教授

執筆者

箕浦尚美（みのうら・なおみ）
同朋大学・講師

海野圭介（うんの・けいすけ）
国文学研究資料館・准教授、総合研究大学院大学・准教授

梶浦　晋（かじうら・すすむ）
京都大学人文科学研究所附属東アジア人文情報学研究センター・助手

翻刻協力

丹下暖子（たんげ・あつこ）
甲子園大学・助教

中川真弓（なかがわ・まゆみ）
大阪大学・招へい研究員

仁木夏実（にき・なつみ）
明石工業高等専門学校・准教授

天野山金剛寺善本叢刊　第二期
第四巻　要文・経釈
（平成二十九年度日本学術振興会科学研究費補助金「研究成果公開促進費」助成出版）

監修　後藤昭雄
編者　箕浦尚美
発行者　池嶋洋次
発行所　勉誠出版㈱
〒101-0051 東京都千代田区神田神保町三−一〇−二
電話　〇三−五二一五−九〇二一㈹

二〇一八年二月二十日　初版発行

印刷製本　太平印刷社

【三冊揃】 ISBN978-4-585-21212-6 C3015

天野山金剛寺善本叢刊 第一期 〔二冊揃〕

【監修】……後藤昭雄

本体三二〇〇〇円（＋税）・二〇一七年二月刊行

収録典籍

一巻◎漢学

〔編集〕…後藤昭雄・仁木夏実・中川真弓

全経大意（鎌倉時代写）
文集抄 上（建治二年〔一二七六〕写）
楽府注少々（室町時代末期写）
本朝文粋 巻第八（南北朝時代写）
本朝文粋 巻第十三（鎌倉時代写）
円珍和尚伝（寛喜二年〔一二三〇〕写）
明句肝要（鎌倉時代写）

二巻◎因縁・教化

〔編集〕…荒木浩・近本謙介

教児伝（応永二十八年〔一四二一〕写）
天台伝南岳心要（正安元年〔一二九九〕写）
聖徳太子伝記（南北朝時代写）
〔佚名孝養説話集〕（室町時代初期写）
〔左近兵衛子女高野往生物語〕（室町時代後期写）
〔無名仏教摘句抄〕（宝治元年〔一二四七〕写）
花鳥集（永和二年〔一三七六〕写）

◎第一巻…七八四頁◎第二巻…五七六頁（口絵各八頁）

菅家文草注釈 文章編

第一冊 巻七上（以下続刊）

日本文化史、日本政治史に大きな影響を与えた菅原道真。その詩文集である『菅家文草』文章の部の全てを注釈する。今後の研究の基盤となる決定版。

文章の会 著・本体五四〇〇円（＋税）

三河鳳来寺旧蔵 暦応二年書写

和漢朗詠集 影印と研究

古代・中世日本の「知」の様相を伝える貴重本を全編原色で初公開。詳密な訓点・注記・紙背書入を忠実に再現した翻刻、研究の到達点を示す解題・論考を附した。

佐藤道生 著・本体三〇〇〇〇円（＋税）

句題詩論考

王朝漢詩とは何ぞや

これまでその実態が詳らかには知られなかった句題詩の詠法を実証的に明らかにし、日本独自の文化が育んだ「知」の世界の広がりを提示する画期的論考。

佐藤道生 著・本体九五〇〇円（＋税）

本朝文粋抄 一－四（以下続刊）

日本漢文の粋を集め、平安期の時代思潮や美意識を知る上でも貴重な史料『本朝文粋』。各詩文の書かれた背景や、文体・文書の形式まで克明に解説。現代語訳も併記。

後藤昭雄 著・本体各二八〇〇円（＋税）

醍醐寺叢書 研究篇
醍醐寺の仏像 第一巻 如来

醍醐寺に伝わる仏教彫刻の全貌を、詳細な説明と、美しく高精細な写真によって明らかにした、美術史・仏教史における醍醐寺の仏像の集大成。

総本山醍醐寺 監修／副島弘道 編・本体四六〇〇〇円（＋税）

醍醐寺叢書 目録篇
醍醐寺文書聖教目録

総本山醍醐寺の膨大な所蔵資料の中から、醍醐寺文書それぞれの史料名・年月日・員数・成立時代・内容・書出・書止などを抽出。目録として提供。順次刊行。

総本山醍醐寺 編・本体二〇〇〇〇〜三二〇〇〇〇円（＋税）

醍醐寺叢書史料篇
建築指図集 第一巻

寺院等の建物や、法会の会場やその舗設を描いた図、「指図」。醍醐寺所蔵の膨大な聖教のなかから、特に建築史・寺院史の観点より重要な指図史料を集成。

総本山醍醐寺 編・本体二二〇〇〇円（＋税）

称名寺聖教
尊勝院弁暁説草
翻刻と解題

近年の解読作業の結果、一三〇点余りもの、東大寺再建にかけた弁暁の熱弁が蘇ってきた。学僧弁暁の法会・唱導の実体を伝える根本資料。

神奈川県立金沢文庫 編・本体一二〇〇〇円（＋税）

京都国立博物館所蔵
国宝 岩崎本 日本書紀

朱書の仮名・乎古止点・声点（平安時代中期）、墨書の仮名・乎古止点（平安時代後期）という極めて古い時期の書入れを有する貴重資料。全編原寸・原色で影印。

京都国立博物館 編・本体三五〇〇〇円（＋税）

京都国立博物館所蔵
国宝 吉田本 日本書紀

卜占を家業とし、諸国の神社に仕えた卜部家に伝来した兼方自筆の古写本。朱訓点、欄外の細字注記、裏書にいたるまでフルカラー・原寸で影印。解題を附す。

京都国立博物館 編・本体一〇〇〇〇〇円（＋税）

京都国立博物館所蔵
国宝 浄名玄論

六朝時代の趣をたたえた筆致で書写され、また、各所に平安時代初期と推定される白点が施される。訓点資料として国語学上重要な資料。原寸・原色で影印。

京都国立博物館 編・本体一〇〇〇〇〇円（＋税）

京都国立博物館所蔵
重要文化財
神田本 白氏文集

我が国の古典文学に大きな影響を与えた白氏文集「新楽府」。その旧態を今に伝える最重要古写本を紙背を含め全編フルカラーで再現。

京都国立博物館 編／赤尾栄慶・神鷹徳治 解題／當山日出夫 翻刻・本体六〇〇〇〇円（＋税）

東洋文庫善本叢書 7
国宝 古文尚書 巻第三・巻第五・巻第十二／重要文化財 古文尚書 巻第六

『尚書』は儒教の基本経典のひとつで、「国宝 古文尚書」は漢代の隷書体文字による古態を有した極めて貴重なものである。国語学・漢籍受容史上において貴重な資料。

公益財団法人 東洋文庫 監修／石塚晴通・小助川貞次 解題・本体四〇〇〇〇円（＋税）

東洋文庫善本叢書 9
国宝 春秋経伝集解 巻第十／重要文化財 論語集解 文永五年写 巻第八

『春秋経伝集解』は歴代明経道博士家の基本となる明経点の祖となった原資料。『論語集解』は完全な形で伝わる『論語』の注釈書としては、現存最古のものである。

公益財団法人 東洋文庫 監修／石塚晴通・小助川貞次 解題・本体二九〇〇〇円（＋税）

東洋文庫善本叢書 11
重要文化財 論語集解 正和四年写

わが国に伝わる『論語』完本としては最古のもので、唐代以来『論語』注釈の名残を窺える。また、明経博士清原家の加点を伝え、その家学研究にも資する。

公益財団法人 東洋文庫 監修／石塚晴通・小助川貞次 解題・本体九八〇〇〇円（＋税）

東洋文庫善本叢書 12
国宝 文選集注 巻第四十八・第五十九・第六十八・第八十八・第百十三

中国ではすでに失われた『文選』の諸注を集成。李善注等集注本の古態や、佚書のテキストを垣間見ることの出来る、わが国のみに伝わる大変貴重な逸品。

公益財団法人 東洋文庫 監修／石塚晴通・小助川貞次 解題・本体九八〇〇〇円（＋税）